U0455540

国家社会科学基金重点项目（编号：12AJY002）

受西南财经大学中国特色社会主义政治经济学研究中心资助

中国煤炭产量增长极限与煤炭资源可持续利用问题研究

RESEARCH ON THE LIMIT TO CHINESE COAL PRODUCTION AND THE SUSTAINABLE UTILIZATION OF COAL RESOURCE

方行明 等 / 著

社会科学文献出版社
SOCIAL SCIENCES ACADEMIC PRESS (CHINA)

目 录

Part 3 The Limit to Demand and Production of Coal of China

Part 4 The Sustainable Use of Coal Resource

Part 5 A Survey on the Energy Policy Tendency of the Public

Part 6 Establishing Sustainable Supply System of Foreign Coal

第一章

导　论

一　选题背景

能源是经济发展的动力，也是社会经济运行与人类生存与发展的基础物质要素，更是社会稳定与国家安全的重要物质保证。进入 20 世纪后，随着世界经济总量日趋庞大，发展中国家城市化、工业化进程不断加快，能源已经成为世界经济发展的命脉，在当今世界经济发展中的战略地位上升到无可比拟的高度。进入 21 世纪后，能源问题变得更加错综复杂。人们所期待的科学技术进步并未消除人类对不可再生能源的依赖；新能源虽然获得了长足的发展，但远远不能实现对不可再生能源的替代；更为严峻的是，人类还没有发现解决能源危机的根本办法。能源短缺、能源危机将继续困扰人类，对世界经济的可持续发展继续产生威胁。

（一）世界能源发展形势

在人类社会发展的历史长河中，能源的发展标志着生产力的进步。进入工业化时代后，随着工业生产规模空前扩大，人们对能源的需求量也达到了空前的高度，加上人类物质生活水平的提高使人们对能源的需求不断增长，能源日趋广泛而深刻地影响着人类社会生产与生活的各个方面，能源的地位亦因此而获得空前的提高。人类在能源技术上的不断突破，不断创新，特别是以蒸汽机、内燃机、电动机为代表的能源技术革命曾推动过重大的产业革命，使世界经济出现了三次发展高潮。从能源的品种上看，煤炭和石油这两种化石能源在推动产业革命浪潮中的作用功不可没。在相当长的时期内，发达国家一直享受廉价能源带来的福利。然而，到了20世纪70年代，形势发生了逆转。长期无节制的消耗已经造成美国石油供应的短缺，并使其由石油出口国转变为石油进口国。这说明石油这个能够比煤炭带来更大便利的能源品种原来是有限的、稀缺的。正是石油的稀缺性及其在世界范围内储量分布的不均衡，导致国际垄断组织出现，即石油输出国组织（Organization of Petroleum Exporting Countries，OPEC，以下简称"欧佩克"）。随之而来更糟糕的事情发生了，欧佩克不满西方国家的中东政策，开始对西方国家进行石油禁运，并提高石油价格，于是接连爆发了20世纪70年代与80年代的两次石油危机，石油价格从几美元一桶很快提高到30多美元一桶，从而导致工业化国家的工业成本大幅度上升，发达国家工业部门几乎瘫痪，从而首次出现因能源（石油）问题而导致的经济衰退。虽然发达国家此后通过调整工业结构及加强节能措施摆脱了这两次石油危机，但世界从此不再太平，石油这一能源此后一直困扰着世界各国，阻碍世界经济的发展。能源安全问题显得越发突出，并成为世界各国与国际社会关注的焦点。能源的供求状况直接关系到世界各国经济的发展、社会的稳定和国民生活水平的提高，也成为影响世界经济、政治发展格局以及人类社会经济发展前景的重大影响因素。为了摆脱对化石能源的依赖，减少化石能源使用过程中对环境带来的危害，世界各国开始研究与开发新能源，如水能、风能、太阳能、海洋能、生物能、地热能等可再生能源，以及核能、页岩油气等非常规能源。这些能源品种的出现虽然对世界各国经济发展产生了很大的支持作用，但是，到目前为止，所有这些新能源均不能对传统化石能源进行根本性的替代，只能是非常有限的替代，其中的一个重要原因是世界能源需求总量非常庞大，新能源的发展还远远不能满足世界能源的需求。并且，在新能源的开发过程中暗藏着巨大的风险，例如，重大核泄漏事故（特别是造成重大损害的苏联切尔诺贝利核事故和日本福岛核泄漏），导致世界弃核浪潮高涨。因此，世界能源危机一直没有消除，仍是人类的头顶悬剑。

而更为严峻的问题在于，能源已不仅涉及经济问题，它已经登上世界政治舞台，是世界政治角力中的巨大筹码，是世界政治斗争的核心所在。当今世界，围绕能源的争端日益尖锐。这种状况目前并无有效的解决办法，将会在未来延续。因此，如何解决能源问题是人类面临的巨大挑战。

最近几年，世界能源供求形势发生了剧变。这一剧变表现在国际石油价格的巨幅波动上，即从 2014 年 10 月 14 日以来，国际油价急速下跌，一直在低价位徘徊。其主要原因是世界经济的不景气导致需求上升减缓，此外，随着美国在页岩油气方面开发技术的突破，开发成本的下降，页岩油气产量迅猛增加，增加了供给，美国这个能源大国基本实现能源自给，从而扭转了石油市场的供求格局。但是，国际油价的下跌并不能改变世界能源结构以及缺油国家对石油的依赖，更不能改变世界石油供求的长期形势。

煤炭在很多国家，特别是发达国家，虽然不是主要能源，但整个世界经济无法摆脱对煤炭的依赖。具有讽刺意味的是，2017 年 11 月，联合国气候变化大会召开之际，德国却在恢复和扩大煤炭的使用，甚至美国近年来也开始恢复煤炭的使用。特朗普担任美国总统之后，宣布恢复煤炭的生产和使用。这看似"倒退"、令人沮丧的结果，却也说明可再生能源还不足以解决能源供给问题，而煤炭却有着价廉、好用（发电稳定）的优势，具有市场竞争力。这也说明了煤炭的重要性。

（二）中国能源发展形势

中国是世界上最大的能源消费国。改革开放以来，伴随着工业化进程的加快（特别是重工业化的推动）、社会经济的快速发展以及城市化进程的推进，中国的能源需求也处于一个快速增长的过程。自20世纪80年代初期开始，经济发展与能源供给一直处于相互促进又相互制约的复杂关系中。经济快速增长导致能源供给不足，促使国家加快能源建设与生产的步伐，一度又出现能源供过于求的局面，而进一步的经济发展又产生新的能源供不应求。正是这种类似"面多加水，水多加面"的能源供求循环过程，使中国经济得以像滚雪球似的发展壮大。但几经周转，中国能源供给问题变得错综复杂。自20世纪90年代初至2014年底，一些重大逆转及变化可以深刻反映中国能源供求形势的变迁与重大能源战略的调整，其中以对外贸易的两次逆转和煤炭及原油期货的推出为标志。

1. 中国能源对外贸易的两次逆转

改革开放之初，中国缺乏经济发展及引进国外先进技术所需资金，只有通过出口农产品和矿产资源来换取一些宝贵的外汇，而能源（如石油和煤炭）的出口是中国获取外汇的重要产品。但是，随着中国经济的发展，中国产品出口结构不断优化，从以农产品和资源型产品为主的出口结构转向以轻工业和机电产品为主的出口结构，同时国内的石油需求也快速上升，于是，从1993年开始，中国能源对外贸易发生了第一次大逆转，即由石油净出口国转变为净进口国。这一转折发生之后，就再也没有回转过，中国的石油进口量日益扩大，而受国内资源储量的限制，石油生产产量增长十分有限，远远满足不了经济发展与人民生活水平提高对石油生产的巨大需求，于是中国石油的对外依存度快速提高，目前已超过60%。

进入21世纪，特别是从2003年开始，中国经济进入新一轮高速增长周期，此次高增长是由以高耗能为特征的重化工业快速膨胀推动，造成了煤炭需求量的快速上升，同时，随着长年不断开采，大量矿井资源枯竭，于是，2009 年中国能源对外贸易出现了继 1993 年石油贸易的第二次逆转，中国煤炭对外贸易的格局发生了根本性变化，中国这个传统的煤炭出口大国的地位从此不复存在。而这次转变要远比 1993 年石油进出口格局的转变来得更加猛烈，当年煤炭进口 12583 万吨，同比增长 211.5%，净进口 10343 万吨。此后每年进口量呈现快速递增的趋势，2010 年、2011年进口量分别为 16478 万吨和 18240 万吨，分别较上年增长 30.9% 和10.69%。[①] 至此，曾经让我们引以为豪的"地大物博"的标志性资源——煤炭，已经变得相对短缺。与石油一样，我们面临着一个如何建立和维护海外煤炭的可持续供应链的问题。煤炭的可持续利用和可持续供给又遇上了新的课题。

2. 中国煤炭和原油期货的推出

能源产品市场与期货市场密切相关。改革开放以来，中国期货市场得以不断发展壮大，但也曾出现过波折。1988 年 3 月，七届人大一次会议的《政府工作报告》提出了积极发展各类批发贸易市场，探索期货交易，从此拉开了中国期货市场研究、建设和发展的序幕。随后，中国期货市场快速发展。但是，由于当时期货市场运行机制还不够完善，制度不够规范，管理经验不足，监管存在漏洞，投机性过强，市场乱象频生，国务院在 1994 年及 1998 年两次大力收紧监管，暂停多个期货品种，勒令多间交易所停止营业。在 1998 年国家对期货市场清理整顿之前，国内也曾有过煤炭期货交易品种，但在此次清理整顿中被取消。此次清理整顿之后，中国期货市场获得了十多年的良性发展，市场的运行与监管制度不断完善，期货交易品种不断增多。煤炭的下游产品焦炭于 2011 年 3 月由中国证监会批准，在大连商品交易所开展期货交易。而动力煤期货作为郑州商品交易所 2010 年期货新品种主选，申请材料上报中国证监会后在相当长的时间内未获批准，上市暂缓。

在煤炭产消量不断增长、进口量大幅度上升时，有必要推出期货市

---

① 2010 年和 2011 年《国民经济和社会发展统计公报》。

场。期货市场的推出一方面有利于对整个煤炭行业产生积极的影响和发挥规范作用，相关企业亦可以通过期货市场预测市场走向，把握市场行情，规避风险和套期保值，从而有助于煤炭行业的长期持续稳定发展，另一方面也可为中国煤炭行业掌握国际定价权创造条件。但是，每一项期货品种必须有一个高效的交割系统与之相配套，而煤炭运输量巨大、仓储占地空间大，对环境影响程度也大，在当时的条件下，还不能形成一个完善的运输、仓储、交割系统，因而动力煤期货迟迟未能推出。随着中国经济增速放缓，煤炭消费增速也随之放缓，煤炭价格出现了大幅度下跌，进口煤炭的增加减轻了内陆交通运输的压力，煤炭仓储、交割系统不断完善，于是，在 2013 年 6 月动力煤期货品种获准进入期货市场。动力煤期货的发展将会对中国煤炭行业的规范、煤炭供求关系的协调产生积极的引导作用，特别是在煤炭进口量不断扩大的形势下，有利于我国掌控煤炭的国际定价权。

2014 年 10 月中旬以来，国际油价暴跌。油价的暴跌比煤炭价格的下跌来得迟，但来得猛，中国石油进口大幅度增加，储备充足，这又给原油期货的推出创造了条件。此次国际油价的暴跌可能是中国夺取亚太地区原油定价权的最好机会。12 月 12 日，中国证监会正式批准了上海国际能源交易中心开展原油期货交易。上海能源交易中心还分别与相关境内外银行签订了合作协议，为建立高效、公正、安全的国际能源期货交易平台，引入境内外交易者参与原油期货市场运作迈出了坚实步伐。从国内衍生品市场发展角度来看，原油期货交易平台的推出，有助于我国期货市场的国际化建设。

最近十多年来国际能源（石油）市场供需格局和贸易格局已经发生了深刻的变化和调整。一方面美国的能源自给能力不断增强，另一方面欧洲能源消费增速缓慢，而以中国为代表的亚太地区能源消费需求呈快速上升势头，从而出现了能源消费市场全球东移的新格局。但是，全球原油期货市场却由美欧主导，石油定价权也由美欧期货市场（即纽约商品交易所和伦敦洲际交易所）决定，而亚太地区几乎是空白。中国原油期货的推出，有利于在亚太地区形成一个能准确、客观地反映本地区供需关系的原油价格基准市场，并与欧美交易市场形成一个连续 24 小时交易的风险对冲机制，从而有利于保障亚太地区经济平稳健康发展，方便全球投资者有效、及时地完成价格风险管理，并可以提高中国在国际石油市场定价的影响力。全球原油期货交易未来布局见图 1 - 1。

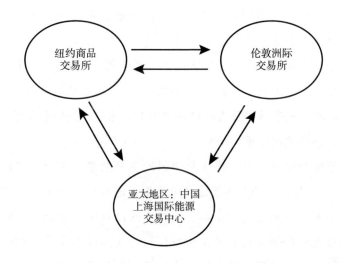

图 1 - 1　全球原油期货交易未来布局

3. 国际石油价格对中国能源供求及结构的影响

国际石油价格大幅度下跌，除了给中国推进原油期货及主导亚太地区石油定价权提供了机会之外，还在多方面对中国经济和能源供求形势产生了影响。总体来说，国际油价下跌对于石油对外依存度高达 60% 的中国来说无疑是一个利好消息，给中国能源结构调整带来了机会。中国可以借机扩大石油进口量，增加石油储备。石油价格的下跌亦可刺激消费者消费，增加出游时间，带动旅游业等经济增长。石油消费的增加也可以在一定程度上改变中国能源消费结构，但对能源结构的影响又是非常有限的。石油仍然是相对短缺的能源，石油价格的下跌并不足以使相关企业改变能源结构，用石油来代替煤炭，电力部门亦不可能用石油代替煤炭发电。在经济周期规律的作用下，未来石油价格仍会上涨，甚至会突破前期高点。

中国的能源资源禀赋是：多煤、少油、贫气。石油虽然是比煤炭更加高效的能源，也较煤炭清洁，但中国不可能像其他国家那样采取以油为主的能源结构。这是因为：第一，世界上没有那么多石油供中国使用，也可以说，世界石油的供给和增长几乎到了极限，中国的石油供应链越来越长，石油供给地（产出国）的政治形势越来越复杂多变，维护海外石油供应的难度越来越大；第二，从成本上考虑，采用以石油为主的能源结构，中国承受不起。于是，煤炭这一"古老能源"，英国工业革命所用的能源仍然是当今中国的主要能源，仍然是中国长期依赖的第一能源，在国民经济发展和人民生活中具有难以替代的重要地位。我们今天仍然要对煤炭的供求平衡问题进行重点研究。

由于资源禀赋的限制，煤炭是中国的主要能源，在能源结构占比长期保持在70%左右。虽然新能源及可再生能源也处于快速发展中，在一定程度上可替代煤炭，煤炭在能源结构中的比重呈下降趋势，但中国的能源资源禀赋的限制决定了其在相当长的时期内以煤炭为主的能源结构无法改变，煤炭在能源中的主导地位仍然不可替代。即便是国际石油价格大幅度下跌也不能改变中国目前固有的能源结构，石油对煤炭的替代仍然有限。因此，从总体上来说，中国能源供求关系仍然没有改变，能源结构也未能真正改变，维持能源的可持续供给仍是一个长期的艰巨任务。

煤炭资源的可耗竭性，决定了其未来供求格局，随着中国经济持续增长对煤炭资源的不断消耗，煤炭正由原先丰富的资源逐渐转变成短缺资源。进入21世纪后，随着中国经济总量的不断扩张，能源和煤炭的大量使用进入了一个新的历史时期。21世纪的第一个10年是中国经济高速发展的10年，在这10年间，中国GDP增长近4倍，年均增长率达10.7%。[①] 中国是世界上少有的经济超常发展的国家，而与此相伴的则是

---

① 新华网，http://news.xinhuanet.com/fortune/2012-06/25/c_123325816.htm。

能源和煤炭产消量的大幅度上升，2004 年煤炭产消量均突破 20 亿吨大关，5 年后，即 2009 年煤炭产消量均逼近 30 亿吨大关，到 2010 年均猛增到 34 亿吨以上，到 2013 年煤炭产量达到了 39.74 亿吨的历史最高位，逼近 40 亿吨，而消费量则于 2012 年突破 40 亿吨，2013 年达到 42.44 亿吨的历史最高位。[①] 30 亿~40 亿吨已经是一个天文数字。按照以上消费和生产增速持续下去，我国的资源与环境将不堪重负。虽然从 2013 年开始，随着中国经济进入新常态，经济增速放缓，对能源和煤炭的需求出现增速放缓的趋势，随后中国煤炭产业出现供过于求、产能过剩及价格下跌的问题，这是一个周期性的过剩问题，但从长远来看，煤炭供给形势仍然不容乐观。根据《BP 世界能源统计年鉴 2012》数据，截至 2013 年底，中国煤炭的储采比[②]仅为 31 年（而世界平均储采比为 100 年），远远低于世界平均水平，不到世界平均水平的 1/3。因此，维持煤炭供求平衡，实现煤炭资源的可持续利用仍然是当前和今后宏观调控的重点领域。

二　研究目的、意义和方法

（一）研究目的

本书的研究目的包括以下三点。

1. 使用当代经济学先进的理论与方法，通过对煤炭需求与供给的各种制约因素的系统分析，研究并确定中国煤炭需求与产量是否存在增长极限，以此作为宏观调控、实现煤炭资源长期供求平衡的依据，同时分析理论上的增长极限与实践中国民经济系统的承载能力之间的关系，特别是煤炭消费量的增长是否超出了自然生态系统的承载能力，努力实现煤炭的生产和消费与国民经济系统相协调。

---

① 国家统计局网站，http：//data. stats. gov. cn/easyquery. htm？cn = C01。
② 储采比又称回采率或回采比，是指年末剩余储量除以当年产量得出剩余储量按当前生产水平尚可开采的年数。

2. 在中国煤炭需求与产量处于巨量波动的形势下，探讨建立煤炭资源的长效调控机制以保证我国煤炭资源的长期稳定供应和可持续利用以及实现煤炭资源的长期供求平衡。

3. 探讨煤炭进口体系或进口国别的选择，利用好煤炭供给的国际、国内两个市场，建立可持续的煤炭进口体系。

（二）研究意义

1. 现实意义

煤炭一直是中国的主要一次能源，并且在未来相当长的时期内，其基础能源地位难以改变。虽然当前出现阶段性的（或周期性的）产能过剩，但从长期看，中国的经济发展以及工业化、城市化进程还会继续拉动煤炭需求的上升。虽然中国煤炭资源的基础储量相对充足，但储量充足并不意味着就能保障供给，实现有效的供需平衡，资源的供给还要受到一系列相关制约因素的影响，如煤炭资源赋存条件、区域分布、生态环境以及运输条件的约束等。随着煤炭的需求和产量的攀升，与之相关的经济系统已经不堪重负：煤炭需求和产量的大幅度上升，不仅对煤炭的供需平衡形成巨大的压力，而且导致运力紧张、矿难事故频发、生态环境恶化、碳排放上升以及资源枯竭型城市增加等一系列问题。正是由于这些制约因素的存在，我国煤炭产量有可能面临一个所谓的"增长极限"或"峰值"。这一"增长极限"或"峰值"若存在的话，无疑会给我国的能源安全带来威胁，同时也会影响国民经济的可持续发展。也就是说，中国经济如果受资源的约束而存在增长的极限，那么最为关键的制约就是煤炭产量增长极限。中国作为世界上煤炭资源最大的消费国，如何应对未来煤炭产量可能出现的产量极限或峰值，化解能源危机，都是事关国计民生的重大问题，因而需要我们以一种前瞻性的眼光来研究煤炭未来的供需趋势，对煤炭的供需关系及未来的演变进行科学的分析和研究，为保障煤炭资源的长期稳定供应、达到煤炭资源的供需平衡而提供有益的政策建议。因此，在能源日趋紧缺的大环境下，研究中国煤炭产量极限或峰值以及煤炭资源的可持续利用问题，对于保障我国国民经济的可持续发展、实现煤炭资源的可持续利用、抵御能源危机、确保能源安全以及国家能源政策的制定等方面具有十分重大的现实意义和战略意义。

2. 理论意义

理论方面，研究我国煤炭产量增长极限问题是对可持续发展理论的重要补充和完善。中国的发展目标就是要全面建成小康社会，最终实现经济、社会、环境及人类的协调发展，而国家层面的重大战略目标，需要在各个分层次的资源与经济可持续发展理论上加以深入探讨和验证。因此，本书结合国民经济学、宏观经济学、资源与环境经济学、能源经济学、计量经济学等多学科的理论与分析方法，选择煤炭资源作为主要的研究对象，进行经济可持续发展与资源可持续利用研究，既是对可持续发展理论的一个完善和补充，也是中国煤炭工业发展自身的要求，从而为政府能源政策、产业政策的制定提供有力的理论依据。在理论研究上，本书借鉴罗马俱乐部《增长的极限》研究报告，具体研究中国煤炭产量的增长极限及其与经济增长之间的关系问题，尝试提出能源库兹涅茨假说来检验我国能源消费曲线形态，以研究能源消费随着经济增长所呈现的客观规律性。本书的实证研究将有助于拓展现有文献对能源消费和经济增长之间关系的讨论。现有文献着重于分析二者之间的因果关系，本书则强调能源消费随经济增长所呈现的客观规律性。二者各有侧重，又有相互重叠的地方。我们认为，二者之间的因果关系是一个重要研究领域，但是从解决能源供需矛盾和出于政府宏观调控需要的角度来看，能源消费随着经济增长而呈现的规律性可能是一个更为重要的维度。这一研究方法如果获得成功，可望在能源经济理论研究上有所突破。我们还将结合 Hotelling 的有限资源开采模型以及经济增长模型寻找出煤炭工业发展的"黄金法则"。这样的模型在西方资源经济学以及宏观经济学中得到了广泛的应用。我们的贡献在于应用中国这个经济总量庞大且以煤炭为主要能源的经济体的数据来测算经济发展模式。这样的研究不仅会对我国制定的产业政策提供有力的依据，而且将丰富国际资源经济学领域的研究内容。此外，在煤炭资源的研究上，本书的研究具有超前性，并且研究深度和广度要超过现有的资源经济学文献。

（三）研究方法

本书的研究方法包括理论研究与实际调查相结合的方法、定性研究与定量研究相结合的方法、规范研究与实证研究相结合的方法。在理论研究方面，采用系统论、工业经济学、国民经济学、资源与环境经济学和国际经济学等理论，以研究煤炭需求与产量增长极限、煤炭与经济增长之间的关系及煤炭供求平衡问题。通过定性分析方法，依靠研究人员的实践经验、分析能力以及科学的逻辑推理和判断能力，推断出事物的性质和发展规律，并通过定量分析方法，解析经济数量关系；依据统计数据，通过建立数学模型，根据模型计算出所研究对象的各种指标以及数值，并用这些定量分析的手段来检验定性分析的科学性与合理性。在具体的理论研究方法上，我们参考可持续发展理论、增长极限理论、环境库兹涅茨理论、化石能源峰值理论、Hotelling 可耗竭资源的最优开采理论、最优控制理论等进行定性分析，从理论高度来分析煤炭资源与中国经济发展之间的关系。在实证研究方法上，基于供需均衡理论构建煤炭价格理论模型，研究和分析煤炭价格波动原因及影响因素；通过时间序列模型分析煤炭的使用与大气环境污染之间的关系；采用面板数据模型着重研究规模效应、结构效应以及碳排放强度的相互影响的内在机理以及煤炭的使用在碳排放强度上的影响程度；通过构建煤炭资源的库兹涅茨曲线模型研究我国煤炭消费与经济增长以及工业化、城市化等其他宏观经济变量之间的关系，测算煤炭需求增长极限及拐点可能出现的时间；通过采用 Logistic 曲线模型预测中国的煤炭产量极限或峰值产量以及产量极限到来的时间；通过最优控制模型测算中国煤炭最佳消耗路径及与现实消耗路径进行比较，并提出路径调整的思路。在调查研究方法上，我们采取访谈、座谈、实地调研、问卷调查等方法对当前煤炭行业存在的问题进行研究，特别是将问卷调查应用到能源和煤炭领域，了解国民对能源知识普及程度、对能源问题的认识、对能源价格的反应、对能源问题的政策倾向等，并根据问卷统计结果对一些重要问题进行实证研究，其中对中国民众的核能态度及其影响因素的调查和实证研究在中国尚属首次，并得出了一些具有重要理论价值和政策意义的结论。在对上述问题进行理论与实证分析的基础上，提出实现我国煤炭资源可持续利用的实施路径以及政策建议，从而为我国能源政策、产业政策的制定提供重要依据和参考。在以上研究过程中，我们尽可能收集当前所有可用数据，通过实证检验的方式，为理论阐述乃至政策建议提供现实依据，达到定量研究与定性研究的统一，实证分析与规范研究的统一。

三 研究内容与框架

本书除第一章导论之外共6篇，计22章。第一篇"理论基础"，包括"可持续发展理论的反思与重构""增长极限理论""以能定口理论""环境库兹涅茨曲线理论""相关文献回顾"，共5章内容；第二篇"中国煤炭产业发展形势与环境"，包括"中国煤炭供求形势""煤炭消费与大气环境污染""煤炭消费与二氧化碳排放"，共3章内容；第三篇"中国煤炭产量增长极限探讨"，包括"经济增速放缓形势下的发展潜力""中国煤炭需求增长极限及其调控""中国的煤炭产量增长极限及其影响因素""中国煤炭资源最优消耗路径"，共4章内容；第四篇"煤炭资源的可持续利用"，包括"能源宏观调控总论""产业结构的调整与高耗能产业比重的降低""节能降耗与能源使用效率的提高""替代能源的发展与能源结构的优化"，共4章内容；第五篇"民众能源政策倾向调查"，包括"问卷设计""民众能源问题倾向的经济与政策分析""民众的核能态度及其影响因素实证研究"，共3章内容；第六篇"构建持续、稳定的国外煤炭供给体系"，包括"中国煤炭进出口形势及进口国别体系的调整""加强俄罗斯远东地区煤炭开发合作""构建和维护持续、稳定的煤炭进口国别体系"，共3章内容。

本书的研究思路和框架如图1-2所示。

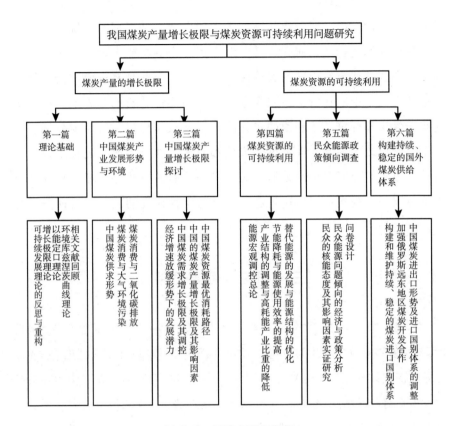

图 1-2　研究思路和框架

四　主要创新点

　　创新是本书的灵魂，创新贯穿于整个研究过程中。即使在文献综述、回顾前人的研究成果和结论时，也要有自己的创新，即对前人研究的评价，在评价过程中要有自己独到的见解。对前人研究的意义要进一步挖掘和展示，面对前人的不足，也要予以深刻的揭示，并通过洞察前人的得失，开阔新的视野，进行新的研究。在以下的研究中，我们将提出新的思路、新的思想，并以新的视角，运用新的研究方法来研究煤炭问题，特别注重针对研究领域中的空白、盲区加以重点探讨。本书的创新点主要集中在以下方面。

创新点1：立项上的创新。中国煤炭产量增长极限问题，在学术界属首次提出，对这一问题的研究和论证，对我国经济的可持续发展有着重大意义。煤炭产量增长极限问题与煤炭资源的可持续利用有着十分密切的关系，煤炭产量增长极限的论证是了解煤炭资源可持续利用的基础或准绳。而关于这些问题的研究，目前在国内尚未形成一个完整、系统的经济学研究体系。本书提出这些新问题，并采取系统的研究方法来加以研究，在立项上具有高度的创新性。

创新点2：对可持续发展理论的反思与重构。可持续发展理论是本书最为重要的理论基础，但现有的理论并不完善，存在很大的漏洞和不足，因此需要重新认识、理顺关系，并加以重构。现有的可持续发展理论主要来自两个方面：一个是学者的研究，另一个是联合国及社会组织的研究报告。这些报告提出了问题，收集了数据，发出了倡议，但就理论体系来说，并不完整，显得支离破碎，而学者的研究也缺乏一个严密的理论架构。这样的理论用于指导实践必然要产生盲目性。可持续发展理论的核心是公平，即代内公平和代际公平，但恰恰在代内公平与代际公平的理论的阐述与构架方面很不完善，缺乏逻辑性，从而造成了整个理论基础不坚实。涉及可持续发展的行为主体只能是当代人，而当代人的权利是什么？责任是什么？当代人该做什么？能做什么？现有的理论并未阐述清楚，甚至推导出错误的结论，从而使人类在处理未来发展问题上产生方向上的错误。从侧重点上看，在处理当代人与后代人利益关系时，现有的理论更加注重后代人的权益，即后代人优先原则，但在理论的阐述与构架方面存在矛盾和漏洞，缺乏逻辑性，因而在指导实践时就会出现混乱。本书对"行星托管理论""代际多数理论"提出质疑，并反思现有的可持续发展理论，指出其理论阐述与构架存在的矛盾与缺陷，并重构可持续发展理论，从而对人类（当代人）的行为提供科学、有针对性、切合实际的指导。本书通过总结、对比历史上关于当代人与后代人利益关系的处理原则，提出"节俭原则"、"高效原则"、"创新原则"和"人道原则"，明确当代人的权利和责任，能做什么，该做什么，这样才能真正落实对后代人利益的保护。代内公平是代际公平的基础，本书亦理顺了代内公平理论，并从代内公平和代际公平两个方面重构可持续发展理论。

创新点 3：以能定口理论——对马尔萨斯的《人口原理》和罗马俱乐部的《增长的极限》理论的超越。马尔萨斯的《人口原理》与罗马俱乐部的《增长的极限》均对人类未来的演进提出了悲观的预期。《人口原理》强调的是粮食等生活资料对人口的制约（以下简称"以粮定口"），《增长的极限》则拓宽到整个资源与环境对人口的制约，本书对制约的因素又进一步明确与具体化，并定位到"以能定口"。本书提出"三有一无"的假设或假定：一是假定人类的碳排放能够控制在环境系统所能容纳的范围内，不会破坏地球环境的循环系统；二是假定人类对可再生资源的需求和消费能加以适当控制，使资源的使用量不超过资源的自然生长量，那么，就不会发生可再生资源危机；三是假定对于可循环的不可再生资源，如金属等矿产资源，即便矿产资源消耗殆尽，在人类对这类资源加工的产品（金属产品）的需求和消费能加以适当控制时，可以通过废旧金属的回收再循环利用来满足需求，也不会发生资源危机。但是，对于不可循环的不可再生资源，即不可再生能源或化石能源，则没有上述假定。由于这类资源在其使用过程中的不可逆性或不可回收性，资源枯竭是必然的，只是时间早晚问题。到目前为止，人类并未找出从根本上解决能源危机的技术或办法，而目前的能源创新成果：一是可再生能源，二是新型不可再生能源（或新型化石能源，如页岩油气、可燃冰等）。前者因能源量有限，不能满足人类对能源的巨大需求，而后者毕竟也要被耗竭，目前的创新只是推迟危机的到来。一旦所有化石能源耗竭，人类只能依赖有限的可再生能源来维持生产与生活，而有限的能源量只能维持有限的工业规模、有限的运输与服务规模，因而只能提供有限的粮食等生活资料，养活有限的人口，这就出现能源量决定人口量的问题，即所谓"以能定口"。一旦出现"以能定口"，人类的生产与生活方式将发生重大转折或转型，并可能有不同的演化路径。

创新点 4：中国煤炭需求增长极限及其调控。煤炭需求增长极限是本书的核心问题之一，它与煤炭产量增长极限问题相对应，具有对立统一的关系。在关于经济增长与煤炭需求关系研究的文献中，大部分学者认为这二者之间仅存在线性关系，而事实上经济中的生产和消费活动的结构变化有可能会改变经济发展水平从而使煤炭消费与经济增长之间呈现类似库兹涅茨曲线的非线性关系；大多数学者将经济发展作为重要的解释变量，但较少有人纳入其他重要的解释变量；在研究方法上，大多数研究者采用时间序列分析方法，少数学者使用面板数据静态回归技术研究煤炭消费与经济发展水平的长期和短期因果关系。本书利用面板数据的相关理论和模型建立起煤炭需求与经济发展的库兹涅茨曲线模型，并将工业化和城市化两个重要因素（即解释变量）引入模型，以对中国工业化和城市化进程中的煤炭库兹涅茨曲线进行研究。回归结果表明，中国工业化、城市化进程推动了煤炭需求快速增长，其中工业化对中国煤炭需求的作用远大于城市化，这意味着中国工业化水平的加快是引起煤炭消费增长的主要原因，城市化水平则次之。煤炭消费量随着人均 GDP 的增长，先增加后减少，说明我国煤炭需求与经济增长之间的库兹涅茨特征明显，能源库兹涅茨的"倒 U 形"曲线假说在中国成立。模型显示，煤炭需求下降的理论拐点在 2040 年前后。考虑到各项制约因素的作用，中国煤炭年需求量实际上已经达到整个经济环境与生态环境所能容纳的增长极限，因此，应采取各种有效的调控措施，严格控制煤炭需求量的上升，促使库兹涅茨曲线拐点提前到来。

创新点 5：中国煤炭产量增长极限（峰值）研究。中国煤炭产量增长极限或煤炭产量峰值的研究是本书的又一核心内容。而关于这一问题的研究，仅有的几篇文献所做的预测并不准确，主要原因是历史数据欠准确；各种影响因素考虑得不全面；仅提供模型演算所得出的结论，既没有根据各种影响因素的作用进行科学的分析，也没有根据储量的变化进行敏感性分析。本课题使用 Logistic 曲线模型，预测的结果是中国煤炭产量的理论峰值是 49.66 亿吨，将在 2018 年前后达到这一峰值，之后产量将逐渐下降，山西、陕西和内蒙古三大煤炭产区的煤炭产量峰值依次出现在 2022年、2020 年和 2026 年前后，峰值出现的时间都晚于全国煤炭产量峰值出现的年份。但是，Logistic 曲线模型是一个纯理论产量模型，并未考虑经济周期、市场因素、价格因素、政策改变以及其他因素的影响，因此也可以看作一个静态模型，该模型的预测结果只是一个纯理论、静态的峰值，具有参考价值，反映了煤炭作为一种不可再生资源，其生产量必将经历一个达到峰值后再开始下降的过程。在实际中，结合各种经济因素作用的分析，49.66 亿吨的峰值产量及出现的时间实际上不会达到。考虑到各种影响因素的作用，中国的经济系统和环境已经无法承受煤炭消费量和产量的不断攀升，更无法承受 49.66 亿吨的煤炭产量峰值的天量。因此，应采取有效的措施控制煤炭产消量的攀升，延长煤炭使用年限，建立有效的煤炭供求平衡的调控机制，实现煤炭资源的可持续利用与国民经济的可持续发展。

创新点 6：中国煤炭资源最优消耗路径研究。煤炭作为一种可耗竭资源，在开采过程中必须兼顾环境保护和代际公平原则，并需实现社会效用的最大化。本书从社会效用最大化的角度，参考 Hotelling 可耗竭资源理论，建立最优控制模型，研究我国煤炭资源的最优消耗时间路径。通过对以往文献的梳理发现，有关煤炭资源的最优消耗路径的研究非常少，而之前有关可耗竭资源的研究多是通过建立动态优化模型分析储量不确定、不同承载能力和税率变动等对可耗竭资源开采速度和可持续利用的影响，缺少对可耗竭资源做最优消耗路径的具体数值的实证研究。因此，本书结合前人的研究成果，建立最优控制模型，搜集相关数据，定量分析中国煤炭资源的最优消耗时间路径，明确指出中国目前煤炭资源消耗方式与最优消耗路径的偏离程度，证明了中国煤炭年度消耗量远远超过最优消耗路径，因而应采取有效措施控制煤炭消耗量，使实际煤炭消耗的时间路径逐渐靠近最优消耗路径。在具体的调控对策上，考虑到要使实际煤炭消耗逼近最优消耗路径，不可能在几年内实现，而是一个长期渐进的过程，因而每年煤炭消费量的减少幅度应大于最优路径本身的减少幅度，从而使实际消耗路径与最优消耗路径相衔接。

创新点7：民众能源问题政策倾向调查与民众的核能态度及其影响因素实证研究。基于民众对能源政策倾向的系统问卷调查研究，国内目前还没有人做过。本书对民众对能源问题的关心程度、民众对能源知识的了解程度、民众对能源问题的看法、民众对居民用电问题的反应和民众对核能的态度五个方面的问题进行了系统的调查，并完成了一个有关能源公共政策的调查报告。在此基础上对民众的核能态度及其影响因素进行了深入的实证研究发现，我国民众的核能接受度较高，对核能的安全性总体持乐观态度，对待核能的发展能够保持一定的理性，但是民众从不同角度或不同层面看待核能问题会产生差异化的结果。进一步通过实证研究发现，人口统计学特征中的性别、年龄、收入可以显著地影响民众的核能态度，能源知识的增加可以显著地提高民众对核能的支持度。除此之外，民众的风险和收益比较也会影响其核能的态度，当民众意识到核能的收益大于风险时，对核能发展的支持度会进一步提高。通过与国外的研究相比较，可以得到一些与国外不同的重要信息和结论。

创新点8：煤炭资源的可持续利用问题的研究。该问题的研究从国内和国际两个层面展开。从国内层面来看，煤炭资源的可持续利用，既要立足于市场机制，又要加强人类对该问题的长远认识，政府的积极调控与社会意识的导向均十分重要。本书对建立煤炭供求平衡长效调控机制问题（如调控的原则、调控的指标、调控的目标、调控的内容和方法）进行了系统的论述。以煤炭资源的可持续利用作为调控目标，而将调控的内容及手段设立四个层面或四个子系统。第一调控层面包括两个方面：一是对国内煤炭产消总量的调控，二是对国际煤炭市场的调控。第二调控层面是对国内煤炭产消总量的调控，包括需求端和供给端的调控两个方面。第三调控层面是对需求端调控的深化，包括直接调控和间接调控两个方面。第四调控层面是将直接调控划分为纵向调控和横向调控两个方面，二者交叉进行，形成一个高效的调控系统。从国际层面来看，煤炭资源的可持续利用依赖于稳定的国外煤炭资源的供给，因而需要构建持续、稳定、安全的煤炭进口国别体系。从 2009 年开始中国成为煤炭净进口国，因而关于煤炭进口方面的文献研究很少。本书则对煤炭进口问题进行了系统的研究，对当前中国煤炭进口国别体系或进口国别结构的不稳定性或不可持续性进行了分析，并提出中国煤炭进口国别选择的三项原则：一是该国的煤炭可供量（包括储量、储采比），二是进口价格（进口成本），三是该国的经济政策。根据这三项原则来确定具有潜力且进口成本低廉的煤炭进口国家，因而提出构建持续、稳定、安全的煤炭进口国别体系的设想，即把中国的煤炭进口国别体系划分为三个板块或三个子系统：一是东南亚—太平洋煤炭进口体系，包括印度尼西亚、澳大利亚和越南三个煤炭出口大国，并可向菲律宾、马来西亚等具有潜力的国家扩张，这一进口体系构成当前中国煤炭的主要进口来源，因此要重点维持；二是东北亚煤炭进口体系，包括俄罗斯、蒙古国和朝鲜三国，这是煤炭储量非常大的地区，也是距离中国最近，运输距离最短、运输成本最低的地区，目前从这三国进口的煤炭仅次于东南亚—太平洋煤炭进口体系，而更为重要的是这一地区是煤炭密集区，是煤炭开发潜力最大的地区，因而也是中国目前重点开拓的地区；三是远洋煤炭进口体系，包括美国、加拿大、南非，以及南美一些国家，这些国家与我国的距离遥远，运输成本较高，可列为未来开拓的煤炭进口国。

五　不足之处

在研究过程中，我们力求严谨，精益求精，但由于客观条件和自身能力的限制，必然有一些不足之处，主要表现在以下方面。

第一，本书着重探讨煤炭供求的数量或总量，对煤炭质量与品种考虑和分析得较少。煤炭的种类相对于其他能源资源来说更加繁多，而且种别之间的能量或热值相差很大，例如，褐煤和无烟煤如果在同样的质量情况下，含热量差异很大。考虑到深入煤炭质量与品种上的研究，工作量太大，在数据与资料获取上难度也很大，而且在所涉及的相关政策的研究上，总量研究基本能够反映煤炭供求方面的问题，因此，本书只做了煤炭总量上的分析和研究。

第二，数据的选取存在一定的缺陷。本书的数据来源主要是国内的各种年鉴和《BP世界能源统计年鉴》，不同来源的数据有时会出现一些出入或差异。我们在数据的辨别与取舍上往往根据自己的经验和逻辑判断，这种取舍方式也不一定准确无误，因而可能会影响到数据分析的结果。除此之外，很多具有价值的数据无法获取，只能放弃一些内容的分析。例如，在中国煤炭产量峰值的计量研究上，我们查阅了大量相关的统计数据，但由于剩余煤炭储量的数据一直没有得到及时更新，因此本研究采用煤炭基础储量代替剩余煤炭储量。但是，并不是所有煤炭基础储量都能全部开发，因此上述结论应该被视为煤炭产量峰值的大致上限，或理论的上限。随着日后数据统计工作的逐渐完善，我们将会在这一领域做进一步的研究。

第一篇
理论基础

21 世纪是人类经济发展、科学技术与资源环境发生重大转折的世纪，汇集着各种学说、观点之争。在这转折前夕、混沌迷惘的时代，需要有理论的创新，思想的超越，为人类拨开迷雾，看清未来，实现平稳、和谐的过渡、转型。现有理论已经显现不足，或者本身存在错误，需要重新构建，创立新的理论体系。人类的发展总是经历由实践到理论，再由理论指导实践的无限的循环、往复，一代人需要站在前人的肩膀上，开阔视野，进行理论的创新和思想的超越。本篇是本课题的理论基础，所有的"理论创新"和"思想超越"全部集中在本篇。煤炭问题的研究涉及诸多理论，不能就事论事，需要在一个理论框架中展开论述，本篇提供了一个研究煤炭问题的理论框架。

首先，在本书所涵盖的理论框架之下，最为重要的理论基础是可持续发展理论。由于煤炭的开采、生产与使用过程必然要产生一系列的"外部性"，对生态环境产生一定的污染或破坏，因此，煤炭问题与可持续发展问题密切相关，可持续发展理论也就成为本书最为重要的基础理论。此外，煤炭作为一种不可再生、可耗竭的能源，其本身的可持续利用问题也是整个经济可持续发展的重要基础和内容。鉴于此，我们在探讨煤炭问题时，就不能就煤炭而谈煤炭，而应跳出煤炭本身，从更高的视野来审视可持续发展理论，通过对理论的完善而达到进一步指导实践的效果。反思现有的可持续发展理论，存在一定的缺陷、混乱和不足。因此，我们的研究首先是对可持续发展理论进行反思与重构。

其次，本书的核心问题之一是煤炭产量增长的极限，因而增长极限的理论也就成为本课题重要的理论基础。但是，从能源供求关系演变、化石能源的枯竭趋势和新能源的发展形势来看，现有的增长极限理论并不能完全解释未来能源领域的重大转型问题，因此我们提出新的理论——"以能定口"理论来分析和预测未来能源领域的重大变化及其所推动的人类社会的转型。

再次，环境库兹涅茨"倒 U 形"曲线理论与本书有直接关系，即本书要直接使用这一理论及其方法来对煤炭需求及其变化规律进行一些具体的研究。因此，本篇将对这一理论基础进行扩展性的研究、概括、分析和评价。

最后，随着国内煤炭资源的日趋枯竭，为了实现煤炭资源的可持续利用，维持稳定的煤炭进口及推动煤炭产业"走出去"战略势在必行。而煤炭产业的国际化战略是整个国家国际化战略的组成部分，但在当前十分复杂的国际环境之下，特别是在中美博弈问题日趋激烈的情况下，中国的国际化战略面临着新的挑战。因此，本书的研究涉及大国博弈理论，而当前学界所重点讨论的"修昔底德陷阱"理论并不能完全解释当前的中美博弈，所以我们提出"二维博弈"到"三维博弈"的理论创新，用新的理论来推导出中国逆境制胜的战略组合，而能源或煤炭的国际化战略就包含在这一战略组合之内。

其他如化石能源峰值理论、Hotelling 可耗竭资源的最优开采理论等均与本书有直接的关系，将分别在相关各章中加以引用、介绍和评价。

第二章

可持续发展理论的反思与重构

——对"行星托管理论"和"代际多数理论"的颠覆

可持续发展理论，顾名思义，其核心是"持续"，而"持续"必然要涉及未来，因此，可持续发展理论所要解决的核心问题是未来的问题，并在研究和解决当前问题时着眼于对未来的影响，或者说就是研究如何处理当前与未来之间的矛盾的理论，实质上就是研究如何处理当代人与后代人利益关系的理论。立足当前，展望未来，创造美好的未来是可持续发展理论的基本思想。关于世界未来问题的研究，寻找当前经济活动对未来的影响，探索通向未来的规律，前人已经做了大量研究，为我们提供了一些宝贵的理论基础和解决问题的思路，同时，也遗留了一些有待我们思考及进一步发展与完善的问题。

从 20 世纪 60 年代开始，人们认识到可持续发展的重要性。随着学者对资源与环境问题的深入研究以及资源与环境形势的日益恶化，国际社会对可持续发展基本上达成共识，并在联合国的倡导下，将可持续发展问题纳入了国际社会议程。虽然世界各国、国际社会在改善自然环境方面做出了很大的努力，也取得了一定的成果，但并未从根本上改变资源与环境形势恶化的趋势。而在国际合作方面，也产生了一些重大分歧，有些发达国家不愿承担责任，或在碳排放方面与发展中国家讨价还价，使得近年来国际气候变化大会成为各国之间（主要是发达国家与发展中国家之间）利益博弈的场所。实际上，留给人类的时间已经不多，例如，石油这一重要的不可再生能源的耗竭也只有几十年的时间，而这几十年在人类的历史长河中也只是短短一瞬。虽然美国页岩油气的开发暂时增加了世界油气资源的供给，但由于页岩油气较高的开采成本和环境风险因素的存在以及其本身的可耗竭性，并不能改变石油资源枯竭的趋势。当前国际石油价格低迷、石油供给似乎十分充足的现象只是一个表象，在深层次之下的石油短缺问题并未根本解决。此外，在过去的几十年中，碳排放的累积，在温室效应、全球变暖的作用下，极端天气不断爆发，还有可能爆发的突发性环境灾难，可持续发展问题的国际合作变得越来越迫切。然而，反思现有的可持续发展理论，却没有一个系统而又完善的理论架构，显得支离破碎，这样的理论用于指导实践必然要产生盲目性。可持续发展理论的核心就是如何处理当代人与后代人之间的关系，而行为主体却只能是当代人。那么，当代人的权利是什么？责任是什么？当代人该做什么？能做什么？现有的理论并未阐述清楚，要么唱高调，要么缺乏逻辑性。因此，我们需要重新认识可持续发展理论，反思现有理论存在的缺陷与不足，重构新理论，从而对人类的行为提供科学、有针对性、切合实际的指导。

一　可持续发展理论的提出背景、过程及存在的问题

自工业革命以来，世界经济总体上一直处于快速发展的进程中，并在工业文明的推动下世界经济总量不断上升，人类的物质与精神生活也在不断丰富、不断发展。然而，到了 20 世纪五六十年代，全球性的环境污染日趋加重，种种始料未及的与工业文明相关的环境问题促使人们开始对工业文明进行反思，开始调整长期支配人类行为的各种打着工业文明烙印的观念和思想，并对传统意义上的以追求 GDP 增长为目标的发展模式产生怀疑，以 GDP 为核心的传统固有的思想观念和思维方式因而也面临挑战。这些意识的转变，标志着人们以更长远、全面的目光来审视经济增长与生态环境之间的关系，并认识到单纯地追求经济增长的理念把经济、社会与

环境完全割裂开，是一种急功近利的不可持续的增长模式，由此，可持续发展作为一种新型发展观不断发展壮大，在国际社会中的影响力也不断增强。

可持续发展理论的出现与发展有一个长期的过程，并以各种文献、著作、报告的发表标志着人们对可持续发展理论认识的进步，现将几个具有代表性的文献和理论简介如下。

（一）《寂静的春天》

1962 年，美国海洋生物学家 R. 卡逊（1979）出版了《寂静的春天》一书，论述了杀虫剂对鸟类以及生态环境产生的危害，提出了人类应该与大自然的其他生物和谐共处，共同分享地球的思想。这一观点唤起了人类对生态环境问题的关注，并在全球范围内引发了公众对于发展观念的争论，由此，生态环境问题从一个边缘性的问题开始走向世界经济、政治议程之中。

（二）《增长的极限》

1972 年，一个由学者组成的非正式国际协会——"罗马俱乐部"发表了题为《增长的极限》（梅多斯，1984）的报告。这份报告深刻地阐述了自然环境的重要性以及人口和资源之间的关系，报告建立了一个包括世界环境污染、资源消耗、粮食生产、工业发展以及人口增长五项基本要素的数学模型，并根据此数学模型预言，地球资源的耗竭、粮食的短缺以及生态环境的污染和破坏将会导致全球的增长在下个世纪某时段达到极限。源于这种"增长的极限"的危机，"可持续发展"一词在 20 世纪 80 年代逐渐成为经济与社会发展的主流思想。

（三）行星托管理论

1984 年，美国学者爱迪·B. 维思（Edith Brown Weiss）在早先由塔尔博特·R. 佩奇（Page，1977）提出的社会选择和分配公平（即当代人和后代之间的福利和资源分配问题）理论基础上，系统地提出并阐释了代际公平理论，即所谓的"行星托管理论"。该理论指出，人类的每一代人都是后代人地球权益的托管人，并提出实现每代人之间在开发、利用自然资源方面权利的平等。她提出的代际公平由三项原则组成：①选择原则，即每一代人既应为后代人保存自然和文化资源的多样性，以避免不适当地限制后代人在解决他们的问题和满足他们的价值时可进行的各种选择，又享有拥有可与他们的前代人相对应的多样性的权利；②质量原则，即每一代人既应保持地球生态环境的质量，以便使它以不比从前代人手里接下来时更坏的状况传递给下一代人，又享有前代人所享有的那种生态环境质量的权利；③接触和使用原则，即每一代人应对其成员提供平等的接触和使用前代人遗产的权利，并为后代人保存这项接触和使用的权力。代际公平理论为可持续发展提供了重要的理论基石（Weiss，1984）。

（四）《我们共同的未来》

1987年，世界环境与发展委员会（1997）在题为《我们共同的未来》的报告中正式提出了可持续发展模式，并且明确阐述了"可持续发展"（Sustainable Development）的概念及定义，即"可持续发展是既要能满足当代人的需要，又不对后代人满足其需要的能力构成威胁"，换句话说，可持续发展就是在不危及后代人需要的满足的前提之下，寻求满足当代人需要的发展模式。

（五）历届国际环境与发展大会的纲领性文献

进入20世纪90年代以后，可持续发展问题正式进入国际社会议程。1992年，在巴西里约热内卢举行的联合国环境与发展大会上，可持续发展得到全球广泛共识以及最高级别的政治承诺，这在可持续发展思想形成历程中被认为具有十分重要的国际化意义。这次会议通过了《里约环境与发展宣言》（*Rio Declaration*），又称《地球宪章》（*Earth Charter*）、《21

世纪议程》等 3 个文件，以及共同签署了《联合国气候变化框架公约》等纲领性文件。1994 年，联合国世界人口与发展会议通过了《行动纲领》，确定了未来 20 年世界人口发展的战略目标。1995 年，哥本哈根世界首脑会议通过了《哥本哈根社会发展问题世界首脑会议行动纲领》，该纲领建议在一个可持续发展以及持续经济增长的框架内采取行动，创造一个有利于经济社会发展的国际和国内环境。1997 年 12 月，《联合国气候变化框架公约》第 3 次缔约方会议在日本京都通过了《联合国气候变化框架公约的京都议定书》（以下简称《京都议定书》），其目标是将大气中的温室气体含量稳定在一个适当的水平，进而防止剧烈的气候改变对人类造成伤害（并于 2011 年 12 月 11 日，在南非举行的《联合国气候变化框架公约》第 17 次缔约方会议最终通过决议，建立德班增强行动平台特设工作组，决定实施《京都议定书》第二承诺期并启动绿色气候基金）。2002 年，在南非约翰内斯堡举行的联合国可持续发展世界首脑会议是继里约会议后关于可持续发展理论最为重要的一次会议，该会议就世界可持续发展现状、问题以及解决方法进行了讨论，并通过了《可持续发展世界首脑会议执行计划》以及《约翰内斯堡可持续发展宣言》，正式描绘了保护环境，拯救地球的全球可持续发展的行动蓝图。上述会议均把可持续发展作为重要议题，并把环境和发展紧密联系在一起，明确地提出了可持续发展战略构想，并试图将这一战略付诸全球行动中。此后，联合国又举办过多次国际性环境与发展大会，这里不再一一叙述。

以上可持续发展思想、纲领和行动规划的形成，其意义在于人类对自身的发展、自身前途、未来命运及其所赖以生存的环境关系进行了最为深刻的认识和反省。可持续发展模式亦成为发达国家与发展中国家均在为之努力争取实现的目标。发达国家和部分发展中国家先后提出了适合自身国情的"行动纲领"或"21 世纪议程"，虽然各个国家的侧重点有所不同，但不约而同地强调了要在保持经济和社会快速发展的同时注重生态环境的保护。但是，从具体实践来看，可持续发展各项措施的推行及各国行动的协调又面临着诸多困难与挑战。现有的可持续发展理论虽然为人类的未来提出或设计了一个美好的愿景或蓝图，但从实际情况来看，这一美好愿景或蓝图似乎又是可望而不可即的。无论是当代人类之间、国与国之间还是代与代之间，都很难甚至无法按照现有的理论所提出的愿景来实现可持续发展。联合国、世界各国均在为人类的可持续发展不断做出努力，通过召开世界大会，制定章程和规则以约束各国的经济行为，但产生的实际效果十分有限。《京都议定书》作为人类第一部限制各国温室气体排放（碳排放）的国际法案，当它推出之时，曾给人类未来环境的改善带来了希望，但十多年过去了，作为主要碳排放源的发达国家，要么拒绝签署该协定书，要么没有遵守承诺，世界温室气体排放的控制几乎成了"画饼"。而此后召开的历届国际气候变化大会，基本上成了一个讨价还价的场所，各国为各自的利益而进行博弈，突出表现为发达国家与发展中国家之间的矛盾和博弈。有鉴于此，我们还需从可持续发展理论本身探求问题产生的根源。

现有的可持续发展理论主要来自两个方面：一是学者的研究，二是联合国及社会组织的研究报告。这些报告提出了问题，收集了数据，发出了倡议，但就理论体系来说，并不完整，显得支离破碎，而学者的研究也缺乏一个严密的理论架构。这样的理论用于指导实践必然要产生盲目性。可持续发展理论的核心是公平，强调公平理念（即代内公平和代际公平），要求在当代和代际的时空范围内对公平进行重新理解与落实，但恰恰在代内公平与代际公平的理论的阐述与构架方面很不完善，并存在漏洞，从而造成了整个理论基础的支离破碎。涉及可持续发展的行为主体只能是当代人，而当代人的权利是什么？责任是什么？当代人该做什么？能做什么？现有的理论并未阐述清楚，甚至推导出错误的结论，从而使人类在处理未来发展问题上产生方向上的困惑与错误。

下面分别从代内公平与代际公平两个核心内容加以论述。

二　代内公平理论的反思与重构

代内公平是同代人之间的横向公平，是可持续发展公平原则在空间维

度的要求，其主要体现在国与国之间的公平。各国内部公民的公平，随着
各国法律的不断健全和完善而自行解决，而国与国之间的公平问题是国际
社会所面临的需要研究与解决的问题，也是当前可持续发展理论以及国际
社会实现可持续发展过程中所面临的核心而关键的问题，并且，代内公平
是实现代际公平的基础，代内公平问题必然要对代际公平问题产生深远的
影响。因此，当前有关可持续发展问题的焦点和挑战实际上仍然集中在代
内公平问题上。

（一）代内公平概念及理论的回顾

1987 年世界环境与发展委员会发表的《我们共同的未来》对可持续
发展的定义只涉及代际公平，而未提及代内公平。虽然这一阐述提到了当
代人的需要，但未就当代人在满足需要过程中所产生或存在的公平问题加
以限定或概括。但在 1992 年召开的联合国环境与发展大会上，代内公平
被列为大会主题之一，也被许多国际条约和文件认可。这次会议通过的
《里约环境与发展宣言》，目标是通过在国家、社会重要部门和人民之间
建立新水平的合作来建立一种新的和公平的全球伙伴关系。大会通过了
27 项涉及环境与发展的原则，其中，"原则 3" 又进一步强调了代际公平
的原则："为了公平地满足今世后代在发展与环境方面的需要，求取发展
的权利必须实现。"[1] 而 "原则 2" "原则 5" "原则 6" 涉及了代内公平问
题，可以归纳为以下几点。

第一，原则 2 强调了各国开发自己的资源的权利和责任，反映了国与
国之间的公平关系："根据（联合国宪章）和国际法原则，各国拥有按照
其本国的环境与发展政策开发本国自然资源的主权权利，并负有确保在其
管辖范围内或在其控制下的活动不致损害其他国家或在各国管辖范围以外
地区的环境的责任。"[2]

---

① 《里约环境与发展宣言》，http：//www.china.com.cn/chinese/huanjing/320117.htm。
② 《里约环境与发展宣言》，http：//www.china.com.cn/chinese/huanjing/320117.htm。

第二，原则5进一步强调了消除贫困、缩小贫富差距及满足世界上大多数人的需要这一涉及代内公平的具体而又关键的问题："为了缩短世界上大多数人生活水平上的差距，和更好地满足他们的需要，所有国家和所有人都应在根除贫穷这一基本任务上进行合作，这是实现可持续发展的一项不可少的条件。"[①]

第三，原则6则更进一步强调了发展中国家的利益："发展中国家，特别是最不发达国家和在环境方面最易受伤害的发展中国家的特殊情况和需要应受到优先考虑。环境与发展领域的国际行动也应当着眼于所有国家的利益和需要。"[②]

国内学者也对代内公平问题进行了研究，王曦（1998）认为，代内公平是指，代内所有的人，不论其国籍、种族、性别、经济发展水平和文化等方面的差异，对于利用自然资源和享受清洁、良好的环境享有平等的权利。曾建平（2004）认为，同一代人要公平地享用资源，共同地保护生态，合理地承担责任，合适地取得补偿。潘玉君等（2005）认为：代内公平，是一代人中一部分人的发展不应当损害另一部分人的利益，就是在一个国家内，地区利益服从国家利益；在国际范围内，国家利益服从全球利益。它要求在区域内部和不同区域间从成本收益的角度实现资源利用和环境保护两者的公平分配和负担。他们还认为，代内公平是指在机会选择和结果占有上满足整代人的需要，具有三层含义：一是全人类都有机会选择与结果占有上的公平性，都有生存与发展权利的公平性；二是地域间机会选择与结果占有的公平性；三是代内人群内部的公平。杨成湘和赵建军（2008）认为，代内公平是实现代际公平的基础和前提，并更具有现实性和紧迫性。代内公平问题将会以各种形式来影响代际公平。代内不公平会传输给下一代。

---

① 《里约环境与发展宣言》，http://www.china.com.cn/chinese/huanjing/320117.htm。
② 《里约环境与发展宣言》，http://www.china.com.cn/chinese/huanjing/320117.htm。

（二）对代内公平的各种观点的评析

《里约环境与发展宣言》明确提出了代内公平的一些原则。这些原则实际上是一些倡议，对世界各国的行为并没有约束力，并且也不是一个有关可持续发展的理论体系。国内学者在此基础上做了进一步研究，但也不够完善，有些思想脱离实际。如果一个理论只能是一个美好的愿望，但在实际中却可望而不可即，这一理论也就失去了存在的价值。

1. 关于对工业化的反省

端正对工业化的态度是可持续发展理论构建的前提。毋庸置疑，资源与环境问题的出现与工业化过程直接相关，正因为如此，从可持续发展理论出现之初到现在都在反映人们对工业化的反思，甚至否定，有些人面对当前污染的环境甚至开始留恋农耕时代。因此，可持续发展问题绕不开工业化问题，而问题的核心是人类该不该走工业化道路。我们认为，人类选择了工业化道路有其合理性和必然性，而农耕时代不值得留恋。农耕时代生产力低下，商品短缺，人类抵抗自然灾害的能力弱小，对于广大百姓来说，苦多乐少。生产力水平的低下导致各种社会矛盾层出不穷，连年战乱，社会处于分久必合、合久必分的历史循环中，太平盛世少，灾难困苦多。而工业化为人类带来了高度物质文明和精神文明，使人类的生活水平达到空前的高度。虽然农耕模式可以无限循环下去，不会发生资源与环境的危机（战争和瘟疫可以使人口维持在一定的生产力水平之下的资源与环境容量之中），但人类已经进入工业文明之中，这是一个不可逆的过程或趋势，人类已经离不开工业文明之下的生产与生活方式。当人们在对工业化进行反思时，不应对其采取否定的态度，更不应忽视工业化给人类带来的巨大福利。只有在工业发展进程中寻找可持续发展之路，探求工业化与资源、环境之间的协调及最佳组合，才是现实可行的道路。

因此，当谈到自然环境问题时，必须与一定的经济发展水平相联系。脱离了经济发展水平和工业化程度来谈美好的环境则是毫无意义的。对于农耕时代的人民或现在的原生态居民来说，他们当然可享受良好的空气，美丽的山川，但是，他们享受不到工业文明所带来的福利，而且这些清洁的空气和河流并不珍贵，就像海边的沙子，人们可随意获取。

2. 关于自然资源与环境的利用和享有上的公平性

例如，王曦（1998）的观点，即代内所有的人，不论其是否在国籍、种族、性别、经济发展水平和文化等方面存在差异，都拥有平等地利用自然资源和享受清洁、良好的环境的权利。这只能是空想，人类显然是做不到的，因为其脱离了当前世界政治、经济体制格局的基础。由于世界各国在经济发展水平、资源与环境的占有上已经不在同一起点，特别是资源与环境的分布在各国间本身就是不均衡的，因此，资源与环境的公平利用和公平享有实际上是不存在的。而把当代人做不到的事列为争取实现的目标，就会产生方向上的错误，甚至会产生负面效应，即国与国之间的矛盾与冲突。

第一，关于自然资源占有方面的不均衡。人类有史以来就是"靠山吃山，靠水吃水"，这与其居住地自然环境密切相关。其居住地有了山或水，就能够开发和享用山或水中所蕴藏的资源。在国家形成之后，这些资源就由国家及其国民来开发和享用。这也就形成了国家的自然资源禀赋。由于各国自然资源禀赋不同，有些国家自然资源丰富，有些国家自然资源贫乏，不同国籍的人们在享受自然资源的福利方面就不可能有"平等的权利"。对于那些资源贫乏的国家来说，要想获得并享用自己国土没有的自然资源，必须更加勤奋，加倍努力，提升自己的创新能力、产品研发与生产能力和出口创汇能力，并通过出口自己研发和生产出来的优质产品来换取资源，而这些出口产品凝结着他们的辛勤劳动和汗水，并且，随着资源需求量的上升，资源价格也不断高涨，这些国家及其国民为了获取资源将会付出更高的代价。而资源贫乏的国家及其国民如果不能做到更加勤奋，加倍努力，没有创新能力和出口创汇能力，就无法享用资源，也无法实现发展。因此，国与国在资源的占有和享用上没有公平或平等可言。

第二，关于自然环境占有方面的不均衡。如前所述，当谈到自然环境问题时，必须与一定的经济发展水平相联系。脱离了经济发展水平和工业化程度来谈美好的环境是毫无意义的。就这一意义来说，各国对自然环境的占有起点是不一样的，也无法实现公平、平等。发达国家已经完成了工业化，享受了最优越的工业文明成果，同时，拥有很高的环境治理技术，并将高能耗、高污染的工业转移到发展中国家，因此，这些国家及其国民既享受工业文明的成果，又享受良好的自然环境——鱼与熊掌兼得。而发展中国家工业发展水平参差不齐，有的尚未进入工业化，有的处在工业化初期，有的处在工业化的中、后期，因此这些进入工业化进程的发展中国家的自然环境也要受其工业化程度、工业环境、工业结构等因素的影响而无法达到发达国家的环境状况。不同国籍的公民，如中国人，即使能够享用与美国人同等的工业文明所带来的福利，也无法享受与美国人相同的自然环境。因此，国与国在自然环境的占有和享用上也没有公平或平等可言。发展中国家要想既走工业化道路，又能获得美好的自然环境，需要立足于自身的努力，而发达国家也应在环境治理技术上给予必要的支持。但是，发展中国家向发达国家提出享受环境平等是不现实的，因为发达国家正是以环境为借口来抑制发展中国家的发展，限制发展中国家的工业化进程。实际上，对于发展中国家来说，争取生存与发展权利的公平性更加切合实际，更具有现实意义。

3. 关于人类机会选择与结果占有上的公平性

潘玉君等（2005）提出的代内公平，是指在机会选择和结果占有上满足整代人的需要，即全人类都有机会选择与结果占有上的公平性。机会选择与结果占有上的公平性，要分国家内部和国际两个层面。从国家层面上来说，大多数国家有其自身的法律，以保证每个公民在机会选择与结果占有等个人权益上的公平性。各国法律的完善程度可能不一致，有待于各国自主加以完善，因此，各国国内公民机会选择与结果占有的公平性，这里不再探讨，而关键问题在于国家间的公平性。有关各国发展方面的公平性，有关国际法则还有待进一步完善，《里约环境与发展宣言》中的 27 项原则只是一个大的框架，而且也只是宣言或倡议，没有法律约束力，因而有着理论研究的空间。我们认为，国际的代内公平的核心是各国生存与发展权利的公平性，这也是代内公平的基础。人类机会选择和结果占有上的公平性最终要落实到生存与发展权力上的公平性。抛开生存与发展权利的公平性来谈环境问题毫无意义，如前所述，脱离了经济发展水平、工业化程度来谈美好的环境也是毫无意义的。有鉴于此，下面我们对可持续发展中的代内公平理论进行重构。

（三）代内公平理论的重构

通过对上述代内公平的各种理论和观点的阐述和评析，我们认为，可持续发展中的代内公平是指世界各国在生存与发展上的公平性，各国在发展道路选择上的公平性和自主性，各国在享受国际化、全球化成果上的公平性，各国在环境责任分担上的公平性，各国在资源与环境保护上做出的贡献应享有来自国际社会的公平补偿或回报。由此，我们提出代内公平的五项原则。

1. 生存与发展公平性原则

生存与发展公平性原则是代内公平的基础。人们对清洁空气、洁净水源、美好山川等自然环境的享有必须是建立在一定的经济发展水平之上的，而不是在经济欠发达、商品短缺、生活贫困之下来享有这些美好环境。《里约环境与发展宣言》中的原则 6 强调，发展中国家，特别是最不发达国家和在环境方面最易受伤害的发展中国家的特殊情况和需要应受到优先考虑。环境与发展领域的国际行动也应当着眼于所有国家的利益和需要。但这仍然不够，欠发达国家、发展中国家还应享有发展权与不断改善本国公民物质生活与精神生活的权利，并且在经济发展上拥有赶超发达国家的权利。在这一方面，国与国之间平等，发达国家也应给予尊重与支持。

2. 发展道路选择上的公平与自主原则

各国在生存与发展上的公平性具体体现在各国发展道路选择上的公平性和自主性。各国有权根据自己的国情、资源禀赋、基础条件选择自身的发展道路，制定自身的工业振兴计划与经济发展战略。其中一个重要内容就是是否走工业化道路。若走工业化道路则必然要对自然环境产生"外部性"，即"三废"和碳排放，但应通过工业的适度发展及环境治理技术的改善来达到对"外部性"的控制，而不能限制发展中国家发展工业。对于那些具有良好旅游和文化资源的小国来说，它们可以放弃工业化道路，通过发展第三产业来实现国民经济的发展和人民生活水平的提高，那些国土面积较大、人口较多的发展中国家则需要完成本国的工业化来实现经济发展和人民生活水平的提高，并缩小与发达国家的差距。缩小贫富差距在《里约环境与发展宣言》中的原则5中已加以强调。

3. 全球化规则制定的公平原则

当今世界已经进入国际化、全球化时代，各国可根据本国国情、资源禀赋、基础条件来实行对外开放，积极融入国际化、全球化潮流之中，从而分享国际化、全球化所带来的成果和福利。发展中国家若采取闭关锁国的政策，置身于国际化、全球化浪潮之外，则必然会拉大与发达国家之间的差距，但参与国际化、全球化的发展中国家往往亦面临风险，甚至不能实现发展，也不能缩小与发达国家的差距。由于发展中国家自身条件的限制，它们在全球化产业链的分工中只能从事工业产品的生产环节，并且大多是高耗能、高排放的产业或技术水平低的劳动密集型产业，其在工业化、全球化道路上所付出的资源成本与环境成本是巨大的。此外，发展中国家在全球化产业链中只能进入低端领域，产品科技含量低、附加值低、投资回报低，发达国家则占据了产业链的高端领域，产业链的利润大多由发达国家获取，从而造成国家间贫富差距仍在扩大。因此，在国际化、全球化的规则制定中，应继续强化对发展中国家的支持和帮助，努力保证发展中国家公平地享有国际化、全球化的成果，这样才能实现可持续的国际化、全球化。

4. 消费环节分摊原则

世界各国既应享有公平的发展权益，同时也要承担相应的责任。国家之间的经济发展、资源开发等活动不能以邻为壑，一国不能向他国进行"环境倾销"，不能对其他国家或地区造成环境危害，更不能以损害彼此发展能力为代价，这在《里约环境与发展宣言》中的原则 2 中已加以强调。其中的原则 7 进一步说明了各国应承担的责任："各国应本着全球伙伴精神，为保存、保护和恢复地球生态系统的健康和完整进行合作。鉴于导致全球环境退化的各种不同因素，各国负有共同的但是又有差别的责任。发达国家承认，鉴于他们的社会给全球环境带来的压力，以及他们所掌握的技术和财力资源，他们在追求可持续发展的国际努力中负有责任。"① 但是，如何具体确定各国的环境责任，特别是发展中国家与发达国家应承担的环境责任，目前仍是个挑战。其中的关键问题是排放责任是在生产环节还是在消费环节分摊的问题。发展中国家作为"世界工厂"，主要从事工业生产活动，因而产生的排放也集中在这一环节，而问题是，发展中国家承担资源与环境的牺牲，但其生产出来的产品却主要由发达国家来消费和享用，如果让发展中国家既做出牺牲又承担责任，显然是不公平的，应该按产品的消费量分摊环境责任，即"谁享用、谁负责"原则。当然，代内公平作为世界可持续发展的一个准则，发展中国家在拥有其发展权这一核心权利的同时，也有其应尽的责任或义务，即在发展的过程中要加强资源与环境的保护，选择一条适合本国国情的集约化发展的工业化道路，而不能采取"先污染，后治理"的粗放型发展模式。

5. 环境补偿原则

各国在资源与环境保护方面做出的贡献应享有来自国际社会的公平补偿或回报。推动与完善环境补偿机制是实现全球可持续发展的一项重

---

① 《里约环境与发展宣言》，http://www.china.com.cn/chinese/huanjing/320117.htm。

要的措施，其中碳排放权交易就是一项具体并可操作的机制或措施。通过这一交易制度可以有效激励对环境保护做出贡献的组织或个人，同时又明确了超碳排放者的责任及其应付出的环境成本。这一交易制度所形成的机制就是用经济手段来激励环境保护者，抑制碳排放。这一机制有利于推动专业的植树及环保产业发展，使环保事业在经济上具有可持续性。环境补偿制度有着强大的生命力，但还应继续深化和推广，这其中还应包括对没有实行工业化的发展中国家进行环境补偿。那些没有经过工业化阶段的发展中国家，它们有权走完自己的工业化道路。发展中国家为数众多，如果都进行工业化，那么全球"三废"及碳排放程度将大幅度上升。对于发展中国家所选择的发展道路，国际社会应予以尊重，而不应将它们排斥在工业化之外，但可以激励其中一些国家放弃工业化道路，国际社会可根据各国的国情为其提供咨询和建议，如发展特色第一、第三产业，同时，国际社会还应帮助它们共享现代工业文明所带来的福利，通过经济补偿的方式对它们放弃工业化道路给予适当补偿，让其国民能够生活得更好。

在上述代内公平的各项原则阐述中，发展中国家的利益得以肯定，但是，发展中国家利益的实现和全球化成果占有公平问题充满着博弈。然而，发达国家必须要激励发展中国家参与（如美国推动的TPP），否则全球化就会成为一句空话；此外，在全球化过程中，如果发展中国家没有得到发展，甚至与发达国家之间差距越来越大，则这一全球化是失败的，发达国家的形象要受损。因此，在规则的制定中，注重发展中国家的利益是合理的。人类有同情弱者的本性，这也是人类的良知、正能量，可以作为公理，并且这一公理还应得到加强。发展中国家就相当于弱势群体，而弱势群体在文明国家中会受到不同程度的照顾和优待，并由一些制度或规则来加以体现，这在一些国际规则（如WTO规则）中已经有所体现。无论是在世界经济的发展过程中，还是在国际化、全球化进程中，如果发展中国家与发达国家的差距越来越大，则代内公平无从谈起。因此，在代内公平理论的理论体系中，发展中国家的利益需要得到肯定。

三 代际公平理论的反思与重构

代际公平问题是学术界讨论更多的问题，也被看作可持续发展理论的核心问题，但这一问题的论述及理论架构存在更多的缺陷或不足。

（一）代际公平理论及概念的回顾

代际公平理论系统推出于 20 世纪 80 年代，其核心就是"后代人优先原则"。1984 年美国学者爱迪·B. 维思（Weiss, 1984）教授提出行星托管理论及其三项原则，即前述选择原则、质量原则、接触和使用原则，在可持续发展理论中的地位最为重要，并被视为可持续发展理论的基石。

世界环境与发展委员会（1997）在《我们共同的未来》的报告中正式提出了可持续发展定义，即"可持续发展是既要能满足当代人的需要，又不对后代人满足其需要的能力构成威胁"。这一"可持续发展"概念实际上来自爱迪·B. 维思教授的代际公平思想。

佩基（Page, 1988）在《代际公平和社会贴现率》中进一步阐述其代际公平的思想：假定当前决策的后果将影响好几代人的利益，那么，应该按照"代际多数原则"在有关的各代人之间就上述结果进行公平分配。所谓"代际多数原则"是指：当某项决策结果涉及若干代人的利益时，应该让若干代人的多数来做出选择。由于相对于当代人来说，子孙后代永远是多数，因而可以从"代际多数原则"中得出结论，如果某项决策事关子孙后代的利益，那么，不管当代人对此持何种态度，都必须按照子孙后代的选择去办，即在资源利用上，就是要"保证资源基础完好无损"。"代际多数原则"的提出，进一步明确了"后代人优先原则"。

此后，国内外学者又继续对代际公平及可持续发展的理论进行探索，发表了大量论文和专著，但就其思想及理论观点来看，主要还是在上述理论及概念之下的进一步发挥，并无多少新的思想、新的理论，因而，本书不对这些论述一一综述，仅就上述具有权威性的理论进行分析与评价。

（二）对代际公平理论的评析

1. 关于行星托管理论

行星托管理论的核心是爱迪·B. 维思提出的三项原则，即选择原则、质量原则以及接触和使用原则。这些原则只能说是一个美好的愿望，既不全面，也不客观，逻辑上也不能成立，并不具备可操作性。她提出这一假设时似乎忽视了我们所处的工业时代及工业文明的价值。目前，人类世界早已进入工业化社会，工业化社会的生产模式就是对自然资源进行规模性的开采与使用，从而为人类生产出满足各种需要的工业产品，为人类带来福利。但是，地球的容量及其所蕴藏的自然资源毕竟有限，并且自然资源中包含不可再生资源，可我们的假设应该是人类是永续传承下去的，或者说我们也无法确定人类能够繁衍到多少代，因此在理论上、数学上、逻辑上我们无法对不可再生资源在人类各代进行平均分配或公平分配。工业的发展与资源存量呈反比，一旦工业开采发生，后代可供选择使用的资源就必然减少，并且随着工业化进程加快，经济保持持续增长，资源存量也就越来越少，与此同时，工业化的资源开采也会对自然环境产生污染或破坏，并对生物多样性产生不利影响，使得生物加快灭绝。虽然人类应该在工业发展过程中保护资源与环境，保护生物多样性，但工业活动一旦开展，资源与环境就要受到消费，采取的控制措施只能把资源与环境的损害降到尽可能低，但不能做到完好无损，这是严酷的现实。如果仅就自然或资源选择的多样性来说，后代人必然无法享受到与前代人相对应的或同等的权利。但是，后代人在各种经济与社会福利方面可能有了更多的选择，而人类选择的多样性决定着人类的生活水平和福利水平。从人类进入工业化以来，人类的财富、福利、享受的产品（选择）多样化比农耕时代空前提升，一代比一代享受更加多样化和更高品质的产品。

在文化资源的多样性上，人类在历史上所创造的实物遗产或遗迹，随着时光流逝、自然风化和环境污染，某些正在消亡，这有其自然消亡的必然性（即便没有工业污染，这些遗迹也会逐渐退化，直至消失），即相当于生物的生老病死的自然过程，我们所做的一切只是在延长其寿命，而不能使其永恒完好如初地存续，保持"长生不老"，因而是一个"无可奈何花落去"的趋势。有些实物遗产，经过后代人的加固、填补、整修，实际上已经不是最初的文物了，而是汇集着多代人心血的文化与创造。人类在保护实物遗产方面遭到了严峻的挑战，但是，人类精神文化资源的多样性正在得到加强，先进的信息和网络技术可以将人类有史以来所创造的全部精神和文化财富高效地储存、传输和展示，从而为当代及后代人提供丰富的精神财富及文化资源。

因此，仅就资源选择的多样性（包括某些文化资源的多样性）来说，在工业化的社会里，后代人无法享有与前辈同等或相应的多样性，但是，如果把多样性扩展到工业产品、新创的精神产品、网络产品等，那么，后代人可能享有的多样性的选择远比前人丰富。社会在进步，一些多样性在消失，而另一些新的多样性在出现。那么，问题的关键是后代人的需求倾向究竟如何？是倾向于选择自然资源的多样性还是包括工业产品在内的新的多样性？我们不得而知，也不应把我们的价值倾向强加于后代人身上。但是，相对于前几代人来说，我们就是后代人，我们可以对前辈的行为做出判断，判断他们的行为是否符合我们的利益，符合我们的价值倾向。我们可以从以下事例进行判断：在世界的许多地方，自然生态环境保持良好，特别是在深山老林中，但是，除了原住民之外，一般城市居民并不愿意在原始的环境及条件之下生产与生活，还是愿意生活在现代城市、工业文明之中，享受现代城市、工业文明带来的福利，这就是我们这些后代人的需求倾向。

对质量原则及接触和使用原则的分析也可依此类推：后代人无法享有前代人的生态环境质量，但却可以享有更为丰富、更高品质的现代物质与文化质量；每一代人不能为后代人完全保存接触和使用前代人遗产的权利，但每一代人都能（要）为其后代创造更多遗产，从而使后代人享有接触和使用这些遗产的权利。判断当代人对后代人是贡献还是剥夺，关键要看在当代人手中消失的遗产多还是创造的遗产多。当代人一方面要竭尽全力地保护前代人的遗产，而更为重要的是要为后代人创造更多的遗产；当代人为后代创造的遗产若远远多于消失的遗产，那么，当代人就是问心无愧的。

2. 关于"代际多数原则"

佩基（Page，1988）的"代际多数原则"的要旨是：子孙后代永远是多数，而当代人是少数，因而事关子孙后代利益的决策，必须按照子孙后代的选择去办，即在资源利用上，要"保证资源基础完好无损"。实际上佩基的观点就是通俗的代际的"少数服从多数"原则。这一观点看似合理，但在逻辑上不能成立，或者说是一个伪命题，而当代人也无法做到。其所提出的"在各代人之间的公平分配"，在现实中没有可操作性，没有也不可能说明如何去实现其所谓的"公平分配"。由于决策只能由当代人来做出，而后代人不能参与当代人的决策，那么如何按照后代人的选择去办？实际上只能由当代人越俎代庖，替后代人做主，为后代人做出选择。问题在于，当代人又怎么能够知道后代人的需要及选择？在这种情况下，当代人的越俎代庖是否能够真正反映后代人的需要及选择，这里要打一个问号，而"保证资源基础完好无损"是不是后代人的最佳选择更加令人怀疑。人类在漫长的历史长河中，价值观是不断变化的，用我们的价值观来代表后代人，为后代人做出判断和选择，难免会产生误差，甚至南辕北辙，适得其反。

同样，我们不知道后代人的需要，但相对于前代人，我们就是后代人，我们可以充分了解我们自己的需要，并且知道根据自己的需要该怎样做出选择，在此基础上我们可以按照我们的需求准则对前代人的行为进行评价。这样问题也就清楚了，显然"保证资源基础完好无损"并不是我们的最佳需要和最佳选择。如果前人没有进行工业革命，我们享受不到工业文明所带来的福利，而前人不从事工业生产，那么资源基础自然完好无损。这样的话，前辈虽然给我们留下了原封不动的丰富资源，如煤炭、石油等，但我们不会使用，不需要它们，那么这些资源就是无用之物。前辈留给我们这些无用之物又有何用?①

代际公平理论应建立在客观现实的基础上。工业化进程可以改进,但不可逆,伴随着工业化的进程就必然会出现资源枯竭趋势。人类必须理性地认识和承认这一点,在此基础上设计和构建可持续发展理论才具有现实指导意义。

工业发展与资源存量就是一对矛盾,具有对立统一关系。人们此前提出可持续发展理论时似乎对这对矛盾没有充分、深刻的认识。冀望于既要发展工业又不消耗资源这种"鱼与熊掌兼得"的生产模式有违经济规律,因而是不现实的;若采取反工业化的方式,以不再发展工业来保护资源环境,也是不现实的。也就是说,"保证资源基础完好无损"是当代人及后代人均做不到的事,并且在现实中,随着经济的发展,资源枯竭的地区和城市一直在不断增多。在这一形势下,再提"保证资源基础完好无损"形同纸上谈兵,也不合时宜了。而问题是,把做不到的事跃然纸上成为规则来指导人类的行为,就会产生误导、混乱,使当代人的行为出现方向上的错误(要么这一规则因脱离实际而成为一纸空文,没人去遵守,从而伤害人类制定的规则的严肃性、权威性)。只有对工业发展与资源存量这对矛盾进行深刻地认识,发现其中的必然联系,我们才能对事物的发展做出准确、客观的判断,推出并实施切实有效的政策、措施。既然我们做不到"保证资源基础完好无损",就应采取不同的思路,实行不同的可持续发展理念,选择不同的可持续发展路径,推动不同的战略决策。而当前最为重要的问题是客观地认识当代人的权利和责任,明确我们该做什么,能

① 这里就会出现这样的问题:资源留给后代去发现和使用是否会更好?如果让后代去发现和使用的理念代代传递下去,则资源永远也不会被使用。那么,究竟谁(前代人、当代人还是后代人)使用才算公平?应该是:哪一代人发现并推动了创新就由哪一代人开始使用,这是对这代人创新的回报,如前代人发明了蒸汽机,因而有权使用煤炭;发明了内燃机,就有权使用石油。这就是创新原则,没有理由让前代人及当代人一直忍受农耕社会低生产力的痛苦,而把工业革命和自然资源的开发与使用永恒地延期(关于不可再生资源跨代高效配置问题,也有一些学者在研究,其重点是资源代际配置的社会净效益的现值最大化。限于篇幅,本书不再加以论述)。

做什么。

3. 关于《我们共同的未来》对可持续发展的定义

在《我们共同的未来》的报告中，"可持续发展"的定义为"可持续发展是既要能满足当代人的需要，又不对后代人满足其需要的能力构成威胁"。报告中所言的"后代人满足其需要的能力"主要是就资源与环境的视角而言的。如果仅就资源与环境来考虑，狭义地认识"能力"，是无法协调经济发展与环境保护之间的关系的，也无法突破资源与环境瓶颈对人类的束缚。只要当代人发展经济，就必然要消耗资源，留给后代人的资源就会减少，因而不可避免地要对后代人满足其需要的能力构成威胁。而当代人又不能不发展经济，不能不使用资源。因此，仅局限于资源与环境来看待"可持续发展"问题，必然是不可持续的，我们的思维空间也会变得越来越狭小，因为总有一天，不可再生资源要消耗殆尽，直至枯竭。但是，如果把"能力"放在更加广阔的空间来认识，就可能峰回路转，柳暗花明。

当代人有满足自身需要的权利，但同时也有其应尽的责任，其最大的责任就是致力于创新，如在满足自己资源需要的同时，在资源获取的途径、方法、对象上致力于创新，同时保护、培养、增强后代人满足其需要的能力，特别是后代人的创新能力。当代人应尽最大的努力，加大投资，将自己拥有的资源尽可能多地用于研究与开发新型资源（能源）、替代资源（能源），化解资源（能源）危机，并将自己积累的知识、经验传递给后代人，同时加大对后代人的教育投入，以增强其化解资源（能源）危机的能力，期待后代人有能力解决当代人没有解决的危机。也就是说，当代人的最大责任就是在不断提升自己的创新能力的同时，将创新精神、创新能力传递下去，让后代人的创新能力不断提升，从而使后代人解决问题和危机的能力不断提升，最终使他们能够从根本上解决当代人所面临的资源与环境危机。如果当代人仅在资源使用上克扣自己，而为后代提供较多的资源，则并不能够阻止不可再生资源的枯竭。即便是资源枯竭推迟数十年，抑或百年，在人类的历史长河中的时间意义上来看，并没有实质性的意义。

（三）代际公平理论的重构

代际公平理论的出现，反映出人类对未来及子孙后代的发展予以更多的关注，同时也推动了人类共同意识与联合行动，而在代际公平的意识、理论及其倡导之下人类联合行动成功与否关乎人类的未来，即人类能否繁衍、持续下去，因此，代际公平理论的意义十分重大。但是，由于人们对代际公平问题的认识方面仍存在某些偏差，因而以现有的代际公平理论为基石的可持续发展理论并不完善，需要重新认识、重新架构，以期对人类的行为产生更加有效的指导。

1. 代际公平理论重构的相关原则

综合上述分析，在代际公平理论的重构上，我们提出"节俭原则"、"高效原则"、"创新原则"和"人道原则"。这四项原则是当代人应尽的责任或义务，回答了当代人该做什么、能做什么的问题。这四项原则同时也厘清了当代人与后代人之间的关系，建立了一个处理当代人与后代人利益关系的准则和公理体系。

第一，节俭原则。虽然当代人较后代人享受着上述优先原则，但这一原则不可滥用，在涉及与后代人共享的资源或利益时不能随心所欲地、无节制地使用资源或占有福利，而应本着节俭的原则，节约资源。人类前进的道路是曲折的，但前途未必光明。在人类还没有找到解决环境与发展危机的根本办法之前，节俭原则将是长期性的。人类要通过各种途径和手段（如来自政府和民间、宗教与文化等方面），来宣传和推行节俭理念和节俭原则，形成全球意识、人类共同意识。这样才能促使各国政府实行更加有利于可持续发展的政策措施。

第二，高效原则。高效原则就是指当代人在经济发展与资源使用方面要推行高效率，特别是在资源或能源的使用上要体现集约化，而不是粗放型。通过提高生产资料、自然资源的使用效率以实现用尽可能低的资源投入达到尽可能高的产出，或使用尽可能少的资源生产出尽可能多的产品，这是缓解经济发展与资源供给矛盾的有效手段之一，也是上述节俭原则的最优体现。要实行高效原则，人类必须不断提高自身的生产技术水平与组织管理水平，通过技术与管理水平的提高来促使效率提高。

第三，创新原则。当代人在享受资源优先使用的同时，要致力于创新，通过创新来解决环境与发展问题，寻找解决资源与环境危机的途径和手段，从而实现人类的可持续发展。创新原则是当代人在享受资源优先使用的条件之下应尽的最为重要的责任和义务，当代人应该拨出尽可能多的资源用于创新，研制替代资源、替代能源，以化解人类面临的资源和能源危机。创新原则也是实现可持续发展的首要原则或根本原则，只有创新才有可能从根本上实现可持续发展。即便当代人不能从根本上解决制约可持续发展的资源与环境问题，也要将创新的知识和经验，特别是创新精神传递下去，让后代人传承和发展前代人的知识和精神，增强创新能力，从而解决前代人没有解决的问题。上述节俭原则也是以创新原则为条件的。通过节俭而为后代保留更多的资源，其主要目的就是延迟危机的发生，从而为创新化解危机赢得时间。但如果人类不能通过创新来化解危机，那么，节省下来的资源仅能够给后代多使用几年抑或几十年，对于整个人类的繁衍来说，几乎是没有意义的。

第四，人道原则。人类作为高度进化的生物，具有鲜明的人道主义特征。一般生物进化中的适者生存、优胜劣汰、弱肉强食的进化与竞争规则虽然在人类社会进化中也是存在的，如市场经济中竞争、淘汰法则，但是，这一规则不能用于人类的生死取舍，因为人，必须有人道思想，这是与其他低等生物的根本区别。在全球资源紧缺的时候，每个人都应享有维持自身生存与发展的必要资源，而不能采取非人道的方式对待弱势群体，不能以任何理由淘汰"老弱病残"及所谓"劣等民族"；生命不分贵贱、不分种族、不分国籍，同命同价，人类要互相友爱、互相帮助、同舟共济、共渡难关；要杜绝、摒弃纳粹主义、种族主义，倡导人道精神、人道原则。

这四项原则确立的重要意义在于厘清了逻辑关系，能够在理论上确立一个严密的逻辑体系。

四　可持续发展理论的重构

通过上述对代内公平与代际公平理论的评析与重构，我们可以将二者综合起来重构可持续发展理论。所谓可持续发展，就是当代人在努力解决自身的公平发展、满足自身的生存与发展需要的同时，又要努力增强后代人满足需要与生存发展的能力。这其中，努力解决当代人自身的公平发展，即代内公平，包含了五项原则，以生存与发展公平性原则为核心，还包含发展道路选择上的公平与自主原则、全球化规则制定的公平原则、消费环节分摊原则和环境补偿原则。这五项原则构成了代内公平。代内公平是可持续发展的基础，也是实现代际公平的前提，在当前形势下更具有现实性和紧迫性，并且代内公平问题将会以各种形式对代际公平产生直接或间接的影响，对后代产生传递效应。因此，没有代内公平也就没有代际公平。而关于代际公平，此前可持续发展理论中的"不对后代人满足需要的能力构成威胁"的阐述，我们的理论与之有着实质性的区别，"后代人满足需要的能力"不是"保持资源基础的完好"（因为当代人做不到，现实的工业化发展进程已经无法做到这一点），或将有限的资源在无限的代际或不可知的代际进行公平、平均的分配。此外，不是不对后代人满足需要的能力构成威胁，而是要增强后代人的能力，包括增强后代人满足需要和实现发展的能力，或者说增强后代人解决问题、化解危机的能力，其核心就是增强其创新能力，让后代人能够比当代人拥有更强的创新能力，通过创新来化解人类面临的资源与环境的困境和危机，实现可持续发展。这就是当代人的责任。这一理论构成代际公平的基础。而代际公平理论也包含了四项原则，其中包含节俭原则、高效原则、创新原则与人道原则，其中的创新原则是当代人最为重要的任务或使命，是当代人应尽的最大责任，也是人类实现可持续发展最为关键的因素。这一理论构架如图2-1所示。

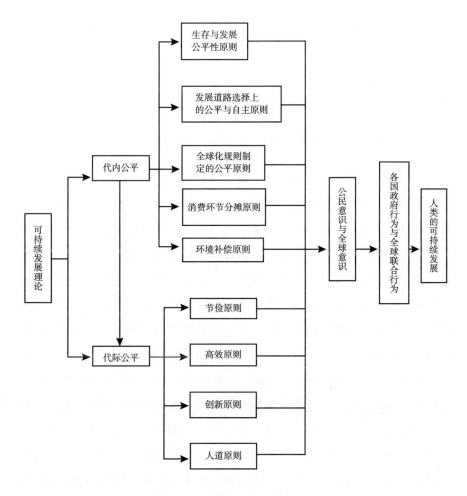

图 2-1　可持续发展理论构架

五　人类在可持续发展上所面临的挑战

　　人类在可持续发展上所面临的挑战实际上集中在代内公平方面，也就是当代人自身的事情没有处理好，或者说在处理当代人自身的事情方面遇到了很大的阻力和障碍。当代人的公平问题没有处理好必然要影响到代际公平，并形成消极的代际传递效应。代内公平原则，当它被提出之时，就已经处在不公平的环境之中。发展的不均衡，资源占有和消费的不均衡问题均十分突出，这一状况甚至很难加以改变，并且，随着形势的演变，代内公平问题甚至呈现恶化态势，人类在推动与实现代内公平上遇到了空前挑战。究其原因，十分复杂，可大体归纳为以下几个方面。

（一）各国自然资源禀赋的差异所形成的贫富不均

有些国家自然资源丰富，有些国家自然资源贫乏，从而造成了天生的代内不平等。对于资源贫乏的国家来说，可以通过发展外向型经济，提高自身的创新能力、产品生产能力来推动产品出口获取足额的外汇，从资源丰富的国家进口资源。多年来，在这方面做得最好的是日本，但是，即便是日本面临着资源进口能力的严峻挑战。福岛核泄漏事件的爆发使日本暂停核电，导致常规能源进口大幅度上升，致使该国连年出现贸易逆差，这就显现了资源短缺国家的脆弱性。日本这样的国家是经不起长期贸易逆差折腾的，如果将其外贸盈余消耗完毕，它将无法获得资源，无法获得生存。经过改革开放40多年经济发展的中国也面临本国资源日趋枯竭的严峻形势，并且已经成为自然资源相对贫乏的国家，其所需的大多数矿产资源，如石油、煤炭、天然气、铁矿石、有色金属矿等均需要大量进口，中国资源对外依存度日益扩大，能源安全性问题日益突出。中国一旦失去出口创汇能力，亦将难以生存与发展。虽然近年来国际市场资源供求形势的转变导致石油等资源的价格下跌，使资源进口国的资源进口压力得到一定程度的缓解，但从长期来看，资源供给形势依然不容乐观。自然资源贫乏的国家必须依赖对自身人力资源的开发与提升，增强竞争力和出口创汇能力以赢得生存与发展。而那些资源贫乏且缺乏经济实力和足够的外汇支撑的国家则必然生存维艰。

（二）发展中国家因自身的原因难以实现发展

发展中国家难以实现经济发展的原因也是多种多样、十分复杂的，如国家长期陷于战乱，国内矛盾尖锐，发展经验不足，经济管理能力、创新能力不强，发展战略失误，等等。在世界经济发展格局中，一方面出现贫者愈贫、富者愈富的"马太效应"；另一方面经济发展状况较好的发展中国家亦无法突破"中等收入陷阱"（在进入中等收入水平后就无法实现进一步增长）。

（三）碳排放博弈成为发达国家抑制发展中国家发展的一个理由

发展中国家的发展空间变得狭窄，发展"瓶颈"日益突出，不仅面临前述制约、"中等收入陷阱"的困扰，而且在环境与碳排放博弈中处于不利地位。控制碳排放看起来是全球乃至世界各国的责任，但责任划分的准则却无法达成共识。由于经济增长与碳排放量呈正相关，因此发达国家把控制碳排放作为限制发展中国家经济发展的一个理由或手段，试图将发展中国家排斥在发达国家行列之外。在国际分工中，发达国家掌握着先进的工业生产技术，却将工业产品的生产转移到发展中国家，而工业品的生产环节则是消耗资源并产生污染排放的主要环节。环境成本居高不下，使发展中国家走可持续发展道路变得越发艰难。它们在实现工业化的过程中面临着激烈的竞争。发展中国家作为"世界工厂"，向发达国家出口工业品，但产品的定价权掌握在发达国家手里，发达国家总是把产品价格压得很低，这有利于给发达国家的人民带来福利，但却给发展中国家造成了严酷的竞争。发展中国家如果增加环境技术上的投资，必然要提高产品成本，使其失去国际市场竞争力，以致失去发展的机会，而发达国家却不愿将环境技术以较为低廉的价格转让给发展中国家，致使发展中国家对生产成本实行紧预算，无力消化环境治理成本。

（四）各国间污染及碳排放责任的认定难以达成共识

从 20 世纪下半叶开始，发展中国家逐渐进入工业化进程，这必然要伴随与工业生产相关的污染排放增加，并导致环境的恶化。与此同时，发达国家已经完成了工业化进入后工业化时代，并完成了产业结构及工业结构的调整，即工业增加值所占的比例大幅度降低，第三产业所占比例大幅度上升；在工业结构中，主要保留排放少的高精尖产业，低端劳动密集型及高耗能、高排放工业则转移到发展中国家，同时向发展中国家进口劳动密集型产品及能源密集、污染密集型产品（但发达国家仍是主要碳排放源。由于碳排放与其他工业"三废"排放、放射性排放不同，前者排放到大气环境中由全球来承担后果，而后者的排放首先或直接污染的是本国的环境）。如此一来，发展中国家似乎就理所当然地要承担污染排放的主要责任，因为污染是在发展中国家产品生产过程中产生的。其实不然，由产品生产方承担主要排放责任，在逻辑上是行不通的，关键要看产品主要由谁来享用，由谁来消费。例如，封建帝王过着奢华的生活，其享受的产品和服务是由农民、工匠等劳动人民提供的，能否将封建帝王的奢华归咎于为帝王提供产品和服务的劳动人民？

这种排放责任的划分不仅要在横向上进行比较，还应考虑纵向、历史和时间因素。例如，中国改革开放40多年来，正在进入工业化、城市化高速发展时期，因此这40多年所消耗的资源及产生的排放是相当密集的，但是，"从历史上看，当欧美进入资本主义时代，开始加速发展，加速资源消耗的时候，那时的中国，从晚清到新中国成立之前，大多处于战乱之中，一直没有很好的发展机会。新中国成立以后到改革开放前这一时段，真正安下心来搞经济建设的时间也很少。如果把这30年来所消耗的资源分摊到中国已经走过的60年、100年、150年，则所耗资源也就不再显得那么突出"（方行明，2009）。实际上，西方国家在工业化进程中也曾大量消耗资源并产生严重的污染排放，甚至远比中国严重。英国当年工业化过程中无节制地燃煤所产生的"伦敦烟雾"，远比中国今天所面临的雾霾天气更为严重。但问题是，发达国家对以上横向和纵向的排放责任的划分不会承认，这是它们当前自身利益使然。在利益的促使下，控制排放的博弈将会无休止地持续下去，从而对改善世界环境、控制碳排放、实现可持续发展产生不利影响。

（五）发达国家面临经济衰退的困境，从而影响其承担相应的责任

发达国家目前也面临着诸多挑战，经济形势不容乐观，特别是美国金融危机、公共债务危机的影响深远。在这种情况下，它们会更加关注眼前利益，推卸应承担的责任，减少对发展中国家的援助。著名的《京都议定书》于1997年12月在日本京都通过后，世界上最为发达的国家、碳排放量占全球25%以上的美国没有签署该条约。后来，美国曾于1998年签署了《京都议定书》，但在2001年3月，布什政府以"减少温室气体排放将会影响美国经济发展"和"发展中国家也应该承担减排和限排温室气体的义务"为借口，宣布拒绝批准《京都议定书》。美国在20世纪90年代推动了信息技术和信息产业革命，保持了近十年的经济持续高增长，在最初签署《京都议定书》的1998年，国内经济形势尚可，但此后，信息技术革命推动力成了强弩之末，美国经济增速已呈下降趋势，特别是2001年网络泡沫爆发后，美国经济一度陷入低谷，这时美国拒绝批准《京都议定书》实为国内经济问题所拖累。此后，美国经济一直波动、增长乏力，直到2008年发生席卷全球的金融危机，而后又是主权债务危机，这些危机又蔓延到欧洲，导致整个西方国家陷入经济衰退，至今尚未走出衰退的困境。发达国家危机缠身，自顾不暇，因而也就不愿承担其应尽的责任。正如一个处于强大飓风中的巨轮，船主的精力主要是力保自己的船只不沉，也就没有心思和精力来为其他船只伸出援助之手。《京都议定书》是在西方国家总体经济形势较好的情况下签署的，但签署之后它们的经济形势却每况愈下，这就造成西方国家对减排责任的推卸，并在历届国际气候变化大会上讨价还价。

六　展望

上述可持续发展理论的重构，包括理论框架及代内公平与代际公平理

论的重建，要在学术界达成共识有一定的难度，因为各国学者可能出于本国利益的考虑而不予认可，这一现象并不鲜见。虽然学者精神应秉承科学与公正原则，但具体涉及本国的利益，要想达到这一理论上的共识，仍需一个过程。即便学术界能够秉承科学与公正的学术精神，上述可持续发展理论在学术界能够达到共识，但一旦要形成各国政府的行为，则难上加难，特别是代内公平各项原则达成一致。其根本原因在于各国的利益博弈。

由于代内、代际公平的实现依赖于良好、协调的国际经济秩序和全球合作伙伴关系，但这种合作伙伴关系的建立必然要涉及重新调整各国利益格局，这在国际政治、经济、社会发展进程中是一个充满艰难困苦的长期过程。而日趋严峻的国际经济与政治形势也对实现公平发展及各国责任的分摊造成不利影响。1994 年联合国国际人口与发展会议通过的《行动纲领》曾指出："随着国际和区域紧张关系的减少，随着人们日益认识到世界经济和环境的互相依赖关系，采取适当社会经济政策促进经济持续增长和可持续发展，调动人力和财政资源解决全球问题出现了前所未有的机会。"① 在整个 20 世纪 90 年代，世界经济因美国信息产业革命的推动，总体上处于良好的发展态势，海湾战争结束后，世界政治形势也趋于稳定，但是，到 20 世纪 90 年代末期，所谓"前所未有的机会"逐渐消失。随着信息技术对经济推动力的减弱，世界经济徘徊不前，特别是西方经济处于衰退之中，而到 2008 年美国金融危机爆发以及随后而来的主权债务危机，使得西方经济更是雪上加霜；在国际政治形势方面，自 21 世纪初爆发了"9·11 事件"以来，国际和区域关系紧张，严重地干扰了所谓"调动人力和财政资源解决全球问题"的协调行动。

在资源与环境形势日趋严峻的形势下，人类协调行动是十分必要的。人类需要努力协调解决以下问题：一是要大力控制各种污染排放，确保自然循环系统不被破坏，使可再生资源的循环保持完好；二是必须自觉约束自己的

---

① 《1994 年 9 月 13 日联合国人口会议通过〈行动纲领〉》，中国网，http://www.china.com.cn/aboutchina/txt/2009 - 09/11/content_ 18506609. htm。

需求和行为，让可再生资源的消耗速度慢于资源的再生速度，使可再生资源永续利用；三是要着力于创新，探求解决资源与环境危机的根本办法和途径，这是最为关键的问题。人类要加快形成全球意识、全民意识，并将节俭原则、高效原则、创新原则和人道原则纳入全球意识中，以影响各国政府行为，并用人道精神、公平正义精神来战胜未来资源危机可能诱发的种族主义和纳粹主义。但全球意识、全民意识的形成需要一个相当长的过程，并有两个途径：一是采取各种宣传措施，如政府的、社会的、宗教的、文化的宣传促使人类觉悟，形成全球意识、全民意识；二是环境灾难的爆发，即当代人的生存因环境灾难而遭到直接的威胁，会更快、更有效地促使人类转变观念，形成全球意识，但这可能使人类付出更大的代价，甚至失去治理的机会。

第三章

增长极限理论

——从马尔萨斯的人口理论到罗马俱乐部的增长极限理论

本书的研究重点是煤炭产量的增长极限，而罗马俱乐部的研究报告《增长的极限》所提出的"增长极限理论"是本书重要的理论基础。"增长极限理论"对世界经济发展提出了悲观的预期，而我们在研究世界化石能源的供给问题以及中国的煤炭供给问题时，形势已经不容乐观。而200多年前马尔萨斯的人口理论也是一个对世界未来提出悲观预期的理论，其与增长极限理论具有某种程度的同质性，也在预示着未来增长的极限。因此，我们从马尔萨斯的人口理论开始回顾与评析。

一 马尔萨斯人口理论的增长极限思想

（一）马尔萨斯的人口理论简介

1798 年，T. R. 马尔萨斯（Thomas Robert Malthus）出版了《人口原理》第一版。其理论的主要内容可以概括为两个前提（两条公理）、两个级数、三个命题、两个机制和四个结论。

两个前提："一是食物是人类生存所必需的；二是两性间的情欲是必然的，且几乎会保持现状。"马尔萨斯认为，"这两个前提，是自从我们有任何人类知识以来，几乎就是我们本性的固有法则"。这两个前提也可称为人口理论的两条公理，而且马尔萨斯的人口理论也是建立在这两个前提基础上的。同时，马尔萨斯认为："人口在无妨碍时，是以几何级数增加的；而生活资料却只以算术级数增加，略懂数学的人都会知道，与后一种力比较，前一种力是何等的巨大。"随后，马尔萨斯又增加了命题，"土壤肥力递减规律"，并认为人类不可能改变人口增长快于生活资料增长的状况，这是由于一切生物的增殖都有不断地超越所需营养物的趋势，所以人口过剩与食物的匮乏是必然的。

依据这两个前提和两个级数，马尔萨斯得出人口理论的三个命题："第一，人口的增加是必然要受到生活资料的限制的；第二，当生活资料增加的时候，人口必定增长；第三，占优势的人口增加力，抑压贫穷和罪恶，使得现实人口与生活资料相平衡。"马尔萨斯认为，当人口增长到接近食物供给的极限的时候，所有的预防性和积极性抑制自然就会以更大的力量发挥作用，……直至人口降低到食物所能够维持的水平以下；随后，食物又再度丰富起来，然后又产生了更多的人口；再经历一段时间，更多的人口便又由于相同的原因受到抑制。这种循环往复的人口发展过程被称为"人口波动理论"，是"大自然的规律"，也是人口理论的核心。那么，如何能使人口增长与生活资料的增长达到平衡呢？这时，马尔萨斯主张采用"积极性抑制"和"预防性抑制"来限制人口增长并解决人口问题。"积极性抑制"是通过增加人口死亡率，减少现存人口，方法有战争、瘟疫、饥荒及各种疾病等；"预防性抑制"是通过限制出生人口而控制人口增长，方法有晚婚、避孕、流产、杀婴及节欲等。其又称为"道德性抑制"。

综合上述观点，马尔萨斯总结了四个结论。第一，"人口法则"是永恒不变的法则，适用于一切社会；第二，"人口法则"所造成的失业、贫困及罪恶是不可避免的，实行"救贫法"是错误的；第三，"人口法则"是将工人的工资压至最低；第四，"人口法则"使得任何试图通过实现财产平等来消除失业、贫困的社会改革均以失败告终。

马尔萨斯的《人口原理》的出版在当时的英国掀起了轩然大波，引发了空前的争论。在争论的过程中，马尔萨斯也在不断地对初版进行补充与修改，并于1803年出版了《人口原理》第二版。此后，该书又先后出版了四个版本，1985年11月，在法国巴黎召开的国际人口统计学会议上，来自61个国家的300名代表以多数票通过决议刊印《人口原理》第七版。

马尔萨斯的人口理论的核心就是人口增长与生活资料供给矛盾，而生活资料供给的极限所产生的危机导致各种因素强制人口下降来达到平衡，这个极限由人口增长的几何级数与生活资料增长的算术级数推动，因而可以看成较早的"增长极限理论"，并且，也有人把《增长的极限》的研究小组列为"主要新马尔萨斯派之一。"

（二）　与马尔萨斯观点相近的人口理论

就在马尔萨斯的《人口原理》出版150年以后，美国学者威廉·福格特（Willian Vogot）于1949年在《生存之路》一书中阐述了人类与自然环境之间的相互关系，他强调现代世界人口已经超过了自然资源和土地的承载力，人类面临着灭绝的危险。此后，美国生态学家保罗·埃利奇（Paul Ehrlich）在1970年出版了《人口、资源、环境》一书。他认为人口爆炸、环境污染、资源消耗加快以及能源危机等已经成为世界头等大事，必须认真对待，否则世界将面临可怕的毁灭性灾难。以上两位学者的观点，在本质上与马尔萨斯有着高度的一致性，只是他们将生活资料的短缺，延伸或转移、集中到资源与环境方面，这样更能反映当今世界的人口增长与生活资料的矛盾特征。

二　罗马俱乐部的增长极限理论

（一）　增长极限理论提出的背景

第二次世界大战结束以后，世界进入一个和平发展时期，世界经济，特别是西方发达国家经济在科技革命的推动下迎来了 20 世纪 50 年代至 70 年代的高速发展期，实现了经济的繁荣发展。但是，繁荣的背后却深含隐忧，经济增长及工业化进程的加快导致严重的资源浪费和环境污染，资源与环境方面的代价惨重。因此，针对这样的环境问题，1972 年，由一些关注世界未来与发展的学者所创建的学术组织"罗马俱乐部"发表了《增长的极限》这一著名的研究报告。该报告在模型推演的基础上阐述了增长有极限的观点，其所表述的增长极限理论，在全世界引起了轰动性反响，并在后来几十年的激烈争议中显示出其特有的理论魅力和思想深度。

罗马俱乐部的增长极限理论被学术界定为悲观主义未来学派的代表。其所提出的《增长的极限》报告认为，"如果世界人口、环境污染、资源消耗、粮食生产以及工业化按照现有的增长趋势继续下去，那么这个星球上的经济增长就会在未来一百年内某个时点达到极限，最可能的结果将是人口与工业生产能力这两方面发生相当突然的和不可控制的衰退或下降"（梅多斯，1984），这就是所谓的增长极限理论。《增长的极限》报告的预言和结论，十分的大胆和惊世骇俗，并被比喻为"70 年代的爆炸性杰作""全球世界未来发展的警示之篇"等。

（二）增长极限理论的主要内容

罗马俱乐部主要运用了"系统动力学"的方法，并探索了影响全球经济增长的五个因素（人口增长、环境污染、不可再生资源的消耗、粮食供应以及资本投资）之间重要的因果关系，探索其反馈环路结构，最后形成增长极限（零增长）结论。

增长极限理论的主要内容包括以下三个方面。

1. 地球资源的有限性导致增长的极限

《增长的极限》报告（以下简称"报告"）列出影响全球经济增长的五个因素，即人口增长、环境污染、不可再生资源的消耗、粮食供应、资本投资，并把这些因素加以量化形成世界系统动态模型中的参数进行模拟和运算，结果发现这五个因素的增长模式均表现为指数增长，按一定的比例递增，且无限制性，但粮食供应、不可再生资源、自然环境都处于有限的系统中，根本无法支撑人类社会经济指数式的增长模式。

2. 反馈环路结构使全球性环境与发展问题成为一个无法分割的复杂整体

报告指出了影响全球经济增长的这五大因素之间存在的某种反馈环路。① 在这种反馈环路中，其中一个因素的增长会引发连锁反应，使得当初变化的因素增长得更快，从而导致全球系统中的五个因素无限制地发展，最终达到其增长极限。比如，人口的增长要求足够的粮食供应、粮食又要依赖更多的资本投资，更多的资本投资将导致更多的不可再生资源消耗，同时导致越来越严重的环境污染，环境的不断恶化又会进一步扰乱粮食产量的增长，最终导致人类社会全面崩溃。

3. 解决全球性环境与发展问题的最终出路是全球均衡状态

报告提出了避免人类社会最终走向崩溃、实现世界均衡发展的五项措施，即通过避孕技术的创新和医学进步降低出生率和死亡率，使出生率等于死亡率，从而保持人口稳定；改善产品设计，增加工业资本的平均寿命，从而使投资率等于折旧率，保持工业资本不变；发展更有效的再循环技术，使每单位工业品的资源消耗降低到 1970 年数值的 1/4；农业资本应优先用于增加土地肥沃程度和水土保持；通过收集废料的新方法，使污染降低到 1970 年数值的 1/4。就此意义来说，增长的极限理论似乎并不完全悲观，只要人类进行适当的控制就能避免走向崩溃，但要控制上述指标非常困难。

（三）围绕"增长极限理论"的争论

1. 增长极限理论的否定性评价

增长极限理论一问世，便如一石激起千层浪，引起了广泛而又激烈

---

① 所谓"反馈环路"是指一种封闭性的线路，它可以联结某个活动和该活动对周围状况产生的效果，这些效果又可以反过来作为系统的内在信息影响下一步甚至更多的活动，从而使全球性环境与发展问题成为一个不可分割的复杂整体。

的争论。当时西方世界正处于高速发展的"黄金时代",因而对于增长极限的观点普遍反感。一些著名的乐观主义学者,如赫尔曼·卡恩、朱利安·林肯·西蒙、阿尔文·托夫勒等人对增长极限理论提出了尖锐的质疑和批判,他们认为地球是无限的,人类目前正处在大有作为的年代。1976年,美国物理学家、赫德森研究所所长赫尔曼·卡恩等(1980)联合发表了《今后二百年——美国和世界的一幅远景》一书,该书对《增长的极限》中所提出的种种对世界未来的悲观论点进行了逐条批驳,并将以梅多斯为代表的研究小组列为"主要新马尔萨斯派之一"。赫尔曼·卡恩等人还在书中提出所谓"大过渡"理论,即认为目前人类遇到的种种危机是过渡性的问题,以"工业社会"为始点,以"后工业社会"为终点,随着人类由工业社会向后工业社会(信息社会)过渡,在技术进步的作用下,所有危机都将迎刃而解。他们对世界未来做出乐观的预期。

赫尔曼·卡恩等人对《增长的极限》的批判主要基于技术进步,认为科技进步能够解决能源、原料和粮食供给问题,反对那种认为经济增长会导致更多污染的观点,并认为技术可以解决或者减少大部分的环境污染。关于人口增长问题,他们认为随着现代化、城市化、文化普及、节制生育等一系列因素的作用,人口增长率自然会大幅度下降,出生率和死亡率也会在人类进入后工业化社会(信息社会)时出现基本持平的局面,不会发生人口爆炸。总之,他们基于技术进步及现代经济社会的发展认为由供给有限造成的增长极限并不必然出现。

美国经济学家朱利安·林肯·西蒙(Julian L. Simon)也是对增长极限理论的主要批判者之一。他出版了《没有极限的增长》(朱利安·林肯·西蒙,1985)一书,该书认为人类的潜力是无限的,增长中所遇到的问题最终都会在增长的过程中得到适当解决。他主要从人口、自然资源以及人口与自然资源之间的关系三个方面来批驳增长的极限的悲观论调。他反对夸大人口增长所带来的威胁,并认为人口增长的结果,将会刺激新技术的发明,推动现有技术的应用,还认为人口规模较大可以带来规模经济，因此不会因为人口规模较大而对未来经济发展产生不良影响。在自然资源问题上，西蒙认为自然资源并非有限，而是随着自然资源的短缺会出现各种补救办法及新技术，导致新的资源不断出现。

除赫尔曼·卡恩、朱利安·林肯·西蒙外，美国社会学家阿尔文·托夫勒对人类未来社会也表现出了乐观的期待。阿尔文·托勒夫（2006）出版了《第三次浪潮》一书，该书提出了"浪潮史观"的理论，强调技术进步是人类社会形态转化的动力，他把人类历史归纳为三次浪潮文明：第一次是农业革命（由史前时期进入以农业技术为主的农业社会）；第二次是工业革命（由农业社会进入以工业技术为主的工业社会）；第三次是信息革命（由工业社会进入以信息技术为主的后工业化社会）。人类迄今为止经历了两次浪潮文明，目前正过渡到后工业社会，即处于第二次浪潮向第三次浪潮过渡之中，在即将面临的崭新时期，依靠科技进步可以解决资本主义社会的种种危机，使其恢复活力。托夫勒认为，人类社会并没有面临世界末日，人类的历史才刚刚开始，世界在混乱骚扰下，蕴藏着惊人的希望和前景。

2. 增长极限理论的肯定性评价

《增长的极限》报告在遭到全盘否定的同时，也不乏拥护者，一些学者以及政府部门（官员）高度赞扬了增长极限理论，认为该理论是引导人类摆脱困境、走向充满希望的未来的有力推动剂。1977 年美国总统吉米·卡特指示国务院会同能源部、农业部等十多个联邦政府机构对"到本世纪末时，世界人口、自然资源和环境方面可能发生的变化"进行了研究。1980 年由美国政府出版社出版的《公元 2000 年世界之研究——进入二十一世纪》（延希宁，1982）是这项研究的专题报告的一部分，该报告与《增长的极限》持相近的观点，强调地球和自然基础正在逐渐衰竭和贫穷化，世界环境、资源和人口的压力正在加剧，并将日益决定着人类的生活质量，与此同时，生物系统为人类需要而提供资源的能力也正在下降。这份报告认为，如果按照目前的趋势继续发展，到公元 2000 年，可能会发生规模惊人的世界性问题，2000 年的世界将比我们现在生活在其中的世界更为拥挤，污染会更加严重，生态上更不稳定，并且更加容易受到破坏。这些预言实际上在某种程度上已经实现。

3. 增长极限理论的延伸和发展

增长极限理论所引起的强烈反响促使罗马俱乐部对这个问题进行了更深入的探讨和更加全面的阐述。1974 年，梅萨罗维克和佩斯特尔（1987）共同发表了《人类处于转折点：给罗马俱乐部的第二个报告》。该报告肯定了《增长的极限》中关于人类继续发展必定要面临着多种前所未有的危机，如人口危机、粮食危机、能源危机、环境危机等，并认为人类绝对不能回避未来的危险，而必须坚定地面对挑战，积极地、满怀希望地评估各种可供选择的发展道路。该书提出人类由无差异的增长（指没有质的变化、完全是数量增加的增长）转向有机增长（指不仅有数量的增加，而且包含质的提高的增长）。

1992 年《增长的极限》研究小组发表了《超越极限——正视全球性崩溃，展望可持续的未来》的报告，再一次向人类发出了警告：许多资源和污染的流动已经或正超越其自身的支撑极限（唐奈勒·H. 梅多斯等，2001）。该书认为，要改变那种消耗越多、生产越多、消费越多、生活质量就越高的传统思想，生产高效使用的能源和材料，维持充足、公平而不是过渡奢侈和浪费的生活的行为方式，并从发展的机制上防止、堵截环境问题的产生。与《增长的极限》相比，《超越极限——正视全球性崩溃，展望可持续的未来》的创新在于它将"可持续性"作为一种新的"世界观"而大力推崇。

2002 年，在《增长的极限》发表 30 年后，《增长的极限》研究小组出版了它的第三版更新报告——《增长的极限：30 年全球经典》（德内拉·梅多斯等，2006），该报告认为人类正处在"超越极限"的危险边缘，虽然在过去的 30 年里，我们有一些进步，如新科技、新制度，但 30 年里人类并没有真正把握机会及时纠正正在因循的发展路线，生态系统给人类的时间已经非常有限了，再不进行发展观和发展模式上的革命，21

世纪就注定要成为灾难的世纪甚至灭绝的世纪。

经过激烈而持久的讨论，在针对"人类困境"的问题上，罗马俱乐部不断在新的报告中提出新的理论观点和解决方法，从"无差异增长"到"有机增长"理论，同时，又不断向人类提出警示，告诫人类尽早进行发展观和发展模式的转变，实现可持续发展。相比较而言，在罗马俱乐部发表的所有报告中，最具影响力和创新性的仍然是其第一份报告。

三　对马尔萨斯的人口理论和增长极限理论的评析

（一）对马尔萨斯人口理论的评析

由于马尔萨斯的人口理论对人类社会的发展规则及未来趋势带有较多的悲观色彩，并且其所谓"积极性抑制"和"预防性抑制"中包括了许多非人道的措施（特别是积极性抑制），如战争、瘟疫、饥荒及各种疾病，以及流产、杀婴等，因此，他的理论发表以后遭受来自各方的舆论抨击，并曾在中国被冠以"反动人口论"而遭到批判。马尔萨斯的话虽然说得非常难听，但他所揭示的社会现象或演变规则也确实存在。随着时间的推移和社会经济关系的演变，他的有些观点过时，需要调整，但他提出的有些尖锐问题在当今世界仍然存在，只不过存在的方式有所变化。

1. 关于两性间的情欲与人口增长的关系

马尔萨斯提出的两个前提之一，即两性间的情欲是必然的，且几乎会保持现状，并且这一前提会导致人口呈几何级数增长。在当前形势下，这一观点要重新认识。在当前追求物质、情欲生活的世界中，情欲或许比以往有过之而无不及，但在发达经济体，出生率却正在下降。现代社会青年，崇尚自由的生活，不愿生过多的孩子并为孩子花费较多的精力，因此，在发达国家"丁克族"（双薪水、无子女的家庭）越来越多。在福利制度好的国家，如美国，儿童从生下来后一直到读高中的费用全部由政府负担，但青年人的生育愿望仍然很低。而在中国，子女入托、入学费用非常高，家长花费在子女教育上的资金和精力投入非常高，生二胎对大多数家庭来说负担沉重，这无疑会降低人们的生育愿望。因此，近年来，新生人口比例一直处于下降趋势，以至于实行了几十年的计划生育政策已经放开。2013 年 11 月 15 日，十八届三中全会通过的《中共中央关于全面深化改革若干重大问题的决定》正式发布"单独二孩"的政策（即一方是独生子女的夫妇可生育两个孩子），但该政策实施之后，符合条件的夫妇群体中生育二胎的意愿并不强烈。从 2016 年 1 月开始，中国推行了全面二孩政策。从全世界范围来看，越是发达、富裕的国家，生育意愿越低；越是贫穷的地区，生育率越高。人口总量上升的另一个重要因素是，人们生活水平和医疗保健水平的提高导致人类的预期寿命不断延长和死亡率下降，使老年人口不断增多，人口结构老龄化趋势日趋严重。也就是说，当前人类所面临的挑战是，在人口总量不断扩张的同时，人口结构日益恶化。面临人口老龄化或人口结构恶化的趋势，人类不得不采取鼓励生育的政策，这无疑会继续增加人口总量，从而导致人口与资源、环境的矛盾加剧。

2. 关于马尔萨斯的"人口法则"

马尔萨斯的"人口法则"中的"积极性抑制"，在中国则表现为"分久必合，合久必分"的历史循环。马尔萨斯的四个结论中的第四个结论，即"人口法则"使得任何试图通过实现财产平等来消除失业、贫困的社会改革均以失败告终，也有一定的道理。在中国，也曾有过农民起义提出"等贵贱、均贫富"的口号，但最终都无法实现，成功的农民起义领袖，即成为统治者之后就不再提"均贫富"或"等贵贱"的口号了。这一口号只在起义初期有号召力，而一旦政权统一，这一口号也就自然消失了，因为其在现实社会中是无法实现的。中国在改革开放前，也实行过绝对平均主义，搞"大锅饭"。虽然当时人们贫富差距非常小，但人们在这种

"大锅饭"的体制下，失去了劳动积极性，结果出现商品短缺，供给严重不足——凭票供应，无法实现温饱，中国最终放弃了"大锅饭"的体制，实行了改革开放，获得了经济发展与人民生活水平的大幅度提高。因此，马尔萨斯所言的"人口法则"——使得任何试图通过实现财产平等来消除失业、贫困的社会改革均以失败告终，从社会实践来看，这一论断有一定的道理。

3. 关于"土壤肥力递减规律"

马尔萨斯以"土壤肥力递减规律"为理论依据，这一规律忽视了科技发展的因素，因此被认为是错误结论。从今天来看，合理施用化肥、采用科学的耕作方式，是可以避免"土壤肥力递减"的，但滥用化肥必然会导致土壤板结引起的土壤肥力递减，而更为严重的是在工业粗放发展的情况下，"三废"排放所导致的土地污染，可能比"土壤肥力递减"来得更猛烈、更可怕，例如，近年在东部某些省份发生的土地重金属污染而产生的"毒大米"事件。因此，即使狭义的"土壤肥力递减"并不存在，但土壤污染可以使土地失去生产能力，其所产生的粮食安全和粮食减产问题不可掉以轻心。

4. 关于粮食供给和粮食安全问题

马尔萨斯所谓生活资料以算术级数增长、人口按几何级数增长从而导致生活资料（特别是粮食）供给危机这一观点，从最近一百多年来生产力发展趋势来看似乎不符合实际。在科技进步、生产力水平不断提高的推动下，人类的生活资料生产能力确实得到空前的提高，而人类经济的增长速度也快于人口增长速度。但是，切不可就此疏忽，粮食供给问题或粮食安全问题仍然是人类的"头顶悬剑"。虽然人类粮食生产能力、生产效率得到空前提高，但世界粮食危机问题并未得到满意的解决，近年来世界粮食价格的上涨使世界上贫困人口的生活雪上加霜。

而粮食安全在中国则更加引人关注。20 世纪 90 年代中期美国学者莱斯特·布朗（Lester Brown）出版的《谁来养活中国》在世界上引起了巨大的反响，中国政府和学术界也对布朗的观点迅速做出了反应。虽然布朗

的言论有些"危言耸听"，曾被中国当作新版"中国威胁论"而遭受批
判，如同马尔萨斯一样，布朗的有些话虽然说得很难听，但其提出的一些
问题也并非没有道理。中国的工业化、城市化确实导致耕地面积减少，因
此中国政府一直把维持 1.8 亿亩耕地作为"红线"；工业化导致的环境污
染对粮食产量的影响也是存在的（如土地污染导致的粮食安全问题）；中
国也曾大量进口粮食导致世界粮价上涨。虽然中国粮食产量实现"十连
增"，但粮食需求增长更快，粮食缺口仍然巨大，从而导致中国粮食进口
量不断上升，① 并使中国成为世界最大粮食进口国。而 2012 年我国粮食
进口总量高达 8025 万吨，② 当年粮食产量为 58958 万吨，③ 进口粮食达到
国内产粮的 13.6%。再按中国粮食统计口径，中国粮食自给率已由 2001
年的 98.2% 下降到 2011 年的 90.9%，95% 的自给率目标早已失守（叶兴
庆，2012）。因此，中共中央每年的一号文件的内容也总是"三农"问
题，中国政府对粮食安全问题总是常抓不懈。

　　而更加值得本书关注的是，粮食也是能源，是生物能，因而粮食与能
源之间可以互相转化。当世界发生能源危机时，特别是石油价格上涨过快
时，就迫使人类寻求新的石油替代品，而燃料乙醇则是较为理想的石油替
代品。因此，当石油短缺、油价上涨时，可能就会有更多的粮食转化成能
源，从而出现"粮食能源化"问题。美国是世界上最大的粮食生产国与
出口国［2004~2005 年美国玉米出口量为 4618 万吨，占世界粮食出口总
量的 59.07%（USDA，2006）］，也是最大的石油需求国。美国将大量玉
米用于生产燃料乙醇，从而挤占玉米出口，曾经导致 2006 年世界粮食价
格大幅度上涨。因此，粮食危机与能源危机有着高度的关联性（方行明、
何永芳，2007）。

---

① 关于粮食产量连续增长问题，也有人提出质疑，主要是因为我国的管理体制可能诱发各
地上报的增产数据为了迎合上意而虚报，如曾发生粮食库存虚报，欺骗总理的事件，但
海关粮食进出口数据应该是可信的，因为这些数据并不影响海关自身的业绩。

② 引自中华人民共和国海关总署统计数据（http://www.customs.gov.cn/publish/portal0/
tab44604/module109000/info414072.htm）。

③ 国家统计局网站，http://data.stats.gov.cn/easyquery.htm? cn = C01。

5. 关于"积极性抑制"

在近100年科学技术突飞猛进的推动下，人类的生活资料不断增加，生产能力也得到空前的提高，市场的供求关系早已从供不应求过渡到供过于求。生活资料的生产与市场的繁荣确实体现了人类高超的智慧和能力。但是，这种生活资料市场的繁荣，仍是一个表象，其背后隐藏着深沉的危机。所有生活资料的生产和供给必然要依赖资源和能源。在人口总量增加、人类生活水平不断提高的作用下，人类近100年来对地球资源和能源的攫取也呈现空前增长，人类在上个百年所消耗的资源远远高于人类有史以来的总和。资源和能源枯竭正在阻碍着世界经济的可持续发展。如果把马尔萨斯所言的"生活资料"由粮食等扩张到人们维持现有生活或提高生活水准的各种资源，包括能源和其他矿产资源，那么其提出的"积极性抑制"中战争手段或战争倾向已经在不同程度上出现于现代社会。在20世纪，世界列强为了争夺资源，曾经爆发了两次世界大战。

6. 关于科学技术进步与资源瓶颈的突破

反对马尔萨斯观点的人们主要基于科学技术的进步可以使自然力服从于人类，通过科技创新可以增加人类的资源开发与生产能力，使人类摆脱对自然的依赖。实际上，这一观点一直延伸到现在，而在20世纪七八十年代仍很流行，人们期待未来的科技进步能够解决人类所面临的所有问题，包括资源问题（科学技术决定论，又成为人们批驳《增长的极限》的利器）。诚然，近100年来，人类的科学技术得到了突飞猛进的发展，资源的开发与生产能力也获得了空前的提高。例如，人类的钻井可以打得更深，能源开发领域可以拓得更广，从陆地延伸到海洋，能源的产量不断创下新高；人类也正在开发各种新能源，似乎给人类的未来带来曙光。但是，人类冀望于通过科学技术来解决资源短缺问题，其前景至今仍然十分渺茫，或者说有很大的不确定性。科学技术在增强人类开发资源和能源的能力的同时，并未使人类摆脱对自然的依赖，随着生活水平的提高，人类对资源的消费进一步加大，对资源的依赖程度进一步加深。能源或资源开发技术的提高实际上也在加速地球能源的枯竭，从煤炭到石油、天然气、页岩油气，再到可燃冰等，这些能源都是不可再生能源，而可再生能源至今仍无法在技术和商业上对传统化石能源进行根本性的替代。英国工业革命时期所使用的"古老"能源——煤炭，仍然是中国的主要能源，改革开放40多年来，中国以煤炭为主的能源结构并未发生根本性的变化，煤炭的战略地位在今后相当长的时期内无法替代。

　　本书对能源、煤炭的研究就是基于能源短缺这一大背景之下。正是由于资源的短缺性可能引发各种矛盾与战争，我们才有必要来研究它。马尔萨斯在200多年前所提出的问题，虽然让人感到不快，甚至厌恶，但它在今天确实存在，甚至可能在今后还会进一步恶化。今天我们认识这些问题，有助于我们居安思危，未雨绸缪，以一种和平、人道的方式来解决面临的问题和矛盾，避免或杜绝马尔萨斯提出的所谓"积极性抑制"的发生。

（二）对增长极限理论的评析

　　国外学者、政府部门（官员）对增长极限的争议，反映了他们对世界未来是悲观还是乐观的预期。罗马俱乐部《增长的极限》报告发表之初，曾招致各方面的批评，但20世纪80年代爆发的石油危机，使人们开始重视该报告所反映的问题。总的来说，《增长的极限》报告中的理论虽然带有浓厚的悲观色彩，但对问题的分析十分深刻、尖锐，能够反映当今世界经济发展与资源、环境存在的深层次的矛盾和危机，有助于人类居安思危，着力化解危机，而反对的观点大多带有过于理想的色彩，把前途看得过于光明，却于事无补。

1. 关于增长的极限是否存在

　　《增长的极限》报告自1972年问世以来，世界经济一直波动式上升，20世纪80年代的石油危机曾经导致工业国家的衰退。发达国家通过调整产业结构，提升节能技术，虽然渡过了危机，但美欧主要发达国家仍然增长乏力，只有日本一枝独秀（德国的表现亦尚可），保持着高速增长，创造了所谓"东亚奇迹"。日本经济的高速增长一直延续到 80 年代末。此后，美国推动了信息技术和信息产业革命，从而在整个 90 年代保持了经济高速增长，对世界经济产生了较强的带动作用，但日本经济却从此陷入了波动或衰退。而到 90 年代末，信息技术对经济的带动作用开始减弱，标志着美国这一高增长周期的完结，特别是 2001 年网络泡沫的冲击使得美国经济遭到重创，从此萎靡不振，而更加糟糕的是 2008 年爆发的金融危机，以及接踵而来的主权债务危机，使美国乃至整个欧洲经济遭受了空前的冲击，至今增长乏力。西方主流经济实际上已经逼近了增长的极限。好在期间中国经济的高速增长对日本、美国和欧洲经济的发展产生了不同程度的推动作用。再看发展中国家，经济发展较好的国家（如南美和东南亚的一些国家），早就是中等收入国家，之后却陆续掉进了"陷阱"；而巴西、阿根廷、墨西哥、智利、泰国、马来西亚、印度尼西亚等，在 20 世纪 70 年代进入了中等收入国家行列，但此后，这些国家仍然挣扎在人均 GDP 3000～5000 美元的发展阶段，并且见不到增长的动力和希望。而 1997 年爆发的东南亚金融危机亦曾给日本、"亚洲四小龙"及其他国家和地区带来巨大冲击，并使马来西亚、泰国等正处于增长势头中的国家出现倒退。近年来曾被国际社会看好的"金砖五国"，大多陷入经济衰退，步履维艰。纵观其他发展中国家更是政治不稳定，甚至陷于战乱中，如利比亚、伊拉克、叙利亚等国皆因战乱而陷于经济衰退。中国经济从 2007 年达到最高增速以后，增速也略有下滑，没有再回两位数的增速。因此，从局部来看，有些国家已经进入了增长极限阶段，发达国家作为成熟的经济体而达到增长的极限，中等收入国家因陷入"中等收入陷阱"而进入极限，其他欠发达国家亦很难进入工业化进程。因此，实际上世界经济已经在增长的极限附近徘徊。

世界经济能否走出低谷，实现新一轮的腾飞，那要看人类能否推动新一轮产业革命。人们期待的生物技术、纳米技术、新能源技术迟迟未推动新的产业革命。技术革命不一定就能推动产业革命。一项技术能否推动产业革命，关键是看该技术对产业的关联度和对经济的影响能力。即使人类可以在技术上获得进步或突破，但其对产业的推动力究竟如何，能否形成产业革命，还有待观察。如果没有新一轮的产业革命，世界经济将会继续维持低迷、波动、增长乏力甚至衰退。但另一方面，世界经济总量已经达到空前的高度，即使世界经济不增长，对资源的消费仍是庞大的，甚至有增无减，资源与环境的压力亦不会有太大的减轻。

总之，增长极限理论所预言的经济增长在未来100年内某个时点达到极限，似乎并不遥远。在21世纪第一个十年，随着中国经济增速的下降，我们已经隐约看到了这个极限。不过，这里所言的"增长极限"，还不是《增长的极限》中所论述的资源与环境约束的增长极限，而是整个世界经济总量日趋庞大而增长动力不足所产生的极限。而资源与环境约束的增长极限也在日益显现。

2. 关于"大过渡"理论

赫尔曼·卡恩等人将以梅多斯为代表的研究小组列为"新马尔萨斯派"，我们表示赞同，他们的思想与马尔萨斯有相当的同质性，但又有所发展。但是，关于赫尔曼·卡恩等人提出的"大过渡"理论，我们表示质疑。其把人类遇到的种种危机看成过渡性问题，显得过于乐观。其所进行的展望（即随着人类由工业社会向后工业社会过渡，在技术进步的作用下，所有危机都将迎刃而解），只能是一个美好的向往——Beautiful Dream。他们于1976年提出"大过渡"理论，40年已经过去，至少现在这个"过渡期"还未结束，而这个"过渡期"究竟有多长，我们也不得而知。而认为这一过渡以"工业社会"为起点，以"后工业社会"为终点，也与当前实际情况大相径庭。发达国家已经进入"后工业社会"（或信息社会），其产业结构呈现"三、二、一"模式，即第三产业比重已经远远大于第二产业（如美国的第三产业比重约为70%），但遗憾的是，所谓的"大过渡"并未出现，面临的各种危机也没有迎刃而解。发达国家的自然环境虽然得到改善，出现所谓库兹涅茨"倒U形"曲线，但是，它们停止了高耗能、高污染产品的生产，而将这些产业转移到发展中国家，并从发展中国家进口这些能源密集型、污染密集型产品，因而，整个世界的自然环境并未发生明显的改善。发达国家仍是主要碳排放源，在温室气体排放上承担着主要责任。发达国家国民享受着最高生活水平，所消费的自然资源也就远远高于发展中国家。因此，资源与环境问题并不因为现代社会进入后工业化时代就迎刃而解，人类的可持续发展道路仍然任重而道远。

3. 关于科学技术决定论

反对马尔萨斯的人口理论与反对增长的极限的人们所使用的"利器"相同，即科学技术。他们认为科学技术进步就能解决人类所面临的所有危机，包括资源与环境危机。赫尔曼·卡恩等人和朱利安·林肯·西蒙均持这样的观点。这一观点在 20 世纪 70～80 年代很流行，人们冀望于科技进步能使人类摆脱对自然资源的依赖。诚然，最近几十年来，科学技术的突飞猛进，推动了经济和社会的发展，人类解决问题的能力在不断提高，也在应对资源短缺问题上发挥了一定的作用，但同时，目前人类不仅没有摆脱对自然资源的依赖，反而随着人类的经济发展与生活水平的提高，对资源的消费不断增多，对资源的依赖程度进一步加深。我们也承认，科技进步是解决资源与环境危机的根本手段。但是，他们忽视了重要一点，也就是人类是否一定有能力通过科技进步来解决其所面临的危机，或者说人类的科学技术究竟最终能否解决资源与环境问题，在这一点上他们没有严密的论证，只是充满信心，坚持乐观的预期。实际上，人类的科技能力能否最终战胜各种危机存在不确定性，而他们在讨论这一问题上缺乏逻辑上的严密性。正如赫尔曼·卡恩等人所言，科技进步可以使人类不断利用如核能、太阳能和海洋能等新型能源，使能源多样化。这句话并没有错，但是他们没有意识到，这些新型能源的出现或能源的多样化并不一定足以解决人类的能源危机。几十年来，人类一直寻找和研制更加持久、更加清洁的新能源，一是在可再生能源上寻找突破口，但如前所述，新型可再生能源的出现并不能完全替代化石能源，只能很小部分地替代；二是在积极开发新型不可再生能源（化石能源），如页岩油气、可燃冰，但页岩油气的开采技术要求高、开采难度大、开采成本高，而可燃冰的开采技术要求、成本更高，且环境风险巨大，并且它们共同的特征均是可耗竭性。因此，人类能否彻底解决能源枯竭的危机，在技术上存在不确定性（关于他们对粮食安全方面的乐观态度，前面已经论述，这里不再讨论）。

此外，技术并不是万能的，它不能解决人类社会所面临的所有问题。人类社会在解决自身矛盾与实现和平与稳定发展方面显得无能为力。赫尔曼·卡恩等人和朱利安·林肯·西蒙对人类社会矛盾的复杂性的认识不足。人类可持续发展需要国际社会协调行动，如果国际社会处于一个动乱状态，那么就不能有效使用已有技术，更无法实现可持续发展。人类社会自 20 世纪初爆发第一次世界大战以来，就战事不断，从第二次世界大战到冷战，再到冷战结束后的局部战争，宗教矛盾、民族矛盾开始尖锐化，特别是巴以冲突、美国与俄罗斯的关系。邓小平提出"搁置争议，共同开发"的政策主张，但遗憾的是，因日本政府购岛闹剧及右翼势力持续发酵，中日关系出现倒退，这不利于两国之间进行经济合作。以上问题说明，人类作为一个整体，在解决自身社会矛盾方面的能力是有限的。

4. 关于人口问题

马尔萨斯和赫尔曼·卡恩等人均提出人口出生率与死亡率问题，《增长的极限》研究小组也提出让人口出生率与死亡率持平以维持可持续发展的思想。赫尔曼·卡恩等提出乐观的预期，认为当人类进入后工业化社会以后，出生率与死亡率会出现基本持平的局面。但是，他们都没有能够预见，在人口问题上人类所遇到的新挑战。西蒙则认为，人口规模大可以带来规模经济，对较大的市场而言，人口增长必然会伴随总收入的上升；他还认为，没有理由认为，人口规模较大，自然资源的使用规模就会相对较大，将对未来经济发展产生不良影响。我们认为，人口规模大能带来规模经济并不错，但地球空间、环境与资源的承载力毕竟有限，并非他们所言地球是无限的，人口的增长必然要对可再生资源与不可再生资源产生更多的消费，并对资源与环境产生更大的压力，加快资源的枯竭。他们没有认识到人口规模过大的负面效应。这种负面效应不仅表现在资源的消耗上，也表现在会降低人们可得到的福利。例如，这一点亦鲜明地表现在人类对旅游资源的占有和享用上：在中国，每到节假日，著名旅游景点均人满为患，参观一个景点要排几个小时的长队；而在美国的迪士尼乐园，早在十多年前，各个娱乐项目已实行排队、预约制。虽然旅游总收入因人多而上升，但游客过多对旅游资源与环境的压力也在增大，并且大大降低了消费者的福利，增加消费者的成本，其负面效应也不可忽视。

西蒙还认为，人口的增长不是社会的失败，而是代表了经济的成功和人类的成就。他只看到了问题积极的一面，却没有看到问题消极的一面。人口的增多及人类预期寿命的提高反映出人类生活质量的改善，医疗技术水平的提高，卫生保健事业的发展。这些确实反映出了经济的增长和人类的成就一面，但人口的增多也表现出前述负面效应。从社会发展角度来看，人口预期寿命的提高是一个积极的指标，但从人口学来看，却是一个消极指标，即人口老龄化或人口结构的恶化。在许多国家（包括中国），特别是发达国家，出生率在下降，新生人口、青少年人口的比例在下降，而老龄人口却在快速上升。人类控制人口总量上升的办法，只有降低出生率，这就需要采取计划生育措施，而一旦要降低出生率，就会恶化人口结构，加剧老龄化趋势，降低人口活力。为了优化人口结构，遏制人口老龄化趋势，有些国家不得不采取鼓励生育的措施（中国也放开了二胎）。因此，人类面临着控制人口总量与优化人口结构这对矛盾的挑战。这也给人类的可持续发展增添悲观色彩。人类连自身的问题（人口问题）都显得无能为力，谈何身外之物？世界是复杂的，进一步发展、可持续发展是艰难的，需要一种冷静、理性的态度来加以应对，而激情、乐观于事无补。

5. 关于"浪潮史观"的理论

阿尔温·托夫勒于 1980 年出版《第三次浪潮》，与《增长的极限》相比，是一部对未来持鲜明的乐观主义态度的名著。这两部名著从不同的视角对未来进行了预期。前者从技术革命的视角来预测人类社会的发展而得出乐观的预期，后者则从资源与环境的角度预测世界经济的发展而得出悲观的预期，可以说两部著作对未来的预测均有一定程度的应验。

《第三次浪潮》这部著作伴随影视作品曾经风卷全球，影响了一代人。在 20 世纪 80 年代初（笔者刚开始进入研究生阶段的学习）像浪潮般涌进中国，当时的中国黑白电视尚未普及，一下子看到那么多的有关信息时代的新鲜事物，让我们感到耳目一新。实际上，中国 1959 年出版的《科学家谈二十一世纪》这部科普读物已经对未来的信息时代某些特征进行了准确的预言，反映出中国科学家对未来的卓越洞察力，而《第三次浪潮》则从经济、社会发展阶段角度系统地论述了未来科技进步与经济、社会的发展，给我们提供了大量看得见的素材，并准确地预见了 10 年后，即 20 世纪 90 年代美国信息技术革命的成功，从而使美国保持长达 10 年的经济高速增长，并且信息技术的革命对社会发展产生了重大影响，甚至改变了人类生产、生活及思维模式。但遗憾的是，阿尔温·托夫勒在哲学和经济思想上有所欠缺，没有认识到周期规律或盛极而衰的规律，即不存在拥有永恒推动力的技术革命。技术革命对经济发展的推动是有周期性、波浪形的，有一个盛极而衰的过程，因而他没有预见到信息技术或他所言的第三次浪潮对经济带动作用会出现递减的趋势，这一递减趋势以 2001 年美国网络泡沫的出现为标志。如果没有新一轮的技术推动的产业革命，或者"第四次浪潮"的出现，那些进入成熟的发达经济体将很难实现新的经济高增长。

6. 小结

总之，赫尔曼·卡恩等人的观点有些类似中国的一句常用语——道路是曲折的，前途是光明的。但赫尔曼·卡恩等人所言"每个国家都将找到自己经济进步的道路"，以及朱利安·林肯·西蒙的《没有极限的增长》中所阐述的"增长中所遇到的问题最终都会在增长的过程中得以适当的解决"带有鲜明的理想主义色彩，几十年已经过去，至少到目前为止他们的观点还未得到验证。从世界范围看，非洲、亚洲的一些欠发达国家长期未能实现增长；而拉美、东南亚一些经济发展状况较好的发展中国家陷入"中等收入陷阱"；发达国家如美、欧、日等成熟经济体经济增长乏力。虽然有少数国家，如"金砖国家"一度保持增长活力，但大多数"金砖国家"的良好表现也只是昙花一现，这些国家都面临着持续发展的挑战。增长存在极限的预言似乎正在逼近现实。对于中国而言，诺贝尔经济学奖获得者保罗·克鲁格曼认为，在过去三十年里驱动中国经济实现惊人增长的经济系统已经达到极限，中国正面临大麻烦。从中国经济增长的现实情况来看，这一"麻烦"是存在的，政府正在努力采取各种措施来应对"麻烦"，实现稳增长。中国经济已经进入了"新常态"，处于转型的关键点，既有机遇又有挑战。所有这些问题均需要我们进行理性深思。

总结赫尔曼·卡恩等人的理想主义思想，其一个共同的根本性问题在于对人类能力的无限化，认为未来的人类无所不能，而具有讽刺意味的是，人类在解决当前的问题时已经显得无能为力，力不从心。人类需要竭尽全力地提升自己解决问题的能力，但又必须看到自身能力的不足和有限性，而不能把自身的能力理想化。准确、客观地认识人类自身的能力，有助于确立合乎实际的、可行的应对策略与发展目标。增长极限问题的存在看起来是个消极现象，但增长极限理论却体现出经济科学和自然科学的魅力，激发着人类不断提升自己发现问题、认识问题和解决问题的能力。它像一个警世恒言，时时敲响警钟，督促人类关注自身的处境，促使人类寻求化解危机的对策，以突破资源和环境对经济增长和社会发展的制约。毫无疑问，当今世界的资源枯竭、环境污染、能源危机、人口危机等种种现象在向我们说明，增长极限理论并未过时，依然对世界的走向与人类的未来发展发挥着巨大而深远的影响。

总之，从马尔萨斯到罗马俱乐部的系列报告均对人类的未来提出了悲观主义预期。这些悲观主义观点有利于人类加深对自身行为的认识，有利于人类居安思危，未雨绸缪，努力走向可持续发展道路。我们今天重视这些悲观主义的理论和观点，并加以认真研究，目的是努力让悲观的结果不发生，或延缓发生。

"温故而知新"，本章对马尔萨斯的《人口原理》和罗马俱乐部的《增长的极限》进行了回顾与精彩的点评，在此基础上，我们将进行理论的创新，提出"以能定口"理论，以期站在巨人的肩膀上，对这两个重要理论实现超越。"以能定口"理论的提出是建立在前述重构的可持续发展理论基础之上的。

四　新的视角："增长的极限"
——盛极而衰的周期规律

通过前述分析可以预见，增长极限理论所预言的经济增长在未来100年内某个时点达到极限，似乎并不遥远。在21世纪的第一个十年，随着中国经济增速的下降，我们已经隐约看到了这个极限。不过，这里所言的"增长极限"，还不是《增长的极限》中所论述的资源与环境约束下的增长极限，而是整个世界经济总量日趋庞大而增长动力不足所产生的极限（资源与环境约束的增长极限也在日益显现），是一种盛极而衰的周期规律所导致的极限。

按照热力学第二定律，熵值处在升高的趋势，即紊乱在增加，宇宙不是在进化而是在退化，不是趋向更加有序而是更加无序。普利高津（Ilya Prigogine）提出的耗散结构论认为，一个远离平衡状态的非线性的开放系统（不管是物理的、化学的、生物的还是社会的、经济的系统）通过不断地与外界交换物质和能量，可以由原来的混沌无序状态转变为一种在时间上、空间上或功能上的有序状态。普利高津虽然因此获得诺贝尔奖，但遗憾的是，其耗散结构论并不能完全解释世界经济系统。如果世界经济作为一个系统，那么这个系统的外界是什么？当然，耗散结构论能够部分地解释人类社会经济系统，因为世界经济系统可以进行内部交换，例如，如果把世界各国分别当成一个个的系统，则通过各国经济系统的开放、发展对外贸易和经济全球化确实对相关国家经济发展产生了巨大的推动作用。但是，宇宙还有一个规律，就是周期规律，也就是不可能有一个永恒的推动力来推动系统越来越有序，推动经济不断增长，即使是"交换"也不例外。任何一个新生推动力都会有一个从成长到成熟再到衰退的周期或过程，即盛极而衰的过程。

然而，耗散结构论仍然在部分地发生作用，系统与外界的物质和能量的交换总是在起着积极作用，但又必须清醒地认识到，交换产生的功效有周期规律的作用，交换所产生的作用、功效在达到最大化时就必然处于衰减的趋势。但封闭系统停止交换则情况更糟，会导致系统更加无序。随着发达国家经济活力的下降，贸易保护主义开始抬头，从而出现逆全球化的趋势。这种倒行逆施的结果必然使系统活力进一步下降，生态更加恶化，使人类付出更大的代价。贸易保护和关税壁垒一方面给相关国家的企业产品出口设置了障碍，导致企业经营困难，就业机会丧失；另一方面削弱了竞争，把别国价廉物美的商品排斥出去，必然导致质次价高的产品充斥市场，从而抬高人们的生活和生产成本，降低人民的福利，引发社会不满情绪。

总之，"宇宙像一个大笨钟，发条越来越慢了"；人发胖了自然就跑不动了；世界经济像一辆大车，随着车上货物越载越多，越来越重，这辆大车也就跑得越来越慢了。人类会考虑变革、转型以及更换大车的引擎。虽然这是个好主意，但更换是有风险和代价的，还要看人类有没有这个能力，当然，这又涉及另一个话题，即人类的智慧和能力是否也有"增长的极限"。

第四章

以能定口理论

——对人口理论和增长极限理论的超越

　　心语：关于人类危机的研究、理论和思想一直是来自国外的，国内的研究是在别国理论框架下进行的。而我们研究人类的危机，应该比西方国家的学者有更加深刻的认识。艰难坎坷的人生经历是思想的源泉，淘汰中的幸存则是我们对危机的深切感受。这些年来，笔者一直在思考，一直在探索，于繁荣中思危机，最终找出的灾难爆发点就聚焦在能源上；要出问题，最有可能出在能源上，它是资源与环境最为薄弱的环节。笔者对能源问题十分敏感，有着更加深刻、独特的理解（笔者生在一个从事能源工作的家庭，父亲是水电工人，而笔者的研究和工作也总是凑巧和能源问题搅和在一起），历史上粮食大饥荒的"以粮定口"法则很可能会在未来的能源大饥荒中以"以能定口"的形式再现。我国政府也是有着强烈的危机意识的，一直把粮食安全和能源安全放在国家安全的高度之上，常抓不懈（拥有一个有危机感的政府才是人民的福祉）。因此，本书要把问题的严酷性分析到位。

　　关于世界的未来，历来都有乐观和悲观两种观点。对未来的美好期待和向往，是人类的天性，但人们也一直对未来抱有十分恐惧的心理和预期，如"世界末日"等预言，这类预言在20世纪末曾甚嚣尘上。有人预言2000年是"世界末日"，但21世纪到来之日并无灾难发生；随后又有人预言 2012 年是"世界末日",结果 2012 年我们也安然度过。可以预见,今后此类危言耸听的预言还会发生。这些预言大多是非科学性的,带有宿命论,或者较多迷信色彩,其中有些预言则是欺诈行为,需要引起人们的警惕。然而,"居安思危""从最坏处打算",则是人类对未来的理性预期与理性应对。而从理性与逻辑推断的角度来分析人类的未来,也有一些悲观文献产生,其中最为著名的就是前述马尔萨斯(1992)的《人口原理》和罗马俱乐部的《增长的极限》报告(Meadows et al.,1972)。由于人类有着"报喜不报忧"的倾向,因而这两篇文献问世后都曾遭到强烈的反对和猛烈的抨击。时至今日,面对当今世界的经济与人口的增长以及资源与环境等方面的新形势,我们还需重新审视传统文献,温故知新,进行新的思考,从而得出新的结论。而以能定口理论的提出正是在总结和扬弃这两部著作的基础上所提出的新理论。

一　以能定口理论的假设前提与形成机理

马尔萨斯所提出的,人口以几何级数增加,粮食等生活资料以算术级数增加,其所阐明的法则的核心就是"以粮定口",即以粮食的可供量来决定人口数量。解决办法即所谓"积极性抑制"和"预防性抑制",使人口数量与粮食等生活资料的供给达到平衡。而"增长的极限"理论可以看成是一种放大了的"以粮定口"法则,即以资源与环境的供给量来决定人口数量,其解决的办法即保持全球均衡,包括人口动态平衡。从《人口原理》到《增长的极限》,将以粮食等生活资料对人类的生存与发展的制约拓宽到整个资源与环境的制约,即"由窄变宽",本书由螺旋式循环到"由宽变窄",而对制约的因素又进一步明确,进行更加准确的定位,"聚焦"到更加具体化的以能定口理论。

在当今世界,近些年来能源领域存在诸多的不确定性。一方面,捷报频传,各种新能源技术不断取得突破,不断出现新的能源生产和运用的思路、模式，而近年来世界石油价格的大幅度下跌，也缓解了中国原油进口的压力。但另一方面，能源的供给形势又不容乐观。石油市场虽因美国页岩油气的进入改变了供求格局，但暂时的石油价格下跌并不能改变能源供求长期形势，不可再生能源的枯竭之势不可避免。而能源短缺往往是矛盾和战争的"导火线"，近几十年来爆发的战争与冲突大多与石油有关。那么，人类未来能源前景究竟如何？其演进路径为何？能源的演进路径将会怎样影响人类社会和政治经济格局？有关这些问题，现有的研究并不明晰，本书将从实践到理论、从理论再到实践系统地探讨这些问题，而问题的核心就是"以能定口"。

下面我们来分析以能定口理论的形成机理或路径。

（一）以能定口理论形成的假设前提

以能定口理论产生于人类的经济活动与资源、环境之间的关系和相互影响中，因此，我们需要梳理和了解人类经济活动对资源与环境会产生哪些危害，这些危害又会怎样、通过何种路径反过来危害人类的生存与发展，这样我们就知道以能定口理论的形成机理，同时我们也就知道对资源与环境危机如何加以应对。因此，我们先对资源与环境对人类社会生存与发展的影响提供一个分析的思路或逻辑路径。

1. 人类经济活动对环境的影响

人类经济活动对环境的影响可分为以下几个方面：一是工业"三废"及放射性排放会对水土资源、空气及人类生活环境产生污染，危害人类健康与生命，甚至使环境不适合人类居住；二是二氧化碳排放产生"温室效应"，导致全球气候变暖，然后又会改变地球生态系统的循环，产生恶劣天气，冰川消失，致使海平面上升，淡水资源枯竭。如果出现这一结果，那就还未等到"以能定口"形势出现，"世界末日"就提前到来了。由于二氧化碳直接排放到大气层中，其产生的影响危害整个地球大气环境，因而所产生的"外部性"要由世界各国共同承担，因此，控制碳排放需要世界各国的共同努力；而"三废"等产生的排放直接污染所在国的环境，首先威胁着所在国人民的生存与发展，因此有关国家对这类排放的治理更具积极性。

但是，从理论上看，人类可以对各种排放加以控制，使其不对环境产生根本性的破坏，从而维持生态系统的循环，实现人类的永续生存与繁衍。

2. 人类经济活动对资源的消费

从资源方面来考察，人类的经济活动（特别是工业生产）要消耗大量自然资源，这些自然资源，根据其是否具有可再生的性质，可以划分为可再生资源（Renewable Resource）和不可再生资源（Non-renewable Resource）两类。可再生资源能够在自然中自我更新，可供人类循环使用，而不可再生资源被使用后在自然界不能再生，加上其在自然界中禀赋存量是固定的，它的可用数量会随着不断使用而逐渐减少，并且不具备自我更新的能力，具有可耗竭性，因此又称为可耗竭资源。不可再生资源包括金属和非金属等矿物质资源。金属类矿物资源虽然不可再生，但废旧金属可以回收再利用，即可以循环使用，因此这类资源又被称为可循环的不可再生资源，并且再生金属的生产过程比原生金属所消耗的能源及产生的排放要小得多；而另外一类不可再生资源为煤炭、石油、天然气等化石能源（也包括页岩油气、可燃冰、铀矿等），这类资源在其使用过程中是不可逆的，不具有可回收和循环使用的性质，因此又被称为不可循环的不可再生资源。从不可再生资源的性质来看，不管是可循环的不可再生资源，还是不可循环的不可再生资源，均具有可耗竭性。

然而，可再生资源亦并非不可耗竭。当人类经济发展对可再生资源的需求与开采使用量超过可再生资源的再生和循环能力时，就会出现资源危机，而这种危机已经日益显现出来。就动植物资源来说，虽然可以循环再生，但人类若采取杀鸡取卵、竭泽而渔的方式，必然会加剧资源的枯竭。人类的过量捕捞、渔猎，使得许多国家的近海无鱼可捕，捕鱼的距离越来越远，成本越来越高；由于人类乱采滥挖导致环境破坏，大量动植物物种已经消失或正处于消失的边缘，有些物种还未等到人类命名就已经消失了；土壤资源由于滥用化肥造成的板结而降低生产能力，各种化学物质的排放导致的土壤污染使得某些地区土壤失去使用价值；由于人类的工业、农业的大量开采与使用，水资源的循环难以为继，地表水和蓄水层中的水正在消失或遭到污染，地下水位快速下降，河道断流，冰川消失，淡水资源日趋短缺对人类的生存与发展产生了巨大的威胁。关于可再生资源的持续利用，中国文化中早就有过论述，孟子所云"数罟不入洿池，鱼鳖不可胜食也；斧斤以时入山林，材木不可胜用也"。该论述非常精辟，也可以作为当代人资源利用的理念。但是，如前所述，碳排放加剧所产生的"温室效应"导致全球气候变暖，也会破坏某些可再生资源（特别是淡水资源）的循环再生。一旦人类无序活动加剧导致自然循环系统遭到毁坏，自然系统无法再生人类赖以生存的自然资源，人类将彻底完结。这是不是可以用生命周期理论来解释，人类这一生物，由产生、发展、成熟再进入衰退、消亡？但愿人类这一高等智能生物，能够用其智慧来破解这一周期规律。

据此，我们先把资源做如图 4-1 的分类，以明确资源开发和消费的路径，以便过渡到能源演进路径。

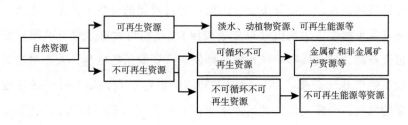

图 4-1 资源分类

3. 资源开采与使用过程中对环境的影响

人类在自然资源的开采、储运、加工与使用过程中均要对环境产生负面影响。在自然资源的开采过程中会导致水土流失、河道断流、地表水消失、地表沉陷、植物枯死、动物生存环境恶化等；在储运过程中，会产生泄漏（事故），对海洋、河流、土壤产生污染；在加工与使用过程中会产生"三废"排放；等等。而化石能源在其加工使用过程中所产生的排放对大气环境影响尤为严重，其中二氧化硫和二氧化碳是主要碳排放源。从化石能源所产生的排放来看，人类已经不能等到消耗完所有的化石能源再转向使用其他清洁替代能源。

戴利和柯伯（Daly and Cobb, 1989）提出了三条资源使用最低安全标准，"社会使用可再生资源的速度，不得超过可再生资源的再生速度（这与孟子的思想相同）；社会使用不可再生资源的速度，不得超过作为其替代品的、可持续利用的可再生资源的开发速度；社会排放污染物的速度不得超过环境对污染物的吸收能力"。这三条标准是最通俗的可持续发展思想，但其中的第二条能否实现存在不确定性，是人类遇到的最大挑战。

（二）"三有一无"的假设

我们提出一个重要的"三有一无"的假设（或假说、假定）：我们假定，人类的碳排放能够控制在环境系统所能容纳的范围内，不会破坏地球环境的循环系统（第一个假设）；并且，人类对可再生资源的需求和消费也能适当加以控制，使资源的使用量不超过资源的自然生长量，那么，就不会发生可再生资源危机（第二个假设）；我们再假定，对于可循环的不可再生资源，如金属等矿产资源，即便矿产资源消耗殆尽，人类对这类资源加工的产品（金属产品）的需求和消费也能适当控制，可以通过废旧金属的回收再循环利用来满足需求（这是一种循环经济模式），也不会发生资源危机（第三个假设）。在上述三个假设中，只要人类能够认识到其中的危机，并对自己的经济行为加以适当控制，采取一些先进的技术和管理方法对资源与环境进行有序开采与使用，理论上是可以化解这些危机的。但是，对于不可循环的不可再生资源，即不可再生能源或化石能源，则没有上述假定。化石能源在其使用过程中，除了产生各种有害的排放之外，能源本身并不能通过任何方式、任何途径进行回收和再利用。因此，由于这类资源在其使用过程中的不可逆性或不可回收性，资源枯竭是必然的，只是时间的早晚问题。即使人类认识到这个问题，也不能改变不可再生能源枯竭的趋势。枯竭的时间虽有早晚，但枯竭的路径不可改变。即便人类精打细算，节俭使用，把不可再生能源的枯竭时间推迟数十年或百年，在人类历史长河中来考察，这段延迟的时间亦可以忽略不计。这就是所谓"三有一无"的假设。

以上就是我们提出的"三有一无"的假设，而其中的"无假设"则是人类面临的最大危机！"无假设"的问题是需要我们进一步讨论的问题，这也说明，能源是人类资源与环境的"短板"、最薄弱的环节。而"三有一无"的假设也是以能定口理论的假设前提、基础。

（三）以能定口理论的形成机理

"三有一无"假设中的"无假设"揭示了不可再生能源（化石能源）的消耗过程的不可逆、不循环的性质或路径。按照这一性质、路径或逻辑的推定，在不可再生能源耗尽而其他可替代能源供给不足的情况下，人类将面临一个"以能定口"的尖锐问题。也就是说，有限的能源只能维持有限的人口的生计。设想一下，人类社会一旦没有了化石能源将会出现什么样的结果。随着化石能源的枯竭，人类的社会经济生活系统将会面临全面剧烈的冲击。失去了化石能源的供给，工业生产规模会出现衰退，能源的锐减将直接导致大量工业企业停产，中间工业产品产量随之下降，最终导致终端消费品供给的下降，而且会对商贸、交通运输产生极大的冲击，城市生活中的那种大规模的集中运输、集中仓储的生活资料供给系统难以支撑，并造成人类生活用能的短缺。由此，人类只能获得有限的维持衣食住行之类消费品的供应。

那么，随着不可再生能源的枯竭，有哪些替代能源能维持人类的生存与发展呢？目前已经进入人类的生产与生活的只有可再生能源。据《BP世界能源统计年鉴2017》数据，2016年世界能源消费结构为水电占

6.9%，可再生能源占 4%。[①] 水电也是可再生能源，我们把二者加起来，则世界可再生能源消费量仅占 10.9%，而 2016 年世界人口总数为 74 亿。按照现有的能源结构，在现有的生活水平之下，可再生能源量可维持的人口不到 10 亿，而人类的人口还将继续增长。根据联合国人口统计和预测数据，预计 2025 年全球人口超过 80 亿，2043 年超过 90 亿，2083 年超过 100 亿。[②] 在以能定口理论下，这多出的人口如何处置？通过提高可再生能源的使用效率，发挥出最大潜力，并节制需求，可以养活更多的人口，但效率和潜力的挖掘毕竟有限，如何破解"以能定口"的困局，考验着人类的智慧。

这样，以能定口理论形成机理就清晰了：化石能源必将在某个时点枯竭，人类对能源的需求模式也无法改变，并且找不到其他有效的永久性替代能源，人类将面临能源"大饥荒"。这一演变趋势用周期理论来解释，那就是世界经济的一个总周期或最大周期，目前是个尚未完成的隐形周期，即人类经济从农耕时代发展到工业时代，经济总量不断上升，在 21 世纪某个时点达到顶点或峰值，然后随着化石能源的枯竭开始衰退或下降，一直跌入低谷。

"以能定口"实际上已经在现实中显现。中国的北方地区能源结构中煤炭占比大，产生的污染严重，有关部门于 2017 年冬季进行"煤改气"的结构转型，但中国的资源禀赋是"贫气"，结果导致气量供给不足，同时引发液化气大幅度涨价，只有从南方向北方供气，这就造成南方地区，如四川工业用气的断供，天然气化工全部停产。虽然保住了四川的居民用气（有些居民小区停气次数增加），但天然气短缺对工业的冲击最终要影响到民众的生活。中国油气资源的来源主要依靠进口，但世界上没有那么

---

① 《BP 世界能源统计年鉴 2017》，https://www.bp.com/zh_cn/china/reports-and-publications/_bp_2017-_.html。注：2016 年水电占比并没有直接数字，是根据 2015 年的 6.8% 的比例、2016 年年均增长 2.8%、增长量为 2710 万吨石油当量，还有 2015 年和 2016 年消费总量几组数据通过计算得出的 6.9%。

② http://www.un.org/en/development/desa/population/publications/trends/population-prospects_2010_revision.shtml。

多油气让中国敞开使用。从国际来看，具有讽刺意味的是，在联合国气候变化大会召开之际，德国在恢复和扩大煤炭的使用，美国也开始恢复煤炭的生产和使用。这说明什么问题？可再生能源还并不足以解决能源供给问题，而煤炭却有着价廉、好用（发电稳定）的优势，这是目前的可再生能源无法替代的。那么，若煤炭也短缺，世界又将如何？中国已经由煤炭净出口国转变为净进口国，成为世界上最大的煤炭进口国家了。

由"三有一无"假设到"无假设"，再到以能定口理论形成，实质上反映出一个能源演进路径问题，即不可再生能源演进路径的不可持续性。既然这一能源路径不可持续，而在目前的用能模式下可再生能源又不足以解决人类的能源需求，那么还有没有其他可持续的能源演进路径？这就需要对所有可能的能源路径进行全面梳理，分析一下是否有可持续的能源路径。

二　以能定口理论下的能源
演进路径及面临的挑战

在"三有一无"假设和"以能定口"法则之下分析可能的能源演进路径，其中有希望，但挑战巨大。

（一）能源演进路径

这里，我们把所有的能源演进路径进行归纳和分析。每条能源路径都有相应的技术路径，而技术路径还要依赖经济上的可行性和风险上的可控性。如果仅是技术上可行，但经济成本太高，也无法商业化开发，无法为人类所利用；如果风险上无法控制也不能轻率开发和使用。通过能源演进路径的梳理和分析，便可明确人类未来能源的图景以及世界政治经济格局的演变和转型。

1. 不可再生能源路径

不可再生能源分为常规不可再生能源和新型不可再生能源。常规不可再生能源有煤炭、石油、天然气、核能（可控核裂变反应堆）;[①] 新型不可再生能源有页岩油气、可燃冰等。页岩油气已经进入了人类的生活，即将转化为常规能源。当常规不可再生能源日趋枯竭时，人类便开始开发新型不可再生能源。但是，新型不可再生能源开发的成本越来越高，地质风险越来越大。页岩油气的开发难度、开发成本、地质风险高于常规油气，而可燃冰开发的技术难度、开采成本、地质风险更高于页岩油气，能否商业化开采和生产尚存在不确定性。今后的能源开发趋势将是技术越来越难、成本越来越高、风险越来越大。

与不可再生能源路径相对应的技术路径主要是能源的开采、加工和使用技术，常规不可再生能源的开发技术基本上是成熟的，经济上是可行的，风险也基本可控。虽然海上石油的开采曾出现重大泄漏（如美国墨西哥湾油井事故），出现过油轮失事导致的泄漏，煤炭开采可能出现各种地质灾害及矿难，还有令人生畏的核事故，但这些风险总体上可控，今后出现风险的概率越来越低。这一领域的技术也是在发展的。

新型不可再生能源，如页岩油气，已经取得了技术上的突破。美国在页岩油气的开发上率先获得了技术上的突破，基本上实现了能源的自给，从而在短期内改变了世界原油的供求格局，导致国际油价大幅度下跌，但并不能改变原油资源枯竭的长期趋势。目前页岩油气开采的技术方法，即"水裂法"，亦存在缺陷，即需要消耗大量水资源，并可能产生地下水污染。因此，在缺水的地方（如中国北方地区），即便页岩油气资源丰富，也不宜开采。"水裂法"（亦称"压裂法"）的另一问题在于引发地质灾害。伴随着页岩油气的开发，美国的页岩油气密集地区地震频发。用注水压裂岩石虽然有助于油气的涌出，但地下岩石的崩裂容易引发地震，而接近地表的地震产生的破坏性更大，并且密集的小地震可能引发、激活大的

[①]　这里的能源分类主要是便于理论研究，与国家统计局的分类有所区别，统计局将天然气和核能列为新能源。

地壳板块运动，诱发更大的地震灾难。美国的地质专家已经就人为因素造成的地震进行了调查研究和取证。页岩油气的开采已经遭到当地民众的反对。地质专家还通过取证，发现在地热能开发过程中也引发了地震（大量抽取地下热水用于蒸汽机，然后将用过的废水再灌入地下亦容易引发地震）。地下深度能源的开采的一个共同特征，就是原来当地并未出现地震，而随着能源的开采，地震频发。因此，此类能源的开发具有风险，难持续。

可燃冰的开发尚处于研究阶段，其技术上的开发难度和环境风险远高于页岩油气。中国虽然试采可燃冰取得成功，但真正商业化开采能否成功仍然存在不确定性。一是技术上的一些难关仍然有待攻克，如泥沙的分离；二是生态风险的规避，这是更加关键的问题。在采气的同时温度可能会升高，从而可能引发气体失控而大量溢出、喷射，导致生态灾难，即环境在短期失控下的变暖，甚至可能恢复到二叠纪、三叠纪恐龙灭绝时代。因此，可燃冰开采的环境保护技术更加重要。正因如此，国外的一些大公司不敢轻易开采。此外，可燃冰的开采成本要远高于常规油气，如果可燃冰成为主导能源，那也就意味着人类的能源危机更加严峻，海洋争夺更加激烈。

因此，总体上说，便于开采的能源品种几乎都已被大量开发，未开发的品种，技术难度、环境风险非常大，开采成本非常高。人类通过技术创新，已经把矿井打得越来越深，直至深入页岩层；可以把能源开发的领域延伸得越来越广，从陆地延伸到海洋、海底；但同时，人类的技术正在把地球弄得天翻地覆，百孔千疮。然而，无论是常规还是新型不可再生能源都有一个致命的弱点，就是可耗竭性，不能彻底解决人类的能源危机，只能延缓危机的来临。因此，越是在当前能源供给相对充足的情况下，越要重视和研究其中隐含的危机，即能源的耗竭问题。

2. 可再生能源路径

可再生能源可以循环再生，同时较化石能源更加清洁，如水能、风能、太阳能、生物能等。可再生能源的开发技术也是成熟的，其中水能开发的技术最为成熟，经济上可行，风险可控（也可能存在对地质结构的影响而产生一些不确定的风险），已经被列为常规能源。风能、太阳能、生物能的技术也基本成熟，并进入人类的使用领域，并有很大的提升空间，风险较其他能源可控，但在经济上目前还需要政府的财政补贴。可再生能源循环的一个必要条件是自然循环系统不被破坏，如水能、生物能等。可再生能源的弱点在于能源总量太小，或可实际利用的能源总量太小，不能满足人类日益增长的能源需求，只能小部分地替代不可再生能源，虽然有巨大的开发潜力，但能够开发的程度尚存在不确定性。即便在技术上使其能量发挥到极致（最大化），亦很难指望它能完全达到不可再生能源所提供的能源量。可再生能源的另一弱点在于不稳定，目前在电网中只能占据一定的比例（在中国一般不能超过10%），不能全部替代化石能源（而化石能源的使用虽然会产生较高的排放，但却有着发电稳定的优势，这是可再生能源无法替代的）。如何利用可再生能源来彻底解决能源危机，挑战巨大。

3. 无限能源路径

还有一种能源，在原理上不属于可再生能源，但可供人类永续使用，我们把它称为无限能源。无限能源是本书提出的新的能源划分概念，是存在于自然界，可以取之不尽、用之不竭的能源。从广义上可以把这类能源看成可再生能源，其与太阳能也有一定的关系，但就能源的循环与开发原理来看与上述可再生能源有所区别。无限能源主要有以下种类。

第一，地热能。地热能是蕴藏在地球内部的热能，是可以被人类经济开发和利用的地球内部的热能资源。从性质上看，地热能主要来自地球内部放射性核元素不断放射所产生的热能。只要地球存在就有地热能存在，取之不尽、用之不竭。地热能也是已经进入人类使用阶段的无限能源。地热能资源的利用主要分为地热发电和地热能直接利用两种方式。地热能的开发潜力非常大，但是，类似可再生能源，其所能提供的能源量毕竟有限，不能满足人类对能源的巨大需求，并且，如前所述，地热能的开采仍存在地质风险。

第二，水资源。这里所说的水资源不是常规的由落差所形成的水能资源，而是水资源本身。水可以循环再生。只要水能循环，能源就能循环，但水资源直接转化为能源，在原理上并不是常规水电的生产。前些年曾出现过"水变油"的骗局，但"水变油"在理论上是成立的。水的分子结构为 H_2O，其中有两个氢原子，一个氧原子。氢气是高效而清洁的燃料，只要把电解水的装置放在汽车里，汽车只需加水即可从水中电解出可供汽车使用的燃料氢，从而实现"水变油"的神话。有媒体报道，日本已在试制这种汽车。但即使技术上可能，能够生产这种样车，也可能成本太高，无法商业化推广。如果用电解水分离出的氢气发电，首先电解过程就需大量的电能，这就要看电能的投入与产出的关系是否合算。而更为关键的问题在于用氢气发电风险非常高。氢气只有在纯净的状态下才能安全、稳定地燃烧，一旦混入杂质，就会发生爆炸。一个氢气发电厂一旦发生爆炸事故，巨大的能量可以把一座城市掀翻。

第三，可控核聚变项目。可控核聚变似乎是人类目前最大的希望。可控核聚变能源就是可持续核聚变反应堆所产生的核能。核能就是通过核反应从原子核中释放的能量。目前的核能技术采用的是裂变反应，即把比较重的原子分裂成较轻的原子而释放出能量。而正处于研究阶段的核聚变，其原理则正好相反，即把较轻元素的原子聚合在一起，生成较重元素的原子而释放出能量。一升海水里面的氘，如果全部聚变反应的话，产生的能量相当于燃烧 300 升汽油产生的能量。核聚变的优势在于产能效率更高，并且其所用原料同位素氘与氚存在于海水中，取之不尽，用之不竭，可以让人类使用上亿年，因此我们可以把它看作无限能源。如果可控核聚变成为现实，则可从根本上化解人类面临的能源危机，最终实现可持续发展。这样的话，人类的思维模式、可持续发展理论又将发生根本性的变化。

核聚变的另一优势在于其环境可接受性比较好，聚变反应所产生的产物是氦，氦本身不具有放射性，也没有核裂变反应堆所产生的难以处理的核废料，因此相对安全，并且，如同核裂变反应堆，核聚变反应堆也没有化石能源生产和使用过程中所产生的二氧化碳、二氧化硫、粉尘、烟尘的排放，那么困扰人类的大气污染问题或环境可持续的问题也就彻底解决。能源分类见图4-2。

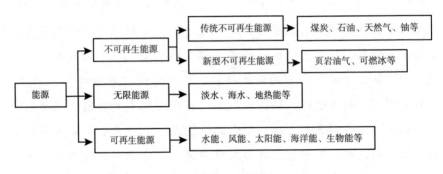

图4-2　能源分类

但是，可控核聚变路径尚面临多项技术上的挑战。

（二）面临的挑战

前文已分析，每条能源演进路径或每个能源品种均有其优势和劣势，面临着不同的挑战。而可控核聚变路径若能成功则是解决能源危机的最彻底、最优路径，但面临的挑战也最大，特别是技术上的挑战。例如，相比于核裂变过程，核聚变最大的挑战就是反应条件——需要瞬间上亿度的高温才能引起核聚变反应，于是，可控核聚变的最关键问题在于：一是怎么将核聚变的原料加热到这么高的温度，目前可能的解决方案是先用小型裂变反应引爆（如氢弹的爆炸是先用一个小型的原子弹来引爆）或用激光束来点燃；[①] 二是将核聚变的原料加热到如

---

① 也有科学家提出"冷聚变"，即在常温下实现核聚变，但仅在探索阶段，有些报道最终被确认并不真实。

此高的温度以后拿什么来装它，问题在于世界上还没有发现能够耐上亿度高温的材料。

正因为受控核聚变这一巨大的能源工程面临太多挑战，是人类的世纪难题，非一个国家的能力所能攻克，1985 年，国际上开始倡议多国共同合作开展受控核聚变反应堆的研制工作，于是就酝酿了国际热核聚变实验反应堆（简称"ITER"）计划。2006 年，由中国、美国、俄罗斯、欧盟、日本、韩国、印度 7 方 30 多个国家和地区参与建造的 ITER 项目协议签署并开始实施，中国承担 10% 的科研任务。该项目是目前全球规模最大、影响最深远的国际科研合作项目之一，也是中国参与的规模最大的国际科学合作项目。

在该项目的研究沉寂了十多年之后，终于盼来了令人振奋的进展。根据央视和央视网消息，经过科研人员 12 年时间的研究与开发，由我国自主研发制造的国际热核聚变核心部件在国际上率先通过权威机构认证，这是我国对国际热核聚变项目的重大贡献。这一技术突破解决了上述第二个问题中的核心部件问题。它是一种特殊的结构，可把热量及时地传走，从而避免反应堆锅炉被高温瞬间融化。

但是，核聚变反应堆最终成功运行仍有诸多技术难关有待攻克，其商业化过程仍面临诸多技术挑战。1952 年人类利用核聚变试爆了第一颗氢弹，但时至今日，和平利用核聚变依然是人类追求的遥远目标。专家认为，随着 ITER 项目的推进和各国自主的核聚变项目研究，人类有望在未来 50 年内，让这种能量巨大而又清洁安全的能源进入千家万户[1]（另一篇较新的文章则称"有望在 50 年到 60 年之后实现商用化"[2]）。而据 ITER 组织总干事贝尔纳·比戈称（2018 年 10 月 23 日报道），目前反应堆的工程建设已完成一半以上，根据目前的日程表，ITER 将于 2025 年底实现首次点火，产生第一束等离子体，然后将于 2035 年开始聚变实验，

[1] 《中国率先突破国际核聚变研究核心技术"人造太阳"核心部件首获国际认证》，中新网，http://www.chinanews.com/m/gn/2016/12-10/8089925.shtml。

[2] 我国下一代"人造太阳"启动工程设计技术逼近极限［N］，科技日报，2017-7-13。

最终将于 2050 年左右实现核聚变能的商业应用。①

　　但是，理性地分析，专家的预言不一定就能最终实现，即便最终能实现，人类仍然面临着转型中的危机。从目前来看，ITER 项目只是人类攻克新核能的一个希望，不能盲目乐观（即使中国完成了所有 10% 的任务，还有 90% 的任务有待其他国家完成），ITER 项目的最终结果仍有非常大的不确定性，或有如下可能：一是乐观的结果，即人类可以在 50 年之内实现核聚变的商业运营；二是悲观结果，即在 50 年内无法实现商业化运营，或者推后，或者遥遥无期，甚至各项技术难关无法攻克，或者只能造出一个样机，无法实现商业化运行，甚至核聚变的和平利用最终成为"镜花水月"，可望而不可即，或者说是科学发展中的又一个"永动机"，最终无法实现。再从环境的角度来看，即使 ITER 项目获得成功，不会产生现有核裂变反应堆产生的核辐射，也不会产生类似化石能源的各种污染，但上亿度的高温从核聚变反应堆锅炉中被传出之后将面临在自然环境中的冷却过程，这仍然是一个挑战。上亿度的高温所产生的热辐射排放到自然环境中，亦会对环境、生态和生物产生巨大的负面"外部性"，甚至会加剧"温室效应"和全球变暖。从辩证的思想来看，任何事物均有其利亦有其弊。百利而无一害的事并不存在。基于此，人类要寻找趋利避害的路径。

　　然而，更大的挑战是：即便是人类在未来 50~60 年能够实现核聚变的商业运营，但是，未来的 50 年，人类社会将会面临什么样的变化？在这一期间，人类将面临以下两个重大事件。

　　第一个重大事件是：在未来 50 年，石油资源将会耗尽，已有许多文献进行过相关论述。其中，Malyshkina 和 Niemeier（2010）预测，碳氢化合物燃料可能在 2050 年就会枯竭，131 年后，汽油和柴油才能完全被替代，但这与碳氢化合物燃料枯竭之间相差了 90 年。乐观的预计则是，碳氢化合物燃料枯竭时正好核聚变能源能够成功接替。但是，这只是一个最

---

① 《国际热核聚变实验反应堆计划（ITER）组织埋头"筑梦"》，生物科学门户网站，http://www.bio1000.com/gwjz/201810/23607.html。

乐观的预期，并无把握，核聚变能源与化石能源之间能否平稳地衔接，仍然有不确定性，面临着挑战。问题是，石油资源一旦接近枯竭，将会出现能源价格飞涨的现象，各国之间的矛盾和冲突加剧，人类社会可能处于更加无序状态。

第二个重大事件是：在未来 50 年，可能因汹涌来袭的全球变暖环境发生第六次动物生命大灭绝①（这一信息也为央视所报道），可能产生冰川消退、生态循环系统遭到破坏而淡水资源枯竭的状况，亦可能因各种排放使得河流、土壤、大气污染加剧，使地球环境不适合人类居住。也就是说，人类不能等到将所有化石能源消耗完毕再转向更加持久的能源。从中国目前的环境状况来看，能源结构的转型已经迫在眉睫（特别是中国每年近 40 亿吨的煤炭消费巨量所产生的巨大排放）。另外，在各种资源（能源）与环境危机的冲击下，人类社会可能陷入一片乱局，如果此时 ITER 项目尚未完成，必将影响该项目继续进行，甚至导致项目终止。

技术并非万能，它不能解决人类社会所面临的所有问题，特别是当世界处于乱局之中时，技术本身无法进步，也无法发挥作用。因此，仅有 ITER 项目的国际合作是远远不够的，人类不能把所有的希望全部寄托在该项目上，还应在更多领域展开更加深入的国际合作。在能源路径上，人类还应探索另一条路径的合作，即"以能定口"路径下的合作，采取"两条腿走路"的战略。

三 不同能源演进路径之下的人类社会演进路径及面临的风险

人类社会未来的生产、生活及其组织形式取决于不同的能源演进路径，并在不同的能源演进路径之下表现出不同的形态。

---

① 据英国《每日快报》报道，一项最新研究发现地球上近半数物种难以应对汹涌来袭的全球变暖问题，这表明地球史上的第六次动物生命大灭绝有可能在 50 年内发生。参见 http：//tech. qq. com/a/20161211/003725. htm？pgv_ ref = aio2015&ptlang = 2052。

（一）不同能源演进路径之下的人类社会演进路径

1. 以不可再生能源为主导的人类社会演进路径

以不可再生能源主导的能源结构会导致人类对短缺能源争夺的矛盾加剧，甚至会引发更多、更大规模的战争，并且由于这一能源体系本身的不可持续性（表现为环境的不可持续和资源可耗竭性的不可持续），其给人类带来的将是无序、黯淡的未来前景。这样，人类必须寻求替代能源或新能源，推进新的能源演进路径，并将人类社会经济导入不同的演进模式。

2. 以无限能源为主导的人类社会演进路径

从目前人类所探索的无限能源的思路和进程来看，可控核聚变，即ITER项目如果能够成功，将会彻底解决人类的能源危机，因而这是一条最乐观的演进路径，人类将彻底摆脱因能源短缺而产生的矛盾和战争。随着化石能源被人类放弃，有关海洋和岛礁的地位也就大幅度下降，各国也就没有必要为领海、岛礁问题而唇枪舌剑，发动战争，世界政治经济形态的演进模式将朝着积极、有序的方向推进。在可控核聚变这一无限能源支撑下的人类社会和经济系统，大电网、大工业、大城市以及由这"三大"维系的人类集中生产、集中生活的模式仍然可以持续下去。但是，如前所述，ITER项目存在不确定性，要么"远水解不了近渴"，要么，由于各种技术难关不能攻克，最终无法实现商业化运行。因此，人类还需未雨绸缪，探讨新的能源体系以及由此能源体系推动的人类社会经济的演进路径或模式。

3. 以可再生能源为主导的人类社会演进路径——人类的希望

当化石能源消耗殆尽或不能继续使用，而ITER项目尚未进入商业使用阶段，人类所能依赖的能源只能是可再生能源（包括部分无限能源，如地热能）。新型可再生能源已经进入人类的生产和生活，同时还有巨大的开发潜力。这是人类切实可行的能源演进路径。随着化石能源的枯竭，人类的社会经济生活系统面临全面而剧烈的冲击的同时，也会发生人类进化历史的大转折、大转型。从辩证唯物主义思想来看，当进入这一路径之后，人类在能源的使用上完成了一次历史大循环，即由（传统）可再生能源到不可再生能源再转到（新型）可再生能源。最初人类使用的是可再生能源，第一次工业革命推动人类使用不可再生能源，从可再生能源到不可再生能源或化石能源，是人类社会的一次重大跨越。以化石能源为主导的每一次技术革命，如蒸汽机、内燃机、电动机的发明都推动了新的工业革命，使生产力得到飞跃式提升，社会财富得到空前的累积。但由于化石能源的不可再生性及其产生的碳排放，人类最终要放弃化石能源而再次转向可再生能源，但这一大循环并不是简单、封闭式的循环，而是螺旋式上升；不是回到传统的可再生能源，而是进入新型可再生能源，新型可再生能源的生产和使用是建立在现代高科技基础上的高效循环，人类在可再生能源的使用技术和效率上已经得到较大的提升。伴随着能源的循环，人类的生产、生活方式以及人类社会组织形态也将发生重大循环和转型。在不可再生能源主导之下的工业革命及大工业生产，推动了城市化进程，使人类由农村分散式生产、生活转向城市集中式生产、生活，实现了一次重大转型。而现有的这种集中生产、集中生活的方式依赖于庞大的能源供给系统和巨大的能源供给量的支撑。而一旦这一能源供给系统衰落，则将无法维持这一"集中"生活模式。

化石能源的退出既给人类造成巨大冲击，也带来新的希望。没有了化石能源提供的庞大能量，工业生产规模将出现全面衰退，特别是那些能源密集型重化工业的生产将难以为继；没有化石能源所提供的燃料和能量，大城市的商品和物资的运输仓储系统亦无法运转；没有化石油气燃料，运输工具将依赖两种供给方式：一是采取电力系统，电力机车和电动汽车已经进入了我们的生活，而问题是在化石能源枯竭、仅靠可再生能源供电的能源总量约束下，就需要对电力的使用在各个领域进行规划或限定，只能拨出一定的比例用于交通运输；二是采用生物燃料，但生物燃料的生产需要占用土地资源，人类要在有限的土地上生产粮食等作物和能源作物，于是土地资源更加紧缺，需要对土地资源的使用进行规划或限定。在可再生能源总量达到极限的情况下，运输用能将受到制约，于是，家庭轿车的使用量和使用频率将会大幅度下降，而城市中大规模的集中运输、集中仓储的生活资料供给系统亦将难以为继，因而出现反城市化或逆城市化的转变，最终大城市将衰落，直至消失，人类又将分散到郊区、农村生产和生活，生产和生活方式将由集中进入分散，社会生产的组织形式也将分散化、微型化，从而出现人类社会经济形态的大转型。而可再生能源系统亦更加适合于单个的、小系统、小区域的供电、供能，如屋顶太阳能发电系统，而分布式发电①也已经走入人类社会，代表着人类供电模式的变革及未来发展方向。而当化石能源枯竭、大型电网（如目前的全国电网、集中调配）退化、消失以后，人类将全面进入可再生能源分布式发供电模式、微型电网模式，这样，人类又完成了由小电网到大型电网再到小型或微型电网的历史大循环，并由"集中"模式，即由城市的集中生产、集中生活回归到分散生产、分散生活的"分散"模式。这就是物极必反，循环演进的法则。人类完成了一个由分散—集中—分散或农村—城市—农村的历史大循环。这一循环反映了人类社会进化的螺旋式上升、波浪式前进的否定之否定规律。

在工业生产方面，生产周期将由工业化时期的无季节性周期回到类似农业时代的季节性生产周期，即根据不同区域可再生能源种类的禀赋特点，在可再生能源丰富的季节，如丰水期、丰风期和太阳能丰盛的夏季，扩大工业生产规模，而在可再生能源不足的季节缩减或停止工业生产，让较少的能源满足人们的生活需求。这一循环并非完全悲观。随着化石能源的终结，与之相关的各种排放也彻底消失，在微循环、微系统、分散式的生产和生活模式下，自然环境和生态系统得以改善与恢复，这就是问题积极的一面。但是，人类社会在这种转型或过渡过程中却面临着巨大的风险和挑战。

---

① 分布式发电（Distributed Generation，DG，又称"分布式电源"）是指，直接接入配电网或分布在用户现场附近的容量规模较小的发电系统，用以满足特定需要，能够经济、高效、可靠发电。对环境污染小，投资规模小，发电方式灵活，运行费用低，可靠性高，相对于大电网集中供电方式有其独特的优越性。

（二）面临的风险与挑战

然而，以可再生能源为主导的人类社会经济转型蕴含着巨大的风险，这一演进路径必然要经过"以能定口"的门槛，即有限的能源只能维持与之相对应的有限的人口的生产和生活。人类的生产资料和生活资料的生产总量取决于可获得的能源总量，因而能源总量必然决定人口总量。如 Malyshkina 和 Niemeier 所预测的碳氢化合物燃料枯竭与新型能源接替之间的 90 年空缺如何去填补？一旦化石能源枯竭，人类社会将出现什么状况？

不用等到化石能源完全枯竭，在趋向枯竭，即供给量下降时，世界经济和人类社会就会出现紊乱。英国石油储量消耗分析中心称，石油开采量下降 10% ~15% 足以令发达工业国家的经济完全瘫痪。20 世纪 70 年代，石油开采量仅下降 5% 就导致全球物价上涨了 5 倍。[1] 在能源结构转型过程中，随着化石能源的逐渐枯竭，人类社会的矛盾和冲突将会加剧，世界可能变得更加无序。从静态的角度来看，目前可再生能源在世界能源消费结构中所占比例也只有 10% 左右，[2] 怎么来维持世界 70 多亿人口的生计？而世界人口还会继续上升，多余的人口怎么处置？如果发生能源大饥荒，可能会发生"以能定口"的淘汰法则。人类将如何应对？随着化石能源的枯竭，能源结构向可再生能源转型时，世界各国为了争夺有限的化石能源可能会发生更多、更大规模的战争。

图 4 -3 是不同能源演进路径之下的人类社会演变态势。在"以能定口"的路径之下，人类社会的演进将会有两条分岔路径（子路径）：一条是和平路径（如图 4 -3 中的子路径一），即人类互相团结，互相支持，同舟共济，共渡难关。世界环境与发展委员会（1997）出版的《我们共同的未来》报告提出的倡议则是一种和平应对的路径："可持续性要求，

---

[1]　新华网，http：//news. xinhuanet. com/world/2010 - 11/12/c_ 12765595. htm。

[2]　《BP 世界能源统计年鉴 2017》，https：//www. bp. com/zh_ cn/china/reports - and - publications/_ bp_ 2017 - _. html。

在达到这些限度的长时期内，全世界必须保证公平地分配有限的资源和调整技术上的努力方向以减轻压力。"这是一种和平处理危机、共同承担危机的精神。然而，当"限度"达到之后，人类更加需要公平地分配更加有限的资源，同时应通过提高可再生能源的开发与使用效率并控制人口，节制需求，从而在有限的可再生能源的循环之下维持生计，实现繁衍。

另一条路径则是通过战争淘汰人口的非和平路径，即种族主义主导的路径（如图4-3中的子路径二），或如马尔萨斯提出的所谓"积极性抑制"。资源的争夺历来是战争的根源。资源基础的丧失或枯竭是一个渐进的过程，这一过程的演进，会导致资源价格上涨（或成本上升）和收益下降，各国之间争夺资源的矛盾将日益加剧，最终可能通过战争来解决问题，同时可能引发纳粹思想和种族主义的泛滥，"优化人种""淘汰劣等民族"又可能成为战争爆发的借口。

很显然，人类最佳路径是图4-3中由无限能源主导的路径，即乐观的路径，次优路径是子路径一，而应竭力避免的是子路径二。但是，人类在上述路径选择中已经面临了严峻的挑战，因为从20世纪以来世界资源竞争与争夺态势似乎正在促使人类向子路径二演进。目前人类的资源危机尚处在资源价格波动上涨的阶段，总体上还未接近或达到资源基础完全丧失或资源枯竭的阶段。如果接近或达到枯竭阶段，则资源争夺的矛盾会更加尖锐。要想避免子路径二，人类的国际主义精神、人道主义精神、公平正义精神必须战胜纳粹主义、种族主义和军国主义精神。希望人类的国际主义精神、人道主义精神、公平正义精神不断深入人心，并在与纳粹主义、种族主义和军国主义精神发生矛盾和冲撞时能够战胜后者。

然而，令人担忧的是，整个世界演化态势似乎正在滑向子路径二。世界发展进程虽然体现着合作精神，但从当今世界无序的状况来看，利益之争似乎大于合作。一旦世界能源体系崩溃，"以能定口"淘汰法则出现，在一片乱局之下，各国政府、国际社会是无能为力的。

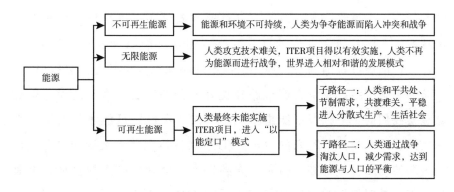

图 4 - 3　不同能源演进路径之下的人类社会演变态势

四　"以能定口"是人类将要跨入的门槛

如上所述，不同的能源演进路径对人类社会未来会产生深刻的影响，在不同的能源演进路径下可能产生的不同社会经济形态和政治经济格局，即能源的"版图"决定人类社会的演进模式，决定世界政治经济格局。伴随能源演进路径的变化，人类社会生活、生产、聚集模式、经济形态和政治格局将会发生重大转型，而在这一转型过程中将充满着危机、挑战和风险。人类在还未找到解决能源危机的根本办法之前，不宜以乐观的态度处置，冀望于未来科技发达了什么问题都会迎刃而解，而应直面问题，以寻求在新的苛刻约束条件下的效用最大化方法来加以化解。"以能定口"法则的出现看似遥远，但推动这一法则出现的各种因素正在形成，甚至加速形成，对这一法则的处置方式也已经出现和不断强化，不同政治力量的角力亦日益尖锐，对所有这些因素的因势利导有赖于人类的协调行动。在资源与环境形势日趋严峻，化石能源日趋枯竭的形势下，人类要有两手准备。一是全力以赴地加快创新，寻找解决能源危机的根本办法，研制和寻找更高效、更清洁、更持久的替代能源，从根本上解决人类面临的能源危机，从而使能源能够永续利用，人类最终进入乐观路径，同时在新型不可再生能源的开发上继续取得突破，如在页岩油气、可燃冰等新型能源开发上取得成功，从而推迟能源危机的到来，为寻求根本解决能源危机的办法赢得时间。二是要未雨绸缪，及早为悲观路径做好充分的准备。客观地说，乐观路径是我们的希望，但不能指望，而"以能定口"可能才是人类的必由之路，是人类必须跨入的门槛。ITER 项目体现着人类居安思危、未雨绸缪的国际合作精神，但是，人类作为一个理性的生物群体，不能把全部的希望都压在 ITER 项目上，而应致力于开辟新的出路，积极开展其他领域的国际合作，采取"两条腿走路"的战略，引导"以能定口"法则之下的社会经济转型。

为此，人类需要努力协调、合作解决以下问题。

第一，加强资源与环境方面的创新合作。要大力控制各种污染排放，遏止温室效应和全球变暖趋势，维持生态系统和自然循环系统的完好，以便人类未来成功软着陆于"以能定口"的系统环境，实现可再生能源的循环利用，以避免在"以能定口"法则出现之前，"世界末日"就提前到来。自觉约束自身的需求和行为，适度控制对可再生资源的消耗，使得可再生资源的消耗速度慢于其再生速度，从而实现可再生资源的永续利用。大力发展循环经济，推动资源的循环利用，在矿产资源枯竭时，通过资源的循环使用实现可持续发展。

第二，加强能源技术上的创新合作，积极应对"以能定口"的转型。能源危机的解决根本上还是能源技术上的创新，除了 ITER 项目的创新之外，还需在其他能源领域创新，包括以下两点。①新型不可再生能源的技术创新，包括页岩油气的推广、可燃冰燃料的研发，其中还应大力增加核能（裂变反应堆）的使用量（核能是清洁能源，虽然也是一种风险性较大的能源）。新型不可再生能源的发展，其意义在于推迟危机的发生，并在能源路径转型过程中起着重要的铺垫作用，为"以能定口"顺利转型赢得时间。②加速可再生能源领域的创新与开发。为了破解"以能定口"法则，争取规避该法则可能对人类社会造成的灾难，必须加快可再生能源发展的速度，尽快提前对化石能源进行替代，而不能等到 Malyshkina 和 Niemeier 所言的 2140 年。一方面提高可再生能源的产出效率，尽最大可能提高可再生能源的产出量，使可再生能源的利用率达到最大化；另一方面推进节能技术和能源使用效率、生产效率方面的创新发展，使单位能源消耗量的产出达到最大化，以尽可能少的能源生产尽可能多的产品，同时合理节制需求，缩小能源供求之间的差距，从而使有限的可再生能源供给能够维持尽可能多的人口生存。

第三，人类要协调行动，努力形成正义的全球意识。为此，要加强社会经济转型方面的国际合作。能源路径决定着人类社会经济的形态，能源路径的转型决定着人类社会经济的转型。是主动地适应转型还是被动地转型，其结果将大相径庭。人类应对"以能定口"生活模式所产生的巨大的社会经济转型进行有序引导，如生产、生活方式由集中转为分散，由城市转为农村的转型保持有序地过渡。如果有关工作未能做到位，将发生重大灾难。以可再生能源为导向的"以能定口"模式下的社会经济的转型依赖国际社会的合作，即以图 4-3 中子路径一为转型目标，避免和摒弃子路径二，即在公民意识、人道主义精神、制度与规则上加以完善，并用人道精神、公平正义精神来取代或战胜未来资源危机可能诱发的种族主义和纳粹主义，努力实现人类社会转型的平稳过渡，从而将人类演化路径导入子路径一。和平路径的趋近依赖于最广泛、最坚强的国际的合作。国家之间，在没有远大的共同目标时，就会把注意力放在眼前利益之上，陷入各种眼前利益的纷争；一旦有了远大目标，就能放开、搁置眼前的利益纷争，着眼于更大的发展所带来的利益。

以上各条措施的有效实施还依赖于对人口总量的控制，但控制人口总量与优化人口结构始终是人类面临的挑战。如果到 21 世纪末，世界人口总数超过 100 亿，那么资源与环境的压力又将进一步加大，并增加了转型的难度与负担。在这种情况下，要实现在"以能定口"的苛刻环境下人类社会平稳地向子路径一过渡，谈何容易！一些贫困地区、欠发达地区，可能因分发不到足够的能源和粮食而导致大量人口死亡，世界人口总量可能出现大幅度下降。而随着人口总数的大幅度下降，资源与环境压力便可得到根本性的缓解，环境得到改善与恢复，社会经济系统，人口结构又将重新焕发生机，增添活力。这又是不幸中的万幸——事物积极的一面。

五　人类的重任

人类的未来必然建立在循环经济系统之上，要维持生态系统和自然循环系统的完好，保护好水源，保护好树源。生态系统的循环是人类生存循环的基础；水是人类的生命之源，也是人体和生命的必要组成部分；树为人类提供源源不断的木材资源和生物能源，树林是人类宝贵的蓄水库和蓄氧库；树也是人类思想的源泉，牛顿在苹果树下悟出了地球引力原理，释迦牟尼在菩提树下顿悟成佛。

六　中国的引领

"中国应当对人类做出较大贡献"是几代人的理想和追求，而现在终于有了契机和切入点，在未来的能源路径，中国可以发挥引领的作用。

可再生能源系统是人类未来"软着陆"的目标着陆点，"软着陆"依赖于可再生能源技术和管理上的创新，依赖于世界各国的合作，但必须有引领者。中国成为引领者已经具有客观必然性。中国已经是全球最大的能源生产国和消费国，同时也是最大的碳排放国，甚至也是化石能源产生排放污染最为严重的国家之一，能源结构的转型已经迫在眉睫。在这种形势下，等待其他国家的新能源技术创新，或抱有"搭便车"的心理，已经不合时宜，只有从自身做起。推动能源结构的转型必然要加快新能源技术，特别是可再生能源技术的创新，同时推动能源使用和管理模式的创新，即在加快新能源技术（特别是可再生能源技术）的创新和推动能源使用和管理模式的创新两个方面发挥引领作用，推动能源结构转型。应大力推动以可再生能源为导向的分布式发供电系统发展，试建可再生能源生活社区，作为未来的能源社区的示范，并根据不同地区的可再生能源资源禀赋，如水电、风电、太阳能、生物质能及地热能的禀赋优势进行定位，创新生产生活用能模式，积极创建清洁能源示范省（区、市）、绿色能源示范市（县）、智慧能源示范镇（村、岛）和绿色园区（工厂），构建具有不同能源特色的能源社区。只有通过试验才能发现问题，获得新的启发。可再生能源生活社区系统的研制和构建，既要广泛采取国际合作方式，也要发挥中国自身的主动性和主导性，为世界各国提供示范，为人类做出较大贡献。

通过以上引领发挥中国在世界上的影响力，把世界各国的注意力吸引到大家将要共同面临的问题和危机上来，从而缓解和淡化当前世界各国之间、中国与有关国家之间的矛盾。

七 以能定口理论对人口理论和
增长极限理论的超越

最近 200 多年来，有关人类危机的理论和思想全部集中在西方国家，缺少中国的声音，国内学者只是根据别国的理论和思想轨迹和框架来从事研究，处于被引领的地位，本书开拓了新的理论和思想来影响世界，实现了理论的创新和思想的超越，将中国在这一学术领域的研究由被引领转变为引领。

首先，以能定口理论是对以粮定口理论的深化。粮食属于可再生能源中的生物能。从理论上看，根据"三有一无"的第二个假设，只要人类能够保持生态系统的完好，粮食就可以循环再生，在现代科技水平不断提高的情况下，粮食亩产可以提高。最近几十年来，粮食生产效率不断提高，亩产不断提高，而且具有进一步提高的潜力。最近几十年爆发的人类粮食大饥荒，其原因主要是人为因素，如战争、经济政策方面的错误。如果能源能够充足地供应，耕地和生态系统能够得到有效保护，"以粮定口"的矛盾就不会变得非常尖锐。然而，一旦不可再生能源枯竭导致能源不能充足供应，要在能源供给大幅度减少的情况下，把有限的能源在各种生产资料和生活资料（包括粮食）之间进行分配，"以能定口"的问题就会凸显出来。

其次，以能定口理论是对增长极限理论的深化。增长极限理论是把以粮定口理论进一步放大，即放大到以整个资源与环境的供给量来决定人口数量。也就是说，从《人口原理》到《增长的极限》，将以粮食等生活资料对人类的生存与发展的制约拓宽到整个资源与环境的制约，即"由窄变宽"，但增长的极限理论却没有对不同的资源环境问题的性质进行进一步的深化研究。本书对不同性质的环境与资源问题进行深入分析，提出"三有一无"假设，从而把资源与环境的制约问题再螺旋式循环到"由宽变窄"，而对制约的因素又进一步明确与"聚焦"到更加具体的"以能定口"理论。《人口原理》和《增长的极限》主要从自然的角度研究自然与人口的关系，揭示二者之间的自然法则，却没有研究人类社会未来的演进路径和社会组织的转型，而以能定口理论除了揭示"以能定口"的自然法则以外，还对该法则可能导致的人类社会演进路径进行了预测和研究，并提出未来人类社会转型的思想。因此，以能定口理论是对人口理论和增长极限理论的超越。

第五章

环境库兹涅茨曲线理论

环境库兹涅茨理论是资源与环境经济学中一个非常重要的理论，也与本书有着密切的关系，因此，这里要对其进行重点回顾和评价。

一 环境库兹涅茨曲线理论的提出及基本内涵

20世纪50年代美国著名经济学家、诺贝尔经济学奖获得者西蒙·库兹涅茨（Kuznets，1955）在其著名论文《经济增长与收入不平等》中对18个国家经济增长与收入差距数据进行了实证分析，并通过对比这些国家的横截面数据，发现收入分配随着人均收入水平的变化呈现"先恶化后改进"的长期变动轨迹，从而提出了著名的"倒U形"曲线理论，后被学术界称为"库兹涅茨曲线"。该理论反映了人均收入水平与分配公平之间的关系，二者关系的长期趋势是：在人均收入水平由最低水平上升至中等水平时，收入差距由不平等趋于恶化，而后随着经济的进一步发展，收入差距逐步得到改善，最后达到相对公平的收入分配状况，即长期变动轨迹呈现"倒U形"。36年之后，即1991年，美国经济学家Grossman和Krueger对42个国家的大气质量数据进行了分析并发现，二氧化硫和烟尘等部分环境污染物的排放量和经济增长之间也呈现类似收入分配与经济增长之间的库兹涅茨曲线关系，即"倒 U 形"曲线关系。这一研究首次实证了人均收入与环境质量之间的关系，即在经济发展过程中，当一个国家处于低收入水平时，环境状况随着人均收入的增加而不断恶化，而当经济发展达到某个门槛值或"拐点"以后，环境状况又随着人均收入的增加而逐渐改善，环境状况呈现先恶化后改善的演变轨迹。1993 年 Panayotou 借用西蒙·库兹涅茨（1955）所界定的收入分配不均等与人均收入水平之间的库兹涅茨曲线，首次将人均收入水平与环境质量之间的关系称为"环境库兹涅茨曲线"，简称"EKC"。1995 年，Grossman 和 Krueger 又在美国的《经济学季刊》发表了其名篇《经济增长与环境》，该论文对经济增长与环境质量之间的关系进行了进一步论证，成为环境经济学中的权威论文，各国学者（包括中国学者）对其大量引用。

二　对环境库兹涅茨曲线理论的评析

环境库兹涅茨曲线理论的出现，可谓在罗马俱乐部《增长的极限》这一"悲观主义"报告之后的一份具有乐观主义色彩和一份具有重大影响的力作。Grossman 和 Krueger 的这一著名假设，即"一个国家的整体环境质量或污染水平随着经济增长呈先恶化后改善的趋势"，说明环境与经济增长并不是冲突或矛盾的，二者之间可以协调，既可实现经济增长、国民生活水平的提高，又能保持良好的自然环境，这一"鱼与熊掌兼得"的结果，也是世界各国共同追求的目标。通过 Grossman 和 Krueger 的验证，这一美好的愿景在发达国家已经实现，从而使发展中国家有了"样板"或"范本"或"参照系"。但是，值得注意的是，无论是国外的研究还是国内的研究，都是针对一种现象，通过一些数学模型来对有关数据进行处理而得出的结论。这一研究方法当然是必要的，但仅停留在对这些数据的研究上而忽视问题的本质，则无法得出科学而深刻的结论。因此，我们需要透过现象看本质，从环境库兹涅茨曲线理论中挖掘出更有价值的东西。这里需要提出并回答以下问题：①国内的研究是否到位，是否对环境库兹涅茨曲线理论准确理解，对 Grossman 和 Krueger 的经典文献的评价是否正确；②发达国家是否能够长期保持库兹涅茨理想状态，即经济增长与环境之间的长期协调；③环境库兹涅茨曲线理论适用于区域还是全球？有无局限性？局限在哪？能否由发达国家向发展中国家广泛推广？换句话说，这一理论对发展中国家有多大的借鉴意义？发展中国家能否实现库兹涅茨理想状态？如果这一理想目标只能在发达国家实现，而在发展中国家是可望而不可即的，那么这一理论只能是区域性的，即发达国家环境越来越好，发展中国家越来越差；④环境库兹涅茨曲线理论能否进一步发挥效用，在本书中有进一步创新？等等。

（一） 国内学者的误读及为 Grossman 和 Krueger 正名

国内学者在实证研究中国经济增长与环境污染的关系时，大多是参考国外文献，将中国的数据代入模型进行验证，然后得出结论，但对国外文献的经济意义分析得远远不够，甚至存在误读。因此，有必要将国外学者的原文中有关 Kuznets 假设的经济思想进行分析，这样可使我们更为深入、准确地把握其中的经济意义，得出更为科学的结论。

国内一些学者认为，EKC 假说体现的是经济发展阶段中"先污染后治理"的路径和轨迹，还认为，该理论是以西方发达国家发展历程为样本，并且暗含经济增长到一定程度环境会自然改善的内生假定。对于这一问题，国内学者出现误读，或者他们没有细读原文，在文献综述中互相引用，"以讹传讹"，反映其在学术研究中的浮躁心理。例如，在《中国经济增长与环境污染关系的 Kuznets 曲线》一文中对 Kuznets 假设的解释是："如果没有一定的环境政策干预，一个国家的整体环境质量或污染水平会随着经济增长和经济实力的积累呈现先恶化后改善的趋势。"但是，通读 Grossman 和 Krueger 的原文，并无"如果没有一定的环境政策干预"的句子（如果原文中有这样的句子，那么在其模型中就应剔除政策干预对环境的影响因素，但他们的模型中并未剔除政策干预因素）。恰恰相反，原文特别强调政策与法律的干预对"倒 U 形"曲线出现的重要作用："对污染减少案例的可获得的证据的回顾说明，收入与污染之间的最强关系实际上是通过政策引发的反应。"①

实际上，Grossman 和 Krueger 强调了环境不可能自动改善。甚至那些环境质量已经出现改善的情况，也没有理由相信这一过程是自动形成的。并强调，在理论上只有在那些采用清洁技术取代污染技术的国家，或者其产业结构已经转型的国家才能出现所谓的环境质量自动改善。同时，Grossman 和 Krueger 亦明确强调早期发展就应注重环境保护，而不应采取"先污染后治理"的策略。

（二）"先污染"是市场机制作用的结果，"后治理"是立法约束的结果

"先污染后治理"不是 Grossman 和 Krueger 的观点，但"先污染"是市场机制作用的结果。在市场经济环境下，利润是资本追逐的首要目标，因而企业只关心成本、利润之类的经济指标，并不会主动投入资金来治理环境，而当环境污染影响公众健康和生活环境时，公众呼声就会强烈起来，要求通过立法来阻止企业的自私及其无序的排放行为。因此，"后治理"是立法与政策调控的结果，这与 Grossman 和 Krueger 的观点一致。"倒 U 形"曲线的出现也是"后治理"的结果。从"倒 U 形"曲线的形状就可以直观地看出，这一曲线就是一个"弯路"，它反映出在经济发展相当长的一段时期，工业化国家没有对环境予以足够的重视，直到环境问题十分严重，甚至积重难返时才开始予以重视和治理。以史为鉴，那么发展中国家今天的经济发展能否不顺应着前人的路线，重复前人的错误或弯路而"舍弯取直"？发展中国家的工业发展能否摒弃"先污染后治理"路线，一开始就高起点，直接采用先进技术、清洁技术？这说起来容易，做起来难。因为市场机制仅具有促进经济发展的动力，但市场机制本身并不

---

① 该句的英语原文是：However, a review of the available evidence on instances of pollution abatement（see e.g.,）ECD（1991）suggests that the strongest link between income and pollution in fact is via induced policy response。

具备促进环境治理的机制，环境治理需要政府的立法和政策干预。除非发展中国家在发展之初就实行严格的环境政策。经济落后的地区首先重视的是脱贫，并且由于当地没有工业，环境原本良好，也就对环境问题不太重视；而更为重要的原因在于成本因素。要实行"高起点"的发展模式，需要更多的资金投入，而落后地区恰恰资金短缺，因而"高起点"的模式往往可望而不可即。遗憾的是，就中国的发展模式来说，仍然走的是"先污染后治理"路线。目前已经进入了"后治理"阶段。

　　需要强调的是，我们并非主张"先污染后治理"路线，而是要客观分析这一路线产生的机制和规律，从而做出正确的判断，推断出正确的治理路线。环境库兹涅茨倒 U 形曲线的出现，重在各种调控措施的努力。如果调控措施到位，就可以把不理想的曲线引导为理想的曲线，反之，若调控不到位，任其自由发展，理想的曲线也可变为不理想的曲线。各种环境曲线必须通过政府的立法与政策调控以及有关各方的积极努力在未来的实际运行中加以更改，使其轨迹向理想的方向演变，从而使那些随着经济增长而增长的污染物的排放指标出现好转的拐点或者提前出现拐点，改变环境污染增长的趋势，使那些随着经济增长而减少的环境污染指标保持原来的趋势甚至加速减少。

（三）环境库兹涅茨曲线理论的保持

　　发达国家是否能够长期保持库兹涅茨理想状态，即经济增长与环境之间能否长期协调，仍然是一个值得研究的问题。环境库兹涅茨倒 U 形理想曲线已经在发达国家出现，特别是美国、日本、欧洲的一些发达国家，那里有着美好的环境、清洁的空气、秀丽的山川。如果能够长期保持下去，当然是这些国家国民的福祉。然而，当今世界经济发展达到一个空前的高水平，同时影响经济发展的因素也处于异常的错综复杂状态。一旦某个环节发生问题，就会导致负面效应产生，可能使环境形势发生逆转。为了应对能源短缺的危机，世界各国均在从事各种大型能源项目开发，但由于人类技术能力的不足或存在不确定性，往往会爆发一些不可预见的环境灾难，近年来著名的环境灾难有：美国墨西哥湾原油泄漏事件、日本福岛核泄漏事件。而后者因是放射性污染，其污染程度更加深远。从局部来考察，所谓环境库兹涅茨倒 U 形曲线在事发当地骤然消失，并发生逆转。

这里重点分析日本案例。日本这个战后崛起的发达国家，其在工业发展中也走过十分曲折的道路，一些著名的工业公害，如米糠油事件、水俣病事件以及骨痛病事件等，均爆发于日本。但随着日本此后加强对环境的治理，环境库兹涅茨倒 U 形曲线出现，并保持了几十年的环境良好态势。而 "3·11" 大地震爆发后，引起福岛核泄漏，这一突发事件产生了连锁反应，对日本的环境产生了深远影响。核放射污染的危害程度远远高于其他 "三废" 污染，福岛周边已不适合人类居住了，成为当地人 "回不去的故乡"。也就是说，环境库兹涅茨倒 U 形曲线在这一带突然终结，由此可见环境的脆弱性。一个突发事件可以使一个国家长期的努力付诸东流。

福岛核泄漏事件产生的影响极为深远。对日本本国影响最大的就是能源危机。福岛核事故导致日本大面积的核电站停运，曾造成日本电力和能源供给短缺，不得不大幅度增加石油、煤炭等化石能源的进口，这又造成日本连年贸易逆差（后因国际石油价格大幅度下跌，缓解了日本的能源危机）。像日本这样的自然资源和能源匮乏的国家，若没有充足的外汇，就无法购买维持其生计的资源和能源。好在目前该国是世界第二大外汇盈余国，还可凭借过去的外汇积累来抵挡当前的外贸逆差。一个在全球经济与科技方面领先、曾是世界第二大经济体的国家，在能源危机之下亦如此脆弱，可见能源安全是何等重要（值得注意的是，在资源及出口导向性方面，中国与日本具有相同的特征。中国既是资源和能源需求大国，同时也是资源和能源短缺的国家，中国也是出口导向型经济，需要出口产品换取外汇来进口所需的资源和能源，并且中国已经成为资源和能源的最大进口国。日本所面临的危机可以作为中国的前车之鉴，能源是中国的经济命脉，能源安全关系到中国的可持续发展）。核能虽然风险大，但却是低排放的清洁能源，如果日本长期弃核，增加传统化石能源的使用，将对其整个大气环境产生更多的负面影响。

福岛核泄漏事件对世界的影响也是极为深远的，许多国家对核电政策进行反省，有些国家（如瑞典和德国）甚至公开宣布永久弃核。日本民众的反核浪潮正在波及其他国家和地区，中国台湾反"核四"的浪潮亦铺天盖地。中国大陆核电的发展也受到一定程度的影响。"弃核"能够杜绝核灾难，保证人类的安全，但如果"弃核"浪潮席卷全球的话，无疑将会引发新的全球能源危机。在其他新能源还未发展完善并达到对传统化石能源替代的情况下，"弃核"的结果必然使世界各国转向使用更多的化石能源，增加碳排放及其他污染排放，这不仅会恶化环境，对一些国家"倒U形"曲线的保持产生负面影响，而且会加速化石能源资源枯竭，同时导致化石能源价格进一步上涨，造成产品生产成本上升，民众生活费用上升，甚至引发经济衰退和导致社会矛盾加剧。

福岛核泄漏事件如果能够产生积极效应的话，那就是促进世界各国加快新能源的研究与开发，提高核能的安全技术水平，在替代传统化石能源的同时避免再次发生核灾难。

（四）发展中国家实现环境库兹涅茨倒U形曲线所面临的困难

在国际分工中，发展中国家已经处于环境治理的不利地位。发展中国家大多从事工业产品的生产，而工业产品的生产环节是产生"三废"及其他排放的主要环节，因而发展中国家比发达国家面临着更大的环境压力。同时，在国际市场上产品定价权掌握在发达国家手中，发达国家考虑到本国的利益，往往把产品价格定得很低，使发展中国家面临着严酷的竞争，并且发达国家又不愿意将其先进的环保技术以优惠的价格转让给发展中国家。因此，发展中国家在产品成本的预算和控制上几乎没有空间，一旦增加了环保的投入，其产品将失去国际市场竞争力。此外，发达国家又将高能耗、高污染的行业向发展中国家转移，同时又将工业垃圾向发展中国家大量出口，使发展中国家治理难度越发加大。从1996年开始，发达国家考虑到能源与环境成本不断上升，逐渐加大了产业结构调整的力度，纷纷压缩本国高耗能、高污染产业的产能，而将这些产业向发展中国家转移。这一产业转移步伐自 2002 年开始进一步加快，中国也成为发达国家高耗能产业转移的主要目的地国家之一，与此同时，中国的环境开始急剧恶化，各项污染排放指标出现了自 2000 年"一控双达标"以后的快速反弹。[①] 因此，如果从接受高耗能、高污染产业转移的国家来分析，这一转移对产业接受国或污染密集型产品生产国的环境危害是极大的。因此，发展中国家要实现环境库兹涅茨倒 U 形曲线所面临的挑战和需要花费的代价要远远大于发达国家。

（五）"存在并非就合理"

"存在即合理"是黑格尔的一句哲学名言，原指宇宙和自然的规律，但这一名言经常被滥用，甚至成为污染的借口。今天雾霾天气的存在是否就是合理的？说它合理，似乎也有道理。如前所述，"先污染"确实有市场机制的作用，而中国今天的污染背后蕴含着经济高速发展、跻身于世界第二大经济体的过程。但是，雾霾天气的存在，在今天的中国却是不合理的，也是不可持续的。中国已经经历了"先污染"阶段，进入了"后治理"阶段，发展转型，势在必行，既是为了子孙后代的可持续发展，也是为了给当代人创造一个美好、健康的生活环境，同时也是为了建立良好的国际形象。今天的中国已经有实力、有能力走新型工业化道路，采取先进技术，杜绝原始、落后的技术。

三 "环境倾销"与环境库兹涅茨曲线理论的局限性

Grossman 和 Krueger 在《经济增长与环境》一文中强调技术进步与生产结构的改变对环境的影响，即环境的改善依赖先进技术和生产结构的调整两个方面。我们知道，先进的技术在提高生产效率的同时，又能减少排

---

① 1996 年《国务院关于环境保护若干问题的决定》确定了 2000 年要实现的环保目标，即"一控双达标"，也就是污染总量控制，环境功能区达标，所有工业污染源排放污染物达标。在有关各方的努力之下，2000 年"一控双达标"基本实现。

放或对"三废"进行回收、利用，因而可以对环境产生积极的影响。而关于生产结构的改变，该文指的是停止或减少污染密集型产品的生产，并转向生产环境污染少的产品，这一生产结构的改变，无疑会对本国环境产生积极的影响。但是，他们提出的这一"生产结构的改变"，同时会产生这样的问题：污染密集型产品本国不生产，但仍然有对这类产品的需求，只有通过进口才能满足其国内需求。因此，这类产品还是需要有人来生产，一国停止或减少生产的产量空缺，需要由其他国家来填补。实际上，这种所谓的生产结构的改变，从全球化角度来看，是一种产业转移，即把污染密集型产品转移到别国去生产。这种产业转移实质上会产生一些国家对另一些国家的"环境倾销"（Environmental Dumping）。那么，接受产业转移的又是哪些国家呢？显然是经济相对落后的发展中国家。因此，这种产业转移实际上也就是发达国家对发展中国家的"环境倾销"。Grossman和Krueger分析了产生这种环境倾销的条件："富裕国家倾向于拥有较清洁的城市空气和河流，并比中等收入国家和贫穷国家具有更加严格的环境标准以及对环境法律更为严格的实施。"① 因此，环境保护法不太严格的发展中国家，就成了发达国家"环境倾销"的对象，其结果就会加剧发展中国家环境污染程度，或者说，发达国家的环境改善是以牺牲发展中国家环境为代价的，从全球总体上考虑，环境并没有因发达国家的"生产结构的改变"而得到实质性的改善。

Grossman和Krueger也认识到了这个问题："某些国家倒U形曲线的出现也可能是由于随着这些国家的发展，它们停止生产污染密集型产品，并开始从那些环境保护法不太严格的国家进口这些产品。如果这是一国收入与环境污染之间最终形成反向关系的主要原因，那么这一发展模式不可模仿。发展中国家不可能总是能够寻找到更穷的国家作为其生产污染密集

---

① 该句的原文是：The richer countries, which tend to have relatively cleaner urban air and relatively cleaner river basins, also have relatively more stringent environmental standards and stricter enforcement of their environmental laws than the middle‐income and poorer countries。

型产品的天堂。"① 应该说，这一观点是积极的，也是正确的，但是，其后来的观点值得商榷，即他们认为："现有的证据并不支持这一假设，即各国环境标准的不同成为全球贸易的重要决定因素。虽然一些'环境倾销'无疑会发生，但这种贸易的总量对降低某国的污染也许太小。"② 我们的研究结论则是，发达国家的"环境倾销"确实存在。必须指出的是，采用先进技术需要资金，特别是增加污染处理设施更要增添成本，而通过调整或改变生产结构，把污染密集型产品的生产转移到其他国家（如发展中国家），这是最为便捷、成本最为低廉的途径。因此，发达国家环境质量的改善与因其产业结构的改变而推动的产业转移有着密切的关系。如果环境库兹涅茨倒 U 形曲线只适用于发达国家，而全球自然环境不能呈现倒 U 形曲线，那对人类可持续发展来说，意义并不大。近年来，世界气候大会成了发达国家与发展中国家博弈的场所，发达国家站在自己利益的角度不兑现其减排承诺，并为自己进行辩护，使得世界气候大会的约束作用名存实亡。但作为学者，如果不能科学、公正地对待"环境倾销"问题，我们有必要予以驳斥。

此外，关于技术进步与生产结构的改变对环境的影响又引申出另一个问题：发达国家的环境改善或环境库兹涅茨倒 U 形曲线的出现究竟是哪个因素占主导？以技术进步为主还是以生产结构的改变为主？二者所占权重究竟是多少？从初步推断来看，产业结构的改变似乎占据主导地位，因

---

① 该句的原文是：It is possible that downward sloping and inverted U-shaped patterns might arise, because, as countries develop, they cease to produce certain pollution-intensive goods, and begin instead to import these products from other countries with less restrictive environmental protection laws. If this is the main explanation for the (eventual) inverse relationship between a country's income and pollution, then future development patterns could not mimic those of the past. Developing countries will not always be able to find still poorer countries to serve as havens for the production of pollution-intensive goods。

② 该句的原文是：However, the available evidence does not support the hypothesis that cross-country differences in environmental standards are an important determination of the global pattern of international trade. While some "environmental dumping" undoubtedly takes place, the volume of such trade is probably too small to account for the reduced pollution that has been observed to accompany episodes of economic growth。

为污染密集型、能源密集型产业少必然污染排放少，而发达国家基本将污染密集型产业转移殆尽，并且三次产业结构为"三、二、一"型，因此有理由相信生产结构的改变对发达国家环境改善起着主导作用。但是，还有待于进行进一步实证研究以确定二者的权重。如果我们的推断得以证实，则环境库兹涅茨曲线理论有其局限性。正如 Grossman 和 Krueger 所言，"发展中国家不可能总是能够寻找到更穷的国家作为其生产污染密集型产品的天堂"，而污染密集型产品必须有人生产，如果污染密集型产品的生产国环境无法改善，那么环境库兹涅茨倒 U 形曲线在这些国家就无法实现，因此，环境库兹涅茨曲线理论只适用于发达国家，不适用于生产环境密集型产品的发展中国家，甚至不适用于全球环境的改善。

四　环境库兹涅茨曲线理论的创新——煤炭（资源）消费库兹涅茨假设的提出

我们认为，环境库兹涅茨曲线理论不仅表现在收入差距、地区差距及自然环境的演变方面，还应有更多的应用领域或更广阔的应用空间。这里我们将环境库兹涅茨曲线理论应用于资源消费方面，即假设随着经济的发展，资源消费量或资源需求量呈先增长后下降的趋势，这也是一个"倒 U 形"曲线。在工业化、城市化快速发展时期，资源（包括能源）的使用量或消费需求也呈现快速增长趋势，但随着经济的进一步发展，进入后工业化时期，资源或能源的消费量将会出现下降趋势。这种假设从直观上看也是合理的。进入后工业化时期，特别是循环经济的发展将会减少对资源的消耗。在发达国家，再生金属的使用已经相当普遍，其对金属矿产资源的需求呈下降趋势，如在美国、日本、意大利等国，再生铝的使用量已超过原生铝，因而对铝土矿的需求大幅度降低，并且再生金属的"再生"过程比原生金属的冶炼过程所耗费的能源及产生的排放放要小得多。此外，进入后工业化时期，经济发展的集约度大幅度上升，对资源的消费不再呈粗放型，因而对资源的消费呈下降趋势；最后，进入后工业化时期，工业部门所占比重大幅度下降，而第三产业所占比重大幅度上升，第三产业对资源和能源的消费要远远低于第二产业。

资源与能源的库兹涅茨倒 U 形曲线的出现与环境库兹涅茨倒 U 形曲线有着直接的关系，特别是能源的使用与大气环境和碳排放有着直接的关系。本书将对煤炭资源的需求量进行库兹涅茨检验，以揭示煤炭的使用量或需求量会否随着中国经济的发展而出现先增加后减少的趋势，以及产生转折的拐点将在什么时间。同时要分析，需求量的拐点（最高值）是多少，并与煤炭产量增长极限进行对比。如果需求量的拐点最高值小于产量极限，这一结果稍微乐观；或者需求量最高值来临的时间要早于产量极限，这一结果也是稍微乐观的。反之，则形势更加严峻，需要采取相应的对策。

综上，本书所涉及的理论，除了上述可持续发展理论（对可持续发展理论的反思与重构）、增长极限理论、环境库兹涅茨曲线理论之外，还有化石能源峰值理论、Hotelling 可耗竭资源的最优开采理论等，这些理论将在后文中进一步阐述。本书的理论框架如图 5 - 1 所示。

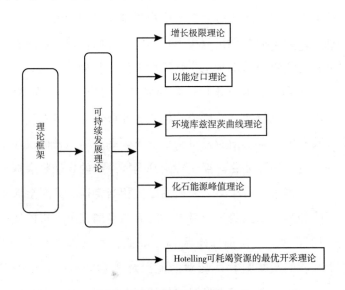

图 5 - 1　理论基础的框架结构

第六章

相关文献回顾

本书将对有关能源和煤炭一些相关性的理论与现实问题进行实证研究，包括煤炭价格、煤炭消费与大气环境污染、煤炭消费与二氧化碳排放、煤炭需求增长极限、煤炭产量极限（峰值）、煤炭资源最优消耗路径等问题。为此，我们将对以上这些问题的相关研究成果进行回顾和述评，在此基础上确定本书的研究起点。我们通过西南财经大学图书馆中外文数据库共搜集到原始文献 230 余篇，实际用于综述的文献 120 篇，文献发表时间在 1949 ~ 2015 年，大部分文献为 2000 年以后发表。

一　关于煤炭价格

价格是资源供求关系的集中反映。中国煤炭价格经历了不同的价格体制变迁，并随着经济增长与供求关系的变化，煤炭价格出现过巨幅波动。研究煤炭价格波动及其影响因素对于政府的宏观调控、保持煤炭稳定的供求关系与合理的价格有着重要的现实意义。不过，从相关公开发表的文献来看，研究煤炭价格波动方面的文献并不多，根据研究内容可分为两类。

一类是对煤炭价格波动特征的研究，研究者主要通过煤炭价格数据的统计特性建立相应的模型来模拟煤炭价格波动的历史特征，寻找价的波动规律，以此来预测煤炭价格的未来走势。如 Pindyck（1999）分析了美国煤炭、石油、天然气的长期价格变动规律，他利用近一个世纪的历史数据阐述了能源价格的变动规律，并通过建立时间序列模型预测长期能源价格走势，为生产决策提供了依据；邹绍辉和张金锁（2010）利用秦皇岛大同优混煤 1994 年 1 月至 2008 年 12 月每周一的最高价格数据，运用单位根检验和 Monte-Carlo 检验方法对煤炭价格变动状况进行的实证研究表明：在正常情况下，几何布朗运动能较好地拟合我国煤炭价格的变动过程，当存在突发事件时，风险中性跳跃 - 扩散模型能较好地拟合我国煤炭价格的变动过程；Moreno 和 Medina（2011）利用 1999 ~ 2007 年月度数据，采用自适应神经模糊推理系统模型（ANFIS）估计哥伦比亚短期能源价格变动情况，与实际能源价格波动特征具有较强的一致性，说明 ANFIS 能够有效地用于能源价格波动预测；李晓明、万昆和柳瑞禹（2012）采用 GARCH 模型分析方法，实证检验了澳洲 BJ 动力煤价格和秦皇岛大同优混煤价格的波动性特征，研究表明，澳洲 BJ 动力煤价格和秦皇岛大同优混煤价格表现出相同的市场特性，具有显著的 GARCH 效应与波动聚集性，波动衰减缓慢，不具有显著的非对称性波动。这一类关于煤炭价格的研究完全是就数据论数据，并没有考虑煤炭价格的相关经济理论，缺乏相应的理论基础，研究结果的可靠性值得怀疑。

　　另一类是通过经验分析影响煤炭价格波动的影响因素，通过煤炭价格和影响因素之间的逻辑关系建立计量经济模型来分析煤炭价格变化及引起这种变化的原因。如罗敏和徐莉（2002）采用一元和多元线性回归模型研究发现国内煤炭价格与 GDP 增长之间存在较强的正相关关系，煤炭价格的波动大于 GDP 的波动程度，其相关系数达到 9.811；谢守祥、谭清华和宋阳（2006）利用误差修正模型研究得出煤炭供给虽然对价格产生影响，但并不是价格波动的根本原因，价格上涨主要取决于短期需求的增加；谭章禄和陈广山（2006）利用多元线性回归模型研究指出我国煤炭价格主要受下游产品的需求量和国际市场价格这两个因素影响，我国煤炭年产量、铁路运输以及煤炭储存量对煤炭价格具有一定程度的影响，煤炭生产成本、煤炭替代品价格与上下游产品对煤炭价格影响不大；丁志华、赵洁和周梅华（2011）运用 VEC 模型从宏观因素、行业因素、微观因素几个方面对影响煤炭价格的因素进行分析，发现煤炭成本对煤炭价格的影响最大，煤炭成本每增加 1 元，煤炭价格增长 0.86 元。影响煤炭价格的主要因素还有第二产业产值、国民生产总值、零售物价指数和煤炭供给，这些变量所构成的煤炭价格检验模型精确度较高，总体上能够解释煤炭价格变化 90% 以上的原因。这一类研究所建立的模型大多是基于一定经验性的逻辑关系构建的，仍然缺乏坚实的理论基础，且模型结构较为简单，所使用的数据均为年度数据，无法准确反映煤炭价格频繁剧烈波动的特点，因而确定的煤炭价格波动影响因素的可靠性也是值得怀疑的。

从对已有研究文献的总结可以看出，目前有关煤炭价格波动的相关研究文献很少，并且现有研究大多局限于定性探讨和经验分析，缺乏坚实的理论依据，或者从煤炭需求面影响煤炭价格的角度讨论煤炭价格波动，而没有从煤炭市场整体供求均衡决定价格的视角分析煤炭价格波动的影响因素。一些学者虽然对煤炭价格波动及其影响因素做了较深入的研究，但这些研究均未系统地反映煤炭价格波动特征及其原因，更无法解释 2003 年煤炭价格市场化以来煤炭价格频繁剧烈波动的主要影响因素。在研究方法上，这些研究均未涉及煤炭供需均衡模型，并且关于现有煤炭价格波动的研究大多局限于经验性的分析，缺乏坚实的理论基础和严密的逻辑推导，因此其研究结论可能存在一定的偏误，因而有必要重新构建中国煤炭价格波动模型，分析 2003 年煤炭价格市场化以来中国煤炭价格波动的主要影响因素，并据此提出一些有意义的对策建议。我们将以煤炭市场供求均衡决定煤炭价格为理论基础，通过供需均衡求解出煤炭价格波动的理论模型，进一步简化抽象出用于实证研究的煤炭价格波动模型，并基于此构建中国煤炭价格波动模型，分析造成中国煤炭价格波动的影响因素。

二 关于煤炭消费与大气环境污染

煤炭消费是中国大气污染的主要来源。相关数据显示，中国二氧化硫排放量的 75%、二氧化碳排放量的 70%、二氧化氮排放量的 85%、一氧化氮排放量的 60%、总悬浮颗粒（TSP）排放量的 70% 来自燃煤（茅于轼、盛洪、杨富强等，2008）。因此，只要能够了解中国整个大气环境的变化趋势，就可以了解煤炭消费对大气环境的影响情况。

过去几十年来，随着世界经济的快速增长，环境问题日益突出，由此引出的经济增长与环境污染之间的关系也引发了越来越多的关注。20 世纪 70 年代，罗马俱乐部的经济学家关注到经济指数化增长所造成的资源枯竭和环境污染加剧的问题，发表了《增长的极限》的研究报告（梅多斯，1984），对世界前景提出悲观的预期。进入 90 年代以后，国外学者对经济增长与环境污染之间的关系又进行了大量研究。最具代表性的是美国经济学家 Grossman 和 Krueger 根据经验数据总结提出了环境质量与经济增长之间的倒 U 形关系，并由此提出了环境库兹涅茨曲线（EKC）的假设：一个国家的整体环境质量或污染水平随着经济增长呈先恶化后改善的趋势。此后，国内外学者又继续深入研究，以论证倒 U 形曲线是否存在或者提出新的 EKC 方程。国外学者大多采用截面数据和面板数据进行研究，其中相当多的人得出 EKC 倒 U 形曲线存在的结论，如 Sun（1999）和 Stern（1996）等进行的研究。但也有人得出不同的结论。国内学者大多采用时间序列数据进行分析，他们认为经济增长与环境污染之间的关系并不单一。总结张思锋和张颖（2004）、王瑞玲和陈印军（2005）、夏永久和陈兴鹏（2005）、张少兵（2007）、马树才和李国柱（2006）等众多学者的研究成果可以发现，经济增长与环境污染之间还存在线形、U 形、N 形、倒 N 形等关系（如表 6-1 所示）。

表 6 – 1 环境污染与经济增长关系研究一览

研究者	样本特征	环境指标	结论
张思锋、张颖	西安历史数据 (1985~2002 年)	生活垃圾、工业固废	生活垃圾:倒 U 形 固废排放:倒 N 形
王瑞玲、陈印军	中国历史数据 (1985~2003 年)	"三废"排放	废水、固废:U 形 废气:倒 N 形
夏永久、陈兴鹏	兰州历史数据 (1986~2002 年)	"三废"排放、SO_2、 NO_2、CO、TSP	废水、NO_2:U 形 废气:倒 N 形 固废:N 形
张少兵	上海历史数据 (1990~2006 年)	工业"三废"	废水排放:线形 废气排放:倒 N 形 固废产生:线形
马树才、李国柱	中国历史数据 (1991~2003 年)	工业"三废"	固废排放:倒 N 形

20 世纪 90 年代以来中国经济总体上保持高速增长,但环境问题日趋严重,因此研究环境状况与经济增长之间到底存在怎样的关系在当前极富现实意义,有关研究成果可以为新政策的制定提供一定的依据。在数据时间段的选取上,综合考虑数据的可得性和可靠性以及 1990 年以后经济呈现的更为快速的增长,本书选取 1991~2012 年的数据进行研究分析。王瑞玲和陈印军、马树才和李国柱虽然也在全国的层面上对环境污染与经济增长之间的关系进行了验证,但其数据选择的时间段是在 2003 年以前。需要强调是,从 2003 年开始,中国经济进入了新一轮高速增长,在此期间,增长的推动力与产业结构均发生了深刻的变化,即表现为重化工业推动型。重化工业的迅猛扩张在推动 GDP 快速增长的同时,也造成了较为突出的资源与环境问题,从而使学术界对重化工业的快速扩张产生了很大的争议,并且,这一时间段恰恰是煤炭消费快速增长之时,其对大气环境产生的影响更为突出。因此,本章将 2003 年以后的数据纳入模型进行研究和验证,从而为经济增长与环境污染之间的关系及学术界的争议提供一个较为准确的判断。由于燃煤与大气污染之间的关系已经明确,这里我们

分析大气污染的总体形势就可反映煤炭消费所产生的影响。而将经济增长与大气污染之间的关系揭示出来，具有更大的理论和实践意义。

三 关于煤炭消费与二氧化碳排放

二氧化碳排放是导致全球变暖的温室效应气体的主要来源。考虑到二氧化碳与煤炭消费之间的关联性，我们将对煤炭消费与二氧化碳排放之间的关系做进一步研究。在研究指标上，我们加强对碳排放强度的研究，即单位 GDP 所产生的碳排放，这有助于将碳排放与经济发展因素结合起来，把能源的使用效率与经济发展问题结合起来，而仅集中在二氧化碳排放的人均和总量指标上，撇开经济发展因素，单纯谈论碳排放问题是没有现实意义的。

虽然目前有关碳排放的影响因素或者碳排放强度的影响因素的研究成果非常多，但由于学者们对碳排放因素的研究侧重点不同，归类的方法不同，甚至把规模因素、结构因素交织在一起，而没有进行科学的分类，因而显得杂乱无章。我们在总结前人研究的基础上把影响碳排放强度的因素归纳为规模效应和结构效应，并且在规模和结构的分类之下又包含着若干层次的指标。通过对不同层次影响因素的分析和比较，可以厘清碳排放影响因素的思路，这将有利于我们更加深入地认识碳排放问题，并在此基础上提出具有针对性的对策建议。

国内外已有文献对碳排放强度研究所采用的方法主要分为以下两大类。一类是运用因素分解法对碳排放强度的影响因素进行分解分析。Shrestha 和 Timilsina（1996）选取 1980～1990 年的年度数据，采用 Divisia 指数分解法对 12 个亚洲国家电力行业的碳排放强度变化进行分析，结果发现电力行业碳排放强度的变化主要受各种能源强度变化的影响。Greening 等（2004）采用 AWD 分解法，对 1971～1991 年 10 个 OECD 国家生产部门的碳排放强度的影响因素进行了分析，结果发现碳排放强度下降的主要原因是生产部门能源强度下降。采用相同的研究方法，Greening 等（2001）对 10 个 OECD 国家的居民终端服务部门的碳排放强度变化的影响因素进行了分析，结果表明终端的能源消费结构以及能源强度等因素影响其碳排放强度。Bhattacharyya 和 Ussanarassamee（2004）采用 LMDI 分解法对泰国二氧化碳排放强度和能源消耗强度的变化进行了研究，认为在各个不同的时期，能源消费结构和能源强度是二氧化碳排放强度变化的两个重要因素。Fan 等（2007）利用 AWD 分解法对中国 1980～2003 年的碳排放强度变化的影响因素进行了分析，结果发现能源强度对碳排放强度变化的影响效应最为明显。Zhang（2009）采用结构分解法对 1992～2006 年中国碳排放强度的变化进行了分析，认为各部门能源强度的改变是碳排放强度下降的主要原因。陈诗一（2011）采用 LMDI 分解法对改革开放以来中国工业两位数行业二氧化碳排放强度变化的主要原因进行分解，结果发现能源强度降低是二氧化碳排放强度波动性下降的主要决定因素，能源结构等影响因素的调整也有利于碳排放强度降低。张友国（2010）基于投入产出结构分解法分析了 1987～2007 年经济发展方式变化对中国碳排放强度的影响，结果发现，能源强度下降是中国碳排放强度下降的主要原因，能源结构的变化是碳排放强度下降的次要原因，产业结构的变化抑制了碳排放强度下降。

另一类是使用计量模型对碳排放强度的影响因素进行实证检验。Roberts 和 Grimes（1997）选取了 1962～1991 年 147 个国家的碳排放强度和 GDP 数据，采用普通最小二乘法（OLS）发现世界主要国家的碳排放强度与经济发展水平之间存在倒 U 形曲线关系，其中只有极少部分富裕国家处于改善阶段，而贫穷国家和中等收入国家则处于恶化阶段。Ang 和 Lin（2006）选取 1997 年 104 个国家的截面数据研究表明，人均收入与碳排放强度之间符合倒 U 形曲线关系。岳超等（2010）选取 1995～2007 年中国各省份的碳排放强度进行了分析，逐步线性回归分析表明能源资源禀赋、产业结构和能源消费结构是各省份碳排放强度的决定因素。刘小敏等（2011）运用情景分析方法估算了 2020 年我国碳排放强度目标执行难易程度，研究结果表明产业能源强度下降是中国碳排放强度下降的主要因素，产业结构调整对节能贡献有限。王锋等（2011）采用情景分析评估了优化能源结构对实现碳排放强度目标的贡献潜力，研究结论表明，无论是在经济高速增长情景中还是在经济低速增长情景中，能源结构优化对实现碳强度目标的贡献潜力最大。林伯强和孙传旺（2011）研究了如何在保障中国经济增长的前提下实现碳强度目标，认为提高能源效率是减少碳排放的主要途径。刘广为和赵涛（2012）选取1980～2009年的时间序列数据对中国碳排放强度的影响因素进行实证检验，发现能源结构对碳排放强度的冲击效应最弱，能源强度稍强，第三产业比重效果最为显著。

综观国内外的现有研究，可以看出以下问题。第一，从研究内容来看，国内外学者主要集中在碳强度内在驱动因素的差异上，虽然在影响因素上依然没有达成一致认识，但是为我们对碳排放强度变化影响因素的研究奠定了很好的基础。然而，我们也可以看到现有研究的侧重点各不相同，尚没有研究对影响碳排放强度的因素进行合理归类以及科学规划。因而在进行兼容性解释方面比较困难。第二，从研究方法来看，国外相关研究所采用的方法基本上是因素分解法。国内学者对这个问题的研究则主要采用时间序列分析方法，也有部分学者使用省际面板数据，利用静态的计量经济学方法。与现有研究相比，我们的创新之处在于以下两点。一是把影响碳排放强度的因素归纳为规模效应和结构效应两大因素，前者进一步分为经济发展水平、煤炭消费强度；后者再进一步分为能源结构、产业结构以及工业结构三个因素。通过对这些因素的分析与比较，可以突出煤炭消费在影响因素中的重要权重。二是拟采用静态面板数据模型，着重研究规模效应、结构效应以及碳排放强度的相互影响内在机理。

四　关于煤炭需求增长极限

学术界对能源需求的研究较早可以追溯到 Kraft 和 Kraft（1978）利用

1947～1974年的数据对美国经济增长（GNP）与能源消费的关系研究。而作为能源需求的重要组成部分，针对煤炭需求的研究则开始于20世纪末期。目前协整和误差修正模型（ECM）、Granger因果关系检验、Toda和Yamamoto因果检验、自回归分布滞后模型、广义预测误差方差分解模型、面板数据模型等各种计量方法，已被广泛应用于煤炭消费与经济发展间的短期和长期因果关系研究。例如Yang（2000a）运用Granger因果关系检验对台湾地区煤炭消费与经济增长之间的关系进行了研究，发现1954～1997年台湾地区经济增长对煤炭消费具有单向因果关系；Rufael（2004）利用Toda和Yamamoto（1995）因果检验法发现，1952～1999年上海煤炭消费对经济增长具有单向因果关系；Yoo（2006）采用协整和误差修正模型对1968～2002年韩国的煤炭消费与经济增长之间的长期与短期关系进行了研究，结果发现两者之间存在双向因果关系；Ziramba（2009）采用自回归分布滞后模型的研究方法发现1980～2005年南非煤炭消费与工业产值之间不存在因果关系。Apergis和Payne（2010）采用面板数据模型的分析框架研究了1980～2005年25个OECD国家煤炭消费与经济增长之间的关系，发现经济增长与煤炭需求之间存在单向因果关系。使用相同的研究方法，张兆响、廖先玲和王晓松（2008）发现1986～2004年中国东部地区经济增长与煤炭消费之间存在单向因果关系；中部地区煤炭消费与经济增长之间长期与短期均存在双向因果关系；西部地区煤炭消费与经济增长之间虽然存在长期协整关系，但短期因果关系不成立。以上学者关于经济增长与煤炭消费之间的关系，对不同地区、不同时段的研究结论并不相同，这也说明，煤炭消费与经济增长之间的关系并无一个统一的模式或规律，而是视不同地区不同特点及经济发展的不同阶段而有所不同。此外，迄今为止，在对煤炭需求研究的文献中，还有以下几点不足。

第一，在关于经济增长与煤炭需求关系研究的文献中，大部分学者认为这二者之间仅存在线性关系，而事实上经济中的生产和消费活动的结构变化有可能会改变经济发展水平从而使煤炭消费与经济增长之间呈现类似库兹涅茨曲线的非线性关系。Medlock 和 Soligo（2001）研究了 1978 ~ 1995 年欧洲、北美以及亚太地区的 28 个国家分部门终端能源需求，得出能源消费与人均收入之间存在非线性关系。何晓萍等（2009）利用面板数据非线性模型发现中国长期电力需求与收入水平之间的非线性函数，并且二者之间呈现倒 U 形关系。段显明和郭家东（2011）利用 1978 ~ 2008 年中国各省份能源消费和人均生产总值数据，采用非线性回归和拟合的方法发现，中国大部分地区能源消费与经济水平之间存在典型的库兹涅茨曲线关系，其他不满足库兹涅茨曲线的地区也呈倒 U 形曲线趋势。从上述关于能源（电力）消费与经济增长之间非线性关系的研究文献来看，目前国内外还没有利用库兹涅茨曲线假说的原理来研究煤炭需求问题的相关文献。

第二，大多数学者将经济发展作为重要的解释变量，但较少有人纳入其他重要的解释变量。为了增强模型的解释能力，部分学者已经做了尝试，将其他变量纳入计量模型。如 Fata 等（2004）在分别研究澳大利亚和新西兰的煤炭消费后发现，GDP 与煤炭价格是影响煤炭消费的重要因素。Yuan 等（2008）将 GDP、资本、就业纳入研究范围，分析了这些因素对 1965 ~ 2005 年中国煤炭需求的影响，结果发现中国煤炭需求与 GDP、资本、就业之间存在长期协整关系。Sari 等（2008）选取 2000 ~ 2005 年美国月度数据，采用自回归分布滞后模型的研究方法发现美国的实际产出和就业是影响其煤炭消费的重要变量。林伯强等（2007）采用协整和误差修正技术，更深入地研究了包括经济增长、工业结构、煤炭出厂价格以及煤炭运输成本在内的各种因素对中国煤炭需求的影响，结果发现经济增长是引发煤炭需求的原因；工业结构的调整，会对煤炭需求有很大的抑制作用；煤炭出厂价格的变动对煤炭需求变动的影响不太大，但煤炭需求对运输成本相当敏感。王鉴雪和宁云才（2009）研究发现，经济发展水平、煤炭价格、运输费用以及工业结构对中国的煤炭消费有重要影响。截至目前，我们发现在对煤炭需求影响因素的研究中，还没有文献同时将工业化和城市化两个因素同时纳入进行定量研究。以美国为代表的主要发达国家已经完成了工业化、城市化进程，进入后工业化、城市化阶段，煤炭需求增速以及在能源结构中的比例均大幅度下降，因此有关学者在模型中没有考虑这两个因素的影响。然而，当涉及中国这样一个工业化、城市化进程正在加快推进的发展中国家时，如果不考虑工业化与城市化进程因素，就不能准确反映煤炭需求上升的推动力及煤炭需求增长规律。当前，中国正处于工业化、城市化快速推进的重要阶段，经济增长仍有潜力，工业化、城市化的进程仍会拉动煤炭需求上升（林伯强等，2007）。因此，对中国煤炭需求的研究，必须要考虑上述经济发展阶段中的主要特点。

第三，在研究方法上，国内外文献对于煤炭需求影响因素的研究所采用的计量方法主要有：基于时间序列数据的协整检验和 Granger 因果关系检验法（Yoo，2006；Yuan et al.，2008；林伯强等，2007；Yang，2000a；Lee et al.，2005；张兴平等，2008）；面板数据模型（Apergis and Payne，2010；张兆响等，2008）；灰色关联分析法（王鉴雪、宁云才，2009）。从上述研究方法来看，大多数研究者采用时间序列分析方法，少数学者使用面板数据静态回归技术研究煤炭消费与经济发展水平的长期和短期因果关系。

本书在国内外相关问题的前沿性研究成果基础上做出三个主要改进：第一，将工业化和城市化这两大重要变量同时纳入计量模型中，以考察在工业化、城市化进程加快形势下中国煤炭消费与经济增长的长期关系，从而为解决煤炭供求矛盾提供依据和思路；第二，建立煤炭需求与经济增长的库兹涅茨曲线模型，以分析和验证在工业化和城市化作为两个重要的控制变量的情况下，中国煤炭需求与经济增长之间是否呈库兹涅茨倒 U 型曲线；第三，采用面板数据的相关理论和模型来研究在工业化、城市化进程中中国煤炭需求的库兹涅茨曲线特征，考察经济发展与煤炭消费之间的非线性关系，并给出政策分析与建议。

五　关于煤炭产量峰值

美国著名地质学家 Hubbert（1949）提出了著名的矿物资源的"钟形

曲线"理论，他认为任何一种不可再生资源都会经历一个产量从零开始，然后呈现指数形式增长，到达峰值后再不断下降，直至资源枯竭，产量又回到零的过程。随后，Hubbert（1956）预测并分析了美国的石油生产趋势，并首次提出了石油产量峰值理论。继此之后，更多的学者开始投入化石能源产量峰值问题的研究中，研究领域涉及全球及各个国家。关于世界石油产量峰值，Kerr（1998）预测认为世界石油产量峰值将在2008年前后到来；Zittel和Schindler（2002）预测世界石油产量很有可能在2010年以前达到顶峰；IEA（2009）的预测结果是，全球原油的峰值将在2020年到来；Owen等（2010）预测认为，全球原油峰值将在2015年以前到来。关于中国的石油产量峰值，EWG（2007a）则指出中国的石油产量会在2010年以前达到峰值；基于Hubbert模型，冯连勇等（2007）得出中国的石油产量峰值将在2015年前后出现；基于广义翁氏模型预测的模型时间为2017年。

天然气产量峰值也备受关注。Campbell和Heaps（2009）的预测结果是，全球天然气产量将在2021年达到28400亿立方米的产量峰值；基于动态和静态供需模型的研究方法，Mohr和Evans（2011）得出全球天然气将在2025～2066年达到1330000亿～2060000亿立方米的产量峰值。冯连勇等（2010）预测世界天然气产量峰值将于2031年前后到来。关于中国的天然气产量峰值，Mohr（2010）认为中国天然气产量峰值将出现在2031年左右；Lin和Wang（2012）认为中国天然气产量可能在2022年达到峰值，之后产量将不断下降；王婷等（2012）则认为中国天然气产量峰值将出现在2018年左右。

对于煤炭产量峰值，学术界形成了悲观派和乐观派两大流派。悲观派认为煤炭产量峰值已经为期不远，如Mohr和Evans（2009）采用Hubbert模型预测得到全球煤炭产量峰值将在2010～2048年出现。Mohr等（2011）分别使用Logistic模型、Gompertz模型、动态和静态供需模型对澳大利亚的煤炭产量趋势进行了分析和预测，研究结果表明，Logistic模型和动态、静态供需模型均得到相似的结论，即澳大利亚的煤炭产量将在

2113～2125 年达到峰值，而使用 Gompertz 模型得出的结论是在 2079～2089 年达到峰值。乐观派认为煤炭产量峰值还很遥远，如 Thielemann 等（2007）认为，从地球科学的角度来看，截至 2100 年全世界所有地区的煤炭供应都没有瓶颈。Lior（2008）认为煤炭、石油和天然气的储量与产量之比（R/P）在过去的几十年内基本保持不变，现在还谈不上煤炭峰值来临的紧迫性。从上述已有的研究文献可以看出，由于使用的预测方法不同，对于全球或者世界主要国家的煤炭峰值预测结果也可能有所不同，而这种不同主要体现在预测产量峰值出现的时间以及峰值产量上。因此，我们在参考这些文献时，还应具体问题具体分析，去伪存真，从而为我国煤炭产量峰值的研究提供有用的借鉴。

关于中国煤炭产量峰值问题，现有文献不多，主要有 EWG（2007b）的预测，即认为中国的煤炭产量可能在未来 5～15 年间达到峰值，峰值大致出现的时间在 2015 年前后；Tao 和 Li（2007）采用 STELLA 模型拟合 Hubbert 峰值的方法对中国原煤产量的研究表明，中国的煤炭产量峰值将在 2025～2030 年出现，峰值产量在 33 亿～45 亿吨。但是，这两种预测结果均不准确。煤炭产量峰值要受可采储量、地质勘探技术、地质钻探技术以及科学合理的煤田开发方案等难以定量把握的因素影响，这就会对煤炭产量峰值的准确预测带来一定的困难。一般来说，随着煤炭勘探工作的推进和勘探技术的提高，煤炭储量可能增加，而当煤炭储量增加时，煤炭产量将会持续或断续上升，从而导致煤炭峰值产量增加或煤炭峰值年份推迟。《BP 世界能源统计年鉴 1992》中公布的煤炭储量数据为 1145 亿吨，该数据几乎成为所有国际能源机构广泛使用的煤炭储量数据，但事实上，BP 公布的这个数据从 1992 年开始就没有更新过。鉴于中国煤炭产量的快速增长，BP 公布的数据很可能大大低估了我国可开采的煤炭资源储量，因而 EWG 所得出的中国将在 2015 年前后达到煤炭产量峰值的结论不具有说服力。而 Tao 和 Li（2007）采用 2002 年底中国官方公布的煤炭储量 1870 亿吨的数据，从而把煤炭峰值到来的时间延长到 2025～2030 年，但其提出的峰值产量介于 33 亿～45 亿吨，也与实际不太吻合，事实上在

2010年中国的煤炭产量就已超过33亿吨。此外，这两篇文献仅就数据和模型来得出结论，对相关影响因素的定性和逻辑分析做得不够；煤炭峰值视储量的变动而有所变动，现有文献都没有针对这一特点进行敏感性分析。

煤炭产量峰值可能会因为一些相关变量的变动而表现出动态特征，如回采率的上升、勘探技术的进步而使煤炭探明储量提高等。葛世龙等（2008）建立最优控制模型，研究了回采率导致的储量不确定对可耗竭资源最优开采的影响，得出回采率的上升可提高可耗竭资源开采年限的结论。而本书将针对这一动态特征对煤炭产量峰值进行相应的敏感性分析。

本书将采用Logistic模型。Logistic模型是经济预测中广泛应用的增长曲线模型，其变化速度一开始增长较慢，中间段增长速度加快，随后增长速度下降并趋于稳定，中国煤炭产量增长趋势符合Logistic模型的要求。本书采用Logistic模型对全国、山西、陕西及内蒙古现有煤炭储量以及煤炭产量的历史数据进行拟合，以预测全国、山西、陕西、内蒙古的煤炭产量及其峰值年份。同时，考虑到随着勘探技术的进步以及勘探工作的发展，煤炭储量可能会发生相应的变化，本书将进一步采用敏感性分析研究煤炭随储量的变化对预测结果的影响；再考虑到涉及煤炭供求、产消等各种影响因素的变化，对煤炭产量峰值的调控进行逻辑分析及定性研究，验证模型预测结果的可靠性。

六　关于煤炭资源最优消耗路径

在当前的经济发展与资源环境关系之下，寻求煤炭资源最优消耗路径对于资源的可持续利用和经济的可持续发展显得尤为重要。在分析了煤炭需求与产量增长极限之后，我们将进一步研究中国煤炭资源消耗方式是否合理，是否为最优消耗路径，或与最优消耗路径的偏离程度。

可耗竭资源的最优消耗路径的研究源于Hotelling（1931）的经典文献，并在20世纪70年代成为学术热点。Hotelling认为，可以用耗竭资源的社会价值来衡量任何消耗方式的合理性，而可耗竭资源消费得到的社会总价值用社会愿意支付的总价格来度量，并提出了著名的 Hotelling 定律，即完全竞争情况下可耗竭资源的最优开采应满足资源的净价格增长等于市场利率。Stiglitz（1974）以及 Dasgupata 和 Heal（1974）从环境保护、经济增长和可耗竭资源可持续利用的视角出发分析了可耗竭资源的跨期配置问题，并认为可耗竭资源开采量的逐年减少能实现社会效用最大化。Solow 和 Wan（1976）从生产成本的角度将可耗竭资源分为两个质量等级，经过数值分析，得到技术进步和超过可耗竭资源租金的资本投入有利于解决资源短缺问题和推动资源的可持续利用的结论。Hartwick（1977）认为可耗竭资源和实物资本之间可以相互替代，主张将可耗竭资源租金投资到物质资本和人力资本中，加快资源租金向其他财富形式的转化速度，从而提高可耗竭资源的使用效率和经济的可持续发展能力。

　　国内研究可耗竭资源最优消耗问题取得了以下成果。魏晓平（1997）采用加总的社会福利函数建立动态优化模型，研究了煤炭资源最优耗速的四个影响因素，包括贴现率、耗竭时间、替代可能性和市场因素。他认为选择较小的贴现率可以有效降低煤炭资源的开采速度并延长煤炭资源耗竭时间。魏晓平和王新宇（2002）研究了边际开采成本对可耗竭资源耗竭时间的影响，认为可耗竭资源的耗竭时间发生在资源边际开采成本高到使其市场需求为零，并非资源储量为零之时。张彬和左晖（2007）借助 Lucas 模式，将可耗竭能源和环境质量引入生产函数，研究了能源和环境双重约束下的社会最大经济产出。葛世龙等（2008）建立最优控制模型，研究了回采率导致的储量不确定对可耗竭资源最优开采的影响，得出回采率的上升可提高可耗竭资源开采年限的结论。葛世龙和周德群（2009）认为资源税税率提高的预期对可耗竭资源开采行为的影响是显著的，但这个预期只有在一定条件下才能最终转化为税率的提高。张建斌（2011）从煤炭的价格角度研究了煤炭资源的最优开发路径问题，认为现有的煤炭价格并没有包括环境成本和产业接续成本，政府应该加强煤炭资源的价格规制以寻求煤炭资源的可持续利用。周伟和武康平（2011）认为，资源开采方式的转变和人们消费行为的调整可用承诺来解决，并采用双曲线贴现的可变时间偏好范式，发现国家承诺能力的提高能降低可耗竭资源的消耗速度，起到保护和节约资源的作用。胡静锋和张世全（2011）基于最优控制理论，研究了中国石油资源的最优消耗路径，认为石油战略资源储备、低碳环保观念和产业调整有利于整个社会福利的提升。陈翔等（2012）在运用 Hotelling 定律的基础上推导出了煤炭资源初始价格的可变参数定价模型，得出我国煤炭资源的初始价值与煤炭储量增长率、市场利率、开发周期增长率和开采时间的乘积相关。曹明和魏晓平（2012）基于资源跨期开采模型，分析了技术进步对资源可开采量、提高资源利用效率、降低开采成本和促进资源替代的影响，认为不存在任何技术进步既可以增加社会福利又可以促进资源的可持续利用。林伯强（2012）利用修正的 EL Serafy 使用者成本法发现中国煤炭资源的开发利用是存在使用者成本的，并且使用者成本随着煤炭产量的大幅度增加而迅速提高，因此政府需要通过征收资源税来反映煤炭资源的真实成本。

通过对以往文献的梳理，发现之前的研究多是通过建立动态优化模型分析储量不确定、不同承诺能力和税率变动等对可耗竭资源开采速度和可持续利用的影响，缺乏对煤炭等主要可耗竭能源做最优消耗路径具体数值的实证研究，尚未指明中国现有的煤炭资源消耗方式与最优消耗路径的偏离程度。因此，我们结合前人的研究成果，从社会效用最大化的角度，参考 Hotelling 可耗竭资源理论及最优消耗的"黄金法则"，建立最优控制模型，研究中国煤炭资源的最优消耗时间路径，并将煤炭实际消耗情况与最优消耗路径进行比较，以最优消耗路径作为煤炭需求的调控目标，在此基础上研究推动中国煤炭资源可持续发展的相关措施。

第二篇
中国煤炭产业发展形势与环境

本篇将对中国能源与煤炭的供求形势、煤炭价格及其波动成因、煤炭消费与大气环境污染、煤炭消费与二氧化碳排放等问题进行探讨。从总体形势上对能源与煤炭供求关系以及煤炭消费对环境的影响有一个大体的把握。在研究过程和研究方法上本着由浅入深、循序渐进的方式加以展开。

第七章

中国煤炭供求形势

改革开放以来，随着经济的快速发展，中国已经成为世界第二大经济体，但同时能源的生产与消费也呈快速增长之势，中国已成为世界上第一大能源生产和消费国。能源的生产和消费成为世界第一，经济总量则排在世界第二，这一个排位之差，反映出中国的经济增长方式、经济结构、能源结构所隐藏的尖锐矛盾。中国经济增长所需的能源支撑问题显得越来越突出，一系列能源问题已经成为当前中国经济发展的关键制约因素，同时也是学术界探讨的热点和焦点问题。在中国的能源生产与消费结构中，煤炭一直占据主导地位，这与中国"富煤、贫油、少气"的资源禀赋密切相关。因此，煤炭这一首要能源在国民经济发展和人民生活中具有重要地位。无论是当前石油供应充足还是煤炭产能过剩，都不能掩盖未来中国能源供应方面的危机。正确认识中国能源和煤炭资源的供求形势、生产和消费状况，深入分析中国能源和煤炭资源供求趋势、生产与消费的表现特征和变化规律具有十分重要的战略意义，并对国家能源战略的定位和政府有关能源政策的制定有着重要的参考意义。

一　中国煤炭生产情况

改革开放以来，中国经济高速发展推动了人们对煤炭的需求，促进了

煤炭产量的快速增长。煤炭产量由 1978 年的 6.18 亿吨上升至 2013 年的
39.74 亿吨,增长了 5 倍多,年均增长率达到 5.46%。在此期间,煤炭产
量的增长突破了三个 10 亿吨:1989 年突破 10 亿吨;2004 年突破 20 亿
吨;2010 年迅猛突破 30 亿吨,达到 34.28 亿吨。[①] 2013 年达到历史最高
点 39.74 亿吨,几乎突破第四个 10 亿吨,逼近 40 亿吨。若从中华人民共
和国成立的 1949 年算起,突破第一个 10 亿吨历时 40 年,突破第二个 10
亿吨历时 15 年,而突破第三个 10 亿吨仅用了 6 年时间,逼近第四个 10
亿吨仅用了 3 年时间。2013 年,虽然中国经济增速明显下降,但煤炭产
量仍略有上升,同比增长 0.7%。从 2014 年开始,煤炭产量逐年回落,
2014 年和 2015 年煤炭产量分别为 38.7 亿吨和 37.5 亿吨,[②] 这一方面是
中国经济增速放缓,经济进入"新常态"引起,另一方面则是中国煤炭
进口量的扩大导致。但是,30 亿吨以上的产量仍然是一个天文数字,给
中国的资源环境形成了巨大的压力。

二　中国煤炭消费情况

中国煤炭消费总体上与煤炭产量同步增长。煤炭消费总量由 1978 年
的 5.65 亿吨上升至 2013 年的 42.44 亿吨,增长了 6.51 倍,年均增长率
达到 5.93%,略高于产量增长率。在此期间,煤炭消费量的增长则突破
了四个 10 亿吨:1989 年突破 10 亿吨;2004 年突破 20 亿吨;2010 年迅猛
突破 30 亿吨,达到 34.9 亿吨;2012 年突破 40 亿吨。若从中华人民共和
国成立的 1949 年算起,突破第一个 10 亿吨历时 40 年,突破第二个 10 亿
吨历时 15 年,突破第三个 10 亿吨用了 6 年时间,而突破第四个 10 亿吨
仅用了 2 年时间。2013 年,虽然中国经济增速明显下降,但煤炭消费量

---

① 国家统计局网站,http://data.stats.gov.cn/easyquery.htm?cn=C01。
② 国家统计局网站,http://data.stats.gov.cn/easyquery.htm?cn=C01;《2015 年国民经济
　和社会发展统计公报》,国家统计局网站,http://www.stats.gov.cn/tjsj/zxfb/201602/
　t20160229_1323991.html。

仍上升3.1%,^① 达到历史最高位。

中国的煤炭消费需求和石油、天然气有所不同。不同能源品种的消费需求直接体现在其下游行业对该能源使用上的广度和深度的区别。石油在中国的应用范围相对较窄，主要用于各种交通工具的燃油和机油，同时也可以作为润滑油以及有机化学的工业用品。煤炭的下游行业在中国则覆盖面非常广泛，包括煤电行业、钢铁行业、建筑行业和化工行业等。因此总体上来看，中国煤炭市场的覆盖范围比石油、天然气更加广泛，涉及中国产业相关的问题也更加复杂。这也是煤炭消费量庞大的原因之一。

中国煤炭消费需求的快速上升是中国经济快速发展、工业化、城市化进程加快的结果，有其必然性与国际普遍性。随着中国经济增长速度放缓，经济进入"新常态"，煤炭消费量增速放缓，2014年煤炭消费量微增0.057%，大约为424668万吨。^② 这一巨大的消费量对资源与环境形成了巨大的压力。

三　中国煤炭供求形势

中国既是当今世界第一大产煤国（2014年，煤炭产量占世界总产量的47.4%^③），同时也是第一大煤炭消费国。煤炭在一次能源生产和消费中占据主导地位且长期难以改变。这既是由中国的能源资源禀赋所决定，也与中国经济发展阶段密切相关。改革开放以来，中国实现了由煤炭供给不足向供需总量基本平衡的历史转变，并在经济快速发展的推动下，煤炭产消两旺，均保持快速增长趋势。

从增长速度对比来看，煤炭的生产与消费总体上保持同步增长，基本

---

① 国家统计局网站，http://data.stats.gov.cn/easyquery.htm? cn = C01。

② 这是来自国家统计局网站最新调整的数字，但《2014年国民经济和社会发展统计公报》的初步估算是2014年煤炭消费量下降2.9%。

③ 《2014年世界煤炭总产量81.65亿吨 中国占比47.4%》，亚洲金属网，http://www.asianmetal.cn/news/data/1853430/。

上处于供需平衡状态。在 1991~1999 年长达 9 年的时间里，煤炭产量一直略小于消费量；2000~2004 年的 5 年间，产消关系发生转折，产量大于消费量，随后 4 年，产量又低于消费量。从 2009 年开始，煤炭产量快速上升，产量略大于消费量。2012 年和 2013 年煤炭消费量大增，消费量分别高于产量 1.72 亿吨和 2.70 亿吨。

从 2012 年开始，中国煤炭市场发生了一个转折性的变化，供需关系逆转。由于国民经济增速放缓、煤炭的诸多下游产业遭受产能过剩的严重打击（比如钢铁行业），煤炭的国内市场需求增速放缓；此外，前期煤价高涨所引发的产量激增，导致煤炭供过于求，煤炭的仓库储量屡破红线，加上国际市场低价煤炭进口的冲击，从而使类似山西这样以煤炭作为支柱产业的传统产煤大省的经济遭受沉重打击，国内煤炭生产企业预期较为悲观。

煤炭生产行业所遭受的打击可以从该行业的平均销售利润率看出。根据中经产业景气指数，在 2013 年第一季度，煤炭行业的销售利润率还能维持在 7.9%，高于当季全部工业 5.2% 的平均销售利润率；到第二季度，煤炭行业的销售利润率为 6.2%，而当季全部工业的平均销售利润率为 5.5%，煤炭行业销售利润率逐渐接近平均值；到第三季度，煤炭行业的销售利润率为 5.4%，当季全部工业的平均销售利润率为 5.5%，煤炭行业销售利润率终于低于平均值；虽然在第四季度，因为季节性因素，煤炭行业的销售利润率出现了部分反弹，提升至 7.6%，高于当季全部工业 6.5% 的平均销售利润率，但是这种状况也只是昙花一现，在 2014 年第一季度煤炭行业销售利润率仅为 5.1%，低于当季全部工业 5.2% 的平均销售利润率。

从"十一五"以来的能源供求形势来看，"十一五"期间能源生产总量的增长在一定程度上满足了部分市场需求的增加，但是国内能源消费与生产之间的缺口在不断扩大，已由 2005 年的 1.98 亿吨标准煤上升到 2010 年的 2.81 亿吨标准煤，但煤炭并未出现缺口，因此供需的结构性矛盾依然存在，主要表现在石油方面的缺口。而进入"十二五"期间，到 2013 年，能源总量供求缺口进一步扩大，达到 3.5 亿吨标准煤，但煤炭却出现产能过剩，煤炭的实际产量超出消费 1 亿吨标准煤，而2013 年煤炭进口 3.3 亿吨（同比增长 13.4%），① 折算成标准煤则是2.35 亿吨，供给超出需求达 3.35 亿吨标准煤，因而导致煤炭价格大幅度下滑。

但是，从长期看，煤炭供给形势不容乐观。根据《BP 世界能源统计年鉴》数据，截至 2013 年底，中国煤炭的储采比仅为 31 年（而世界平均储采比为 100 年），远远低于世界平均水平，不到世界平均水平的 1/3。② 因此，维持煤炭长远供求平衡，仍是国家的重大战略任务。

总之，改革开放以来，中国的能源和煤炭供求变动经历了几个周期，从 2003 年开始的经济增长提速导致煤炭需求量大幅度上升而拉动煤炭价格快速上涨，到 2013 年进入"新常态"，经济增速减缓而导致煤炭需求下降及其价格下跌，以及煤炭行业产能过剩。本轮煤炭供过于求大起大落比以往似乎来得更加猛烈。但从 2010 年以来煤炭产消量均越过 30 亿吨大关，至 2013 年产消量分别达到 39.74 亿吨和 42.44 亿吨，虽然此后煤炭消费量增速放缓，甚至下降，但如此巨大的数字对维持煤炭供求平衡来说仍然是巨大的压力。此外，中国国内煤炭资源枯竭的形势亦日益严峻，要实现长期有效的供需平衡仍将是巨大的挑战。

四　中国煤炭生产基地及供给分布

中国目前有 14 个重点煤炭生产基地，即神东基地、晋北基地、晋东基地、蒙东（东北）基地、云贵基地、河南基地、鲁西基地、晋中基地、两淮基地、黄陇基地、冀中基地、宁东基地、陕北基地以及新疆基

---

① 中商情报网，http://www.askci.com/。
② 储采比又称回采率或回采比，是指年末剩余储量除以当年产量得出剩余储量按当前生产水平尚可开采的年数，数据来自《BP 世界能源统计年鉴 2012》。

地。《煤炭工业发展"十二五"规划》提出要加快这 14 个大型煤炭生产基地建设。根据国家对这 14 个煤炭生产基地的规划，基地内煤炭产量占全国的 90% 以上，并要形成 10 个亿吨级、10 个 5000 万吨级的特大型煤炭企业，煤炭产量要占全国的 60%。其中神东、晋中、晋北、晋东以及陕北大型煤炭基地处在中西部地区，因此主要承担东北、华北、华东等地区的煤炭供给，并作为"西电东送"北通道的电煤基地；云贵煤炭基地处在西南地区，主要承担中南、西南两大地区的煤炭供给，并作为"西电东送"南通道的电煤基地；河南、鲁西、冀中、两淮煤炭基地处在东中部地区，这些地区煤炭消费量大，因此上述大型基地主要承担北京、天津、河北、中南、华东等地区的煤炭供给；蒙东（东北）煤炭基地主要承担内蒙古东部地区以及东北三省等地区的煤炭供给；宁东、黄陇煤炭基地主要向中南地区、华东地区以及西北地区供给煤炭；新疆地区煤炭资源储量丰富，但距离东部煤炭消费地较远，运输成本较高，可作为中国煤炭储备基地，也正式成为第 14 个大型煤炭基地（见表 7 - 1）。

表 7 - 1　中国煤炭生产基地与供给去向

煤炭生产基地	煤炭供给去向或用途
神东、晋中、晋北、晋东、陕北基地	东北、华北、华东的煤炭供给及"西电东送"北通道的电煤基地
云贵基地	中南、西南的煤炭供给及"西电东送"南通道的电煤基地
河南、鲁西、冀中、两淮基地	北京、天津、河北、中南、华东等地区的煤炭供给
蒙东（东北）基地	内蒙古东部、东北三省等地区的煤炭供给
宁东、黄陇基地	中南、华东、西北地区的煤炭供给
新疆基地	煤炭储备基地，并向东部地区供给煤炭

五　中国煤炭运输状况

2010 年，中国煤炭产量和消费量均突破 30 亿吨，并且此后连续三年快速上升并于 2013 年分别达到 39.74 亿吨和 42.44 亿吨，近年来煤炭产量虽然有所下降，但一直处于 30 亿吨以上，逼近 40 亿吨。这一几近天文数字的产消量，给煤炭的运输带来了巨大的压力。30 多亿吨是个什么概念，即把全国其他矿产资源如石油、铁矿石、有色金属矿等的产（消）量加起来，也不到煤炭产（消）量的一半。因此，煤炭运输瓶颈是中国煤炭供给的重大制约因素。

1. 煤炭运输的特点

煤炭与石油、天然气的运输途径和方式差别巨大。石油主要依靠管道（陆地）运输以及油轮海运，天然气主要依靠管道运输，而管道运输方式较为高效、便捷且成本较低，但煤炭却不能采用管道运输的方式，这对煤炭的运输方式和运输效率会产生很大的制约。但煤炭的运输方式最为多样，主要依靠最传统的铁路运输和海洋运输，也包括短距离的汽车运输。煤炭与石油、天然气一样，都可以通过能源形式的转化来实现更加高效的运输，即转化成电能进行长距离输电来解决能源运输问题。随着特高压输电技术的日趋完善，超长距离（如 1000 公里以上）的输电已成为现实。但是，总体上来看，煤炭由于其固态特征（单位体积煤炭的含热量小于石油和天然气，造成体积也更加庞大），运输更加困难，运输方式更加复杂，运输费用亦更加昂贵。

2. 中国煤炭的运输格局

中国煤炭运输的总体格局是"西煤东运、北煤南运"，这是由中国各地区的经济发展水平不平衡以及煤炭储量不平衡所决定的，从而形成煤炭资源调入区、调出区及后备供应区的空间错位。而煤炭资源本身的体积、重量决定了煤炭运输量非常大的特点，并且南北、东西跨省份的长距离运输，更加重了运输负担。这一运输特征同时也决定了煤炭高额的运输成本。

3. 中国煤炭运输方式

中国煤炭运输方式主要有铁路运输、水路运输、公路运输和"铁路＋水路"（铁水联运）。铁路运输是内陆煤炭运输的主要方式，占全国煤炭总运量的 70% 以上。水路运输包括内河运输与海上运输两种方式，内河运输即通过长江和京杭运河把来自煤炭产区，如山西、陕西、河南等地的煤炭运往沿海地区；而海上运输（海运）与铁路等陆上运输方式相结合，把煤炭通过铁路从产地运往北方沿海中转港口，再由海上运往华东、华南以及出口海外，从而形成"西煤东运、北煤南运"的水上运输格局，水运的重要性仅次于铁路。而"铁水联运"是"北煤南运"的主要运输形式，也是目前高效的运输方式。从成本、价格和效率等因素来看，公路运输只适合于小规模、区域内、近距离的煤炭运输，而不适合大规模、跨区域、长距离的煤炭运输。公路运输作为铁路和水路运输的重要补充形式，发挥着短距离的连接及集疏煤炭的作用。而铁路和水路发挥着不可替代的主干运输作用。

中国煤炭资源储藏和需求的地理分布不均衡使煤炭运输成为制约中国煤炭有效供给和煤炭行业发展的重要因素。煤炭运力也就成为煤炭从生产转化为有效供给的关键环节。虽然中国政府在增加铁路运力等方面做出了很大努力，但目前仍不能完全满足煤炭运输的需要，运力短缺的局面在相当长的时间内难以得到根本性的改变。电力运输是更加高效、具有生命力的一种新型运输方式。

4. 煤炭（能源）的电力运输

为了突破煤炭的运输瓶颈，有效缓解煤炭运输压力，电力运输正在发挥其优越的作用。远距离、跨省区的特高压输电技术的日臻完善，将会改变当前的煤炭运输格局。电力运输作为能源综合运输体系中的新生力量可以保障能源运输资源得到更为充分合理的运用。特高压输电已经进入快速发展通道，国家电网建成的特高压输变电工程主要有：陕北—晋东南—南阳—荆门—武汉的中线工程、淮南—皖南—浙北—上海的东线工程、向家坝—上海 ±800 千伏特高压直流输电示范工程、锦屏—苏南 ±800 千伏特高压直流输电示范工程以及溪洛渡左岸—浙江金华 ±800 千伏特高压直流输电工程（见表 7-2）。到 2020 年，中国特高压电网将基本建成，输送电量将达到 2 亿千瓦时以上，占全国装机总容量的 25%。

表 7 - 2　国家电网已建成的特高压输电项目

项目名称	项目类型	线路里程（公里）	运行电量（万千瓦时）	相当煤炭输送量(万吨)
陕北—晋东南—南阳—荆门—武汉的中线工程	1000 千伏特高压交流输变电工程	640	120	430
淮南—皖南—浙北—上海的东线工程	1000 千伏特高压交流输变电工程	656	/	/
向家坝—上海 ±800 千伏特高压直流输电示范工程	±800 千伏特高压直流输电工程	1907	640	1150
锦屏—苏南 ±800 千伏特高压直流输电示范工程	±800 千伏特高压直流输电工程	2059	720	1300
溪洛渡左岸—浙江金华 ±800 千伏特高压直流输电工程	±800 千伏特高压直流输电工程	1680	800	1440

　　以上五条特高压输电工程，只有陕北—晋东南—南阳—荆门—武汉的中线工程是解决"西煤东运"枢纽中煤炭运输的输电工程；淮南—皖南—浙北—上海的东线工程则是贯通皖北至上海的中距离输电工程，其他三条源于四川省的输电工程则是水电的输送。目前还没有从山西、陕西等能源输送密集区到东南沿海的超长距离的特高压输电线路，而陕北—晋东南—南阳—荆门—武汉的中线工程和四川三条水电输送工程仅能解决5000 万吨左右的煤炭运输，因此目前的特高压输电工程能够解决的煤炭运输能力仍然十分有限，特高压的建设还有待进一步发展。

第八章

煤炭消费与大气环境污染

本章将对大气环境与经济增长之间的关系进行研究，判定其是否满足环境库兹涅茨曲线理论，从而了解我国的大气环境状况以及煤炭消费与大气环境污染之间的关系，并选取工业二氧化硫排放总量和二氧化碳排放总量作为大气环境状况的代理变量，用人均 GDP 代表经济增长指标。

一 煤炭消费与大气环境污染的关系

煤炭消费是中国大气污染的主要来源。中国 85% 的煤炭主要供火力发电厂、工业锅（窑）炉和家庭炉灶等直接燃烧使用。煤炭在燃烧后产生的大气污染物与排放的温室气体，造成中国以煤烟为主的大气污染。燃煤产生的主要大气污染物包括粉尘、烟尘、二氧化硫、氮氧化物、悬浮颗粒物、一氧化碳、二氧化碳等。二氧化硫和氮氧化物不仅会影响人体健康，同时也是形成酸雨的主要污染物，不仅如此，二氧化硫和氮氧化物与空气中其他污染物经过一系列复杂的大气化学反应，形成的硫酸盐、硝酸盐二次颗粒是 PM2.5 升高的最主要原因；可吸入颗粒物直接作用于人体的呼吸器官，同时它们也是加重雾霾天气的罪魁祸首。另外，煤炭开采过程中的矿井瓦斯不仅是导致煤矿事故的主要灾害之一，而且是导致气候变化的主要气体，其排放所产生温室效应为二氧化碳的 21 倍（茅于轼等，2018）。

此外，煤炭的生产与使用还会产生水源污染。煤炭资源的开采必须消耗大量的水资源，如用水来涂层、用水对开采出来的煤炭进行洗选，同时煤炭开采过程还会破坏水资源，并且煤炭的使用还会产生固体矿渣污染。因此，煤炭的生产消费过程"三废"均会产生，但其对大气的污染最为严重。

相关数据显示，中国二氧化硫排放量的 75%、二氧化碳排放量的 70%、二氧化氮排放量的 85%、一氧化氮排放量的 60%、总悬浮颗粒（TSP）排放量的 70% 来自燃煤（茅于轼等，2008）。因此，只要能够了解中国整个经济增长与大气环境的变化趋势，就可了解煤炭消费对大气污染的程度。本章主要研究与煤炭消费有关的大气环境污染，主要包括二氧化碳、二氧化硫两项指标，并用环境库兹涅茨曲线理论验证其变化趋势，是否存在理想的倒 U 形曲线。而工业烟尘、工业粉尘这两项指标直接反映当前的雾霾天气，因而十分重要且令人关注，但由于统计部门的数据变动太大，缺失严重，无法做模型，只能做一些定性分析。

虽然国内学者也有研究有关经济增长与大气环境之间关系的成果，但在数据的选取上大多是 2003 年以前的。需要强调的是，从2003 年开始，中国经济进入了新一轮高速增长，增长的推动力与产业结构均发生了深刻的变化，即表现为重化工业推动型。重化工业的迅猛扩张在推动 GDP 快速增长的同时，也造成了较为突出的资源与环境问题，从而使学术界对重化工业的扩张产生争议。并且，这一时间段恰恰是煤炭消费快速增长之时，其对大气环境产生的影响更为突出。因此，本章选取 1991~2012 年的数据进行研究分析，涵盖了 2003 年之后的数据，从而对经济增长与环境污染之间的关系及学术界的争议提供一个较为准确的判断。由于燃煤与大气污染之间的关系已经明确，这里我们分析经济增长与大气污染的总体形势就可反映煤炭消费所产生的影响。

二 有关指标的选取

在反映经济增长的指标选择上，由于人均收入比总量收入更能反映出真实收入水平变化对环境质量的影响（彭水军、包群，2006），这里选取人均 GDP 来反映经济增长（数据来自历年《中国统计年鉴》）。许多学者使用的是名义人均 GDP 数据，还有的学者是利用零售物价指数来对名义人均 GDP 进行调整的（陈华文、刘康兵，2004），考虑到名义人均 GDP 涉及的通胀因素不仅来自消费领域还来自生产领域，因此采用人均 GDP 指数[①]进行平减得到实际人均 GDP 来反映经济增长（见附表 1）[②]。工业二氧化硫排放量来自历年《中国统计年鉴》。二氧化碳排放量数据来源于世界银行数据库，最新数据截至 2010 年（大气污染指标见附表 2）[③]。在分析方法上，本章采用时间序列分析法。

三 模型选择

如前所述，学者们基于环境库兹涅茨曲线的分析表明，经济增长和环境污染之间的关系有可能是倒 U 形、U 形、倒 N 形以及 N 形的，为了研究中国经济发展与环境污染之间存在的关系属于哪种类型，我们建立一个一元三次计量经济模型：

$$E_{it} = \beta_0 + \beta_1 PGDP_t + \beta_2 PGDP_t^2 + \beta_3 PGDP_t^3 + \mu_t \qquad (8-1)$$

[①] 人均 GDP 指数是将 2013 年《中国统计年鉴》公布的以 1978 年为基期的数据调整成以 1990 年为基期的数据得到的。

[②] 附表 1 见第 158 页，下同。

[③] 附表 2 见第 159 页，下同。

模型中 $PGDP$ 表示人均 GDP, [①] 用来反映经济增长,分别用工业二氧化硫排放总量 E_{1t}、二氧化碳排放总量 E_{2t} 作为代理变量来表示大气环境状况（数据见附表 2）,μ_t 为随机误差项。

由回归结果可以判断人均 GDP 与环境的几种可能的曲线关系。
（1）如果 $\beta_1 \geq 0$、$\beta_2 < 0$ 且 $\beta_3 > 0$,则为三次曲线关系或者说呈 N 形曲线关系;反之,如果 $\beta_1 \leq 0$、$\beta_2 > 0$ 且 $\beta_3 < 0$,则为倒 N 形曲线关系。[②]
（2）如果 $\beta_1 \geq 0$、$\beta_2 < 0$ 且 $\beta_3 = 0$,则为二次曲线关系即呈库兹涅茨倒 U 形曲线关系;反之,如果 $\beta_1 \leq 0$、$\beta_2 > 0$ 且 $\beta_3 = 0$,则为 U 形曲线关系。[③]
（3）如果 $\beta_1 \neq 0$ 且 $\beta_2 = 0$,$\beta_3 = 0$,则为线形关系。

四　变量的平稳性检验

由于本书采用时间序列数据进行分析,所以需要首先考察数据的平稳性。如果数据是平稳的,则可以直接进行回归估计分析,否则需要对模型进行协整检验,以防止出现虚假回归。因此首先对因变量序列 E_{1t}、E_{2t} 以及自变量序列 Y、Y^2、Y^3 进行 ADF 检验。

对数据进行 ADF 检验后发现,E_{1t} 是一阶单整序列,E_{2t}、$PGDP$、$PGDP^2$、$PGDP^3$ 为二阶单整序列,分析结果如表 8 - 1 所示。可以发现所有序列都是非平稳的且不是同阶单整,但是三个以上的变量如果具有不同的单整阶数,有可能经过线性组合构成低阶单整变量（李子奈、潘文卿,2010）。因此可以建立模型进行分析,但必须对变量进行协整检验,以防止出现伪回归。

---

① 下文中用到的人均 GDP 均表示实际人均 GDP。
② 当 $\beta_1 = 0$ 时,表明第一个拐点的位置在 $y = 0$ 处,由于 $y > 0$,所以二者关系曲线只取 N 形或倒 N 形曲线的第一个拐点的右边部分。
③ 当 $\beta_1 = 0$ 时,表明拐点的位置在 $y = 0$ 处,由于 $y > 0$,所以二者关系曲线只取 U 形或倒 U 形曲线的右边一半。

表 8 - 1   不同变量的 ADF 检验结果[①]

变量	差分次数	ADF 值	1% 的临界值	5% 的临界值
E_{1t}	1	−4.782173	−3.808546	−3.020686
E_{2t}	2	−4.115643	−3.886751	−3.052169
$PGDP$	2	−4.268595	−3.831511	−3.029970
$PGDP^2$	2	−5.985150	−4.532598	−3.673616
$PGDP^3$	2	−5.320771	−4.532598	−3.673616

五 实证分析

为了得到模型的正确形式，本书应用普通最小二乘法（OLS）分别估计了人均 GDP 与环境状况之间的三次曲线拟合方程、二次曲线拟合方程以及线性方程三种形式，分别对模型进行方程显著性检验、变量显著性检验，并应用 DW 检验法[②]来检验模型的自相关性。

（一）工业二氧化硫排放量与人均 GDP 的关系

借助统计分析软件 Eviews 进行回归分析，根据变量显著性水平剔除了解释变量 $PGDP^3$，得到最终结果如下：

$$E_{1t} = 741.1960 + 0.2720 PGDP_t - 1.35 \times 10^{-5} PGDP_t^2 + \left[AR(1) = 0.4283 \right]$$

$$(2.829)\quad (3.075)\qquad\quad (-2.170)\qquad\qquad\qquad (1.895)\quad (8-2)$$

$$R^2 = 0.8614 \qquad\quad DW = 1.7283 \qquad\quad F = 35.2038$$

其中，括号内的数值为 t 统计量的值。模型估计结果显示，模型的拟合优度比较高，通过了方程显著性检验和变量显著性检验，且不存在自相

---

① 同一水平下临界值不同的原因是延迟阶数不同，延迟阶数的选择遵循 AIC 最小原则。

② 序列 E_1、E_2、E_3、E_4、E_6 都有 18 个观察值，在 1% 的显著性水平下，当解释变量个数为 4 时，所对应的 DW 临界值分别为 $dl = 0.71$、$du = 1.42$；当解释变量个数为 3 时，所对应的 DW 临界值分别为 $dl = 0.80$、$du = 1.26$。序列 E_5、E_7 有 17 个观察值，在 1% 的显著性水平下，当解释变量个数为 3 时，所对应的 DW 临界值分别为 $dl = 0.77$、$du = 1.25$。

关，说明模型具有较好的解释力。从模型估计结果来看，工业二氧化硫排放量和人均 GDP 之间呈一元二次函数关系，且 $\beta_1 > 0$、$\beta_2 < 0$，表明工业二氧化硫排放量和人均 GDP 二者之间呈现一种倒 U 形关系，即随着人均 GDP 的增长，工业二氧化硫排放量将经历一个先增长后下降的过程。在 1991~2012 年，工业二氧化硫排放量和人均 GDP 关系曲线呈现初步倒 U 形，测算拐点的人均 GDP 为 10074.07 元，即工业二氧化硫排放量和人均 GDP 关系曲线在 2011 年出现拐点，表示工业二氧化硫排放量在 2011 年后随着人均 GDP 的提高呈下降趋势。

（二）二氧化碳排放量与人均 GDP 的关系

借助统计分析软件 Eviews 进行回归分析，根据变量显著性水平剔除了解释变量 $PGDP$，得到最终结果如下：

$$E_{2t} = 220488.8 + 0.0124PGDP_t^2 - 6.34 \times 10^{-7}PGDP_t^3 + [AR(1) = 1.2273]$$
$$\quad (9.344) \quad (5.797) \quad (-3.128) \quad\quad\quad (6.015)$$
$$\quad + [AR(2) = -0.6820] \quad\quad\quad\quad\quad\quad\quad\quad\quad (8-3)$$
$$\quad (-3.322)$$
$$R^2 = 0.9931 \quad\quad DW = 2.1026 \quad\quad F = 464.7697$$

模型估计结果显示，模型的拟合优度比较高，通过了方程显著性检验和变量显著性检验，且不存在自相关，说明模型具有较好的解释力。模型估计结果显示二氧化碳排放量和人均 GDP 之间呈一元三次函数关系，且 $\beta_2 > 0$、$\beta_3 < 0$，但是由于模型中不包含解释变量人均 GDP 且人均 GDP 取值恒大于 0，所以二者之间不呈现倒 N 形曲线关系而是呈现一种倒 U 形关系，即随着人均 GDP 的增长，二氧化碳排放量将经历一个先增长后减少的过程。在 1993~2010 年的时间段内，二氧化碳排放量和人均 GDP 关系曲线处于倒 U 形的前半段，即恶化阶段。根据模型测算，曲线拐点出现在人均 GDP 达到 13038.91 元时。若按人均实际 GDP 年均 7% 的增长率来预测，二氧化碳排放量和人均 GDP 关系曲线在 2014 年前后出现，即在 2014 年之后，二氧化碳排放量随人均 GDP 增加而呈逐年下降的趋势。

将上述分析结果加以总结，得出以下度量环境污染的变量与人均 GDP 的关系（如表 8 - 2 所示）。

表 8 - 2　环境污染与人均 GDP 之间的关系

排放种类	与人均 GDP 之间的关系	效果评价
工业二氧化硫排放量 E_{1t}	倒 U 形	出现理想趋势但并不稳定
二氧化碳排放量 E_{2t}	倒 U 形	不理想，正处于恶化阶段

由于上述分析所采用的数据均是非平稳的，因此估计结果可能存在虚假回归，不能肯定结果的正确性，所以还需要对数据进行协整检验。

六　变量的协整检验

为了有效地衡量序列之间是否具有长期均衡关系，Engle 和 Granger 于 1987 年提出了协整的概念。假定自变量序列为 $\{X_1\}$，$\cdots$，$\{X_k\}$，因变量序列为 $\{Y\}$，构造回归模型：$Y_t = \beta_0 + \sum_{i=1}^{k} \beta_i \times X_i + \varepsilon_t$。假定回归残差序列 $\{\varepsilon_t\}$ 平稳，则称因变量序列与自变量序列之间有协整关系。因此 EG 两步法是指第一步进行协整回归，第二步对协整回归的残差进行平稳性检验，如果残差是平稳的，则说明变量间存在协整关系。

为了进一步验证上述实证分析得到的结果是否成立，防止存在虚假回归，本书利用 EG 两步法对模型中变量间的协整关系进行检验。由于在实证分析中已经进行了协整回归，因此在这里可以直接用单位根检验的方法来检验模型（8-2）到模型（8-3）所生成的残差序列的平稳性。[①] 通过对回归残差序列分别进行单位根检验（分析结果如表 8-3 所示），我们

---

① 其原假设为：序列之间不存在协整关系（即回归残差序列 $\{\varepsilon_t\}$ 非平稳）。当所得检验统计量小于对应 5% 水平下的给定临界值时，则拒绝原假设，认为该回归残差序列不存在单位根是显著平稳的，即序列之间存在协整关系。通过对回归残差序列分别进行单位根检验，发现所得检验统计量均小于对应的临界值，分析结果如表 8-3 所示。所以拒绝原假设，认为五个模型所得到的回归残差序列都是平稳的，因此在模型中因变量序列和自变量序列之间存在协整关系。

认为，两个模型所得到的回归残差序列均通过 1% 的显著性水平的平稳性检验，因此在模型中因变量序列和自变量序列之间存在协整关系。

表 8 - 3　不同模型残差序列的平稳性检验结果

模型	ADF 值	1% 的临界值	5% 的临界值
二氧化硫	- 4.5808	- 3.8574	- 3.0404
二氧化碳	- 4.6409	- 3.7880	- 3.0124

注：同一水平下临界值不同的原因是延迟阶数不同，延迟阶数的选择遵循 AIC 最小原则。

七　关于工业粉尘和工业烟尘的讨论

上述对工业二氧化硫和二氧化碳的预测基本是准确的。截至 2014 年的数据，工业二氧化硫排放从 2011 年开始一直趋于下降。而工业粉尘和工业烟尘这两项数据，国家统计局网站原有截至 2010 年的数据，见附表 2。根据附表 2 的数据，这两项数据的总体趋势向好，我们曾做过模型回归，工业粉尘和工业烟尘的排放分别在 2005 年和 2001 年出现下降的拐点，这显然与当前实际情况不符。在国家统计局最新发布的数据中，2011 年以前的数据全部空缺，只有 2011 ~ 2014 年的数据，并且把两项指标合在一起，即烟（粉）尘排放量（吨），[①] 这 4 年的最新数据依次为 12788255.37 吨、12357747.79 吨、12781410.76 吨和 17407507.58 吨。从这些数据来看，烟（粉）尘的排放处于恶化趋势，特别是 2014 年增量很大，较上年增长了 36%，这和当前大气污染加剧，雾霾天气密集爆发有着密切联系。

八　结论

通过以上实证研究，我们得出以下结论。

---

① 国家统计局网站，http：//data. stats. gov. cn/easyquery. htm？cn = C01。

（一）环境库兹涅茨曲线假说具有合理性

通过国内数据的验证，应该说环境库兹涅茨曲线假说在一定程度上有着合理性，不同的环境指标与人均 GDP 增长之间的关系呈现各自的特殊性，或者说它们所展现的关系有一定的差异性。在经济发展的相当长的时期内，经济增长与污染排放之间的关系可能存在一些波动，但总体上仍呈现倒 U 形关系，即随着经济增长达到一定程度，污染排放必然要呈下降趋势（不可能一直上升）。这是由于一方面环境的持续毁坏将威胁到人类自身的生存，从而促使人类更加重视对环境的治理，减少排放；另一方面伴随着经济增长与技术进步，人类治理污染的经济实力和技术能力也大大加强。因此，倒 U 形曲线的后半段必然要出现，只是出现的时间值得研究。

（二）中国污染排放下降拐点的出现将大大低于人均 GDP 8000 美元

按照 Grossman 和 Krueger 的结论，出现污染排放下降的拐点为人均收入 8000 美元（1985 年价）附近（低于 8000 美元）。但是，对于中国来说，拐点的出现将会大大低于人均 GDP 8000 美元。

通过前述模型分析，中国各污染排放指标拐点位置各不相同。

工业二氧化硫、二氧化碳排放总量与人均 GDP 之间均呈现倒 U 形函数关系，即工业二氧化硫、二氧化碳排放总量随着人均 GDP 的增长经历一个先上升再下降的过程，但是各污染排放指标拐点出现的位置各不相同。

工业二氧化硫排放总量经过人均 GDP 10074.07 元（2442.07 美元——1985 年价）的拐点后逐步减少，这一拐点在 2011 年就已出现，如果这一拐点能够保持下去的话，则远远低于人均 GDP 8000 美元。因此只要调控政策得当，工业二氧化硫排放总量会随着人均 GDP 的增长继续呈现逐步减少的趋势。各污染排放下降拐点情况见表 8-4。

表 8 - 4　各污染排放下降拐点情况

排放种类	人均 GDP(元) (1990 年价)	人均 GDP(美元) (1985 年价)	年份
工业二氧化硫排放量 E_{1t}	10074.07	2442.07	2011
二氧化碳排放量 E_{2t}	13038.91	3160.78	2014

　　二氧化碳排放总量在经过人均 GDP 13038.91 元（3160.78 美元）的拐点后将逐步下降。若按人均实际 GDP 年均 7% 的增长率来预测，这一拐点大约在 2014 年左右出现，形势较为乐观。对此，应采取相应调控政策使拐点能够保持下去，不再反弹。

　　以上各污染物排放的总体情况呈现向好的趋势，但并不稳定，若控制不力很有可能出现逆转恶化。从 2012 年下半年开始中国雾霾天气密集爆发，说明控制工业粉尘和工业烟尘的排放仍然十分必要。

（三）结论具有重要的政策意义

　　本书所用模型对环境污染与人均 GDP 之间关系的描绘，可为政府有关部门进行调控提供依据或参考。模型所描述的曲线，其反映的趋势可以通过有关各方的积极努力在未来的实际运行中加以更改，使其轨迹向理想的方向演变，从而使那些随着经济增长而增长的污染物的排放指标出现好转的拐点或者提前出现拐点，改变环境污染增长的趋势；使那些随着经济增长而减少的环境污染指标保持原来的趋势甚至加速减少，见表 8 - 5。

表 8 - 5　环境状况与人均 GDP 之间的关系及调控目标

三废种类	与人均 GDP 之间的关系	效果评价	调控目标
E_{1t}	倒 U 形	出现理想趋势但并不稳定	加强治理，使之确保 2011 年的拐点并保持此后曲线向下延伸
E_{2t}	倒 U 形	出现理想趋势但并不稳定	加强治理，使好转的拐点提前到来并保持此后曲线向下延伸

　　需要说明的是，本章采用的大气污染数据全是全国排放总量数据，并未将煤炭产生的污染与总量区分。实际上前已述及，中国的大气污染主要在煤炭使用过程中产生，煤炭所占权重一般在 70% 左右，因此，只要分析总量状况，就可以看出煤炭所产生的影响。

　　从局部来看，煤炭使用密集的地区，如京津冀地区，火电厂和钢铁厂等重化工业密集，能源结构中煤炭占比在 90% 以上，因此这些地区雾霾显得更加严重。

　　从引起雾霾的因素来看，工业烟尘和工业粉尘的排放量占重要权重。但由于统计部门的数据缺失，还无法进行深入的量化研究。从烟（粉）尘的影响来看，可能是深远的，其对大气的污染具有累积效应。例如，20世纪 60 年代在英国爆发的"伦敦烟雾"事件，并不是短期内的排放产生的，其产生的根源可以追溯到工业革命时期的燃煤污染的累积。因此，中国还应继续加大煤炭消费和污染排放的调控力度，以确保大气环境不再恶化，不要让"伦敦烟雾"事件在中国重演。

附表 1　1990~2012 年的人均 GDP 数据

年份	名义人均 GDP(元)	人均 GDP 指数(1990 年=100)	实际人均 GDP(元)
1990	1644.47	100.00	1644.47
1991	1892.76	107.70	1770.59
1992	2311.09	121.54	1998.09
1993	2998.36	136.93	2251.08
1994	4044.00	153.10	2516.93
1995	5045.73	167.99	2761.73
1996	5845.89	182.88	3006.47
1997	6420.18	197.84	3252.52
1998	6796.03	211.30	3473.81
1999	7158.50	225.44	3706.28
2000	7857.68	242.53	3987.22
2001	8621.71	260.76	4286.92
2002	9398.05	282.54	4645.03
2003	10541.97	308.94	5078.98
2004	12335.58	338.08	5558.09

续表

年份	名义人均 GDP(元)	人均 GDP 指数(1990 年 = 100)	实际人均 GDP(元)
2005	14185. 36	374. 11	6150. 43
2006	16499. 70	419. 19	6891. 51
2007	20169. 46	476. 07	7826. 53
2008	23707. 71	519. 27	8536. 73
2009	25607. 53	564. 30	9277. 07
2010	30015. 05	620. 25	10196. 87
2011	35197. 79	674. 69	11091. 90
2012	38420. 38	722. 79	11882. 66

附表 2　1991～2010 年污染排放指标的数据

年份	工业二氧化硫(万吨)	二氧化碳(万吨)	工业粉尘(万吨)	工业烟尘(万吨)
1991	1165. 00	258453. 83	578. 00	845. 00
1992	1323. 00	269598. 21	576. 00	870. 00
1993	1292. 49	287869. 40	616. 56	880. 45
1994	1341. 42	305824. 13	582. 78	806. 86
1995	1405. 02	332028. 52	638. 99	837. 97
1996	1363. 57	346308. 91	561. 52	758. 33
1997	1362. 63	346951. 00	548. 39	684. 61
1998	1593. 02	332434. 45	1322. 17	1175. 40
1999	1460. 00	331805. 56	1175. 00	953. 00
2000	1612. 00	340517. 99	1092. 00	953. 00
2001	1566. 00	348756. 64	991. 00	852. 00
2002	1562. 00	369424. 21	941. 00	804. 00
2003	1792. 00	452517. 70	1021. 00	846. 00
2004	1891. 00	528816. 60	905. 00	887. 00
2005	2168. 00	579001. 70	911. 00	949. 00
2006	2041. 80	641446. 31	722. 20	774. 90
2007	2140. 00	679180. 47	698. 70	771. 10
2008	1991. 40	703544. 39	584. 90	670. 70
2009	1865. 90	769221. 09	523. 60	604. 40
2010	1864. 40	828689. 20	448. 70	549. 24

第九章

煤炭消费与二氧化碳排放[*]

　　地球正面临全球变暖、气候恶化、冰川消融、海平面上升、沙漠化、物种灭绝等生态环境问题，其中的很多问题都可归结为全球变暖，大多数科学家已认可全球变暖的事实。联合国政府间气候变化专门委员会第四次评估报告指出：1860~2000年，全球平均气温上升了接近1℃，估计21世纪的气温将上升1.5℃~6℃，并认为气候变暖很可能是人为排放的温室气体所致。二氧化碳是温室效应的主要来源。美国科学院的研究预测，如果二氧化碳的浓度翻倍，地球的温度将升高1.5℃~4.5℃。"如果燃烧尽所有的化石燃料，甚至仅仅再燃烧剩余储量的一半，地球上所有冰川都将融化，并使海平面比今天高出250英尺（76.2米）左右"（刘春元，2010），可见全球变暖的后果十分严重。而燃煤则是产生二氧化碳的主要源头，特别是在中国，燃煤已成为二氧化碳排放量快速上升的"罪魁祸首"。

　　上一章我们对二氧化碳的排放与经济增长的关系（人均GDP）进行了实证研究，但考虑到二氧化碳排放问题的重要性以及二氧化碳与煤炭消费之间的关联性，本章将对煤炭消费与二氧化碳排放之间的关系进行进一步的研究，特别是加强对碳排放强度的研究。

---

　　[*] 本章在项目阶段性成果基础上加以扩张。阶段性成果见郑欢等（2014）。

一　中国二氧化碳的排放形势

自改革开放以来，随着经济的快速发展，中国二氧化碳排放总量一直呈上升趋势（见图 9 - 1），甲烷、氧化亚氮等温室气体的排放量位居世界前列。1978 ~ 2008 年，中国二氧化碳排放量净增 52.37 亿吨。[①]

中国的二氧化碳排放源主要来自煤炭的燃烧。煤炭燃烧产生的二氧化碳所占的比例在 70% 以上。根据茅于轼等（2008）的观点，中国二氧化碳排放量的 70% 来自燃煤；而根据周伟和米红（2010）的文章，二氧化碳排放的 80% 来自煤炭。虽然二者数据不一致，但他们的结论大体上是一致的，即燃煤是中国二氧化碳的主要排放源。这一是因为煤炭这一化石能源本身性质，二是中国以煤炭为主的能源结构。相对于发达国家以油气为主的能源消费结构，中国以煤炭为主的能源消费结构无疑加剧了二氧化碳排放强度，中国所面临的碳减排压力越来越大。

由图 9 - 1 可知，1978 ~ 2008 年中国二氧化碳排放总量大致经历了三个阶段：①1978 ~ 1996 年的低速增长阶段，这一阶段的二氧化碳排放总量由 1978 年的 14.93 亿吨平稳增长到 1996 年的 33.92 亿吨，年均增长 4.66%，其中 1980 年和 1981 年二氧化碳排放出现负增长，1984 年出现最高增长率 14.44%；②1997 ~ 2002 年的基本稳定阶段，这一阶段二氧化碳排放总量由 1997 年的 33.52 亿吨上升至 2002 年的 36.99 亿吨，年均增长 1.99%，其中 1997 年和 2000 年二氧化碳排放出现负增长，2002 年达到最高增速 7.12%，预示着高排放阶段即将来临；③2003 ~ 2008 年的快速增长阶段，这一阶段二氧化碳排放总量由 2003 年的 43.50 亿吨上升至 2008 年的 67.30 亿吨，年均增长 9.12%，其中

[①]　世界银行 WDI 数据库，http：//databank. shihang. org/data/databases. aspx。

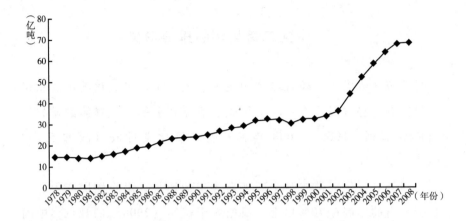

图 9 - 1 1978 ~ 2008 年中国二氧化碳排放总量的变化趋势

资料来源：世界银行 WDI 数据库。

2003 ~ 2007 年连续 5 年出现两位数的高增长率，2005 年达到 32.27%的历史最高点。而这一阶段也正是中国经济进入新一轮高速增长阶段，且由以高耗能为特征的重化工业快速膨胀拉动，因而也是煤炭消费量大幅度上升的阶段。

从上一章的实证分析结果来看，在 1991 ~ 2010 年的时间段内，二氧化碳排放量和人均 GDP 关系曲线呈现倒 U 形，这一曲线虽然是理想的，但仍处于倒 U 形的前半段，即恶化阶段，其拐点大约在 2014 年出现，但拐点的出现并不稳定，还需进一步加强控制，从而真正实现二氧化碳排放量随人均 GDP 增加而逐年下降。

二 二氧化碳排放量的国际比较

二氧化碳作为最主要的温室气体，其全球排放总量一直处于上升之中，图 9 - 2 是 1971 ~ 2008 年全球来自化石燃料排放的二氧化碳。从图 9 - 2 中可以看出，全球二氧化碳排放也是从 2003 年开始进入一个快速上升的阶段，这与中国相似，二者之间应该是有关联的，即中国 2003 年开

始二氧化碳排放的大幅度上升对整个世界二氧化碳排放总量有一定的
影响。

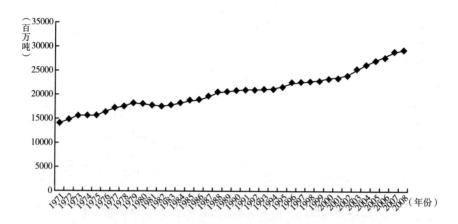

图 9 - 2　1971 ～ 2008 年全球来自化石燃料的二氧化碳排放量

资料来源：IEA。

　　图 9 - 3 是 1751 ～ 2001 年人类行为导致的全球二氧化碳排放趋势。在
1751 ～ 1850 年的 100 年里，人类行为所产生的二氧化碳排放微乎其微，
但从 1851 年开始提升，也就是从工业革命开始，大气中积聚的二氧化碳
增长十分迅速。大约从 1950 年开始，二氧化碳的排放进入迅猛上升阶段，
那么 1951 ～ 2000 年这 50 年的二氧化碳排放总量应该是此前人类历史上所
排放的 3 倍以上。图 9 - 3 中不同曲线分别表明不同气体所产生的二氧化
碳，化石能源所产生的二氧化碳排放量，是主导因素。其他还有汽油燃
料、液体燃料、固体燃料、水泥生产过程的排放和天然气燃料。固体燃料
（主要是煤炭）的排放量低于液体燃料的排放量。这是因为煤炭消费在全
球能源结构中所占比重很低（特别是发达国家大多采取的是以油气为主
的能源消费结构）。2012 年世界煤炭消费的平均比重为 29.9%，而中国则
高达 68.5%，因而中国的煤炭消费是二氧化碳排放的主因。
　　荷兰环境评估局（Netherlands Environmental Assessment Agency）发布
的一份报告称，2006 年，中国的二氧化碳排放总量是 62 亿吨，美国是 58

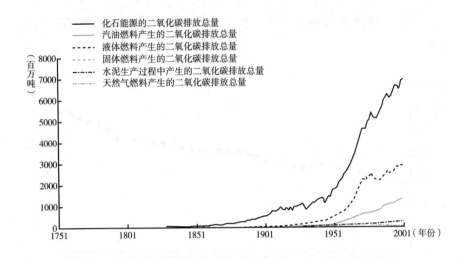

图 9 - 3 1751 ~ 2001 年人类行为导致的全球二氧化碳排放

资料来源：Marland et al. (2005)。

亿吨，中国已经超过美国成为世界上最大的二氧化碳排放国，中国的二氧化碳排放量比美国高出 6.90%。2007 年，中国的二氧化碳排放量继续上升，比美国高出约 14%。荷兰环境评估局的另一份评估报告称，2010 年，在全球排名前十二位的二氧化碳排放大国中，中国的二氧化碳排放总量为 89.5 亿吨，远远超过了美国的 52.5 亿吨，高出美国 70.48%。可见中国二氧化碳的排放量正在急剧上升。

中国的二氧化碳总量虽然排在世界第一位，但人均排放量却很低。2010 年，全球排名前十二位的二氧化碳排放大国中，中国的人均排放量为 6.8 吨/人，远远低于美国（16.9 吨/人）、加拿大（15.8 吨/人）、澳大利亚（18 吨/人）等发达国家，但比巴西（2.2 吨/人）、印度（1.5 吨/人）、印尼（1.9 吨/人）等发展中国家要高。

中国二氧化碳排放总量虽然在上升，但人均二氧化碳排放量尚处于较低水平。中国作为世界上人口最多的国家，随着经济的持续发展及人民生活水平的提高，二氧化碳排放总量还将继续增加。根据预测，到 2050 年中国燃料燃烧排放的二氧化碳相当于整个 OECD 的排放总量，占全球温室

气体排放量的 1/3。不过，到 2050 年，中国人均碳排放量仍将低于 OECD
经济体，但高于其他发展中国家。而我们在上一章的预测显示，中国二氧
化碳排放与经济增长之间的倒 U 形曲线已经显现，只要各种调控措施到
位，二氧化碳排放量可以得到有效控制。

在减排承诺上，中国计划到 2020 年单位国内生产总值二氧化碳排放
水平比 2005 年下降 40% ~ 45%。到 2020 年，中国非化石能源占一次能源
消费的比重达到 15%。Carraro 和 Massetti（2012）认为，中国有能力实现
这个目标，但意味着中国应该提高能源利用效率，这将影响中国能源政策
的走向。

三　二氧化碳排放强度及其影响因素

碳排放问题是近年来国内外环境经济学家的重点研究领域。从研究的
指标看，最初集中在二氧化碳排放的人均和总量指标上。但是，如果撇开
经济发展因素，单纯谈论碳排放总量和人均碳排放是没有意义的，而碳排
放强度则把能源的使用效率与经济发展问题结合起来。以碳排放强度作为
二氧化碳减排的量化指标既可以反映经济增长与碳排放量之间的关系，同
时亦可反映经济发展过程中碳减排的效率。所谓碳排放强度，就是单位
GDP 所产生的碳排放量。

下面选取二氧化碳排放强度作为环境库兹涅茨曲线模型中的环境指
标。2009 年 11 月我国政府公布了全国性的碳强度减排目标，即到 2020
年实现单位国内生产总值的碳排放比 2005 年下降 40% ~ 45%。通过降低
碳排放强度，一方面可有效减少碳排放量，另一方面可实现经济发展中碳
减排效率的提高。而要降低碳排放强度，必须分析和研究影响碳排放强度
的各种因素，其中煤炭消费因素是我们需要重点研究的问题。在厘清碳排
放的影响因素的前提下，才能提出有针对性的减排措施。下面我们使用
EKC 理论模型来进行实证分析。

（一） 中国碳排放强度变化趋势

尽管中国的碳排放总量一直在增长，但是从长期来看碳排放强度总体上呈现下降趋势（见图 9 - 4），即从 1978 年的 40.96 吨/万元快速下降到 1998 年的 3.76 吨/万元。碳排放强度下降的原因，在很大程度上是由改革开放后中国经济快速增长引起，即经济总量扩大的速度快于碳排放的速度。但是，自 1999 年以后，碳排放强度下降速度放缓，2003 年和 2004 年还出现了反弹，"十一五"以后下降速度明显低于历史其他时期。碳排放强度的总体下降说明中国的减排效率一直在提高，但中国的碳排放强度位居全球第二，远远高于世界平均水平，说明减排效率还有很大的提升空间。由此，我们有必要进一步挖掘碳减排的影响因素及机制，这对中国提高减排效率、促进低碳发展、制定合理的减排政策具有重要的理论和现实意义。

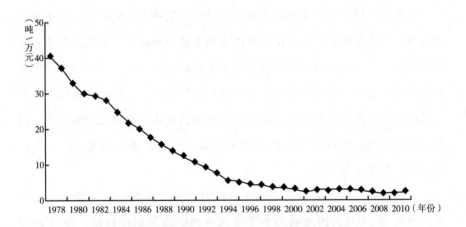

图 9 - 4　1978 ~ 2010 年中国碳排放强度变化趋势

资料来源：中国碳排放强度根据世界银行数据库的二氧化碳排放数据和中国经济与社会发展统计数据库的 GDP 数据计算得出。

（二） 我们的研究视角

从第六章的文献综述可以看出，现有的研究对碳排放强度的研究侧重点不同，归类的方法不同，并缺乏一个科学合理的分类，甚至把规模因素、结构因素交织在一起，显得杂乱无章，因而在进行兼容性解释方面比较困难。我们在总结前人研究的基础上把碳排放强度的影响因素归纳为规模效应和结构效应两大类，前者进一步分为经济发展水平、煤炭消费强度；后者进一步分为能源结构、产业结构以及工业结构三个因素。通过这些因素的分析与比较，可以突出煤炭消费在影响因素中的权重。在研究方法上，我们拟采用静态面板数据模型，着重研究规模效应、结构效应以及碳排放强度的相互影响内在机理。

四　实证分析

（一）模型设定

Shafik 和 Bandyopadhyay（1992）提出了基于面板数据分析的 EKC 模型，该模型的表达式为：

$$Y_{it} = \alpha_i + \beta_1 X_{it} + \beta_2 X_{it}^2 + \beta_3 X_{it}^3 + \beta_4 Z_{it} + \varepsilon_{it} \tag{9-1}$$

其中，Y 为环境指标，本章采用碳排放强度（CI）表示；X 为经济水平指标，这里采用人均实际 GDP（$PGDP$）来表示；Z 为影响环境质量的其他变量，本章中解释变量 Z 主要包括能源消费结构（ECS）、煤炭消费强度（T）、产业结构（$STRU$）和工业结构（$HSTR$）。α_i 表示地区的特殊效应，反映不同地区间的差别，ε_{it} 为随机误差项，假设服从标准正态分布。以上各变量均采取对数形式。

（二）数据来源及处理

本章收集了 1995 ~ 2011 年中国 28 个省份①的年度数据，包括碳排放

---

① 西藏、海南、宁夏地区由于缺少部分年份的相关数据，无法进行估算，故本书不予考虑。

强度、经济发展水平、煤炭消费强度、能源消费结构、产业结构、工业结构六个变量。其中经济发展水平、煤炭消费强度、能源消费结构、产业结构、工业结构都是根据历年相关统计年鉴以及统计数据库整理计算而得，而统计年鉴和统计数据库并没有直接提供各省份二氧化碳数据，必须估算。下面分别进行介绍。

1. 碳排放强度

碳排放强度，即单位 GDP 的碳排放量，用二氧化碳排放总量与 GDP 的比值来衡量，单位为吨/万元，记为 CI。其中，GDP 数据为 1995 年不变价格的实际 GDP，数据来源于历年《中国统计年鉴》和中经网统计数据库。二氧化碳排放量我们通过计算得到，算法根据 2006 年 IPCC 所指定的《国家温室气体清单指南》第二卷（能源）第六章中提供的关于化石能源使用所产生的二氧化碳排放估算方式。具体公式为：

$$CO_2 = \sum_{i=1}^{n} (E_i)(C_i)(CO_i)(CA_i)(44/12) \tag{9-2}$$

本章仅考虑煤炭消费所排放的二氧化碳对生态环境的影响，因此 i 代表煤炭资源，E 为煤炭资源按照万吨标准煤折算的消耗量，C 为煤炭资源的碳含量，CO 为煤炭资源的碳氧化率，CA 为煤炭资源的平均低位发热量系数，44/12 表示二氧化碳与碳的分子量比值。测算所需要的数据均来源于《中国能源统计年鉴》和各省份历年统计年鉴。

2. 经济发展水平

经济发展水平用各省份的人均 GDP 的不变值来表示（以 1995 年为基期），记为 $PGDP$。GDP 和人口数据均来自中经网统计数据库。

3. 煤炭消费强度

煤炭消费强度是衡量煤炭利用效率的重要指标，一般可反映经济的技术水平。煤炭消费强度越低，经济活动的煤炭利用率越高。本章以单位 GDP 的煤炭消费量衡量煤炭消费强度，各地区 GDP 均按 1995 年不变价计算，能源强度在模型中记为 T。

4. 能源消费结构

以各省份的煤炭消费量占能源消费总量的比重来表示能源消费结构，记为 ECS。各地区煤炭消费量和能源消费量数据均来源于《新中国六十年统计资料汇编》和历年《中国能源统计年鉴》。

5. 产业结构

以第二产业所占比重衡量产业结构，即各地区第二产业增加值占各地区 GDP 的比重，因为第二产业对能源的依赖程度远远高于第一产业和第三产业，其比重越高，煤炭消费所产生的二氧化碳排放强度越高，记为 $STRU$。数据均来源于中经网统计数据库，各地区的第二产业增加值和各地区 GDP 均按 1995 年的不变价计算。

6. 工业结构

以重工业总产值占工业总产值的比重来衡量工业结构，记为 $HSTR$。重工业的特点是高耗能、高排放，一般而言，重工业比重增加会提高碳排放强度。工业总产值和重工业总产值数据均来自《新中国六十年统计资料汇编》和各省份历年统计年鉴。

（三）实证结果

1. 面板数据模型设定结果

面板数据模型形式包括以下三种类型：混合模型、固定效应模型和随机效应模型。在面板数据模型形式的选择上，本章首先采用 Likelihood Ratio（似然比）检验方法对混合估计模型（约束模型）和 FE 变截距模型（无约束模型）的设定进行检验，通过构建 F 统计量进行判定（在给定的显著性水平 α 下，若 $F < F_\alpha$，则选择混合估计模型，反之则选择固定效应模型），如果选择 FE 变截距模型，则还应该接着采用 Hausman 检验对固定效应模型和随机效应模型的设定进行检验，最后得到最合理的模型类型，检验结果见表 9－1。

表 9 – 1　面板数据模型设定检验结果

检验方法	F 统计量	P 值	结论
Likelihood Ratio 检验	288.66	0.0000	变截距模型
Hausman 检验	170.32	0.0000	固定效应模型

注：似然比假设的原假设为混合估计模型（约束模型）；Hausman 假设的原假设为随机效应模型。

上述检验结果显示，在 1% 的显著性水平下，Likelihood Ratio（似然比）检验和 Hausman 检验均强烈地拒绝了原假设，即在 Likelihood Ratio 检验中，我们拒绝原假设，选择 FE 变截距模型，在 Hausman 检验中，我们同样拒绝原假设，最终得到的面板数据模型设定为固定效应模型最为合理。

2. 面板数据模型估计结果

本章采用 GLS（Cross-section Weights）法进行估计，其模型系数协方差采用 Cross-section SUR（PCSE）法进行估计，具体估计结果见表 9 – 2。

表 9 – 2　面板数据模型回归结果

$\ln CI$	系数值	标准误	t 值	Prob.
C	5.325850	0.686390	7.759222	0.0000
$\ln PGDP$	−1.510158	0.208683	−7.236625	0.0000
$\ln^2 PGDP$	0.159175	0.022502	7.073855	0.0000
$\ln^3 GDP$	−0.005790	0.000805	−7.194774	0.0000
$\ln T$	0.934380	0.006775	137.9251	0.0000
$\ln ECS$	0.019611	0.004271	4.591753	0.0000
$\ln STRU$	0.112543	0.029889	3.765359	0.0002
$\ln HSTR$	0.008720	0.003566	2.445163	0.0149

$R^2 = 0.998097$；$\overline{R}^2 = 0.997940$；$F - statistic = 6370.004(0.0000)$

从面板数据模型回归结果可以看出，模型的拟合效果很好，R^2 和 $\overline{R}^2$ 均接近 1，F 值也较大，所有的系数均通过了 t 检验。总的来说，整个模型的拟合优度、F 值均达到了理想水平。

（四）结论

通过上述实证研究，我们得出以下结论。

第一，经济发展水平（$PGDP$）的一次项系数为负，二次项系数为正，三次项系数为负，且在1%的显著性水平下显著，说明经济发展与碳排放强度之间存在明显的"倒N形"曲线关系，环境库兹涅茨曲线假说在我国成立，二氧化碳排放强度随着我国经济发展呈现先改善后恶化，再改善的变化轨迹。

第二，煤炭消费强度（T）的弹性系数为0.934，在1%的显著性水平下显著，平均而言，在其他变量不变时，煤炭消费强度每上升1个百分点，碳排放强度将增加0.934个百分点。与大多数相关研究文献一样，本章也得出了能源（煤炭）消费强度变化是我国碳排放强度变化的主要影响因素，碳排放强度减排根本上取决于能源（煤炭）消费强度的降低的结论。可见，通过技术进步降低煤炭消费强度，提高煤炭利用效率，是我国实现碳减排目标的最有力措施，而几乎所有的研究也都证实了这一点。

第三，能源消费结构（ECS）的弹性系数是0.020，在1%的显著性水平下显著，它表明在保持其他变量不变的情况下，煤炭消费量占能源消费总量的比重每提高1个百分点，我国碳排放强度将增加0.020个百分点。中国是世界上使用煤炭最多的国家，同时也是全球煤烟型污染最为严重的国家，这也是造成中国碳排放强度高的原因。可见，能源消费结构的变化对我国碳排放强度是有影响的，但其影响程度从总体上来看是比较小的。

第四，产业结构（$STRU$）的弹性系数为0.113，在1%的显著性水平下显著，表明在其他变量不变时，第二产业比重每上升1个百分点，碳排放强度增加0.113个百分点。第二产业是碳排放的主力，第二产业比重变化对我国碳排放强度的影响相对较大。

第五，工业结构（$HSTR$）的弹性系数为0.009，在1%的显著性水平下显著，表明在其他变量不变时，重工业占比每提高1个百分点，碳排放强度平均增加 0.009 个百分点。我国目前的工业结构偏重工业化、重工业高耗能、高排放特征明显，降低重工业比重是缓解我国碳排放压力的有效途径。

从以上各影响因素的比较来看，煤炭消费强度的弹性系数最为突出，进一步表明了煤炭在二氧化碳排放中的突出影响。整体而言，经济发展水平、煤炭消费强度、能源消费结构、产业结构以及工业结构对我国碳排放强度均具有显著影响，而煤炭消费强度的影响程度最为突出；经济发展水平与碳排放强度之间存在明显的"倒 N 形"曲线关系，说明经济发展方式的转变有助于我国碳减排目标的实现。

2009 年 11 月 25 日，国务院常务会议宣布了全国性的碳减排目标，决定到 2020 年，中国单位 GDP 的二氧化碳排放量在 2005 年基础上降低 40%～45%，可再生能源在一次能源中所占比例在 15% 以上。为达到上述减排目标，中国可以通过提高相关技术来减少各种排放，但减少煤炭的使用量见效最快。而要减少煤炭的使用量，则需继续优化产业结构，提高第三产业比重，降低第二产业比重，调整工业结构，降低重工业的比重。

本篇分析了中国能源与煤炭供求形势、煤炭价格及其波动成因，分别对与燃煤有关的大气污染指标及二氧化碳排放状况进行理论与实证研究。总体来看，煤炭使用过程中所产生的环境外部性十分明显。即使不存在煤炭短缺危机，环境因素的制约也已经不能让我们毫无节制地使用煤炭了。适度控制煤炭需求，降低煤炭消费是中国经济可持续发展的最为关键的因素。

第三篇
中国煤炭产量增长极限探讨

本篇是本书的核心部分，将对中国经济发展潜力、煤炭需求增长极限、煤炭产量增长极限和煤炭最佳消耗路径进行较为全面、深入的分析与探讨。

第十章

经济增速放缓形势下的发展潜力

进入 21 世纪以来，中国经济增长速度自 2007 年达到 14.16% 的最高点以后，开始逐年下降。2012 年中国经济增长率降至 7.65%，2013 年维持在 7.7%，[①] 与 2007 年的最高点相比下滑了接近一半。这一增长下降的趋势引起了政府、社会各界甚至国际社会的广泛关注。这一趋势是否意味着中国经济将走向衰退？或像某些国外舆论渲染的那样即将"走向崩溃"？7% 左右的增长率是否已经见底？未来中国经济增长潜力究竟如何？等等。这些问题既是当今中国经济发展所面临的问题，又与能源与煤炭的供求密切相关。在第二篇中我们分析了煤炭供求形势和煤炭消费与环境之间的关系，本章则针对中国经济增速下行的趋势分析未来中国经济的增长潜力，从而对中国未来数年能源和煤炭的需求有一个合理的预判，并且，对中国经济发展潜力的实证研究同时也可以回答或说明以上提出的问题。

通过测算经济体的潜在产出水平或潜在产出增长率来衡量某一国家或地区的经济增长潜力是目前学术界普遍采用的方法之一。对于潜在产出的定义，不同的理论学派对其界定不尽相同。但在实际研究中，学界通常将

[①] 国家统计局网站，http：//www.stats.gov.cn/。

潜在产出界定为：在稳定的价格水平下，使用最佳技术、最低成本的要素投入，在充分就业条件下经济体所能实现的最大产出。

潜在产出是分析宏观经济运行状况和制定宏观经济政策的重要工具和前提。在短期，若实际产出大于潜在产出，则预示着经济运行中总需求大于总供给，通货膨胀压力增加，应采取从紧的经济政策，以防止经济过热，同时应通过加快转变经济发展方式、促进产业结构优化升级、推动技术进步等手段提高经济的潜在产出水平；若实际产出小于潜在产出，则意味着经济中总需求小于总供给，经济出现下滑和通货紧缩趋势，政策制定者应实行宽松的财政和货币政策，以及加快推出消费、投资、出口等鼓励政策，拉动总需求，使经济回归均衡状态。长期来看，准确估算出潜在经济增长率，有助于决策者确定一国或地区经济的可持续增长空间，并据此制定相应的经济发展规划，以实现经济的持续、健康、高效发展。

一 潜在产出测算方法分类及相关文献回顾

通过对国内外有关潜在产出测算方法的总结，潜在产出的测算方法可划分为以下三类：统计性分解趋势法，即运用计量技术把实际产出序列数据分解为趋势成分和周期成分，趋势成分即为潜在产出，周期成分为产出缺口，该方法主要有 BN 分解法、HP 滤波法、BK 滤波法等；结构关系估计法，通过经济结构关系估计潜在产出，最常采用的方法是生产函数法；综合估计法，该法试图将统计性分解趋势法和结构关系估计法结合起来，建立具有一定经济理论基础支撑和统计分析特性的潜在产出估计方法，该方法主要有 SVAR 估计法、多变量系统模型法等。

结合中国经济的实际情况，众多学者针对中国的潜在产出进行了深入的研究和测算。从采用的方法上来看，以统计性分解趋势法为主，结构关系估计法和综合估计法使用得较少。统计性分解趋势法中又以 HP 滤波法和卡尔曼滤波法的应用最为广泛，如刘斌和张怀清（2001）利用我国

1992 年第一季度到 2001 年第一季度数据，采用线性趋势法、HP 滤波法、单变量卡尔曼滤波法和多变量卡尔曼滤波法测算出中国 1992～2001 年平均潜在经济增长率分别为 9.1%、8.6%、8.4% 和 8.3%；高铁梅和梁云芳（2005）采用 HP 滤波法估算出潜在产出，同时利用 ARIMA 模型预测了 2005 年和 2006 年我国潜在经济增长率分别为 8.2% 和 7.8%，均低于实际经济增长率；张连城和韩蓓（2009）利用 HP 滤波法测算出 1978～2007 年中国平均潜在经济增长率为 9.6%，适度增长区间为［9%，10%］；赵昕东和耿鹏（2009）基于贝叶斯吉伯斯样本生成法，应用状态空间模型估计了中国 1980～2008 年各时期的潜在经济增长率，并证明明显优于基于卡尔曼滤波的最大似然估计结果。在结构估算法方面，沈利生（1999）利用生产函数法测算出中国 1980～1990 年、1991～1998 年、1999～2010 年三个时期的潜在经济增长率分别为 9.9%、10.0% 和 9.1%；郭庆旺和贾俊雪（2004）通过使用消除趋势法和生产函数法，利用 1978～2002 年数据估算出 1978～2002 年中国平均潜在经济增长率分别为 9.53% 和 9.59%。在综合估计法方面，石柱鲜和王立勇（2006）基于菲利普斯曲线和奥肯定律的状态空间模型估算中国 1981～1992 年潜在经济增长率平均为 9.50%；许召元（2005）利用多变量卡尔曼滤波法估算出我国中长期均衡潜在经济增长率为 8.8% 左右。

从已有的研究文献来看，大多数学者是站在国家整体的角度来研究中国潜在经济增长问题的，而从区域层面研究区域经济增长潜力相关问题的文献还基本处于空白状态。本书将以东、中、西部三大地区为研究对象，分别测算三大区域潜在产出、潜在经济增长率和产出缺口以及其对全国经济增长的贡献率，并在此基础上分析全国的潜在经济增长率，为制定有效的区域经济政策提供参考依据。

本章研究的主要创新如下。第一，分别测算出中国东、中、西部地区 1990～2011 年潜在产出水平。第二，采用面板数据估计产出模型，相对于上述学者通常使用的时间序列数据而言，面板数据具有样本容量较大、提供更多的个体行为信息、解决遗漏变量问题、提高模型估计精确度等一系列优点。第三，本书采用生产函数法①，而在用生产函数估计潜在产出模型的过程中，对于资本投入衡量指标——资本存量，本书研究考虑资本存量历史动态利用率，而已有的研究要么不考虑资本存量利用率，要么将其设定为固定值，很难真实反映参与经济运行的实际资本存量。本书估算出 28 个省（自治区、直辖市）② 1990～2011 年历年资本存量（1990 年价），填补这方面数据的空白。第四，在时间跨度上，上述学者所使用的数据均为 2009 年以前的数据，而本书使用的最新数据到 2011 年，能够较为全面地反映 2007 年中国经济增速最高点以后至经济增幅下落的过程，并可更为准确地分析和预测今后中国经济及区域经济增长潜力。

二　测算方法选择、模型构建与变量数据说明

（一）测算方法选择与模型构建

1. 测算方法选择

本章第一部分介绍了潜在产出的三种测算方法。统计性分解趋势法使用变量较少，方法简单易操作，但由于其不考虑经济关系，纯粹是就数据论数据，缺乏经济理论基础。同时模型中一些外生参数需提前预设确定值，但关于参数预设值的取值标准，目前还没有一个客观标准，学术界也没有达成一致共识，多是凭经验取值，存在较多的随意性和主观性，因此，确定不同外生参数预设值得到的潜在产出会存在很大的差异。再者，此方法估计的潜在产出在样本初期和末期通常存在偏差，不利于进行预测分析。结构关系估计法——生产函数法全面考虑了全要素生产率和生产要素利用率的影响，充分体现了潜在产出的供给面特征，但该方法对数据要求较高，需要大量高质量数据支撑，估计过程较为复杂。

---

① 这一方法的优势将在下一节中加以分析。
② 因西藏和海南相关统计数据缺失严重，本书研究中不考虑这两省份情况，同时由于重庆是在 1997 年以后被划归为直辖市，本书将重庆并入四川省一同进行分析。

生产函数法在国际上较为通用，如美国国会预算办公室（CBO）、经济合作与发展组织（OECD）等均采用生产函数法测算潜在产出。综合估计法是具有一定经济理论基础支撑，又有较好的统计分析特性的潜在产出估计方法，但该方法的研究起步较晚，方法还不够成熟，且该方法中应用的一些经济理论在类似中国这样的经济转轨国家可能并不适用或无法准确获得，如奥肯定律和菲利普斯曲线的准确描述需要准确的失业率数据，但是中国关于失业率的数据并没有权威准确的统计，根据相关数据推算出的数据误差较大。

综合考虑以上各方法的优劣，本书采用生产函数法。

2. 模型构建

国内利用生产函数法测算潜在产出水平的权威文献仍有一定的欠缺。例如，沈利生（1999）在建立生产函数法模型时考虑到了设备利用率的影响，但在估计潜在产出时，仅设定设备利用率等于 1 的产出水平即为潜在产出水平，劳动投入和全要素生产率均采用历史时序值，未考虑其潜在最佳值，因此其估计的潜在产出水平偏差较大；郭庆旺和贾俊雪（2004）在建立生产函数模型时未考虑设备利用率因素，造成了在估计实际生产方程时，夸大了实际资本投入，使得估计出的资本产出弹性值存在偏差。因此，尽管他们在利用生产函数方程估计潜在产出时考虑了劳动投入和全要素生产率的潜在最佳值，但潜在产出水平的估计偏差仍很大。本书在构建生产函数模型和变量处理上，尽量避免出现上述问题。

本书采用的生产函数形式为柯布 - 道格拉斯生产函数：

$$Y_{it} = A_i \, (u_i K_{it})^\alpha L_{it}^{\,\beta} e^{\varepsilon_{it}} \tag{10-1}$$

方程两边取对数得：

$$\ln Y_{it} = \ln A_i + \alpha \ln(u_i K_{it}) + \beta \ln L_{it} + \varepsilon_{it} \tag{10-2}$$

其中，Y_{it} 为实际产出，A_i 为个体差异效应，u_i 为设备利用率，K_{it} 为资本投入，设备利用率乘以资本投入（$u_i K_{it}$）表示参与生产过程的实际资本投入，L_{it} 为劳动投入，ε_{it} 为随机误差项（即全要素生产率），α 和 β 分别为实际资本投入和劳动投入的产出弹性。在估计出方程（10-2）后，则将可利用的资本存量 K_{it}^{*} [①]、潜在劳动力 L_{it}^{*}、趋势全要素生产率 ε_{it}^{*} 分别代入式（10-2），即可求出潜在产出 Y_{it}^{*}，进而求得潜在产出增长率 $\dfrac{\Delta Y_{it}^{*}}{Y_{it}^{*}}$。

（二）变量数据说明

本书变量数据来源于历年的《中国统计年鉴》、各省份统计年鉴及《中国人口和就业统计年鉴》，样本范围包括中国 28 个省（自治区、直辖市）[②]，样本区间为 1990~2011 年，并以 1990 年为基期。在具体测算潜在产出过程中，需要实际产出 Y_{it}、劳动投入 L_{it}、资本投入 K_{it}、设备利用率 u_i、潜在劳动力 L_{it}^{*}、趋势全要素生产率 ε_{it}^{*} 的变量数据等，下面对所需要的变量数据进行具体的选取和处理。

1. 实际产出

本书以国内生产总值作为衡量实际产出的指标，并折算成 1990 年基期价。

2. 劳动投入

严格来说，劳动投入数据应当是一定时期内劳动提供的"服务流量"，它不仅取决于劳动投入量，而且还与劳动的利用效率、劳动的质量等因素有关，即生产过程中实际投入的劳动量，用标准劳动强度的劳动时间来衡量（张军、施少华，2003）。实际进行劳动投入核算通常以工作小时和劳动工资为变量求得，而我国目前尚没有完整的相关统计资料，也无

---

① 可利用的资本存量是指资本投入得到充分利用，即 $K_{it}^{*} = u_i K_{it}$，$u_i = 1$。

② 由于海南和西藏部分数据缺失严重（如固定资产投资价格指数、折旧率估计值），且两省份经济总量很小，对本书研究的影响可以忽略不计，同时由于重庆是在 1997 年以后才被划归为直辖市，本书将重庆并入四川省一同进行分析。因此，本书东部地区包括北京、天津、河北、辽宁、上海、江苏、浙江、福建、山东、广东共 10 个省份；中部地区包括山西、黑龙江、吉林、安徽、江西、河南、湖北、湖南共 8 个省份；西部地区包括内蒙古、广西、四川（重庆）、贵州、云南、陕西、甘肃、青海、宁夏、新疆共 10 个省份。

法通过估计获得。在实际研究中，学者们多采用教育年限法估计出人力资本存量，近似代替劳动投入，但本书应用的是面板数据，这需要分别估算出全部 28 个省份的人力资本存量。由于绝大多数省份相关统计数据严重不全，因此很难通过教育年限法估计出全部 28 个省份的人力资本存量，故本书采用劳动就业人数作为各省份劳动投入的衡量指标。

3. 资本投入

资本投入应当包括直接或间接构成生产能力的资本存量，它既包括直接生产和提供各种物质产品和劳务的各种固定资产和流动资产，也包括为生产过程服务的各种服务及福利设施的资产，理论上应当使用资本流量作为投入指标（张军、施少华，2003）。由于中国目前没有相关的统计数据，本书以历年的资本存量（1990 年价）替代资本投入。目前普遍采用戈登史密斯（Goldsmith）在 1951 年开创的永续盘存法（PIM）估算资本存量，本书亦采用此方法估算各省份历年资本存量，其数学表达式如下：

$$K_t = K_{t-1}(1 - \delta_t) + I_t/P_t \tag{10-3}$$

其中，K_t 为资本存量；K_{t-1} 为 $t-1$ 期资本存量；δ_t 为折旧率；I_t 为投资额；P_t 为固定资产投资价格指数。因此要准确估算出资本存量，关键是要获得各省份基期资本存量 K_{1990}、折旧率 δ、当年投资额 I、固定资产投资价格指数 P 四个变量的数据。各省份基期 1990 年资本存量参照单豪杰（2008）《中国资本存量 K 的再估算：1952～2006 年》估算出的 1992 年各省份资本存量，通过投资价格指数平减获得各省份基期 1990 年的资本存量。考虑到各省份经济发展阶段和水平差异较大，因此各省份的折旧率应该不同，本书采用的各省份的折旧率参照张健华和王鹏（2012）《中国全要素生产率：基于分省份资本折旧率的再估计》的估计结果。根据《OECD 资本度量手册（2001）》建议使用固定资本形成额作为投资流量，因此本书采用固定资本形成总额作为当年的投资指标。固定资产投资价格指数以各省份历年统计年鉴公布数据为准，其中广东省缺失 1991～2000 年的固定资产投资价格指数数据，我们用全国固定资产投资价格指数代替；浙江省缺失 1991 年、1992 两年固定资产投资价格指数数据，我们用邻近的江苏省数据代替。① 将上述变量数据代入式（10 - 3）即可求出各省份1990 ~ 2011 年资本存量（1990 年价）。

4. 设备利用率

宏观经济学中，设备利用率是指资本存量中提供服务的资本占资本存量的比重，然而我国目前并没有设备利用率的权威公开的统计数据，因而需要进行估算。本书使用的历年设备利用率数据借用杨光（2012）《中国设备利用率与资本存量的估算》的估算结果，该文献仅提供了 1977 ~ 2008 年的我国设备利用率估计值，2008 年后的估计值，我们按文献提供的估计方法进行补齐。②

5. 潜在劳动力

潜在劳动力是指充分就业下的劳动就业水平，即指失业率等于自然失业率下的劳动力就业水平，实际统计资料没有相关的统计数据。Elmeskov（1993）给出了自然失业率的估算方法，但需要现实失业率和工资上涨变化率，实际统计资料同样没有各省份现实失业率和平均工资水平统计数据，因此无法估计各省份自然失业率，也就无法推算充分就业劳动力。本书利用 HP 滤波法从实际劳动就业人数中得到劳动就业的潜在趋势近似替代潜在劳动力。③

6. 趋势全要素生产率

通过式（10 - 2）可得到全要素生产率的估计值，利用 HP 滤波法即可得到趋势全要素生产率。

7. 变量自然对数值的描述性统计特征

东、中、西部地区各变量自然对数值的描述性统计特征见表 10 - 1。

---

① 主要考虑到广东与全国，浙江与江苏在固定资产投资价格指数上，历史变动趋势和数值较为相似，相关系数分别高达 0.9828 和 0.9951。
② 本书假定各地区设备利用率无差异，即都等于全国设备利用率。
③ 在使用 HP 滤波法估算潜在劳动力和趋势全要素生产率时，因使用的是年度数据，故采用经济合作与发展组织（OECD）的建议，取平滑参数 $\lambda = 25$。

表 10 – 1　各变量自然对数值的描述性统计特征

	lnY			ln(uK)			lnL		
	东部	中部	西部	东部	中部	西部	东部	中部	西部
均值	8.060	7.491	6.654	8.529	7.963	7.334	7.625	7.813	7.132
最大值	10.071	9.190	9.442	10.534	10.175	10.124	8.777	8.732	8.759
最小值	5.496	6.053	4.172	6.345	6.023	4.713	6.153	7.021	5.353
标准差	0.969	0.744	1.114	0.967	0.866	1.119	0.785	0.489	0.938
观测数	220	176	220	220	176	220	220	176	220

三　模型估计与中国区域经济增长潜力分析

（一）面板数据单位根检验

在进行回归的过程中，为了避免使用非平稳序列数据造成伪回归，首先我们要对各变量数据进行平稳性检验。首先分别对东、中、西部地区的国内生产总值（Y）、实际资本存量（uK）、劳动就业人数（L）的对数值进行单位根检验。为了保证检验结果的可靠性，本书采用 LLC 检验法、IPS 检验法、ADF 检验法、PP 检验法四种方法对本书各变量面板数据进行单位根检验，检验结果见表 10 – 2。

表 10 – 2　东、中、西部地区各变量面板数据单位根检验结果

方法	东部	中部	西部	东部	中部	西部	东部	中部	西部
	lnY			ln(uK)			lnL		
LLC	-5.144 (0.5435)	-3.340 (0.9772)	-4.572 (0.0958)	-3.194 (1.0000)	-1.536 (0.8064)	-3.554 (0.9779)	-0.793 (0.9715)	-2.885 (0.4784)	-3.478 (0.9999)
IPS	-1.572 (0.422)	0.287 (1.000)	-1.756 (0.205)	-2.478 (0.135)	-1.651 (0.264)	-1.155 (0.831)	-1.500 (0.992)	-1.199 (0.832)	-0.557 (0.999)
ADF	-0.6948 (0.7564)	-2.5925 (0.9952)	-3.1237 (0.9991)	-1.3164 (0.9060)	-2.5560 (0.9947)	-2.9426 (0.9981)	-2.9315 (0.9983)	-1.2058 (0.8860)	-1.1946 (0.8839)
PP	0.8867 (0.1876)	-2.8098 (0.9975)	-3.1246 (0.9991)	-5.2147 (1.0000)	-2.3418 (0.9904)	0.9483 (0.1715)	-2.8639 (0.9979)	-5.2202 (1.0000)	0.9685 (0.1245)

续表

方法	东部	中部	西部	东部	中部	西部	东部	中部	西部
	$\ln Y$			$\ln(uK)$			$\ln L$		
LLC	−8.096 (0.0001)	−8.302 (0.0005)	−7.574 (0.0032)	−14.337 (0.0000)	−6.016 (0.0062)	−6.763 (0.0000)	−7.239 (0.0477)	−8.392 (0.0000)	−6.572 (0.0000)
IPS	−2.446 (0.001)	−2.692 (0.000)	−2.264 (0.005)	−3.473 (0.000)	−2.260 (0.011)	−2.210 (0.009)	−2.151 (0.015)	−2.962 (0.000)	−2.644 (0.000)
ADF	3.6698 (0.0001)	1.8824 (0.0299)	2.5689 (0.0051)	13.4683 (0.0000)	5.0110 (0.0000)	4.5233 (0.0000)	2.1205 (0.0170)	3.4959 (0.0002)	6.0848 (0.0000)
PP	3.4695 (0.0003)	8.2676 (0.0000)	3.4931 (0.0002)	3.1688 (0.0008)	1.9738 (0.0002)	3.2431 (0.0006)	11.7782 (0.0000)	8.0067 (0.0000)	34.4012 (0.0000)

注：括号内为对应的 P 值。

面板数据单位根检验结果表明，$\ln Y$、$\ln(uK)$ 和 $\ln L$ 的水平量在1%的显著性水平下接受"存在单位根"的原假设，说明 $\ln Y$、$\ln(uK)$ 和 $\ln L$ 的水平量是非平稳的。进一步对 $\ln Y$、$\ln(uK)$ 和 $\ln L$ 的一阶差分项进行面板数据单位根检验，结果显示拒绝 $\ln Y$、$\ln(uK)$ 和 $\ln L$ 的一阶差分项"存在单位根"的原假设。说明 $\ln Y$、$\ln(uK)$ 和 $\ln L$ 均为一阶单整Ⅰ(1)序列。

（二）面板协整检验

由于 $\ln Y$、$\ln(uK)$ 和 $\ln L$ 的水平量是非平稳序列，直接用于模型估计可能造成伪回归，但因为 $\ln Y$、$\ln(uK)$ 和 $\ln L$ 均为一阶单整Ⅰ(1)序列，可检验三个变量序列之间是否存在协整关系，若存在协整关系，即可用于模型估计。面板协整检验的方法有多种，本书主要采用 Pedroni 方法。Pedroni 以回归残差为基础构造出 7 个统计量进行面板协整检验，4 个统计量是用联合组内尺度描述的，即 Panel v-Stat、Panel rho-Stat、Panel ADF-Stat、Panel PP-Stat；3 个统计量是用组间尺度描述的，即 Group rho-Stat、Group ADF-Stat、Group PP-Stat。如果各统计量均在 1%（或 5%）的显著性水平下拒绝"不存在协整关系"，则说明 $\ln Y$、$\ln(uK)$ 和 $\ln L$ 的序列存在协整关系。

Pedroni（1999）指出，小样本情况下，Panel ADF-Stat 和 Group ADF-Stat 的检验结果最为可靠，由于本书样本区间为 1990 ~ 2011 年（$T = 22$），故本书以 Panel ADF-Stat 和 Group ADF-Stat 检验结果为依据判断面板数据是否具有协整关系，具体检验结果见表 10 - 3。

表 10 - 3　Pedroni 法面板协整检验结果

统计量	东部	中部	西部
Panel v-Stat	1. 6967 ** （0. 0449）	1. 2307 （0. 1092）	1. 8169 ** （0. 0346）
Panel rho-Stat	1. 6305 （0. 9485）	1. 9719 （0. 9757）	0. 9093 （0. 8184）
Panel ADF-Stat	- 3. 6302 *** （0. 0001）	- 4. 4486 *** （0. 0000）	- 2. 6309 *** （0. 0043）
Panel PP-Stat	0. 7933 （0. 7862）	1. 3860 （0. 9171）	- 0. 0358 （0. 4857）
Group rho-Stat	2. 9554 （0. 9984）	2. 9020 （0. 9981）	2. 1116 （0. 9826）
Group ADF-Stat	- 4. 8678 *** （0. 0000）	- 3. 9694 *** （0. 0000）	- 2. 9620 *** （0. 0015）
Group PP-Stat	1. 5988 （0. 9451）	1. 7075 （0. 9561）	0. 3215 （0. 6261）

注：括号内为对应的 P 值；*、**、*** 分别表示在 10%、5% 和 1% 的显著性水平下显著。

表 10 - 3 的检验结果表明，东部和西部的 Panel v-Stat 在 5% 的显著性水平下和 Panel ADF-Stat 和 Group ADF-Stat 在 1% 的显著性水平下拒绝"不存在协整关系"的原假设，中部的 Panel ADF-Stat 和 Group ADF-Stat 均在 1% 的显著性水平下拒绝"不存在协整关系"的原假设。因此，东部、中部和西部的 lnY、ln（uk）和 lnL 之间存在协整关系，即存在长期均衡的稳定关系。

（三）模型估计

用面板数据建立的模型通常有三种，即混合回归模型、个体固定效应回归模型和个体随机效应回归模型，因此要考虑采用何种模型进行回归估计。通常先通过 F 检验判断是选择混合回归模型还是固定效应模型（包括个体固定效应回归模型和个体随机效应回归模型），若通过 F 检验选择固定效应模型，则进一步利用 Hausman 检验确定是建立个体固定效应回归模型还是个体随机效应回归模型，否则建立混合回归模型。面板数据模型中解释变量可能存在内生性问题。就本书所建立的模型来说，一方面，资本存量的增加会加快经济增长速度；另一方面，经济产出的增加也会带来更多的资本投入。因此，我们在进行模型估计时要重点关注解释变量是否与随机扰动项同期相关，即是否存在内生解释变量，从而决定是否应该采用工具变量法进行模型估计。由于同期相关性是内生性的主要原因，这里我们采用解释变量的一阶滞后变量作为工具变量，通过 Hausman 检验来判断哪些解释变量是内生解释变量，并就存在内生解释变量的模型采用工具变量法（IV）进行估计。

根据 F 检验结果，东、中、西部在 1% 的显著性水平下拒绝建立混合回归模型的原假设，应建立个体固定效应回归模型，进一步，根据 Hausman 检验，东、中、西部在 5% 的显著性水平下接受原假设，即采用个体随机效应回归模型。进一步对模型进行解释变量内生性检验，发现资本存量具有内生性，因此对个体随机效应回归模型采用工具变量法估计。模型估计结果见表 10 - 4。

表 10 - 4　模型估计结果

变量	东部	中部	西部
常数项	-2.3686^{***} (-6.21)	-0.7153^{*} (-1.89)	-0.9217^{***} (-3.33)
$\ln(uK)$	0.8026^{***} (82.99)	0.8013^{***} (76.46)	0.7851^{***} (108.48)
$\ln L$	0.4696^{***} (8.23)	0.2336^{***} (4.37)	0.2545^{***} (6.01)

注：括号内为对应的 z 统计量；*、**、*** 分别表示在 10%、5% 和 1% 的显著性水平下显著。

（四）模型估计结果分析

从表 10 - 4 的模型估计结果可以看出，东部地区资本对产出的弹性 α 为 0.8026，劳动对产出的弹性 β 为 0.4696，$\alpha + \beta = 1.2722$，明显大于 1，表明东部地区生产规模报酬递增；中部地区资本对产出的弹性 α 为 0.8013，劳动对产出的弹性 β 为 0.2336，$\alpha + \beta = 1.0349$，略大于 1，表明中部地区生产规模报酬基本不变；西部地区资本对产出的弹性 α 为 0.7851，劳动对产出的弹性 β 为 0.2545，$\alpha + \beta = 1.0396$，略大于 1，表明西部地区生产规模报酬基本不变。从上述结果中我们可以得出一些有意义的结论，第一，生产规模报酬依次是东部地区 > 中部地区 > 西部地区，说明在其他条件不变的情况下，东部地区 GDP 增长最快，这也是多年来东部地区具有投资诱惑力的根本原因。第二，东、中、西部地区资本的产出弹性相差较小，说明在其他条件不变的情况下，东、中、西部地区资本投入增长相同的比例，三个地区的产出增长比例基本相同，考虑到东部地区资本存量远大于中西部地区，中西部历年资本存量较为接近，可以判断中西部地区资本边际产出处于递增阶段，而东部地区资本边际产出处于递减阶段，表明中西部地区具有更高的投资效益，未来增长潜力巨大。第三，劳动的产出弹性依次是东部地区 > 西部地区 > 中部地区，其中中西部地区相差较小，说明在其他条件不变的情况下，东中西部地区劳动投入增长相同的比例，东部地区的产出增长比例明显高于中西部地区，这也是相比于中西部地区生产规模报酬基本不变，东部地区生产规模报酬递增的主要原因。

四 潜在产出、潜在经济增长率和
中国经济发展展望

根据本章第二部分可知，求出东、中、西部地区的可利用资本存量 K^*、

潜在劳动力 L^* 和趋势全要素生产率 ε^* [①]，并分别代入已估计出的各地区生产函数方程，即可得到历年东、中、西部地区潜在产出水平及全国产出水平，进而求得全国及各地区历年的潜在经济增长率和产出缺口（具体结果略）。下面我们可对中国经济发展的区域经济增长潜力相关问题进行深入分析。

（一）潜在产出分析

从估算的各地区潜在产出序列值来看，潜在产出依次为东部地区 > 中部地区 > 西部地区，且绝对差距呈不断扩大的趋势。从各地区对全国潜在产出的贡献率来看（见图 10 - 1），东部地区对全国潜在产出的贡献最大，历年贡献率均在 50% 以上，2004～2007 年接近 60%，2009 年之后呈缓慢下降趋势，但贡献率仍在 58% 以上，表明东部地区将在相当长一段时期内处于全国潜在产出贡献率第一的位置。其次是中部地区和西部地区对全国潜在产出的历史贡献率总体呈下降趋势，分别在 2006 年达到最低的23.01% 和 17.04%，但在 2007 年后出现小幅持续上升态势。这是一个积极的现象。虽然目前中部和西部地区对全国潜在产出的贡献率的上升幅度微小，但从长期来看，中部和西部对中国经济发展的推动力量不容小觑。

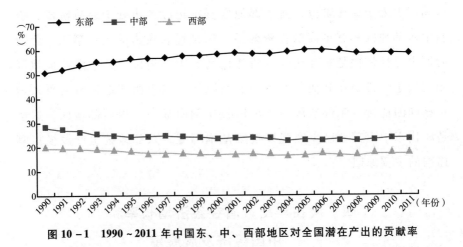

图 10 - 1　1990～2011 年中国东、中、西部地区对全国潜在产出的贡献率

---

① 本书第二部分已给出可利用资本存量 K^*、潜在劳动力 L^* 和趋势全要素生产率 ε^* 的具体算法。

（二）潜在经济增长率分析

从图 10 - 2 中可以看出，全国和东、中、西部各地区潜在经济增长率在 1991～2011 年的历史变化趋势具有较强的一致性。在 20 世纪 90 年代，全国和各地区潜在经济增长率达到阶段性历史高点，在 2000 年又均跌到低点，随后在 2010 年前后达到历史高点，形成一个完整的周期。同时我们也发现，2007 年以前，潜在经济增长率东部地区＞全国＞中部和西部地区，之后则是中部和西部地区＞全国＞东部地区，表明 2007 年后中部和西部地区呈现巨大的经济增长潜力，是中国经济增长潜力快速提升的推动力量。在这一力量的推动下，可以预见，未来中国经济的增长仍然对能源和煤炭有着巨大的需求。

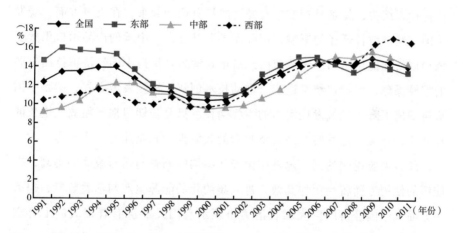

图 10 - 2　1991～2011 年全国和东、中、西部地区潜在经济增长率

（三）中国经济发展展望

我们发现样本期内全国和东、中、西部地区产出缺口在经历 1993～1996 年的收缩后持续负向扩大。尤其是 2008 年以来，以全国为例，产出缺口平均每年增长 2.45%。表明实际产出水平远没有达到潜在产出水平，实际产出增长率也远低于潜在产出增长率，同时也说明中国产能严重过

剩。这一结论具有重要的经济意义，说明中国经济虽然从 2007 年开始经济增长速度处于下降态势，但中国经济增长潜力仍然巨大。中国经济自 2007 年以来由高速增长步入中高速增长，在这一转型过程中难免会遇到各种挑战，这也是引发有些国际舆论唱衰中国经济的原因之一。但是，从中国经济巨大的增长潜力来看，所谓"中国经济崩溃论"未免言过其实，危言耸听。

目前中国的实际产出水平远没有达到潜在产出水平，这一现象说明中国经济仍然有很大的增长潜力，仍然需要加快推出消费、投资、出口等激励政策，拉动总需求，使经济回归均衡状态。其中，消费需求不足是一个长期现象，但中国的消费潜力仍然巨大，需要采取相应的激励政策加以引导和刺激；投资这一驾马车的地位仍然重要，但关键的是提高投资效率，优化投资结构，特别是把非国有经济的投资调动起来；在出口方面，受发达国家经济增长低迷的影响，国际需求上升乏力，中国的产品出口仍然要依赖创新和优化结构。未释放的经济增长潜力是保持中国经济可持续发展的重要保障，但加快技术进步、推动技术创新、转变发展方式，则是中国应对增速下降、挖掘发展潜力的主要途径。只是长期习惯于粗放式增长的经济体，要实现这种转变还有待政府的政策推动和企业的切实努力。

最后需要说明的是，随着中国经济结构的调整与运行效率的提高，在能源的使用方面将会更加高效，进入集约化的能源生产与消费阶段，但另一方面，中国经济的巨大增长潜力也预示着国民经济有着很大的上升空间，随着经济总量的日趋庞大，对能源和煤炭的需求也有上升空间，这就需要对能源和煤炭的供求进行合理的规划与调控。

第十一章

中国煤炭需求增长极限及其调控

中国煤炭资源储量虽然十分丰富，但进入 21 世纪以来，随着经济高速增长而加速消耗，煤炭消费需求迅猛上升。2000～2013 年，中国煤炭消费量年均增加 2.18 亿吨，年均增长 8.8%。2013 年煤炭消费量达到历史峰值，总量超过 42.44 亿吨。虽然从 2012 年开始，在国内外各种不利因素的干扰之下，中国经济增速放缓，导致能源和煤炭需求增速放缓，但能源和煤炭需求总量仍在上升。2012～2014 年，全国能源消费总量依次为 40.21 亿吨标准煤、41.69 亿吨标准煤和 42.58 亿吨标准煤，分别较上年增长 3.9%、3.7% 和 2.1%；煤炭消费量依次为 41.17 亿吨、42.44 亿吨和 41.16 亿吨，分别较上年增长 8.8%、3.1% 和 -3.02%；电力消费量依次为 5.0 亿千瓦时、5.4 亿千瓦时和 5.6 亿千瓦时，分别较上年增长 5.7%、8% 和 3.7%。[①]在这三年能源和煤炭消费总量均增长趋弱，煤炭消费量在 2014 年出现负增长，但 41.16 亿吨的煤炭消费总量已是天文数字。另据 2015 年统计公报，2015 年能源消费总量为 43.0 亿吨标准煤，较上年增长 0.98%，增速进一步放缓，而煤炭消费量则下降 3.7%。经济增速的下滑导致能源和煤炭需求增速下滑，但煤炭下滑速度更快，并于 2014 年出现微弱负增长。而从更深层

---

① 国家统计局网站，http://data.stats.gov.cn/easyquery.htm? cn=C01。

次考察煤炭消费量下降的原因，则是随着中国经济由重化工业化阶段向工业化后期转型以及三次产业由"第二产业、第三产业、第一产业"结构向"第三产业、第二产业、第一产业"结构转型而导致国内能源和煤炭需求增速大幅下降，加上环保压力等因素而导致煤炭消费总量出现下降，煤炭行业由此进入了需求增速放缓、产能过剩和库存消化、环境制约及结构调整的"四期并存"发展阶段。从这一波煤炭需求增长周期来看，煤炭需求已经越过峰值，进入下降的阶段，那么是否可以认为，2013 年的 42.44 亿吨标准煤就是煤炭需求的峰值、极限值？本章将借助一些经济理论和计量方法对这一问题进行系统的研究，同时还要分析推动煤炭需求的主要动力来自哪里？这些动力将会持续多久？中国国民经济系统究竟能承受多大的煤炭产需量？研究煤炭需求增长极限的另一个重要意义，它与本课题的主题——中国煤炭产量的增长极限密切相关。如果需求增长极限小于产量增长极限，且需求增长极限到来的时间早于产量增长极限，则煤炭供求形势较为乐观，如果相反，则形势较为严峻。本章的结果将与下一章进行比较对照。

一 煤炭需求的研究意义

中国煤炭需求量的增长与工业化和城市化进程密切相关。特别是 2000～2013 年，煤炭需求的增长幅度明显加大，年均增长率高达 8.8%，这也体现了快速工业化进程中煤炭消费、产量高增长的特征。而在工业化过程中，各种生产要素不断向城市集中，并带动了城市化的进程。根据诺瑟姆 S 形曲线理论①的解释，当城市化率超过 30%，一国即进入高速城市

---

① 美国地理学家诺瑟姆于 1979 年提出各国城市化过程的轨迹为 S 形曲线的理论。他把世界各国城市化发展进程的轨迹，概括为一条稍被拉长的 S 形曲线，认为城市化进程可以分为三个阶段。第一阶段，当城市人口超过 10% 以后，进入城市化起步阶段，城市化水平较低，发展速度也较慢，农业占据主导地位。第二阶段，当城市人口超过 30% 以后，进入城市化加速阶段，人口向城市迅速聚集，城市化推进很快。随着人口和产业向城市集中，市区出现了劳动力过剩、交通拥挤、住房紧张、环境恶化等问题。第三阶段，当城市人口超过 70% 以后，进入城市化后期阶段，城市人口比重的增长趋缓甚至停滞。

化阶段，直到城市化水平达到 70%。中国于 1996 年开始进入城市化高速发展时期（城市化率为 30.48%）。而 2011 年第六次人口普查显示，2010 年中国城市化率达到了 49.95%，已进入世界公认的城市化高速发展阶段，这也成为导致煤炭需求快速增加的另一个动力。中国当前正处于工业化中后期和以城市化为推动力的城市人口持续增长期，伴随着人们消费水平的提高和消费结构的升级，中国对能源的依赖性仍是长期性的，这种对能源需求的刚性特征也预示着中国煤炭需求可能还有进一步上升的空间。这一趋势必将对煤炭供给形成巨大的压力。如何解决工业化、城市化与保障煤炭供给这一矛盾，将是未来中国经济可持续发展的关键问题。同时，随着煤炭产量、需求量的攀升，各种制约因素亦日益凸显出来，如运力不足、资源枯竭、自然环境与地质结构的破坏、高污染、高碳排放等，在很大程度上制约了经济与社会的和谐、可持续发展。因此，我们需要掌握中国煤炭消费变动的影响因素，深入研究经济发展以及工业化、城市化进程将会对中国煤炭需求带来怎样的刺激以及在这种刺激下煤炭需求将会如何增长。对上述问题给出合理回答，有利于政府制定相关政策以抑制煤炭消费的过快增长，提高煤炭利用效率，促进煤炭和相关产业的持续稳定发展，并对中国能源规划及政策的制定、节能减排目标的实现、节约型社会与和谐社会的构建具有重要的现实意义。

本章在国内外相关问题的前沿性研究成果基础上（见第六章相关文献回顾）研究煤炭需求增长极限的问题，较现有的研究做出三个主要改进：一是将工业化和城市化这两大重要变量同时纳入计量模型中，以考察在工业化、城市化进程加快的形势下中国煤炭消费与经济增长的长期关系，从而为解决煤炭供求矛盾提供依据和思路；二是建立煤炭需求与经济增长的库兹涅茨曲线模型，以分析和验证在工业化和城市化作为两个重要控制变量的情况下，中国煤炭需求与经济增长之间是否呈库兹涅茨倒 U 形曲线；三是采用面板数据的相关理论和模型研究在工业化、城市化进程中中国煤炭需求的库兹涅茨曲线特征，考察经济发展与煤炭消费之间的非线性关系，并给出政策分析与建议。

二　数据说明和模型构建

（一）变量选择和数据说明

本研究收集了 1995～2010 年中国 27 个省份①的年度数据，包括人均煤炭消费量、经济发展水平、城市化水平、工业化水平四个变量。其中人均煤炭消费量、经济发展水平、城市化水平、工业化水平指标是根据历年相关统计年鉴以及统计数据库整理计算而得。下面分别进行介绍。

1. 人均煤炭消费量

本章主要采用人均煤炭消费指标，记为 cc，人口和煤炭消费量数据来源于《新中国六十年统计资料汇编》以及中经网统计数据库。

2. 经济发展水平

煤炭消费与经济增长密切相关，即随着国民经济的高速增长，煤炭消费量也大幅度增长，许多学者的研究已证明了这一点。经济发展水平用各省份的人均实际 GDP 来表示（1995 年为基期），记为 gdp。人口数据以及各省份的 GDP 数据均来源于中经网统计数据库。根据能源库兹涅茨曲线假说，考察煤炭消费量与人均 GDP 是否呈"倒 U 形"曲线，我们引入人均 GDP 的平方项。

3. 城市化水平

城市化继工业化之后，成为推动我国经济社会发展的巨大引擎。随着城市化进程的深入，城镇人口数及其在总人口中所占的比例逐年上升。联合国经济与社会事务部人口司发布的报告称，中国正处在快速的城市化进程之中，全球超过 50 万人口的城市中，已有 1/4 在中国，预计未来 10 年乃至 20 年，中国城市化进程将加快发展，到 2025 年中国的城市化率将达到 59%（UNDESA，2010）。而中国城市居民的人均能源消费量是农村居

---

① 由于重庆是在 1997 年以后才被划归为直辖市，本书将重庆并入四川省一同进行分析，而西藏、宁夏、海南的部分煤炭消费量的数据缺失不全，因此在分析时将上述四个地区排除未予分析。

民的 3 倍。依此推算,未来十年中国城市化率即使以年均增长 1% 的速度提升,每年新增城镇人口也将至少接近 1300 万人,需要大量的新增能源。此外,推进城市化进程必然要求大规模城市基础设施和住房、交通运输建设,需要大量的水泥和钢铁等高耗能产品,从而满足煤炭等能源的巨大需求。因此,城市化水平应列为考察能源需求推动力的重要指标。城市化水平用城镇化率来衡量,即各省份城镇人口占总人口比重,记为 cp,各省份城镇人口与总人口均来源于中经网统计数据库以及中国经济与社会发展统计数据库。

4. 工业化水平

关于反映工业化水平的指标,有些学者用工业增加值占 GDP 的比重来表示,如钱纳里等,我们也尝试用这一指标,但结果不理想,未能通过显著性检验;也有学者用重工业增加值占工业总增加值的比重来表示,如何晓萍等 (2009)、林伯强等 (2007)。考虑到目前我国重工业化特征明显,重工业对全部工业增长的贡献率超过 60%,而以高耗能为特征的重工业比重过大是煤炭消费量增长过快的重要原因,特别是在我国经济增长和城市化进程引起的大规模基础设施投资的推动下,近年来重工业增加值及其占工业总增加值的比重呈现稳步上升趋势。我国煤炭消费的持续增加,在很大程度上受到重工业发展水平的影响,因此,本书采用重工业增加值占工业总增加值的比重来表示工业化水平,则更加能反映我国煤炭需求增长的特征,记为 $hstru$,数据均来源于中国经济与社会发展统计数据库。

(二) 计量模型构建

中国煤炭消费总体上处于上升趋势。由 1978 年的 5.66 亿吨逐年上升至 1997 年的 13.92 亿吨,年均增长率为 4.85%,增长幅度平缓,1998 年首次出现下降,并上下波动至 2001 年,从 2002 年开始进入高速增长周期,由 2002 年的 14.16 亿吨快速上升至 2012 年的 35.40 亿吨,年均增长率高达 9.60%,增速相当于 1978~1997 年的两倍。2013 年煤炭消费量增速放缓，预计可能持续数年，那么此后会否出现拐点，拐点将在何时出现，我们用面板数据进行预测和分析。

根据上述对中国煤炭需求影响变量的分析，我们建立经济发展水平与煤炭需求的库兹涅茨曲线面板数据模型，并将工业化和城市化作为控制变量引入方程中，因此煤炭需求函数方程如下：

$$\ln cc_{it} = \alpha_i + \ln X_{it}\beta + \ln gdp_{it}\gamma + \ln^2 gdp_{it}\eta + \varepsilon_{it}$$
$$(i = 1,2,\cdots,N; t = 1,2,\cdots,N) \tag{11-1}$$

其中，下标 i 代表地区，t 为时间，模型中的因变量 cc_{it} 表示第 i 个省第 t 年的人均煤炭消费量，解释变量 gdp_{it} 表示地区人均实际生产总值，X_{it} 包括工业化水平 $hstru_{it}$，cp_{it} 表示城市化水平，α_i 代表地区的特殊效应，反映不同地区之间的差别，ε_{it} 为随机误差项，假设服从标准正态分布。

三　实证结果与分析

（一）面板单位根检验

本章首先对人均煤炭消费量（$\ln cc$）、经济发展水平（$\ln gdp$）、工业化水平（$\ln hstru$）以及城市化水平（$\ln cp$）进行单位根检验，以确保其平稳性。为确保检验结果的稳健性，本章主要采用 LLC 检验法（适用于相同根情形）以及 IPS 检验法、ADF-Fisher 检验法、PP-Fisher 检验法（适用于不同根情形）。检验结果如表 11-1 所示。

表 11-1　面板单位根检验结果

变量	LLC 值	IPS	ADF-Fisher	PP-Fisher
$\ln cc$	5.56815	9.49400	4.94712	2.84856
$\ln gdp$	13.4044	18.7325	4.71664	4.45079
$\ln^2 gdp$	18.4846	22.7556	2.93476	2.55188
$\ln hstru$	-1.81436	0.38336	56.6791	67.1157

变量	LLC 值	IPS	ADF-Fisher	PP-Fisher
lncp	3.09131	4.43904	35.394	30.8977
Dlncc	− 8.08847 ***	− 4.67521 ***	108.557 ***	118.557 ***
Dlngdp	− 5.34327 ***	− 3.40791 ***	83.9779 ***	95.5893 ***
Dln$^2 gdp$	− 5.14885 ***	− 3.04801 ***	78.4190 **	91.4581 ***
Dln$hstru$	− 15.3635 ***	− 11.7435 ***	225.757 ***	254.200 ***
Dlncp	− 9.76998 ***	− 6.65597 ***	168.852 ***	191.063 ***

注：*、**、*** 分别表示在 10%、5% 和 1% 的显著性水平下显著。

由上述检验结果可以看出，四种方法的检验结果均表明我国大陆 27 个省份的人均煤炭消费量（lncc）、经济发展水平（lngdp）、工业化水平（ln$hstru$）以及城市化水平（lncp）都接受了"存在单位根"的原假设，即表明这些变量为非平稳过程，而其一阶差分的检验结果则都拒绝了"存在单位根"的原假设，即表明各省份的人均煤炭消费量、经济发展水平、工业化水平以及城市化水平为一阶单整 I（1）过程。

（二）面板协整检验

下面检验面板数据是否存在协整关系，本书采用由 Pedroni（1999）和 Kao（2001）提出的多种面板协整检验方法，主要包括 Panel V 检验法、Panel rho 检验法、Panel PP 检验法、Panel ADF 检验法、Group rho 检验法、Group PP 检验法、Group ADF 检验法以及 Kao 检验法。Pedroni 以回归残差构造了七个统计量，其中 Panel V、Panel rho、Panel PP、Panel ADF 这四个统计量是联合组内维度进行描述的，用于假设不同横截面具有相同的自回归系数，Group rho、Group PP、Group ADF 这三个统计量是用组间维度进行描述的，用于假设不同横截面具有不同的自回归系数。而 Pedroni 也证明，在小样本情况下，Panel ADF 和 Group ADF 的检验效果最好，Panel V 以及 Group rho 的效果最差，考虑到本书的小样本性质，当检验结果不一致时，主要参考 Panel ADF 和 Group ADF 统计量来判断面板数据是否具有协整关系。Kao（2001）基于残差的 ADF 协整检验的原假设为不存在协整。具体检验结果见表 11 - 2。

表 11 - 2　面板协整检验结果

检验方法	统计量	协整关系	Prob.
Pedroni 基于残差的协整检验	Panel V	- 1. 721361	0. 9574
	Panel rho	4. 411078	1. 0000
	Panel PP	- 5. 819555 ***	0. 0000
	Panel ADF	- 2. 011533 **	0. 0221
	Group rho	6. 579487	1. 0000
	Group PP	- 10. 77281 ***	0. 0000
	Group ADF	- 1. 419822 *	0. 0778
Kao 基于残差的 ADF 协整检验	ADF	- 3. 823282 ***	0. 0001

注：滞后阶数基于 SIC 信息准则自动判断；* 、** 、*** 分别表示在 10%、5% 和 1% 的显著性水平下显著。

从表 11 - 2 可知，Pedroni 基于残差的协整检验中，Panel PP 统计量、Panel ADF 统计量、Group PP 统计量以及 Group ADF 统计量结果均在 10% 的显著性水平下接受协整假设，其余统计量则未拒绝协整假设。考虑到在小样本情况下，Panel ADF 和 Group ADF 统计量最为可靠，因此可以说在 Pedroni 基于残差的协整检验中，人均煤炭消费量、经济发展水平、工业化水平以及城市化水平之间是存在协整关系的；Kao 基于残差的 ADF 统计量通过了 1% 的显著性水平检验，接受协整假设，因此最终可以判定，人均煤炭消费量、经济发展水平、工业化水平以及城市化水平之间是存在长期稳定的面板协整关系的。

（三）模型估计结果

各省份之间由于其所处的区域不同，区域之间的经济发展水平以及所需的能源资源也各不相同，而这种个体之间的差异可能表现为斜率上的差别，也可能是均值上的数量差别，运用面板模型进行处理，相对于一般的线性回归模型，其长处在于它既考虑到了横截面数据存在的共性，又便于控制一些不可观测的地区效应。在对面板数据模型的参数形式的选择上，本书采用冗余固定效应似然比检验对常截距模型和变截距模型的设定进行检验，一般认为通过构建 F 统计量进行判定，若在给定的显著性水平 α 下，$F < F_\alpha$，则选择常截距模型，反之，则选择变截距模型。由表 11 - 3 可知，在 1% 的显著性水平下，似然比检验强烈地拒绝了原假设，因此，本书的面板数据模型采用变截距的模型形式，这样的模型形式在探讨区域内个体之间的不同时更加具有现实意义和经济意义。

表 11 - 3　面板数据模型参数形式选择结果

Likelihood Ratio 检验	F 统计量	伴随概率	模型形式
	82. 81 ***	0. 0000	变截距模型

注：Likelihood Ratio 检验的原假设为混合估计模型；*、**、*** 分别表示在 10%、5% 和 1% 的显著性水平下显著。

最常见的两种面板数据模型是建立在截距项 α_i 的不同假设上：一种假定 α_i 是固定的常数，这种模型被称为固定效应模型；另一种将 α_i 视为随机的，这种模型被称为随机效应模型。对于验证面板数据模型的设定应该是固定效应还是随机效应，主要有两种检验方法：一种是由 Hausman（1978）提出的豪斯曼检验法；另一种是由 Breush 和 Pagan（1980）提出的拉格朗日检验法。本书主要采用 Hausman 检验法，即如果是小概率事件，则拒绝原假设，选择固定效应模型，反之，则建立随机效应模型，检验结果见表11 - 4。

表 11 - 4　Hausman 检验结果

Hausman 检验	Hausman 统计量	伴随概率	模型形式
	15. 44 ***	0. 0039	固定效应模型

注：Hausman 检验的原假设为随机效应模型；*、**、*** 分别表示在 10%、5% 和 1% 的显著性水平下显著。

由表 11 - 4 可以看出，Hausman 统计量的值为 15.44，对应的 P 值为 0.0039，在 1% 的显著性水平下拒绝原假设，因此应当采用固定效应模型。

关于序列相关的问题，本书使用 Wooldrige 检验法。设定原假设不存在一阶自相关，检验结果显示，在 1% 的显著性水平下，$F(1.26)=29.995$，$Prob > F = 0.0000$，因此拒绝原假设，即存在组内自相关问题。为了选择更加合理的计量方法，除了对组内自相关情况进行检验外，还要对面板数据的组间异方差情况进行检验，本书采用面板异方差的 Wald 检验方法，原假设是存在组间同方差，检验结果显示，在 1% 的显著性水平下，$Wald\ Chi^2(4)=2237.98$，$Prob > Chi^2 = 0.0000$，即存在严重的组间异方差现象。

为了克服组内自相关和组间异方差对统计推断的影响，本书采用 Driscoll 和 Kraay（1998）提出的方法对标准差进行调整，得到异方差、序列相关稳健型标准误，回归结果如表 11 - 5 所示。

表 11 - 5 面板模型回归结果

变量	系数值	Drisc-kraay 标准误	t 值	Prob.
C	- 10.80224 ***	2.908959	- 3.71	0.001
$\ln gdp$	1.502256 **	0.5875126	2.56	0.017
$\ln^2 gdp$	- 0.0553888 *	0.031625	- 1.75	0.092
$\ln hstru$	0.3354072 ***	0.1014363	3.31	0.003
$\ln cp$	0.1189282 ***	0.032655	3.64	0.001
R-squared = 0.7718	Obs = 432	F(4,26) = 30.98	Prob > F = 0.0000	

注：* 、** 、*** 分别表示在 10%、5% 和 1% 的水平下显著；模型估计使用 Stata1 2.0 软件来实现。

表 11 - 5 给出了估计结果。拟合优度较大，估计效果比较理想，各参数符号与预期一致，工业化、城市化参数符号均为正，经济发展与煤炭消费呈现倒 U 形的库兹涅茨曲线关系。

（四）模型估计结果分析

以下我们分别从经济发展水平、工业化水平、城市化水平方面对模型估计结果加以分析。

第一，经济发展水平。lngdp 的一次项系数显著为正，二次项系数显著为负，表明中国经济发展与煤炭需求之间存在显著的倒 U 形曲线关系，煤炭需求库兹涅茨曲线假说成立，即随着经济发展，煤炭需求先增加，后降低。由人均实际 GDP 一次项和二次项的估计参数，可以计算出中国能源（煤炭）库兹涅茨曲线的拐点。经计算所得到的全国人均煤炭需求峰值对应的人均实际 GDP 值为 268337 元，表明当人均实际 GDP 小于268337 元时，人均煤炭消费量随着经济发展水平的上升而增加；当人均实际 GDP 大于 268337 元时，人均煤炭消费量随着经济发展水平的上升而降低；在人均实际 GDP 为 268337 元时，煤炭消费量达到最大值。中国人均煤炭消费量出现缩小态势的理论拐点大约在人均实际 GDP 为 268337 元左右。2010 年中国人均实际 GDP 为 20683 元（以 1995 年为基期）。假如中国人均 GDP 平均增长率保持在 7% 左右，到 2040 年前后人均实际 GDP将在 268337 元左右，也就是说，中国人均煤炭消费量将在 2040 年前后出现理论上的拐点，之后随着经济发展水平的提高而降低。上述结论说明中国人均煤炭消费量还将有一个较长的上升时期和较大的增长空间。

按照表 11 - 5 中全国横截面参数的预测，2040 年全国人均煤炭消费水平为 3.29 吨，[①] 根据全国人均煤炭需求预测结果，也可推算 2040

---

① 各解释变量的情形设定如下：①重工业增加值占工业总增加值比重，中国经济正处于重工业推进阶段，重工业呈现加速发展态势，2000～2011 年，重工业比重由 60.2% 提高到 71.9%。我们假定重工业在工业中的比重逐渐下降，即重工业比重 2011～2020 年为65%，2021～2030 年为 60%，2031～2040 年为 55%。②城市化水平，《中国发展报告2010：促进人的发展的中国新型城市化战略》报告指出，从国际城市化率与人均 GDP的对应关系来看，当人均 GDP 达到 1.3 万美元时，城市化率的平均水平在 65% 左右。假如未来中国人均 GDP 平均增长率保持在 8% 左右，到 2022 年将达到 1.3 万美元左右，这意味着在 2022 年我国的城市化率应该能够达到 65% 的水平，若按每年约上升 1 个百分点的历史速度，则 2040 年的城市化率应该能够达到 83% 的水平。

年全国煤炭消费量。2040 年中国人口规模大约为 15.18 亿人，[①] 结合全国人均煤炭消费预测，可得到 2040 年全国煤炭消费总量为 49.95 亿吨（当然，这里并未考虑替代能源可能增加等因素而导致的煤炭需求下降）。

第二，中国工业化水平与煤炭需求之间存在明显的正相关性，其弹性系数值为 0.335，在 1% 的显著性水平下显著，表明在保持其他变量不变的情况下，重工业增加值占工业总增加值的比重每提高 1 个百分点，人均煤炭消费量将增加 0.335 个百分点，这一结论说明中国煤炭消费呈现"工业化"特征。近年来中国经济发展依然以钢铁、冶金等高耗能产业以及重化工产业为导向，从而成为推动煤炭消费高速增长的主要力量。2012年中国以钢铁、电解铝等行业为代表的重化工业开始出现产能过剩及下滑的特征，这有可能使煤炭需求增速暂时有所减缓。但从工业化、城市化的长期趋势来看，煤炭需求量仍有上升推力。

第三，城市化水平。城市化水平系数值也为正，其弹性系数为 0.119，在 1% 的显著性水平下显著，表明在保持其他变量不变的情况下，城镇人口占总人口的比重每提高 1 个百分点，中国人均煤炭消费量将增加 0.119 个百分点。城市化意味着大量农村剩余劳动力转向以城市为中心的第二、第三产业，这将推动大规模的城市基础建设和房地产建设，从而带动高耗能产业以及重化工业扩张，这也符合目前中国经济发展的阶段性特征。发达国家的经验表明，在城市化率由 40% 提升至 70% 的过程中，城市化率越高，对能源需求越大。2003 年中国城市化率达到了40.53%，煤炭消费量也进入较快增长阶段，2010 年中国城市化率为49.95%，煤炭消费量和人均煤炭消费量年均分别增长 9.1% 和 8.6%。[②]根据国内的一些专家的研究结论，到 2040 年，中国城市化水平将处于

---

① 根据《21 世纪中国人口发展战略研究》（田雪原，2007），有"高、中高、中、中低、低"5 个方案，我们若按照"中高方案"预测中国的人口峰值为 15.18 亿人，时间为 2040 年。

② 以上数据来源于中国经济与社会发展统计数据库。

75%～80%，进入成熟的现代化国家行列。① 因此，煤炭需求量的峰值处于 2040 年前后是具有一定的可信度的。

整体而言，中国人均煤炭需求与人均实际 GDP 之间存在倒 U 形的库兹涅茨曲线关系，即只有当经济发展水平高于某个拐点值时，中国煤炭消费增长速度才会呈现不断下降的趋势，这与发达国家的经验一致。但由曲线峰值到达的时间来看，中国煤炭消费水平还有很大的上升空间；而工业化和城市化参数符号均为正，其中工业化对中国煤炭需求的作用远大于城市化（前者是后者的 2.82 倍），说明中国工业化水平变动是引起煤炭消费变动的主要原因，城市化水平次之。工业化和城市化进程将推高同等经济发展水平下的煤炭需求，还有可能使到达煤炭需求峰值的时间向后推移，这也表明在工业化和城市化的推进过程中，中国煤炭消费总量将依然经历一个刚性的高位阶段。

四 煤炭需求增长极限的其他影响因素的讨论

我们所预测的 2040 年前后的煤炭需求拐点，只是理论上的拐点，说明煤炭需求仍有向上的冲力，这可以为政府宏观调控提供一个信号，并不意味着要促成煤炭需求拐点到 2040 年才到来，而是应在实际中抑制需求，改变需求上升的轨迹。煤炭需求未来的变化轨迹也可以通过各种调控措施来加以改变。从数据来看，根据《中国统计年鉴》，2011 年中国煤炭基础储量为 2157.89 亿吨，这一数据似乎可以保障中国 2040 年的理论最高值（拐点）的供给不成问题。但是，储量充足并不意味着就能保障供给，煤炭资源的供给还要受到一系列相关制约因素的影响。中国经济巨大的煤炭"胃口"，不仅对煤炭的供需平衡形成了巨大的压力，而且还导致了运力紧张、矿难频发、环境恶化、碳排放上升、"资源诅咒"及资源枯竭型城

---

① 同济大学建筑与城市规划学院院长吴志强认为，在未来 30 年里，中国的城市化水平还有较大提升空间，到 2040 年，中国城市化水平将达到 80%，进入成熟的现代化国家行列，与世界发达国家共同构成世界第一团队；中国社科院城市与竞争力研究中心主任倪鹏飞则认为发达国家的城市化率大都在 75% 以上，中国实现 75% 的城市化目标应该在 2040 年前后。

市增加等一系列问题。由于这些制约因素的存在，国家发改委也不可能让煤炭的实际消费量按照模型预测的轨迹向上攀高，因此，还是需要加强调控，抑制煤炭需求量的上升。从计量方法来看，由于煤炭需求极限的影响因素错综复杂，不可能将所有因素均纳入模型中。即便是将所有因素全部纳入，由于有些因素很难量化，数据的获取存在误差，计算出的结果亦将误差很大，不具有指导性。因此，在采用面板数据模型计算出煤炭需求增长极限之后，还应分析以下制约因素才能得出有用的结论。

（一）交通运输瓶颈

首先必须考虑的是煤炭的运输问题。中国煤炭产需分离的国情所导致的"西煤东运、北煤南运"格局制约煤炭的供给量。煤炭消费量的快速增长已经导致运输系统不堪重负。为了保证电煤的运输，其他货物的运输都得为其让路，从而影响了国民经济的正常运行，特别是到了冬夏用煤高峰期，运力紧张形势更加严峻。2010 年夏季，中国煤炭中心产区（如山西省、陕西省、内蒙古自治区）的煤炭外运导致铁路超负荷运转之后，又挤占了公路运输，致使各条外运公路出现有史以来的特大拥堵。不断新建铁路和公路，当然是解决运输瓶颈的有效方法，但这又会占用耕地面积，加剧土地资源紧张。从理论上看，当铁路运输不能满足运输需求，而动用公路运输时，就已经达到了运力的极限。用公路运煤，并不是一个科学、有效的办法，因为煤炭的用量、运量非常大，只有用大吨位的卡车密集运输才能满足需求，而大吨位卡车长龙不仅会挤占公路运输，而且会加速道路的磨损，提高道路维保频率，而在维保期间单边、限量放行，又会加剧道路拥堵和磨损，产生恶性循环。道路的维修、改扩建导致 2011 年公路运输的特大拥堵。[①] 从经济角度来看，公路的运输成本远远高于铁路（根据铁路货物

---

① 2011 年 7 月 10 日，京藏高速及 110 国道呼包段改扩建工程交通管制的实施，引发京藏高速公路周边路段出现大拥堵。

运价率表①，煤炭的铁路运输成本为每公里 0.0722 元/吨）。而如果按照7.5 元/升的柴油价格计算，公路运输的每公里成本在0.3~0.4 元/吨。而当运输距离超过 1000 公里，运费的价格就超过了煤炭本身的价格。2010年的煤炭产消量分别达到 34.28 亿吨和 34.90 亿吨。② 从运输条件的制约来看，中国煤炭的产消量已经达到了增长的极限。沿海城市扩大煤炭进口，可以缓解内陆交通运输压力。2009 年以来，由于国内煤炭价格、煤炭运费上涨，煤炭进口量大幅度上升，这在一定程度上缓解了煤炭内陆运输压力。此外，加快特高压电网的建设可以在一定程度上减轻发电用煤炭的运输压力。

（二）水资源的制约

发改委能源所专家张有生等从水资源的角度提出煤炭资源的开发上限规模。煤炭资源的开采必须要用水来涂层，煤炭开采出来以后必须要洗选，同时煤炭开采过程中还要破坏水资源。过去煤炭部曾经做过一个项目，结论是：在我们国家水资源承载力范围内，单纯从水资源的角度来看，煤炭的有效合理开发规模不应该超过 30 亿吨。按照新能源国家战略研究，煤炭专题研究成果，考虑到各种约束因素，按照所谓的水桶原理或者是短板原理，煤炭资源的开发上限规模，可能不要超过 40 亿吨为好。③ 2013 年中国煤炭生产量达到历史最高点 39.74 亿吨，④ 已经逼近 40 亿吨，2014 年略有回落，但限制煤炭产量的攀升仍然面临一定困难。

（三）政府规划的约束

政府的规划对煤炭需求的过快增长具有调控作用。但规划是对未来的

---

① 资料来源于《关于调整铁路货物运价的通知》（铁运电〔2012〕36 号）。

② 国家统计局网站，http：//data. stats. gov. cn/easyquery. htm? cn = C01。

③ 《发改委张有生：我国煤炭资源开发上限为 40 亿吨》，金融界网，http：//finance. jrj. com. cn/2011/06/10104210172282. shtml。

④ 国家统计局网站，http：//data. stats. gov. cn/easyquery. htm? cn = C01。

预期，反映的是大趋势，很难做到精准。经济增长的推力所导致的实际需求往往要略微超过规划的预期和调控。为了加快经济结构调整，实现煤炭资源的合理利用，国家能源局发布的《煤炭工业发展"十二五"规划》提出，2015 年煤炭消费总量宜控制在 39 亿吨左右。这是国家能源局的官方观点。而煤炭实际消费量在 2012 年就突破了 40 亿吨，达到 41.17 亿吨，2013 年达到历史最高点 42.44 亿吨，2014 年和 2015 年有所回落，分别为 41.16 亿吨和 39.70 亿吨，但波动式上升的动力依然存在。在《能源发展战略行动计划（2014～2020 年）》中，到 2020 年，煤炭消费总量控制在 42 亿吨左右。

（四）大气环境的制约

煤炭的使用必然对大气环境产生负面影响。中国 85% 的煤炭主要供火力发电厂、工业锅（窑）炉和家庭炉灶等直接燃烧使用，其在燃烧后产生的大气污染物与排放的温室气体，造成中国以煤烟型为主的大气污染。虽然大气环境污染目前还没有一个具体的极限值，但 2012 年冬季以来爆发的有史以来最为密集的雾霾天气似乎已经预示着极限的到来。2012 年冬季以来，中国出现雾霾天气，煤炭使用密集的地区（如京津冀地区）雾霾尤为严重。如果中国的煤炭使用量继续上升，迟早会出现英国工业革命后的"伦敦烟雾"事件。如果目前国民的忍受能力还未达到极限，还能忍受更加恶劣的雾霾天气，则煤炭使用量还可继续上升；如果国民认为忍受能力已经达到极限，不能再继续恶化下去的话，那么，煤炭的消费量就不能高于 2012 年的消费量 41.87 亿吨。虽然碳排放的控制，国际上也没有一个数量标准，但随着煤炭使用量的继续上升，中国将面临更大的国际舆论压力。总之，从环境的角度来看，不能让煤炭的消费量持续上升到理论极限，更不能等到把所有煤炭资源消费完毕再转向其他能源的生产和消费。

（五）地质灾害的制约

在煤炭的主产区，如陕西省和山西省，地质灾害程度日益严峻，如河道断流、水资源枯竭、地表植物枯死、塌方沉陷等（山西省已有 1/8，甚至 1/7的地层被掏空，近 3 万平方公里采空塌陷①），已经对当地人们的生存与发展构成了威胁。

此外，煤炭产消量的继续上升还会导致其他制约因素凸显，如矿难频发、"资源诅咒"及资源枯竭型城市增加等。

因此，理论上的极值与实际的极限有相当大的差距。当煤炭消费量突破 30 亿吨以后，就会进入重点调控期；当煤炭消费量进入 35 亿吨以后，一些重要的调控手段必须予以实施，以抑制煤炭需求增长的惯性；而当煤炭消费量超过 40 亿吨以后，必须进一步加大对煤炭需求的调控力度。通过以上因素的分析，虽然从不同角度得出的煤炭需求增长极限的具体数值不同，但根据"短板原则"，环境因素的制约使得 2012 年的 41.87 亿吨的需求量（消费量）就是极限，而不断超越这个极限，环境将趋于恶化，甚至出现环境灾难。

经过数年的价格低迷及需求回落，2016 年，煤炭价格又出现强劲反弹，焦炭价格由年初的最低点 558 元/吨飙升至 10 月 26 日的最高点 1765 元/吨；动力煤价格也从 2015 年的 300 多元/吨上涨到 2016 年 10 月 26 日的 661 元/吨，② 涨幅翻倍。与此同时，煤炭需求量也在反弹，在冬季煤炭取暖等密集使用时期，华北、东北雾霾进一步加剧。为了阻止燃煤而造成的环境恶化，煤炭消费的重点地区京津冀已经开始重点控制煤炭的使用量了，但能否奏效不仅取决于政府调控的决心和力度，还需在能源结构的改革、替代能源及能源转换和使用效率上寻找出路。

---

① 《山西煤炭采空区坍陷调查：300 万人受灾 处处有鬼村》，豆丁网，http：//www.docin.com/p‐441455194.html。

② 《煤炭价格一年暴涨 200% 煤老板们要回来了吗?》，金融界网，http：//futures.jrj.com.cn/2016/10/31071821640701.shtml。

第十二章

中国煤炭产量增长极限及其影响因素

　　中国煤炭资源储量虽然十分丰富，但随着经济高速增长而加速消耗，煤炭资源枯竭的形势日趋严峻。21 世纪的第一个 10 年，是中国经济高速增长的 10 年，也是能源产量和消耗上升最快的 10 年。2004 年煤炭产量突破 20 亿吨大关，6 年之后，即 2010 年突破 30 亿吨大关。2013 年，中国煤炭产量达到 39. 74 亿吨的巨量，[①] 逼近 40 亿吨大关。那么，煤炭产量的增长究竟有无极限？这一极限何时到来？本书认为，中国经济如果受资源的约束而存在增长的极限，那么最为关键的制约就是煤炭产量增长极限。与煤炭产量增长极限密切相关的理论就是峰值理论。

一　峰值理论概述与简评

　　矿物资源产量的峰值理论是美国著名地质学家哈伯特（M. K. Hubbert）于 1949 年提出的，即所谓矿物资源的"钟形曲线"问题。他认为，任何一种不可再生资源都会经历一个产量从零开始，然后呈现指数形式增长，到达峰值后再加速下降，直至资源被全部消耗，产量又回到零的

----

　　① 国家统计局网站，http：//data. stats. gov. cn/easyquery. htm？cn = C01。

过程，随后，又于1956年分析并预测了美国的石油生产趋势，首次提出了石油产量峰值理论。继哈伯特开创并推动峰值理论以后，越来越多的学者投入化石能源产量峰值问题的研究中，并对全球及各个国家化石能源的产量峰值进行了分析。所谓化石能源峰值，主要是指某地域范围内的主要化石能源（煤炭、石油和天然气）产量的最大值（峰值点）以及最大产量到来的时间，是石油、天然气和煤炭产量峰值的叠加。研究结论认为，当化石能源产量在某一时点达到峰值，随后产量开始下降，它反映了化石能源资源的消耗规律。化石能源峰值的来临并不意味着化石能源资源总量的枯竭，而是指化石能源产量超过其最大开采率，直到其总产量不可避免地开始衰减。

峰值理论的提出要比"增长极限"理论早20多年，从某种意义上看，实际上它也是一种"增长极限"理论。其所提出的"极限"针对的是矿产资源，主要在矿产资源开发领域产生影响，并未涉及全面的经济增长，因而没有引起社会的关注。但是，如果把其中的原理加以放大，实际上就蕴含着世界经济的增长极限原理。很显然，当世界的各种主要资源产量达到峰值，首先就会在工业、第二产业产生负面影响，制约第二产业增长速度，而当资源产量峰值产生之后的供给短缺，必然会导致资源价格飞涨，从而在整个人类社会产生负面影响。20世纪80年代爆发的石油危机，就引发整个工业化国家经济瘫痪和衰退。从那以后，发达国家采取一系列产业结构调整和节能措施，世界经济虽然没有直接出现大幅度衰退，但能源问题却一直在以不同的方式"折磨"着世界经济，"折磨"着人类。如前所述，石油价格飞涨引发"粮食能源化"，导致粮价飞涨，使许多发展中国家贫困人口的生活雪上加霜。从未来的趋势来看，能源危机引发全球经济衰退的阴影并未消除。

对于中国来说，多种资源已越过产量峰值阶段。随着经济高速增长，资源枯竭问题日益凸显，待转型的资源型城市日益增多。即使曾经十分丰富的资源，也随着超量的开采而变成短缺资源。如铁矿石、有色金属矿等早已渡过产量峰值期，对外依存度逐年提高。石油产量的峰值正在逼近，一些老油田枯竭，而新探明的油田储量跟不上，导致近年来石油产量增长乏力，同时随着中国石油需求量的不断上升，石油进口量日益扩大，对外依存度不断提高。中国石油产量增速在1985 年达到 8.97% 的最高点，此后一直是低速增长，并于 1999 年、2009 年和 2011 年出现负增长，这说明中国石油峰值正在逼近。同时也可以看出，为了石油增产，中国石油行业已经做出了巨大的努力。此外，中国石油进口量快速波动上升，并有两年（1982 年和 1989 年）增速超过 100%。自 2005 年出现一次微弱的负增长以后，每年都在快速增长。2011 年，中国的石油对外依存度已经越过了 60%。为了维持石油的可持续供给，中国不断加快"走出去"的步伐，增加对外投资，但国际形势的变幻莫测使得中国对外投资经常遭遇挫折。虽然自 2014年 10 月 14 日以来国际石油价格处于低价位波动，但石油的长期供给形势依然不容乐观。

煤炭资源产量峰值情况如何，是本书重点讨论的内容。

二 煤炭资源耗竭形势

哈伯特峰值理论认为，任何有限的自然资源消耗都将经历"开始—鼎盛—衰退"这一生命周期历程。同样，对于煤炭资源而言，一旦资源的勘探开发和消费量超过全部资源储量的一定比例，煤炭产量就会开始下降，而在这一比例之下所对应的煤炭产量就是所谓的煤炭产量峰值，它反映了在储量既定的条件下，煤炭资源可开采年限问题。随着高质量、易开采的煤种日益耗尽，未开采煤矿的开采难度将越来越大，开采成本亦随之上升，而剩下的煤种则是品质较低的资源。近 100 年以来，全世界达到并越过了煤炭产量峰值的国家逐渐增多，如英国、日本和德国。英国由于在工业革命时期就开始大量使用煤炭，因此在 1913 年就达到煤炭产量峰值，此后产量快速下降，但英国的煤炭消费量一直处于稳步上升趋势，导致英国的煤炭消费更多依赖进口。日本本身资源贫乏，其国内的煤炭产量早已越过了峰值，煤炭的消费主要依赖进口。德国在 1985 年达到煤炭产量峰值（5.12 亿吨），进入 20 世纪 90 年代以后，煤炭产量不断下降。世界范围内大约有 20 多个国家已经达到或越过了煤炭产量峰值（Höök et al.，2010）。

中国原本是世界上煤炭资源最为丰富的国家之一，但从各个省份或市县级城市来看，也有许多地区已经越过或正在越过煤炭产量峰值。中国于 2008 年、2009 年和 2011 年三次公布的资源枯竭城市为 69 个，占 118 个资源型城市的 58%，即超过半数的资源型城市的资源已经枯竭。非但如此，有些资源型城市虽然未被国家列入资源枯竭城市，但实际上已经枯竭或正在走向枯竭，许多矿井经过数十年的开采已经进入"中老年期"。例如，煤炭大省山西被国家列入资源枯竭城市的非常少，但该省某些城市煤炭资源已呈枯竭之势，山西省政府已把煤炭工业比重大以及高度依赖煤炭资源的大同、朔州、阳泉、长治、晋城、临汾、吕梁七个城市列入经济转型城市；素有"煤城"之称的江苏徐州亦因煤炭资源枯竭而调整产业定位。在东北地区，一些未被列入资源枯竭城市的老煤炭产区，如鹤岗、鸡西、本溪、双鸭山、珲春等地的煤矿已经步入或即将步入"老年"阶段。

三　中国煤炭峰值预测

（一）Logistic 曲线模型的构建

Logistic 曲线模型是由比利时数学家维哈斯特（P. F. Verhulst）于 1938 年发现并提出的，当时是在研究人口增长规律时发现的，后来得到广泛应用，并成为经典的峰值理论模型。该曲线又称"生长理论曲线"，所描述的现象与特征与 Gompertz 曲线类似。此曲线最初被用来模拟和预测人口增长规律：人口增长率从零达到最高点，然后再下降到零的过程。

1959 年美国著名地质学家哈伯特利用实际资料拟合 Logistic 曲线的方法模拟了原油产量，并得到了根据累积产量和最终可采储量预测石油产量峰值的 Hubbert 模型。50 多年后，Höök 和 Aleklett（2009）使用 Logistic 曲线模型预测了美国煤炭产量峰值。Lin 和 Wang（2012）使用上述模型预测了中国天然气产量峰值。根据上述分析，本章也采用 Logistic 曲线模型对全国、山西省、陕西省及内蒙古自治区现有煤炭储量以及煤炭产量的历史数据进行拟合，以预测全国、山西省、陕西省、内蒙古自治区的煤炭产量及其峰值年份。同时，考虑到随着勘探技术的进步以及勘探工作的发展，煤炭储量可能会发生相应的变化，本章将进一步采用敏感性分析研究煤炭随储量的变化对预测结果的影响；再对煤炭产量峰值的调控进行逻辑分析及定性研究，并验证模型预测结果的可靠性。

Logistic 曲线模型的基本方程为：

$$Q = \frac{URR}{1 + e^{-(t - t_{max})/w}}$$

其中，Q 为累计煤炭产量；URR 为最终可采储量，为未来累计产量的极限值；t 为年份值；t_{max} 为峰值年份值；w 表示一个参数。如果变动系数 t_{max} 和 w 能够使观察值与拟合值的残差平方和达到最小，则 t_{max} 就为峰值年份，该年份对应的年产量就为煤炭产量峰值。

上述 Logistic 曲线模型是预测不可再生矿产资源和化石能源产量峰值的一个通用模型，但也是一个纯理论产量模型，并未考虑经济周期、市场因素、价格因素、政策改变以及其他因素的影响。本书有必要使用该模型对中国的煤炭产量峰值进行预测，但仍要考虑相关的经济和市场等因素，对峰值的实际影响进行分析。

（二）煤炭峰值预测结果

中国煤炭产量数据来源于中国经济与社会发展统计数据库。考虑到数据的可获得性，本书采用煤炭基础储量代替已探明的煤炭资源量，据《中国统计年鉴 2012》可知，截至 2011 年底，全国、山西省、陕西省和内蒙古自治区的煤炭基础储量分别为：2157.9 亿吨、834.59 亿吨、107.59 亿吨和 368.89 亿吨。[①] 使用 Logistic 曲线模型对中国煤炭年产量数据进行拟合，得到以下结果（见表 12 - 1）。

表 12 - 1　全国、山西省、陕西省和内蒙古自治区的煤炭峰值预测

单位：年，亿吨

地区	项目	Logistic 模型结论
全国	峰值年份	2018
	峰值产量	49.66
山西省	峰值年份	2022
	峰值产量	21.27
陕西省	峰值年份	2020
	峰值产量	2.89
内蒙古自治区	峰值年份	2026
	峰值产量	10.53

由表 12 - 1 可以看出，通过对全国、山西省、陕西省及内蒙古自治区现有煤炭储量以及煤炭产量的历史数据进行拟合，在不考虑可能影响煤炭年产量的技术因素、经济因素以及政策因素的情况下，预测结果显示，中国煤炭产量峰值（极限值）将在 2018 年前后出现，峰值产量为 49.66 亿吨。煤炭产量峰值与煤炭需求增长极限几乎相同，但煤炭需求增长极限到来的时间在 2040 年前后，比峰值产量推迟约 20 年的时间。因此，中国煤炭供求形势十分严峻。

此外，山西省煤炭产量峰值将在 2022 年前后出现，峰值产量为 21.27 亿吨，峰值出现的时间晚于全国煤炭产量峰值出现的年份；陕西省煤炭产量峰值将在 2020 年前后出现，峰值产量为 2.89 亿吨，峰值出现的

---

① 本研究采用煤炭基础储量代替已探明的煤炭资源量，由于并不是所有煤炭基础储量都能全部开发，即使采用先进的技术能全部开采所有基础储量，但是我们还必须考虑到隐含采收率，因此上述结论应该被视为煤炭产量的上限。

时间略微晚于全国煤炭产量峰值出现的年份；内蒙古自治区煤炭产量峰值将在 2026 年前后出现，峰值产量为 10.53 亿吨，峰值出现的时间晚于全国煤炭产量峰值出现的年份（Logistic 曲线预测全国、山西省、陕西省以及内蒙古自治区煤炭产量走势，分别见图 12 - 1、图 12 - 2、图 12 - 3 和图 12 - 4）。本书将经济与政策等因素的作用与 Logistic 曲线结合起来分析煤炭峰值。

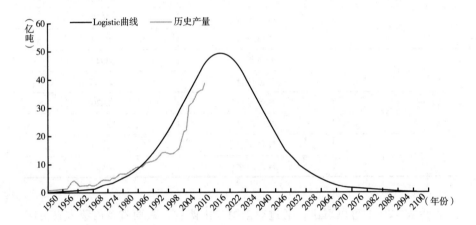

图 12 - 1　Logistic 模型拟合全国煤炭产量

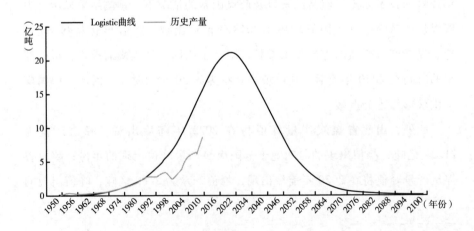

图 12 - 2　Logistic 模型拟合山西省煤炭产量

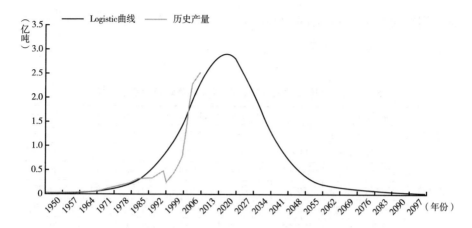

图 12 – 3　Logistic 模型拟合陕西省煤炭产量

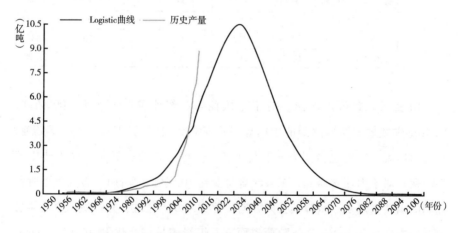

图 12 – 4　Logistic 模型拟合内蒙古自治区煤炭产量

（三）煤炭峰值敏感性分析

在上述模型中，*URR* 是很重要的变量，考虑到随着勘探工作的发展及勘探技术的进步，煤炭实际储量可能会发生相应的变化，因此需要进一步采用敏感性分析研究煤炭 *URR* 的变化对预测结果的影响，同时验证模型结果的可靠性。在本书的研究中，在现有煤炭储量的基础上，预测每增加 100 亿吨，全国煤炭峰值的情况；而对于山西省、陕西省和内蒙古自治区，则在现有煤炭基础储量的基础上，预测每增加 10 亿吨，三地区煤炭峰值情况，具体情况见表 12-2。

表 12-2　全国及"三西地区"煤炭产量峰值敏感性分析

全国	储量（亿吨）	2157.9	2257.9	2357.9	2457.9	2557.9	2657.9
	峰值年份	2018	2019	2020	2021	2022	2023
	峰值产量（亿吨）	49.66	51.96	54.26	56.56	58.86	61.16
山西省	储量（亿吨）	834.59	844.59	854.59	864.59	874.59	884.59
	峰值年份	2022	2023	2024	2025	2026	2027
	峰值产量（亿吨）	21.27	21.52	21.78	22.04	22.3	22.56
陕西省	储量（亿吨）	107.59	117.59	127.59	137.59	147.59	157.59
	峰值年份	2020	2021	2022	2023	2024	2025
	峰值产量（亿吨）	2.89	3.16	3.43	3.7	3.97	4.24
内蒙古自治区	储量（亿吨）	368.89	378.89	388.89	398.89	408.89	418.89
	峰值年份	2026	2027	2028	2029	2030	2031
	峰值产量（亿吨）	10.53	10.82	11.11	11.4	11.69	11.98

由表 12-2 可以看出，对于全国而言，煤炭储量每变化 100 亿吨，Logistic 曲线模型所预测到的中国煤炭产量峰值会同方向变化大约 2 亿吨，且峰值出现的年份也会同方向变化 1 年，峰值年份变化较小，属于非敏感性因素；对于山西省而言，煤炭储量每变化 10 亿吨，Logistic 曲线模型所预测到的山西省煤炭产量峰值会同方向变化大约 0.3 亿吨，且峰值出现的年份也会同方向变化 1 年；对于陕西省而言，煤炭储量每变化 10 亿吨，Logistic 曲线模型所预测到的陕西省煤炭产量峰值会同方向变化大约 0.3 亿吨，且峰值出现的年份也会同方向变化 1 年；对于内蒙古自治区而言，煤炭储量每变化 10 亿吨，Logistic 曲线模型所预测到的内蒙古自治区煤炭产量峰值会同方向变化约 0.3 亿吨，且峰值出现的年份也会同方向变化 1 年。

四　煤炭产量峰值影响因素分析

如前所述，Logistic 曲线模型是一个纯理论产量模型，并未考虑经济周期、市场因素、价格因素、政策改变以及其他因素的影响，因此也可以看作一个静态模型。该模型的估计是基于假定煤炭价格仅受到储量限制的影响。因此，该模型的预测结果只是一个纯理论、静态的峰值，只具有参考价值，反映了煤炭作为一种不可再生资源，其生产量必将经历一个达到峰值后再开始下降的一个过程。但在实际中，结合各种经济因素作用的分析，49.66 亿吨的峰值产量及出现的时间实际上可能不会达到。

（一）煤炭储量的影响因素

煤炭的最终可采储量由于涉及如煤矿地质勘探技术、地质钻探技术等技术性因素以及科学合理的煤田开发方案等难以定量把握因素的影响，会给煤炭产量峰值预测带来一定的困难。随着煤炭地质勘探技术的不断提高，煤炭资源储量会相应增加，煤炭产量峰值也会发生变化。一般来说，当煤炭储量增加时，煤炭产量将会持续或断续上升，从而导致煤炭产量峰值的增加或煤炭峰值年份的推迟，这也是现有文献预测不太准确的原因之一。本章所采用的 Logistic 曲线模型属于生命预测模型，只是把原始信息放在历史数据中，根据生命有限体系的性质判断未来趋势，还必须结合相关的影响因素的分析才能具有更强的针对性。

（二）市场和价格的影响因素

煤炭不断被加速开采，易于开采的煤矿资源不断枯竭，开采成本也不断上升，加上需求的拉动导致煤炭价格上升。于是，国际市场上的廉价煤炭就会进入中国市场，抵消国内的煤炭产量。2009 年，中国煤炭进口量猛增到 12584 万吨，同比增长 212%，此后，煤炭进口量继续保持增长，2013 年达到 32701.8 万吨，是 2009 年的 2.6 倍。① 根据中国国情，煤炭的需求和产量达到一定量时，如接近 40 亿吨时，将会造成由"西煤东

---

①　国家统计局网站，http://data.stats.gov.cn/easyquery.htm? cn = C01。

运、北煤南运"的形势所引起的煤炭运输紧张，抬高成本，海外廉价煤炭就可以通过较低成本的海运直达东南沿海地区。因此，可以预见，煤炭国际市场的供给将会有效调节国内煤炭产量，在一个开放性的市场中，中国煤炭产量的增长将受到一定的抑制，无法达到理论上的产量峰值。

（三）经济周期的影响

在市场经济中，煤炭的产量与经济周期密切相关，具体表现在煤炭需求和产量与 GDP 之间的关联性。在经济增长处于周期的上升阶段时，煤炭需求和产量将随着 GDP 的增长而增长；而当经济增长处于减速阶段时，煤炭需求和产量将随着 GDP 的下降而下降。中国经济在进入 2011 年的最高增速点之后，增速已处于下降趋势，2014 年以来，中国经济进入"新常态"，即经济增长由超常增长进入常态增长阶段，煤炭需求和产量增长也进入相对平稳的阶段，理论产量峰值在未来一段时间无法达到。

（四）工业化阶段及产业结构的影响

在工业化初级和中级阶段，工业所占比重处于上升阶段，对能源和煤炭的需求处于上升趋势，因而拉动煤炭产量的增长；而在工业内部结构中，重工业及高耗能工业的比重也在上升，这是拉动能源和煤炭需求以及产量上升的最为强劲的动力。但是，到了后工业化时期，随着第三产业的快速扩张，工业（特别是重化工业）比重呈下降趋势。对能源的需求和产量的拉动逐渐减弱。从 2012 年开始，中国的三次产业结构发生重大转折，第三产业比重达到 45.5%，超过第二产业 0.5 个百分点，此后，第三产业比重逐年上升，第二产业比重逐年下降，呈现"剪刀形"的变化趋势，2015 年第三产业比重达到 50.5%。[1] 与此同时，中国的重工业比重也随着"新常态"的到来，在调结构、去过剩产能的作用下，呈下降趋势。因此，未来推动能源需求和产量增长的动力也将减弱。

---

① 国家统计局网站，http：//data. stats. gov. cn/easyquery. htm？cn = C01。

（五） 新能源供给的增加

改善能源结构，增加新能源供给比重，降低煤炭比重，是中国能源结构的调整方向。虽然煤炭在中国能源中的基础地位不可动摇，但其所占比重从长期来看，已经处于下降趋势。随着国家政策的进一步推动，新能源，包括核能与水能、风能、太阳能等可再生能源的比重将会不断上升，这将会缓解对煤炭的需求。

（六） 政府政策因素

政府政策对煤炭产量峰值与年份具有一定的影响。例如，为了加快经济结构调整，实现煤炭资源的合理利用，国家能源局发布的《煤炭工业发展"十二五"规划》提出，将煤炭产量控制在 39 亿吨。但是，煤炭实际产量在 2012 年就突破了 39 亿吨，达到 39.45 亿吨，2013 年达到 39.74 亿吨。[1] 这一状况必然要引起政府的高度重视，可能会出台进一步的调控措施。

（七） 自然环境的制约

煤炭的生产与使用过程所产生的二氧化碳、二氧化硫、粉尘、烟尘的排放，对大气环境产生了重大的负面影响，这迫使政府、社会、企业降低对煤炭的生产和使用。如果 2012 年冬季密集的雾霾天气是国人忍受力的极限，那么 2012 年 39.45 亿吨的煤炭产量就是"心理极限"或"心理峰值"。为了避免类似"伦敦烟雾"的重大环境灾难的爆发，改善能源结构，控制煤炭产量势在必行。

然而，值得重视的是，虽然以上因素对煤炭产量峰值的出现进行了抑制，但中国经济总量日趋庞大，对能源和煤炭的需求仍有刚性。即便煤炭年产量保持在 35 亿吨 ~ 40 亿吨这一区间，这一区间的产量仍是个天文数

---

[1] 国家统计局网站，http：//data. stats. gov. cn/easyquery. htm？cn = C01。

字，对中国的资源与环境仍然产生巨大的压力，煤炭产量的调控及煤炭资源的供求平衡仍然是个挑战。为了保护资源与环境，维护国民的身心健康，实现可持续发展，今后应加大调控力度降低煤炭的消费量和产量。这样，既可保护环境，也可使煤炭的使用年限得以延长。

　　综上，由于煤炭资源是不可再生资源，煤炭资源在许多煤炭产出省份呈现枯竭之势。虽然目前煤炭产业出现产能过剩，但从相对长远的供求形势来看，维持煤炭供求平衡仍然是一个艰巨的战略任务。本章对煤炭产量峰值进行了分析，即使理论上的 49.66 亿吨的峰值，作为一个产量极限，在实际中可能不会达到，但 35 亿吨~40 亿吨的产量应该说是一个极限区间，如果实际产量维持在这一区间，那么，煤炭供给压力仍然十分巨大。假设从 2012 年开始中国煤炭产量保持每年 36 亿吨，一直到 2034 年前后，之后根据煤炭峰值理论，逐渐减少。如图 12 - 5 所示，理论上的产量（Logistic 曲线）只能在 2012~2030 年保持在 36 亿吨以上，在 2030 年以后煤炭产量小于 36 亿吨，而如果把实际产量从 2012 年开始控制在 36 亿吨，亦只能在 2012~2034 年保持 36 亿吨（参见受约束曲线）。因此，煤炭产量调控政策只能延长全国煤炭资源储量 4 年的使用期限，煤炭的供给形势仍然不容乐观。为协调煤炭供求问题，实现煤炭资源的可持续利用，

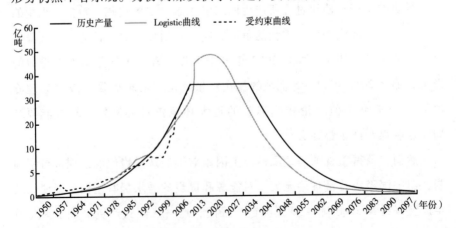

图 12 - 5　限制产量的全国煤炭峰值预测

需要建立煤炭供求平衡的长效调控机制（关于长效调控机制的论述将在第四篇展开）。

下一章课题组将根据 Hotelling 可耗竭资源理论，建立最优控制模型，以研究煤炭资源最优消耗路径，并将实际煤炭消耗状况与最优路径进行比较，以最优消耗路径作为调控煤炭资源需求的目标。

第十三章

中国煤炭资源最优消耗路径

煤炭资源的有效开采和矿区环境保护是中国实行可持续发展战略的重要内容，也是推进工业化和城镇化过程中需要重点考虑的问题。作为一种可耗竭资源，煤炭开采必须遵循环境保护、代际公平和高效利用的原则。在当前经济结构调整、矿区环境灾害频发以及替代新能源还未真正发挥作用的情况下，寻求煤炭资源最优消耗路径对于经济的可持续增长显得尤为重要。在分析了煤炭需求与产量增长极限之后，本章将进一步研究中国煤炭资源消耗方式是否合理，是否为最优消耗路径，或与最优消耗路径的偏离程度。下面从社会效用最大化的角度，参考 Hotelling 可耗竭资源理论及最优消耗的"黄金法则"，建立最优控制模型，研究中国煤炭资源的最优消耗时间路径，并将煤炭实际消耗情况与最优消耗路径进行比较，以最优消耗路径作为煤炭需求的调控目标。

一 煤炭资源最优消耗模型的构建

在第六章中，通过对以往文献的梳理，发现现有文献缺少对煤炭等主要可耗竭能源做最优消耗路径的具体数值实证研究，更未指明中国现有的煤炭资源消耗方式与最优消耗路径的偏离程度。因此，本章结合前人的研究成果，参考 Hotelling 可耗竭资源理论及最优消耗的"黄金法则"，建立最优控制模型，搜集相关数据，定量分析中国煤炭资源的最优消耗时间路径，在此基础上研究推动中国煤炭资源可持续发展的相关措施。

下面根据最优控制理论建立煤炭资源最优消耗路径模型。最优控制理论涉及的变量主要有控制变量、动态变量和共态变量，运用控制方程和资源储量及影子价格的动态方程求解出可耗竭资源的跨期最优配置，以使得效用或利润最大化。本书将把煤炭资源的进口量纳入状态变量的运动方程，以求更好地模拟现实经济情况。

（一）变量选取

C_t 表示 t 时期煤炭资源的消耗量；$R(t)$ 表示 t 时期煤炭资源的储量；T 表示煤炭资源的耗竭年限；I 表示 T 时期煤炭资源的进口总量，假定煤炭每期进口量相同，为 $\frac{I}{T}$；r 表示消费者心理贴现率，$r \in [0,1]$，r 越趋近于 0，消费者代际公平和可持续发展观念越强。为方便研究分析，煤炭资源消耗的社会效用函数取消耗量的对数形式，即 $U(C) = \ln C_t$，$U(C) = \ln C(t)$，$\frac{\partial U}{\partial C} = \frac{1}{C} > 0, \frac{\partial^2 U}{\partial C^2} = -\frac{1}{C^2} < 0$，满足煤炭资源消费边际效用为正且递减的规律。其中，C_t 为控制变量，$R(t)$、I 为状态变量。

（二）煤炭资源最优消耗模型的建立和求解

为分析煤炭资源消费的社会效用最大化，建立如下动态最优化模型：

$$\max \int_0^T \ln C_t e^{-rt} \mathrm{d}t$$
$$\text{s. t. } \dot{R} = \frac{\mathrm{d}R}{\mathrm{d}t} = -C_t + \frac{I}{T}$$
$$R(0) = R_0, R(T) = 0, t \in [0,T]$$

其中，$C_t e^{-rt}$ 为贴现的社会效用函数；$\dot{R}$ 代表煤炭资源储量的变动率，为每期煤炭进口量减去国内煤炭资源开采量；$R(0)$ 为煤炭资源的现有储量；$R(T) = 0$ 意味着中国煤炭资源储量将在 T 年后被耗尽。

根据庞特里亚金最大值定理，建立 Hamilton 函数，如下：

$$H = \ln C_t e^{-rt} + \lambda \left(-C_t + \frac{I}{T} \right) \tag{13-1}$$

由于 $\dfrac{\partial^2 H}{\partial C^2} = \dfrac{-e^{-rt}}{C^2} < 0$，因此式（13-1）一定存在极大值，其一阶条件为：

$$\frac{\partial H}{\partial C} = \frac{e^{-rt}}{C} - \lambda = 0 \tag{13-2}$$

$$\dot{R} = \frac{\partial H}{\partial \lambda} = -C_t + \frac{I}{T} \tag{13-3}$$

$$\dot{\lambda} = -\frac{\partial H}{\partial R} = 0 \tag{13-4}$$

$$\lambda(T) \geqslant 0, \ R(T) \geqslant 0, \ R(T)\lambda(T) = 0 \tag{13-5}$$

其中，式（13-2）为控制方程，式（13-3）、式（13-4）为煤炭资源储量和煤炭资源影子价格的运动方程，式（13-5）为横截性条件。由式（13-2）可得：

$$C^* = \frac{e^{-rt}}{\lambda^*} \tag{13-6}$$

将式（13-6）代入式（13-3），可得：

$$\dot{R} = -\frac{e^{-rt}}{\lambda^*} + \frac{I}{T} \tag{13-7}$$

对式（13-7）两边进行积分推出：

$$R = \frac{e^{-rt}}{\lambda^* r} + \frac{I}{T}t + K, K \text{ 为常数} \tag{13-8}$$

因为 $R(0) = R_0, R(T) = 0$，所以：

$$\frac{1}{\lambda^* r} + K = R_0 \tag{13-9}$$

$$\frac{e^{-rt}}{\lambda^* r} + I + K = 0 \qquad (13-10)$$

求解式（13-9）和式（13-10）可得 $\lambda^* = \frac{1 - e^{-rt}}{(R_0 + I)r}$，$K = R_0 -$
$\frac{R_0 + I}{1 - e^{-rt}}$。

将 λ^* 最优解代入控制方程（13-2）即可得煤炭资源最优消耗的时间路径为：

$$C_t^* = \frac{(R_0 + I)r}{1 - e^{-rt}} e^{-rt}, t \in [0, T] \qquad (13-11)$$

但由于技术水平的限制和出于地质风险方面的考虑，一些地质条件复杂的煤矿在目前并不能被开采，同时煤炭企业在开采过程中存在严重的资源浪费和粗放式经营现象，煤炭资源的基础储量并不能独立作为资源进行约束，应该加入煤炭资源回采率[1]以反映真实的煤炭有效可开采储量，记为 δR_0，那么在目前的技术水平下，真实的煤炭资源最优消耗路径为：

$$C_t^* = \frac{(\delta R_0 + I)r}{1 - e^{-rt}} e^{-rt}, t \in [0, T] \qquad (13-12)$$

二 有关变量数据的确定

由煤炭资源最优消耗路径的数学表达式可以看出，煤炭每时期最优消耗量的确定依赖于煤炭资源储量 R_0、煤炭资源回采率 δ、煤炭资源消费者心理贴现率 r、煤炭资源耗竭年限 T 以及煤炭进口总量 I 值这5个参数的具体数值。

（一）煤炭资源储量 R_0 和煤炭资源回采率 δ 数值确定

煤炭资源储量直接关系到煤炭的开采年限。根据《中国统计年鉴

---

[1] 回采率是指资源开采量占采矿范围内工业储量的百分比，是衡量矿企技术和管理水平的重要指标。

2012》的数据，全国煤炭 2011 年的基础储量为 2157. 89 亿吨，所以确定
R_0 为 2158 亿吨。煤炭资源回采率是衡量煤炭开采利用水平的重要指标，
是煤矿企业技术水平、内部管理水平和政策法规的具体反映。社会科学文
献出版社出版的"能源蓝皮书"显示，中国煤炭资源回采率非常低，全
国的平均回采率为 30% 左右，不足发达国家先进煤炭开采水平的一半，
大多数乡镇企业煤碳资源回采率仅为 10% ~ 20%，煤炭资源开采过程中
存在严重的"采厚弃薄""采易弃难"现象，开采方式简单粗暴，资源实
际利用率非常低。本章选取的全国煤炭资源平均回采率为 30%。

（二）煤炭资源消费者心理贴现率 r 的确定

消费者心理贴现率 r 反映的是消费者对未来消费的偏重程度。r 越趋近
于 1，未来资源消费带来效用的现值越低，即消费者更注重当前资源消费
带来的心理满足感，整个社会经济发展的可持续性越差，社会总效用也越
低。r 越趋近于 0，未来资源消费的现值就越高，整个社会经济发展的代际
公平观念和资源环保意识也就越强，社会总效用也越高。为了体现煤炭资
源最优消耗路径的可持续性，这里选用一个较小的 r 值 0. 005。

（三）煤炭资源耗竭年限 T 的确定

中国煤炭资源的耗竭年限取决于国内煤炭资源的年生产量。进入 21
世纪以来，经济的快速增长需要消耗大量的煤炭资源，中国煤炭生产量迅
速增加，从 2000 年的 13. 8 亿吨大幅增长到 2012 年的 39. 45 亿吨，[①] 年增
长率超过了 15%。然而，随着中国经济结构的优化调整以及剩余煤炭资
源开采难度的不断增加，煤炭生产量的增长将会在一定时间点达到峰值并
且之后将不断下降。因此，这里结合前文采用的 Hubbert 曲线模型来模拟
煤炭生产量的变动规律，从而达到确定煤炭资源耗竭年限的目的。
Hubbert 曲线模型仅为一个纯理论产量模型，没有考虑经济周期性波动、

---

① 国家统计局网站，http：//data. stats. gov. cn/easyquery. htm? cn = C01。

煤炭价格和宏观经济政策的影响，因此可以看作一个静态模型。前文对中国煤炭年生产量进行拟合的结果是煤炭年生产量将在 2018 年前后达到峰值，为 49.66 亿吨。图 13-1 为 Hubbert 模型预测的中国煤炭年生产量走势，中国煤炭生产量在 2018 年达到峰值后开始逐年下降，到 2069 年前后，煤炭的生产量将趋于零，由此中国煤炭资源的耗竭年限 T 可确定为58 年。

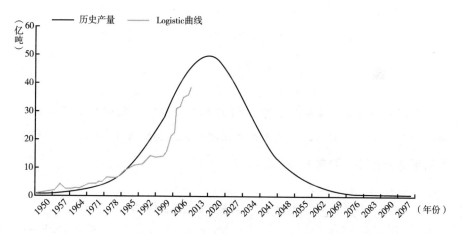

图 13-1　Hubbert 模型拟合的煤炭产量峰值

（四）煤炭进口总量 I 值的确定

在 2009 年以前，中国一直是煤炭出口大国，2009 年中国煤炭进出口形势出现了重大转折，煤炭进口量迅猛突破亿吨大关，达到 1.26 亿吨，净进口为 1.03 亿吨，中国亦首次成为煤炭净进口国。此后煤炭进口量逐年上升，2012 年已经达到 2.9 亿吨。[①] 2002~2012 年的煤炭进口数据能够更好地反映真实的市场需求情况。同时，随着中国国内煤矿资源可开采量的不断减少，为满足经济增长的需求，煤炭进口量必定还会稳步增加。在不考虑地缘政治等因素影响的情况下，中国煤炭进口具有长期稳定的增长

---

① 数据来源于国家统计局统计数据库。

趋势。因此，本书采用指数平滑的方式，可以预测 2013～2055 年中国煤炭进口总量大致为 486 亿吨。

三　中国煤炭资源最优消耗路径的数值分析

由以上分析可知，煤炭资源最优消耗路径 5 个参数的具体数值可以确定为：$R_0 = 2158$ 亿吨，$I = 486$ 亿吨，$T = 58$ 年，$\delta = 30\%$，$r = 0.005$。将 5 个参数值代入式（13 - 12）中，可得具体数值路径：

$$C_t^* = \frac{1133.4 \times 0.005}{1 - e^{-0.29}} e^{-0.005t}, t \in [0,58]$$

运用 matlab 可以求解出 5 个参数取以上数值时中国煤炭资源的最优消耗路径，同时，本书将回采率 δ 值和消费者心理贴现率 r 的值上调与原有结果进行比较，如表 13 - 1 所示。

表 13 - 1　中国煤炭资源最优消耗量的时间路径

单位：亿吨

年份	中国煤炭资源最优消耗路径（$r = 0.005$，$\delta = 30\%$）	煤炭资源回采率和煤炭资源消费者心理贴现率对最优消耗路径的影响			
		r 不变，δ 上调至 40%	r 不变，δ 上调至 50%	δ 不变，r 上调至 0.01	δ 不变，r 上调至 0.02
2012	22.40	26.66	30.93	25.50	32.37
2013	22.29	26.53	30.77	25.24	31.72
2014	22.18	26.40	30.62	24.99	31.10
2015	22.07	26.27	30.47	24.74	30.48
2016	21.96	26.14	30.32	24.50	29.88
2017	21.85	26.01	30.17	24.25	29.29
2018	21.74	25.88	30.01	24.01	28.71
2019	21.63	25.75	29.87	23.77	28.14
2020	21.52	25.62	29.72	23.54	27.58
2021	21.41	25.49	29.57	23.30	27.03
2022	21.31	25.36	29.42	23.07	26.50
2023	21.20	25.24	29.27	22.84	25.97
2024	21.09	25.11	29.13	22.61	25.46
2025	20.99	24.99	28.98	22.39	24.96

年份	中国煤炭资源最优消耗路径（$r=0.005$，$\delta=30\%$）	煤炭资源回采率和煤炭资源消费者心理贴现率对最优消耗路径的影响			
		r不变，δ上调至40%	r不变，δ上调至50%	δ不变，r上调至0.01	δ不变，r上调至0.02
2026	20.89	24.86	28.84	22.17	24.46
2027	20.78	24.74	28.69	21.95	23.98
2028	20.68	24.61	28.55	21.73	23.50
2029	20.57	24.49	28.41	21.51	23.04
2030	20.47	24.37	28.27	21.30	22.58
2031	20.37	24.25	28.13	21.08	22.13
2032	20.27	24.13	27.99	20.88	21.70
2033	20.17	24.01	27.85	20.67	21.27
2034	20.07	23.89	27.71	20.46	20.84
2035	19.97	23.77	27.57	20.26	20.43
2036	19.87	23.65	27.43	20.06	20.03
2037	19.77	23.53	27.29	19.86	19.63
2038	19.67	23.41	27.16	19.66	19.24
2039	19.57	23.30	27.02	19.46	18.86
2040	19.47	23.18	26.89	19.27	18.49
2041	19.38	23.07	26.75	19.08	18.12
2042	19.28	22.95	26.62	18.89	17.76
2043	19.18	22.84	26.49	18.70	17.41
2044	19.09	22.72	26.36	18.51	17.07
2045	18.99	22.61	26.22	18.33	16.73
2046	18.90	22.50	26.09	18.15	16.40
2047	18.80	22.38	25.96	17.97	16.07
2048	18.71	22.27	25.83	17.79	15.75
2049	18.62	22.16	25.71	17.61	15.44
2050	18.52	22.05	25.58	17.44	15.14
2051	18.43	21.94	25.45	17.26	14.84
2052	18.34	21.83	25.32	17.09	14.54
2053	18.25	21.72	25.2	16.92	14.25
2054	18.16	21.61	25.07	16.75	13.97
2055	18.07	21.51	24.95	16.59	13.70
2056	17.98	21.40	24.82	16.42	13.42
2057	17.89	21.29	24.7	16.26	13.16
2058	17.80	21.19	24.57	16.10	12.90

续表

年份	中国煤炭资源最优消耗路径($r = 0.005, \delta = 30\%$)	煤炭资源回采率和煤炭资源消费者心理贴现率对最优消耗路径的影响			
		r 不变，δ 上调至 40%	r 不变，δ 上调至 50%	δ 不变，r 上调至 0.01	δ 不变，r 上调至 0.02
2059	17.71	21.08	24.45	15.94	12.64
2060	17.62	20.97	24.33	15.78	12.39
2061	17.53	20.87	24.21	15.62	12.15
2062	17.44	20.77	24.09	15.46	11.91
2063	17.36	20.66	23.97	15.31	11.67
2064	17.27	20.56	23.85	15.16	11.44
2065	17.18	20.46	23.73	15.01	11.21
2066	17.10	20.35	23.61	14.86	10.99
2067	17.01	20.25	23.49	14.71	10.77
2068	16.93	20.15	23.38	14.56	10.56
2069	16.84	20.05	23.26	14.42	10.35

　　表 13 - 1 中的数据随有关参数的变化也会有所变化，如煤炭储量的增加和煤炭资源回采率的提高，会使最优消耗量的数值有所提高。越来越多的矿区资源枯竭以及长期以来找矿频度的增加使可采矿藏数量越来越少，但是，中国煤炭资源回采率偏低，提高回采率仍有很大潜力。

　　由煤炭资源最优消耗路径可知，在整个资源耗竭期内，煤炭的消耗量只有从 2012 年的 22.40 亿吨逐步递减至 2069 年的 16.84 亿吨，才能实现耗竭期内社会效用的最大化。而 2012 年煤炭资源最优消耗量是 22.40 亿吨，相当于 2003 ~ 2004 年的实际产量，但 2012 年的实际煤炭消耗量是 39.45 亿吨，[①] 超出前者 17.05 亿吨，即超出最优消耗量 76% 以上，说明煤炭超量消耗严重。煤炭超量消耗的结果是长期粗放型经济增长以及高耗能的产业结构等原因造成的。要使实际煤炭消耗逼近最优消耗路径，不可能在几年内实现，而是一个长期渐进过程。每年煤炭消耗量的减少幅度应大于最优路径本身的减少幅度，从而使实际消耗路径与最优消耗

---

① 数据来源于国家统计局统计数据库，2004 年和 2005 年煤炭产量分别为 21.23 亿吨和 23.50 亿吨。

路径相衔接。

预计 2012 ~ 2069 年，煤炭资源最优消耗路径的年均降幅约为 0.50% 。2020 年、2025 年和 2030 年成为煤炭消耗宏观调控的目标时间点。通过计算，为在 2020 年或 2025 年或 2030 年前使煤炭的实际消耗量步入最优消耗量的运动轨迹，煤炭实际消耗量的年降幅必须达到 6.39% 、4.16% 和 3.16% 。三个时间点的实际消耗量与最优消耗量的交会点如图 13 - 2 所示。考虑到煤炭实际消耗量与最优消耗量之间存在巨大的偏差，要在 2020 年前迅速拉低煤炭实际消耗量，达到 6.39% 的年均降幅的难度较大，而将 2025 年和 2030 年选为煤炭消耗宏观调控的目标时间点较为可行。

2013 年，煤炭消耗量增速放缓，但不一定是下降拐点。按照历史轨迹和模型预测，未来煤炭的消耗量还可能会出现波动式上升，因此调控煤炭需求的任务艰巨。

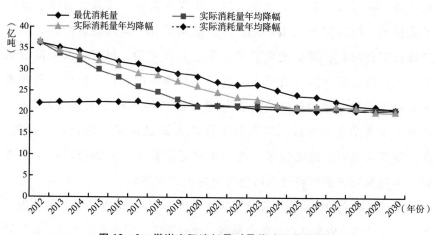

图 13 - 2　煤炭实际消耗量对最优消耗量的逼近

四　结论

本章基于 Hotelling 可耗竭资源理论，从社会效用最大化的角度，通过最优控制模型，测算出中国煤炭资源最优消耗路径，该路径表现为最优消耗量遵循匀速减少的过程，由2012年的22.40亿吨逐年减少至2069年的16.84亿吨。而2012年煤炭资源的实际消耗量已达到39.45亿吨，远远超出该年度理论最优消耗量的22.40亿吨。这意味着煤炭实际消耗路径严重偏离最优消耗路径，这一趋势将加剧煤炭资源的消耗和枯竭。将煤炭实际消耗路径导向最优消耗路径，不仅有利于延缓资源的枯竭，实现资源的可持续利用，而且有利于生态环境的改善。为在2025年或2030年前使煤炭的实际消耗量步入最优消耗量的运行轨迹，煤炭实际消耗量的年均降幅必须达到4.16%或3.16%。随着中国经济增速的放缓，煤炭消耗量从2014年开始下降，这为煤炭消耗目标的调控提供了有利条件。为了实现这一目标，中国政府应采取更加有效的调控政策，适度控制煤炭消耗需求；尽快转变发展方式，即由粗放型发展方式转为集约型发展方式；加快产业结构调整，去过剩产能，降低高耗能产业比重，以减少煤炭需求；研发、引进、推广节能技术，提高能源使用效率，减少能源消耗；淘汰落后产能，进一步推动节能降耗，减少能源浪费；大力发展水能、风能、太阳能、核能、地热能、潮汐能等新能源，以加速对煤炭的替代。此外，消费者主观贴现率的调整对煤炭资源最优消耗路径的实现也有积极的影响，消费者主观贴现率越低，越有利于煤炭资源最优路径的形成。因此，还应降低消费者主观贴现率，进一步增强消费者的资源与环境保护意识，为煤炭资源的可持续利用创造更好的人文环境。

本章所研究的煤炭资源最优消耗路径作为今后煤炭资源消耗的调控目标，不仅是煤炭资源使用的优化路线，也是环境改善的必要举措。如果能够在2025年或2030年前使煤炭的实际消耗量步入最优消耗量的运动轨迹，煤炭实际消耗量的年均降幅达到4.16%或3.16%，将有助于推动二氧化硫、二氧化碳、工业烟尘、工业粉尘等指标轨迹进入库兹涅茨倒U形曲线，并且也能够达成二氧化碳减排目标。资源的优化使用与环境的优化最终达到统一。

第四篇
煤炭资源的可持续利用

在分析了煤炭的供求形势、煤炭产量增长极限以及煤炭消耗与环境的可持续性等问题后，课题组需要对煤炭资源的可持续利用问题进行研究。煤炭资源的可持续利用，既要立足于市场机制，又要加强人类对该问题的长远认识，政府的积极调控与社会意识均十分重要。具体来说，关于煤炭的可持续利用，需要从以下方面着手：一是要加强宏观调控，以实现煤炭长期有效的供求平衡；二是调整产业结构，降低高耗能产业比重；三是加大节能降耗力度，提高能源使用效率；四是发展替代能源，减少煤炭的消耗；五是增加煤炭的进口，减少国内煤炭的消耗。需要说明的是，除第四条外，以上所有的措施并不能从根本上解决煤炭资源的可持续利用问题，这些措施只能延长煤炭资源的使用年限，起到缓解危机的作用，即推迟能源危机到来的时间，从而为寻找替代能源，从根本上解决能源危机，实现能源的永续利用赢得时间。可持续的替代能源的出现是"治本"之策，但目前人类仍面临着严峻的挑战，还未研制出或发现能够从根本上消除人类能源危机的替代能源。前四个问题将是本篇重点探讨的内容，而第五个问题（增加煤炭的进口）较为复杂，将在第五篇中做专门的研究。

此外，本篇涉及能源政策，课题组采用问卷调查方式进行了民众能源问题政策倾向调查，完成了调查报告。由于核能是煤炭的重要替代能源，且在安全性方面存在一定的争议，课题组根据问卷调查的数据，对民众的核能态度及其影响因素进行了实证研究，为政府政策的制定和调整提供依据。

第十四章

能源宏观调控总论

　　通过前两篇的研究与分析，在现有资源和技术条件下，中国煤炭产量和消耗量正在接近40亿吨的巨量。而与此同时，经济的持续增长、工业化和城市化的进程均会对煤炭产生刚性需求，加上短期内其他能源对煤炭资源的替代程度有限，综合这些因素，煤炭需求还有上升的势头。因此，中国将面临煤炭供给的缺口，从而导致煤炭进口量的扩大。一方面，随着煤炭对外依存度的提高，煤炭的大量进口必然要推动国际煤炭市场价格进一步上涨，从而增加煤炭进口成本。另一方面，接近40亿吨的煤炭产量和消耗量，已经导致中国经济系统、环境系统不堪重负，这一形势不允许煤炭的产量不断攀升，逼近峰值。中国面临着调控煤炭需求和产量上升的巨大压力。受资源与环境的限制，煤炭这种特殊资源的生产与使用不能完全依赖市场调节。在中国经济发展对煤炭等能源的需求量不断扩大的同时，如何保证煤炭资源的供给及资源的可持续利用，使国家的能源安全得以保障，需要政府进行有效的宏观调控。政府的调控着眼于两个方面：一是实现供需平衡，解决好眼下的煤炭供需问题；二是维护煤炭资源的长期可持续利用，需要在短期利益与长远利益之间进行适度平衡。要使二者达成协调，需要建立煤炭供求平衡的长效调控机制。

下面将对调控的原则、调控指标与调控目标及调控的内容和体系分别进行论述。

一 调控的原则

煤炭资源的可持续利用是中国经济可持续发展的重要基础。从资源与环境角度来看，可持续发展一方面表现为社会经济的发展与自然环境相协调，另一方面表现为资源的可持续利用，而煤炭资源的可持续利用是中国资源利用方面最为突出、最为重要且影响最为深远的问题。但是，如前几篇的论述，煤炭资源所具有的有限性和不可再生性的性质决定了煤炭资源的开发与利用必将经历一个"开始—增长—下降—枯竭"的生命周期。因此，从时间上来看，煤炭资源是不可能达到永久可持续利用的。想要解决煤炭资源的可持续利用，我们应遵循以下原则。

第一，节俭原则。当代人在使用煤炭资源的同时，要本着节俭的原则，节约使用资源，杜绝浪费。要充分考虑到子孙后代未来的生存与发展，为后代留下尽可能多的资源。在煤炭资源日趋短缺的形势下，甚至"节衣缩食"而将资源的使用量控制在"基本需要"的水平上，坚决杜绝大肆开发、过度开发、掠夺资源、拣肥弃瘦和浪费资源的行为。要通过各种途径和手段来宣传和推行节俭理念和节俭原则，形成共同意识和社会合力，为资源的保护和持续利用做出努力。

第二，高效原则。节俭原则还要与高效原则紧密结合起来。高效原则也是煤炭资源可持续利用的基础。当代人要高效率使用煤炭资源，即体现集约化。通过提高煤炭资源的使用效率以实现用尽可能低的资源投入达到尽可能高的产出目的。具体来说，煤炭资源的高效利用，包括高效开采、高效生产和高效使用，即在开采、生产加工、运输、使用、回收等各个环节均做到高效。从更高层面上看，煤炭资源的可持续利用要在经济与社会、资源与环境、生存与发展、当前与未来等相互协调统一的层面实现高效发展。这里所指的"高效率"不仅包括经济意义上的效率，还涵盖资源开发和生态环境损益方面的效率。要实行高效原则，当代人必须不断提高自身的生产技术水平与组织管理能力，通过技术与管理水平的提高来促进效率的提高。

第三，创新原则。煤炭资源可持续利用的根本出路在于创新。当代人在享受煤炭资源的同时，要致力于创新，通过创新来寻找解决资源危机的途径和手段，解决能源可持续利用的问题，从而实现中国经济的可持续发展。一方面，通过创新、技术进步和管理水平的提高，有效地节约资源，提高资源的使用效率，从而使煤炭资源的枯竭极限期得以延长，提高煤炭资源的开发利用率；另一方面，通过创新和技术进步，积极寻求可替代资源，加快新能源对煤炭资源的替代速度，使得寻求可替代能源的速率快于煤炭资源的耗竭速率，以彻底化解能源危机。

根据上述原则，煤炭资源可持续利用思想的具体化思路是：通过调整产业结构、工业结构，降低能耗高的产业比重以降低能源消耗量；加强宏观调控，建立长效调控机制以实现煤炭资源的供求平衡；积极推动节能降耗战略，采取有效节能措施，降低能源的消耗；推动能源创新，大力发展新能源和替代能源，优化能源结构，降低煤炭在能源结构中所占比重。

二　调控指标与调控目标

（一）调控指标

课题组把调控的指标分为效率指标、总量指标和结构（比重）指标。效率指标（即能源使用效率指标）为单位 GDP 能源消耗或单位增加值能源消耗，即能源强度，单位为吨标准煤/万元 GDP 或吨标准煤/万元增加值；总量指标是指年度能源生产和消耗总量，包括各地区、各有关产业部门年度能源消耗总量，即亿吨或万吨标准煤；结构（比重）指标即煤炭消耗总量占能源消耗总量的比重。

（二）调控目标

调控的总目标就是要实现煤炭资源的可持续利用，但要实现这一总目标，还要有具体的目标加以落实。考虑到煤炭与能源总量的密切关系，有些调控目标通过调控能源总量来实现对煤炭资源的调控。

1. 能源和煤炭总量调控目标

根据《能源发展"十一五"规划》，"十一五"期间的能源与煤炭的调控目标为：到"十一五"末，即 2010 年能源消耗总量为 27 亿吨标准煤，煤炭消耗总量为 17.8 亿吨标准煤，能源生产总量为 24.5 亿吨标准煤，煤炭生产总量为 18.3 亿吨标准煤。由于"十一五"期间经济增速迅猛，特别是以高耗能为特征的重化工业扩张过快，能源调控目标均未实现。其中，能源实际消耗总量达到 32.5 亿吨标准煤，超出目标值 5.5 亿吨，即超出 20.37%；煤炭实际消耗总量为 22.1 亿吨标准煤，超出目标值 4.3 亿吨标准煤，即超出 24.16%，高出能源总量 3.79 个百分点，说明煤炭消耗超标增长更快，煤炭需求调控压力更大；能源实际生产总量为 29.7 亿吨标准煤，超出目标值 5.2 亿吨标准煤，即超出 21.22%，说明生产超标增长更快；煤炭实际生产总量为 22.7 亿吨标准煤，超出目标值 4.4 亿吨，即超出 24.04%，与消耗超标基本相似。① 虽然"十一五"期间的能源消耗弹性系数由 2005 年的 0.93 降为 2010 年的 0.58，能源使用效率不断提升，但是能源总体消耗规模依旧庞大。而能源和煤炭的消耗和生产总量均大幅度超标，说明了调控形势的严峻性。

再看"十二五"计划实施情况："十二五"期间能源与煤炭的调控目标为：到"十二五"末，即 2015 年能源消耗总量为 40 亿吨标准

---

① 本段数据来源于国家统计局网站，http：//data. stats. gov. cn/easyquery. htm？cn = C01。当时的发布时间是 2014 年，但 2016 年发布的数据已经进行了调整。

煤，煤炭消耗总量为 26.4 亿吨标准煤，能源生产总量为 36.6 亿吨标准煤，煤炭生产总量为 29.2 亿吨标准煤。从实际执行情况来看，虽然从 2011 年开始，中国经济增长速度开始下降，能源消耗迅猛上升的势头有所减缓，但能源消耗与生产的调控形势仍然十分严峻。2015 年，能源与煤炭实际消耗总量分别为 42.99 亿吨和 27.38 亿吨标准煤，已经分别超出目标值近 3 亿吨和近 1 亿吨标准煤；能源与煤炭实际生产总量分别为 36.15 亿吨和 26.10 亿吨标准煤（而 2013 年为 27.1 亿吨标准煤，2014 年和 2015 年有所下降），生产总量调控到位（见表 14-1）。能源（煤炭）产量低于消耗量的差额主要由进口填补。"十三五"规划对能源的调控目标是 2020 年把能源消耗总量控制在 50 亿吨标准煤以内，煤炭消耗总量控制在 41 亿吨标准煤以内（能源生产量没有明确的调控目标）。"十三五"期间及未来一段时期，能源及煤炭调控目标实现的环境显得较为宽松。从 2016～2018 年运行情况来看，能源消耗总量依次为 43.58 亿吨、44.85 亿吨和 46.4 亿吨标准煤（国家统计局尚未发布 2016 年及之后的煤炭消耗总量的数据），实现调控目标可能性很大。考虑到经济发展对能源的刚性需求，即使能源消耗总量仍允许上升，但煤炭消耗总量却不能超过 2013 年的 42.44 亿吨的极限了。虽然煤炭的理论极限可以超过 40 亿吨，但受资源与环境的制约已不能让煤炭消耗总量继续上升达到理论极限值。中国大气环境污染的形势日趋严峻，即使煤炭消耗总量维持在 30 亿吨不再上升，但每年的滚动消耗量也要加剧资源的枯竭，而累积的污染排放量仍有可能引发环境灾难，因此需要防止类似英国的"伦敦烟雾"在中国发生。

因此，本书认为，"十四五"及以后的调控目标不可放松。如果考虑经济发展的需要，可以通过增加新能源的使用量来满足新增能源需求。在"十四五"期间，降低煤炭消耗比重，优化能源结构应是重点调控目标。

表 14 – 1　能源发展调控目标和实际情况的比较

单位：亿吨标准煤

时间	"十一五"期间		"十二五"期间	
对比项	调控目标	实际情况	调控目标	实际情况
能源消耗总量	27	32.5	40	42.99
煤炭消耗总量	17.8	22.1	26.4	27.38
能源生产总量	24.5	29.7	36.6	36.15
煤炭生产总量	18.3	22.7	29.2	26.1

资料来源：国家统计局。

2. 能源使用效率调控目标

国家"十二五"规划的能源使用效率的目标是：2015 年单位 GDP 能耗为 0.68 吨标准煤。2013 年，全国单位 GDP 能耗为 0.66 吨标准煤，[②] 已经提前完成了"十二五"目标。但这一指标在"十三五"期间仍有优化的空间。虽然从总体上看，全国单位 GDP 能耗为 0.66 吨标准煤，但在结构上优化的潜力很大。从纵向上看，不同的产业或工业部门之间差距很大，高耗能产业仍有进一步降低该指标的潜力；从横向上看，不同省份之间的差距很大，通过降低能源使用效率偏低省份的指标，亦可推动总体指标的下降。

3. 能源结构调控目标

在能源消耗结构方面，"十一五"规划要求在 2010 年实现煤炭消耗占能源消耗总量的 66.1%，与 2005 年相比下降 3 个百分点。但是，2010 年的实际煤炭消耗比重为 68%，"十一五"的调控目标并未实现，这主要是因为"十一五"期间中国经济处于高速增长时期，能源、电力的需求增速随之加快，而对煤炭的需求更是大幅度增长，降低煤炭比重的难度因而加大；"十

---

①　《能源发展"十一五"规划》，新华网，http：//news. xinhuanet. com/fortune/2007 – 04/11/content_ 5960916_ 1. htm；《国务院关于印发能源发展"十二五"规划的通知》，中国政府网，http：//www. gov. cn/zwgk/2013 – 01/23/content_ 2318554. htm。

②　《国务院关于印发能源发展"十二五"规划的通知》，中国政府网，http：//www. gov. cn/zwgk/2013 – 01/23/content_ 2318554. htm；2013 年全国 GDP 为 568845. 21 亿元，能源消费总量为 375000 万吨标准煤。

二五"规划要求煤炭消耗比重在 2015 年降到 65% 左右，而 2015 年的实际煤炭消耗比重为 63.69%，完成了目标任务。根据国务院《关于印发大气污染防治行动计划的通知》（国发〔2013〕37 号），煤炭消耗总量的调控目标是 2017 年煤炭占能源消耗总量的比重下降到 65% 以下，这一计划得以提前实施。

我们认为，"十四五"规划期间，应进一步优化能源消耗结构，大力发展其他替代能源或新能源，将煤炭消耗比重进一步降低至 55% 以下。

三　调控的内容和体系

煤炭产消总量的调控是一项极其复杂的系统工程，因此必须在不影响中国国民经济发展的前提下，站在纵观整个国民经济运行的高度，提前做好规划。在对煤炭产消量实施调控的同时，还要做好煤炭供应的各项保障工作，确保在实施煤炭总量调控后国内煤炭能够满足经济发展的合理需求。

鉴于这一调控系统的复杂性及调控关系纵横交错的特点，我们把调控系统分为若干层面。

（一）第一调控层面

第一调控层面包括两个方面：一是对国内煤炭产消总量的调控；二是对进出口煤炭的调控，后者涉及国际煤炭市场。

为了实现煤炭资源的可持续利用，需要建立煤炭供求平衡的长效调控机制。这一调控机制包括对国内和国际两个市场、两种资源的调控。在这一调控层面，以国内煤炭调控为主，国际市场调控为补充。为了实现资源与环境的协调发展和煤炭资源的可持续利用，控制煤炭产消总量是一个十分重要的任务。本章主要论述国内煤炭产消总量的调控，而对于国际煤炭市场的调控将放在第五篇中加以重点论述。

（二）第二调控层面

第二调控层面是对国内煤炭产消总量的调控，包括需求端和供给端的调控两个方面。考虑到目前中国国内煤炭巨大产消量形成的调控压力，政府应适时调整对煤炭生产和需求总量的调控政策措施，从煤炭消费端和供给端两个方面实现对国内煤炭产消总量的调控。

在这一调控层面，以需求端的调控为主，供给端的调控为辅。一般来说，市场需求决定供给，有多大的需求规模，就有多大的供给规模，但煤炭这种资源，不可能随着需求的不断增长而使供给随之相应增长。原因有两个，一是资源本身的有限性、生态环境的制约、国民经济系统的承载力等因素的限制。二是供给也会创造需求，但煤炭本身的供给增加并不能创造需求，只能是在供给的创新条件下，才能实现供给创造需求，如新能源的出现就会产生新的需求，同时又会降低对煤炭的需求。总之，对于煤炭来说，只有控制了煤炭的需求量，才可以有效实施对煤炭生产总量的控制。对需求端的控制也是煤炭总量调控的重中之重。因此，对煤炭产消总量实施调控，必须首先从消费端把煤炭需求总量控制在一定的合理水平上，减少对煤炭的过度需求。需求端的调控还将继续深化到第三调控层面，即直接调控与间接调控。

关于需求端的调控，本书将在以下各章专门加以论述。供给端的调控包括以下几个方面。

1. 科学预算煤炭开采规模，确定合理的生产能力

对于大型煤炭生产和建设基地的建设与发展，需要课题组对各矿区煤炭资源赋存状况、安全生产状况以及生态承载能力进行全面的调查和评估，科学预测并确定煤炭开采规模，确保合理的安全生产能力。与此同时，深入分析煤炭市场的变化规律，科学预测煤炭资源需求，积极引导各产煤大省以及大型煤炭企业进行合理生产，并制定合理的产能分配方案，促进煤炭市场的供需基本平衡。

2. 严格规范煤炭行业准入标准，提高煤炭行业准入门槛

近年来，在中国煤炭资源整合政策作用下，大型煤炭基地内的小煤矿数量得到了很好的控制。国土资源部相关数据显示，中国大型煤炭基地内的小型煤矿数量在2010年减少了70%。在基地外，由于煤炭资源分布相对分散，煤炭开采企业多以小型煤矿为主，这为中国煤炭产量的总量调控带来了极大的困难。按照煤炭工业发展规划要求，依照"控制东部、稳定中部、积极发展西部"的原则，优化煤矿的开发和布局，严格规范煤炭行业准入标准，提高煤炭行业的准入门槛，对非法及布局不合理、资源浪费严重、没有安全保障的各种淘汰类或限制类煤矿项目实行资源限制审批，并持续打击无证开采、超越界开采、非法转让、持勘探许可证非法开采等行为，坚决关闭一些违规建设（如未批先建、批小建大等违规行为）和对生态环境造成严重破坏的煤炭企业，从源头上控制小型煤矿的发展。

3. 深化煤矿整顿关闭政策，提高煤炭产业集中度

由于历史原因，"多、小、散、乱"的煤炭产业格局，一直都是困扰中国煤炭产业可持续发展的难题。为了有效地改变这种"多、小、散、乱"的产业格局，加快煤炭企业的兼并重组，提高煤炭产业集中度，政府出台了多种政策措施，也取得了很大成效。今后的发展方向，仍然是构建以大型煤炭企业集团为主体、中小型煤矿协调发展的产业组织结构，从而为中国下一步对煤炭总量的宏观调控创造条件。为此，必须继续深化对煤矿的整顿关闭政策，经过关、停部分中小型煤矿，特别是通过关闭沿用传统的、粗放型开采的中小煤矿，提高煤炭资源使用的集约化程度，同时积极推进煤炭企业的股份制改革，形成以大型煤炭企业集团为主体、中小型煤矿协调发展的新产业格局，通过提高煤炭产业集中度，从源头上为中国煤炭生产总量的控制提供切实保障。

4. 实行煤炭生产总量配额制度，从严控制煤炭产量的过快增长

为了加强对煤炭资源与环境的保护，提高煤炭开采与生产效率，遏制煤炭产量过快增长及产能过剩，在必要时，政府可对有关省份及其大型煤炭生产企业的产量实行配额制度，并将控制指标分解落实到各省份，促使煤炭大省加快产业结构调整与转型步伐，降低经济发展对煤炭的依赖。对于配额指标的选取，从国内市场来看，可以根据中国国有重点煤矿、地方国有煤矿以及乡镇各种煤矿的实际生产能力、运输能力以及市场需求来确定。从国际市场来看，可以根据国际煤炭市场的价格来确定，即当国际煤炭市场价格上涨时，可以适度地增加国内煤炭企业的产量配额；当国际市场煤炭价格下跌时，缩小国内煤炭企业的产量配额，通过扩大煤炭进口，增加国内煤炭储备。在调控手段上，可采取税收等经济手段对超限额生产、超能力生产等不合理的产量进行限制，鼓励煤炭生产企业按照控制指标进行生产。对于超配额生产的企业，则可采取征收追加资源税来进行调控以达到控制煤炭生产总量的目的。

（三）第三调控层面

第三调控层面是对需求端调控的深化，包括直接调控和间接调控两个方面。

直接调控和间接调控是具体的调控方法，即对煤炭消耗总量的调控可以分为直接调控和间接调控。直接调控就是直接调控煤炭的需求量，直接确定合理的煤炭消耗总量控制目标，并把调控指标层层分解落实，采用适当的调控手段，把煤炭的需求总量限制在合理的区间；而间接调控主要从调整产业结构、改善能源结构以及提高能源利用效率等方面入手，减少对煤炭资源的需求。间接调控具体包括以下三点。

第一，调整产业结构，降低高耗能产业比重。

第二，加大节能降耗力度，提高能源使用效率。

第三，大力发展替代能源，优化能源结构。

以上三项间接调控，将在第十五章、第十六章和第十七章中加以专门论述。

（四）第四调控层面

第四调控层面针对的是煤炭需求的直接调控，可分为纵向调控和横向调控两个方面，二者交叉进行，形成一个高效的调控系统。所谓纵向调控，就是将调控手段深入各产业部门，并分解落实到具体的企业；而横向调控就是以各省份为调控对象，并层层分解落实到各市县。

以上调控结构见图 14 - 1。

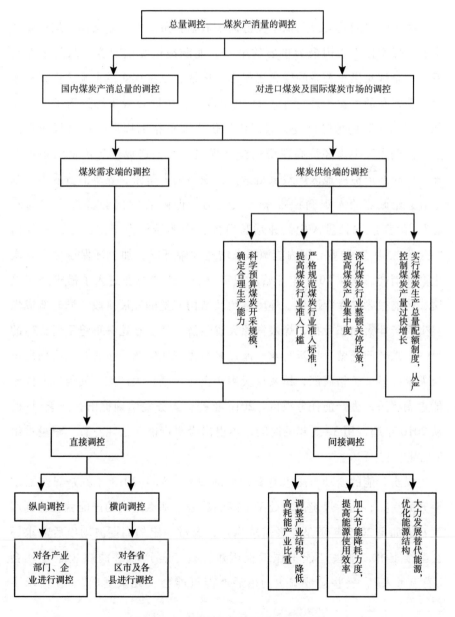

图 14 - 1　煤炭产消量宏观调控体系

四　当前煤炭供求调控形势

中国煤炭问题可以用两个关键词来概括：重要性、复杂性。从重要性来看，煤炭作为中国最为重要的第一大能源地位无法改变。从复杂性来看，一是煤炭供求关系的变化规律难以把握，二是煤炭供求及价格变动涉及错综复杂的利益关系。进入 21 世纪以后，中国煤炭市场经历了一场类似"过山车"的惊险巨变，煤炭市场供求及价格的周期变动来得非常猛烈。前期由于中国经济高速增长拉动煤炭需求，造成煤炭价格大幅度上涨，同时造成沿海地区煤炭供给紧张，铁路运力紧张，煤炭消费成本大幅上升，给政府的宏观调控带来巨大压力；但随着中国经济进入"新常态"，由高速增长进入中高速增长阶段，产业结构由"二、三、一"向"三、二、一"转型，国内能源需求增速大幅下降，加上环保压力，煤炭生产和消耗总量从 2014 年开始出现负增长，煤炭行业进入了需求增速放缓、产能过剩和库存消化、环境制约及结构调整的发展阶段，同时造成煤炭生产行业大面积亏损，煤炭资源大省经济下滑。在这一形势下所产生的另一个重要问题就是煤炭行业产能过剩与去产能问题。也正是因为前期煤炭需求旺盛，价格高涨，诱发煤炭生产企业不断扩大产能，使得行业内产能过剩严重，去产能任务艰巨。2016 年初，国务院明确提出去产能目标：从 2016 年起，用 3～5 年的时间，再退出煤炭产能 5 亿吨左右、减量重组 5 亿吨左右。[①]

煤炭产能的变动与需求有着密切的关系。如果 2013 年就是煤炭需求上升的拐点，此后煤炭需求处于下降的趋势，那么过剩的产能就会遭到淘汰；但如果 2013 年不是煤炭需求拐点，经过一定的周期波动以后需求还会继续上升，则去产能工作就很困难，处于停产状态的煤炭企业就会"卷土重来"，一些应被淘汰的落后产能可能会"死灰复燃"。在需求不

---

① 《国务院关于煤炭行业化解过剩产能实现脱困发展的意见》（国发〔2016〕7 号）。

旺、价格偏低的形势下，处于停产的煤炭企业只是处于"休眠"状态，它们在等待着市场的复苏。① 这本身是一个市场行为，似乎无可厚非，但是，市场机制主要通过价格、利润、成本之类的经济指标进行信息的传输和调节，但对资源与环境的保护不起作用。一些中小煤炭企业，生产技术落后，不顾资源与环境的保护，仅从自身利益出发，乱采滥挖，浪费严重，导致中国煤炭资源回采率非常低。要保护资源与环境、实现可持续发展，就必须淘汰落后产能和中小煤炭企业，特别是在长年资源开采导致地质环境破坏严重的地区，要限制开采，恢复生态环境，同时进行产能的优化重组，提高生产效率。这就必须依赖政府的干预，需要政府出台具体而有效的去产能政策和措施。

去产能难的另一个原因是地方政府不配合，特别是县、镇一级政府，它们处在煤炭生产的一线。本书对部分煤炭产区的政府部门和企业进行了调查。县级政府有保增长的压力（地级市在"十三五"规划的制定中，要把稳增长的指标分解落实到县一级），政府部门要应对上级政府的考核，还要关注和解决当地的经济增长、企业发展和人员就业问题。因此，对于那些煤炭在当地是支柱产业的县级政府，他们对当地煤炭行业去产能并不感兴趣，而是在等待煤炭市场的复苏，支持煤炭企业恢复生产。而企业对行业周期的判断往往带有盲目性，亦使其陷入困境。当市场旺盛、繁荣时，煤炭企业往往不能意识到可能的衰退和风险。在煤炭行业需求旺盛、钱好赚时，一些"煤老板"把资金全部押上，用于扩大产能、扩大规模，而当市场发生逆转时，他们的资金全部投入而无法撤出，导致他们对去产能难免有抵触情绪，期盼煤炭行业的复苏。但是，各级政府还是应该积极引导煤炭产能过剩地区进行产业转型，努力营造新的经济增长点，推动该地区的经济可持续发展。产业转型是资源型地区摆脱困境，规避"资源诅咒"，实现可持续发展的必由之路。煤炭产能过剩地区的县、乡

---

① 实际上，在整个重化工行业，都存在这种状况，只要需求一复苏，价格一上涨，马上就会有大量的企业再次投入生产，因为煤炭、重化工行业的生产技术很简单，只要有一定的资金周转，把工人招回，生产就能很快恢复。这也是这类行业去产能难的原因之一。

政府也应该在产业转型上做出更多的努力，而不宜依赖单一型的煤炭经济，坐等煤炭市场复苏。

然而，问题的复杂性在于，煤炭市场供求关系总是出人意料。前期的产能过剩使政府出台限产、去产能政策，但供给的下降必然导致价格的上升，而市场需求经过两年的回调之后又蓄积着上升的动力。从 2016 年 7 月、8 月开始，煤炭价格出现大幅度上涨，在此期间，国家发改委曾多次召开会议以稳定煤炭供给，抑制煤价过快上涨。但是，直到"十一"假期过后，煤炭供应仍未增加，从而导致煤价继续快速上涨，到 10 月末，煤炭以及焦炭价格均较上年翻番。下游电力、钢铁等用煤企业感受到巨大的压力，纷纷向有关部门表达诉求，增加煤炭供应，稳定煤价。进入冬季以后，气温骤降，冬储煤炭需求启动，煤炭需求总量再度上升。但是，随着冬季用煤量的激增，特别是华北、东北地区等用煤密集区的空气污染加剧，全国大气环境再度恶化。

控制煤炭需求是实现中国经济可持续发展的关键。而要控制煤炭需求，减少煤炭消耗量，需要从多方面着手，如调整和优化产业结构，降低高耗能产业比重；加快技术进步，提高煤炭使用效率，减少浪费；大力发展替代能源等。政府应为推动新能源、清洁能源的发展而出台更多的优惠政策，重点解决新能源发电问题，调动民营资本投资可再生能源的积极性；减少"弃水""弃风"现象，使可再生能源得到更有效的使用。

第十五章

产业结构的调整与高耗能产业比重的降低

　　由于中国正处在工业化快速发展阶段，因此，产业结构、工业结构均表现为能源依赖型或能源密集型。随着工业化由中后期向后工业化推进，产业结构和工业结构也将发展变化，经济发展的能源密集度也将趋于下降。而适应经济发展转型的要求，调整和优化产业结构，既是产业现代化的趋势，也符合降低能源消费的要求。二者的关系是协调统一的。

　　从总体发展形势来看，中国经济经过改革开放后40多年的快速发展，在现有发展模式下促进经济发展的各种优势和潜力已经发挥殆尽，特别是以投资拉动的粗放型发展方式的推动力已经走到尽头，面临新一轮的改革与转型。如果改革与转型获得成功，将会继续保持长期稳定的经济增长，步入发达经济体；若不能成功，就会陷入"中等收入陷阱"。转型必然涉及经济结构的调整与发展方式的转变，从而赢得新的发展动力和新的经济增长点。而结构的调整与发展方式的转变是相辅相成的，这种调整和转变同时又会促进能源消费弹性系数、能源强度的进一步下降，即将中国经济从能源密集型经济转型为能源节约型经济或能源集约型经济。

　　如上章所言，在具体的调控措施上可分为纵向调控和横向调控。在纵向调控上，由疏至密，依次对三次产业结构，轻、重工业结构和工业行业结构进行调控；在横向调控上，对各省份能源消费结构进行调控，并将调控指标层层分解落实到市、县级行政区划。

一 调整和优化三次产业结构

在相当长的时间内，中国处于工业化快速发展阶段，产业结构不合理的问题突出，最主要的表现就是农业基础薄弱，制造业大而不强，服务业发展仍然滞后，经济增长依靠第二产业特别是重化工业发展带动的格局持续了非常长的时间，但这一结构状况目前正在得到改变和优化。

改革开放以来，中国的三次产业结构从总体上看处于优化趋势。在1978 年，第一、第二、第三产业所占比重分别为 28.19%、47.88%、23.93%，第一产业所占比重接近 30%，并高出第三产业 4.26 个百分点，产业结构的农业特征十分明显。而 2013 年的三次产业比重依次为 10.1%、43.89% 和 46.09%，与 1978 年相比较，第一产业降低了 18.09 个百分点，第二产业降低了 3.99 个百分点，第三产业提高了 22.16 个百分点。第一产业比重的降低和第三产业比重的提高，说明中国的三次产业结构得到翻天覆地的优化。从 2001 年以后的变化趋势来看，第一产业所占比重几乎是呈直线形持续下降趋势，由 2001 年的 14.39% 下降至 2013 年 10.1%，下降了 4.29 个百分点；第二产业所占比重则呈抛物线形，由 2001 年的 45.15% 波动上升至 2006 年的最高点 47.95% 之后，呈波动下降趋势，并下降到该阶段的最低点 43.89%，较 2001 年下降了 1.26 个百分点，较 2006 年的最高点下降了 4.06 个百分点；第三产业所占比重呈波动上升趋势，由 2001 年的40.46% 上升至 2013 年 46.09% 的历史最高点，较 2001 年上升了 5.63 个百分点（见图 15-1），并首次超过第二产业比重，即超过第二产业 2.2 个百分点。在本阶段，第二产业比重的下降与第三产业比重的上升是标志性的结构优化的表现。2013 年也就成为中国产业发展史上具有标志性的一年，从此，中国步入"三、二、一"型的产业结构。

另据 2014 年和 2015 年国民经济和社会发展统计公报数据，2014 年第一、第二、第三产业增加值占国内生产总值的比重分别为 9.2%、42.6%、48.2%；2015 年第一、第二、第三产业增加值占国内生产总值的比重分别为 9.0%、40.5%、50.5%。第三产业比重持续上升，标志着三次产业结构持续优化，并且 2015 年第三产业所占比重首次突破 50%。

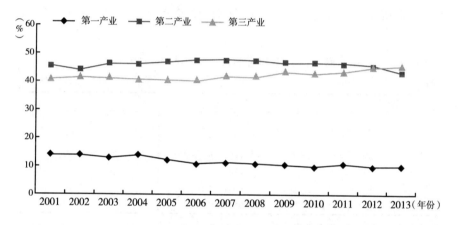

图 15 – 1　2001～2013 年三次产业结构变化

资料来源：数据由国家统计局网站（http：//data. stats. gov. cn/easyquery. htm? cn = C01）整理得来。

长期以来，中国一直是"二、三、一"型的产业结构，但 2013 年第三产业比重首次超过第二产业比重，标志着中国开始进入"三、二、一"型的产业结构。这在产业结构演进史上具有"划时代"的意义。相比之下，美国等发达国家早已进入后工业化阶段，早就进入"三、二、一"型的产业结构，美国的第三产业比重占 70% 以上，因此中国第三产业发展有着巨大的空间。第三产业的持续发展将释放出巨大的经济推动能量，并成为推动中国经济转型发展的一个重要方向和动力。与此同时，第三产业占比的上升亦意味着经济体中的能源密集程度的相对下降。

2013 年，中国能源消费总量为 361732.01 万吨标准煤（见表 15 - 1），其中，第一产业（农业）消费 6784.43 万吨标准煤，占 1.88%；

第二产业消费 258630.15 万吨标准煤，占 71.49%（其中，工业消费 252462.78 万吨标准煤，占 69.79%，近 70%；建筑业消费 6167.37 万吨标准煤，占 1.70%）；第三产业消费 56651.34 万吨标准煤，占 15.66%；生活消费 39666.09 万吨标准煤，占 10.97%（见图 15 - 2）。[①]

第二产业所耗能源总量是第三产业的 4.57 倍，工业所耗能源总量是第三产业的 4.46 倍；第二产业所耗能源占比高出第三产业 55.83 个百分点，工业所耗能源占比高出第三产业 54.13 个百分点。这样便可以算出，

表 15 - 1　2013 年有关产业能源消费占比

单位：万吨标准煤，%

有关产业	能源总量	占比
总量	361732.01	100
农业	6784.43	1.88
工业	252462.78	69.79
建筑业	6167.37	1.70
服务	56651.34	15.66
生活	39666.09	10.97

资料来源：国家统计局数据库。

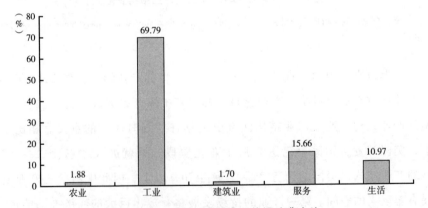

图 15 - 2　2013 年有关产业能源消费占比

资料来源：国家统计局数据库。

---

①　国家统计局网站，http://data.stats.gov.cn/easyquery.htm? cn = C01。当时的发布时间是 2014 年，但 2016 年发布的数据已经对数据进行了调整。从结构上来看，差别不大。

第二产业每降低 1 个百分点，便可少消费能源 5892.69 万吨标准煤。因此，提高第三产业比重并降低第二产业比重，便可大量减少能源消费量及煤炭消费量。

二　调整轻、重工业结构

轻、重工业比重的变化演进是反映中国经济发展历史的一面镜子。中国经济发展中的一些重大转折均可从轻、重工业比重的变化演进中反映出来。中国的轻、重工业结构变化大致分为三个阶段（见图 15 - 3），第一个阶段是中华人民共和国成立初期到 1978 年，为改变我国重工业薄弱局面，从"一五"开始我国政府就集中力量重点发展重工业，这一阶段我国重工业化特征明显。中华人民共和国成立初期，我国轻、重工业之比为 2.79∶1，轻工业规模接近重工业的 3 倍；1958 年重工业超过了轻工业，1960 年重工业产值高出轻工业 2 倍，轻、重工业之比为 33.4∶66.6。由于在这段时间，"大跃进"的极左政策的推行以及在"生产资料工业优先发展"思想的指导下，出现"大办钢铁"运动，重工业的过快发展导致了

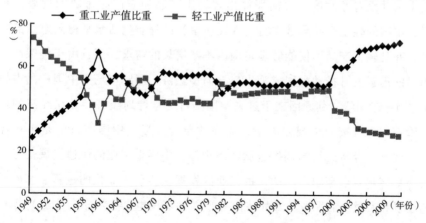

图 15 - 3　1949~2009 年中国轻、重工业产值比重

资料来源：根据中国经济与社会发展统计数据库相关数据计算得到。

轻、重工业比重严重失调，使得国家不得不对消费品实行调拨分配，整个市场处于全面短缺、凭票供应状态，从而导致重工业迅猛上升的势头得以终止。到了 1978 年，重工业比重进一步回落，轻、重工业之比降至43. 1∶56. 9。

第二个阶段是 1979 年到 20 世纪 80 年代末，在这一阶段为了提高人民的生活水平，解决人民的温饱问题，政府采取了一系列发展轻工业的举措，对轻工业实行了"六个优先"政策，即原材料、燃料、电力供应优先，挖掘、革新、改造措施优先，基本建设投资优先，银行贷款优先，交通运输优先，外汇和引进技术优先，使以纺织业为代表的轻工业获得了较快发展。1989 年轻、重工业之比为 48.9∶51.1，轻工业得到了快速发展。

第三个阶段是 20 世纪 90 年代初期至今，重工业比重持续扩大，工业经济增长明显转向以重化工业为主导的格局。1990 年我国轻、重工业之比为 49.4∶50.6，接近持平，到了 2011 年轻、重工业之比为28.1∶71.9，重工业呈现快速增长势头。这一阶段的显著特点是重工业获得了长足发展，已经成为带动我国工业发展的主要支柱产业。在这一阶段，重工业的比重达到历史最高位，超过"大跃进"之后的 20 世纪 60 年代的比重，但中国并没有像改革开放前那样出现轻工产品和农产品短缺的现象，相反，中国的轻工产品异常丰富，人民所享受的物质生活水平得到空前的提高，并且轻工产品不仅能够满足国内不断增长的需求，而且由于轻工产品出口的迅猛上升推动中国成为出口导向型经济，国际市场上中国产品占据了"半壁江山"。其原因在于过去中国实行的是计划经济，并在经济的运行管控中没有按经济规律办事；而在改革开放后，中国实行的是市场经济，政府对经济运行的调控遵循经济规律。中国重工业的快速发展是建立在市场客观需求基础之上的，重工业的发展主要受工业化的进程、基础设施建设和人民生活水平、消费结构升级（如家用电器、汽车、住房）等拉动。特别是到了 20 世纪 90 年代末以后，居民消费升级导致对住宅、小汽车、家用电器等高价值产品的需求上升，从而拉动对钢铁、建材等重化工业产品的需求，推动了重工业快速发展及重工业比重的快速上升。

德国经济学家霍夫曼将重工业化列为工业现代化的一个标志。他对各国工业化过程中消费品和资本品工业（即重工业）的相对地位变化做了统计分析，得到的结论是，各国工业化无论开始于何时，一般具有相同的趋势，即随着一国工业化的进展，消费品部门与资本品部门的净产值之比逐渐趋于下降，即"霍夫曼比例"呈现不断下降的趋势，这就是著名的"霍夫曼定理"。虽然霍夫曼的这一观点引来异议（如吴敬琏就强烈反对），但工业化进程中轻、重工业结构的演进趋势应该说是有规律的，也就是先轻工业或以轻工业为主导，然后再重工业化或以重工业为主导，最后进入以服务业为主导的发达工业化或后工业化阶段。纵观美国、日本等经济发达国家的工业化历程，还没有哪一个大的经济体没有经过重工业化阶段而直接进入了工业现代化阶段。重工业至少是比较大的经济体实现工业化的必经阶段。但是，重工业的比例扩大也会产生一系列问题。重工业是资源、能源与污染密集型产业，也就是高能耗、高资源消耗和高排放产业。因此，对于中国来说，该产业的长期高速增长必然要加重资源、能源与环境的压力，甚至要突破资源与环境的承载力，给中国经济的可持续发展带来一定的负面影响。从能源消费的角度来看，重工业的能源消费要远远高于轻工业，是中国的耗能大户，重工业过高的比重必然不可持续，需要进行调整。经济的发展总是遵循由发展到结构变动到失衡，再进行调整到再发展的路径。随着2013年中国三次产业结构进入"三、二、一"型以及因重化工业产能过剩而出现"去产能"的趋势，重工业所占比重正在出现新一轮下降趋势。

三　调整工业行业结构

根据国家统计局的分类，中国有39个工业行业（这里压缩到37个行业）。2013年，39个工业行业共消费能源252462.78万吨标准煤，而其中的七大高耗能行业的能源消耗最多：黑色金属冶炼及压延加工业59668.10万吨标准煤，化学原料及化学制品制造业36995.54万吨标准煤，非金属矿物制品业 29400.92 万吨标准煤，电力、煤气及水的生产和供应业 25618.17 万吨标准煤，石油加工、炼焦及核燃料加工业 18115.44 万吨标准煤，有色金属冶炼及压延加工业 14829.01 万吨标准煤，煤炭开采和洗选业 12339.12 万吨标准煤，合计 196966.3 万吨标准煤，占全国能源消费总量的 54.46%，占整个工业部门能源消费总量的 78%，接近 80%。如果能把这七大高耗能产业占比降低 10 个百分点，则全国能耗总量就可降低 5.4 个百分点。另有资料显示，我国电力、钢铁、化工和建材四大高耗能行业是典型的"耗煤大户"，2011 年，这四大行业的煤炭消费量占我国煤炭消费总量的比重分别为 55.3%、16.1%、14.4% 和 4.5%，共计 90.3%，而其他部门耗煤只占 9.7%。[①] 由此可见，我国煤炭需求的发展趋势，主要取决于上述四个行业的发展状况。加强对这些行业的调整便可直接降低对煤炭的消耗。

从宏观调控的角度，对行业的调控属于纵向调控，我们可以按照 ABC 分类法将各行业的能耗量进行分类，以确定调控的"重点"（A 类）、"次重点"（B 类）和"一般"（C 类）三个层次（见表 15－2）。

（1）A 类（10000 万吨以上）：包括 7 个行业，即七大高耗能产业。

（2）B 类（1000 万～10000 万吨）：共计 20 个行业，作为"次重点"调控行业。

（3）C 类（1000 万吨以下）：共计 10 个行业。

表 15－2　2013 年工业各行业能源总量和利用效率情况

序号	行业	能源消耗（万吨标准煤）	各行业能耗占工业的比重(%)	各行业能耗占全国的比重(%)
A 类	黑色金属冶炼及压延加工业	59668.10	23.63	16.50
	化学原料及化学制品制造业	36995.54	14.65	10.23
	非金属矿物制品业	29400.92	11.65	8.13
	电力、煤气及水的生产和供应业	25618.17	10.15	7.08

① 新华网，http://news.xinhuanet.com/fortune/2013-03/28/c_124513844.htm。

续表

序号	行业	能源消耗（万吨标准煤）	各行业能耗占工业的比重（%）	各行业能耗占全国的比重（%）
A类	石油加工、炼焦及核燃料加工业	18115.44	7.18	5.01
	有色金属冶炼及压延加工业	14829.01	5.87	4.10
	煤炭开采和洗选业	12339.12	4.89	3.41
B类	纺织业	6357.01	2.52	1.76
	金属制品业	3854.34	1.53	1.07
	造纸及纸制品业	3846.14	1.52	1.06
	石油和天然气开采业	3807.89	1.51	1.05
	通用设备制造业	3465.89	1.37	0.96
	交通运输设备制造业	2760.67	1.09	0.76
	农副食品加工业	2750.55	1.09	0.76
	通信设备、计算机及其他电子设备制造业	2666.75	1.06	0.74
	电气机械及器材制造业	2329.07	0.92	0.64
	黑色金属矿采选业	1842.98	0.73	0.51
	专用设备制造业	1781.84	0.71	0.49
	食品制造业	1621.32	0.64	0.45
	工艺品及其他制造业	1616.47	0.64	0.45
	医药制造业	1608.63	0.64	0.44
	化学纤维制造业	1558.00	0.62	0.43
	非金属矿采选业	1217.00	0.48	0.34
	橡胶制品业	—	—	—
	有色金属矿采选业	1180.82	0.47	0.33
	饮料制造业	1180.09	0.47	0.33
	木材加工及木、竹、藤、棕、草制品业	1152.64	0.46	0.32
C类	纺织服装、鞋、帽制造业	861.09	0.34	0.24
	塑料制品业	—	—	—
	皮革、毛皮、羽毛（绒）及其制品业	574.23	0.23	0.16
	印刷业和记录媒介的复制	400.03	0.16	0.11
	仪器仪表及文化、办公用机械制造业	311.26	0.12	0.09
	其他采矿业	305.2	0.12	0.08
	文教体育用品制造业	280.46	0.11	0.08
	烟草制品业	247.42	0.10	0.07
	家具制造业	199.41	0.08	0.06
	废弃资源和废旧材料回收加工业	107.36	0.04	0.03

续表

序号	行业	能源消耗（万吨标准煤）	各行业能耗占工业的比重（%）	各行业能耗占全国的比重（%）
1	第一产业	6784.43	—	—
2	第二产业 其中：工业 建筑业	252462.78 6167.37	—	—
3	第三产业	56651.34		
	全国总计	361732.00		

资料来源：根据国家统计局数据整理得出。

四　调整出口产品结构，降低内涵能源出口量

内涵能源，又被称为"隐含能源"，是指产品在制造、加工和运输全过程中消耗的能源总量。长期以来，我国经济运行中所消耗的能源，大量附着于出口的产品和服务中，通过国际贸易的方式实现跨地域和跨国家的对外流动，最终造成了能源的国际转移。作为世界加工厂，加工制造产品的出口给中国带来了巨额的外汇收入，创造了大量就业机会，拉动了国民经济的快速增长，对外贸易的经济贡献率在相当长的时期内处于较高的水平。但是，由于不合理的国际分工体系以及发达国家高耗能、高污染产业向发展中国家转移，加之中国科学技术较为落后，从而使中国的工业生产长期处于国际产业链的低端地位，制造加工产品目前还是占据中国产品服务出口的主导地位，并且高载能（高耗能）产品的比重很高。数据显示，中国出口总额已由 1993 年的 5284.8 亿元迅速提升至 2012 年的 129359.3 亿元，年均增长率为 18.3%。其中，高耗能的钢材产品、化学相关制品以及矿业产品的出口量也迅猛增加。就化学相关制品而言，1993 年的出口额仅为 328.3 亿元，而在 2012 年达到 8063.1 亿元。同时，钢铁的出口量也从 1993 年的 31.7 亿元快速上升到 2012 年的 3655.6 亿元。[1] 高

---

① 中经专网数据库，http：//ibe.cei.gov.cn/。

耗能、高污染的低端产品占我国出口量的 35% 左右。因此，中国的能源消费中有很大一部分是通过这些产品的出口形成了国际转移，造成了内涵能源的大规模流出。相关研究表明，内涵能源的年流出量占我国能源的年消耗总量的 27%~35%，比重很高（崔日民、王磊，2013）。其中，黑色金属冶炼及压延加工业、化学原料及化学制品制造业、非金属矿物制品业、有色金属冶炼及压延加工业等高耗能产业是中国主要的内涵能源流出部门。

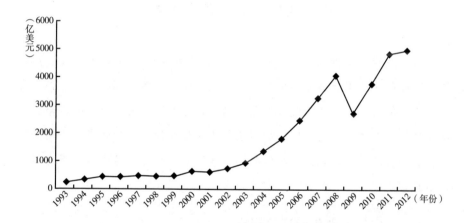

图 15 - 4　1993~2012 年化学、钢铁和矿冶相关产品出口额

资料来源：中经专网数据库，http://ibe.cei.gov.cn/。

由于中国是产品出口大国，同时也是内涵能源的流出大国，随着出口总额的继续增长，还将面临内涵能源更大规模流出的问题。这一状况将直接影响到我国节能降耗宏观调控政策目标的有效实现。在能源进口面临各种制约以及国内能耗居高不下的情况下，高能耗加工产品的大量出口已经给我国控制能源消耗带来了沉重的压力。因此，降低能源消耗的一个重要方面，就是调整出口产品结构，降低高能耗产品占出口产品的比重，减少能源通过国际贸易形式的流出。为了达成这一目标，必须消除贸易顺差中过度消耗能源的部分，不过分追求出口的扩大和高增长，在进一步突出产品结构优化的同时，推行国际贸易适度平衡战略。具体而言，应取消高能耗产品的出口退税，并开征高耗能产品的出口关税，同时加大对节能产品的税收优惠，鼓励出口企业淘汰高能耗产能。在出口产品结构调整的过程中，产品能耗强度可以作为调整的重要尺度，从而达到大幅度降低出口产品单位能耗水平的目的。此外，政府亦可通过税收等方式提高不可再生能源的使用成本，迫使出口企业采用节能设备，鼓励其在生产过程中使用新能源。

五　调整地区能源消费结构

各产业或工业行业要具体分布在各个区域或各省份及其下属行政区域，因此产业或工业行业结构的调整，在横向上要落实到各地区或各省份及其下属的市、县。从宏观调控角度来看，地区能源消费结构的调整属于横向调控，以各主要行政区，如省份作为调整对象，并由各省份再将指标进行逐层分解，落实到市、县等基层行政区划。具体调控内容或重点包括以下几点。

（一）　实行差别化的调控措施

中央政府可根据对各地区、能源总量和煤炭消费现状、空气质量等因素的综合考虑，科学设定煤炭需求总量控制指标，再将该控制指标逐层分解落实，再确定重点调控区域或目标，并根据各区域煤炭消费量及对环境污染状况的不同，实行差别化的能源和煤炭需求总量控制措施，例如雾霾污染严重的京津冀地区应率先削减燃煤使用量，通过关闭或搬迁现有的污染企业，淘汰落后产能，减少对煤炭的需求总量。通过控制能源和煤炭的需求，反过来促进各省份产业结构的改善，达到能源总量的调控与产业结构调控方向协调一致的目的。

（二）　从严控制新建煤炭项目

新建煤炭工程项目或燃煤项目的审批，应以优化煤炭需求空间布局为准则。对于重点煤炭建设项目的布局方面，要充分考察煤炭资源需求总量控制地区的煤炭资源禀赋、生态环境承载力等因素，把煤炭需求总量控制指标作为重大煤炭建设项目审批的基本约束条件，从严控制新建项目的审批准入。在重点调控地区，如京津冀地区继续控制新建燃煤电厂以及高污染项目，与此同时，增加天然气的供应量以及电力的输入量以保证该地区的能源供应。

（三）确定区域调控目标

根据国务院有关文件，我国已经开始控制区域性大气污染、燃煤项目建设及煤炭消费总量，[①] 在位于"三区九群"[②] 的京津冀、上海、浙江、江苏、珠三角、山东半岛城市群和乌鲁木齐城市群等重点区域开展煤炭总量控制试点，初步提出了煤炭消费总量控制目标，即到 2015 年，北京的煤炭消费总量要控制在 2000 万吨，天津、河北煤炭消费总量增幅控制在 15% 以内；珠三角、上海、乌鲁木齐城市群实现煤炭消费总量零增长；浙江省、江苏省以及山东半岛城市群煤炭消费总量增幅控制在 10% 以内。

然而，上述"三区九群"的区域调控模式只是一种参考性、指导性的目标，在行政上并无约束力，而根据各省份行政区划的能耗状况进行目标设定，再层层分解，调控力度更有效，也更具针对性。由于各省份的煤炭消耗状况还很难了解，但可以通过控制能耗总量来达到控制煤炭消费的目的。根据各省份能耗总量和万元地区生产总值能耗水平，我们可以进行 ABC 分类，以确定调控重点。

1. 以能耗总量分类

A 类（20000 万吨以上）：在 A 类省份中，能耗总量最高的省份是山

---

① 参见《国务院办公厅转发环境保护部等部门〈关于推进大气污染联防联控工作改善区域空气质量指导意见的通知〉》。

② 目前我国煤烟型污染较为突出的区域为"三区九群"，"三区"主要指京津冀地区、长三角地区、珠三角地区，"九群"主要指辽宁中部城市群、山东半岛（青岛、济南、烟台、淄博、威海、潍坊、日照、东营八个地级市及以上城市）、武汉及其周边、长株潭、成渝、海峡西岸、陕西关中、山西中北部和乌鲁木齐城市群（乌鲁木齐、昌吉、五家渠、阜康共一个地级以上城市和三个县级市）。

东省，其 2012 年能耗总量高达 38899 万吨标准煤，以下河北、广东、江苏能耗总量较为接近，我们把这 4 个省及河南、辽宁、四川列为 A 类。

B 类（10000 万 ~ 20000 万吨）：内蒙古、山西、浙江、湖北、湖南、黑龙江、新疆、上海、安徽、福建、陕西、云南能耗总量在 10434 万 ~ 19786 万吨，可列为 B 类。

C 类（10000 万吨以下）：其他如贵州、吉林、重庆和广西等 11 省份能耗总量在 1 亿吨以下的列为 C 类（见表 15 - 3）。

但能源消费总量受各省份的经济总量、人口规模等因素的影响并不能直接列为重点调控目标，而要看各省的能源使用效率，即万元地区生产总值的能耗水平，能源消费总量只是一个参考指标。

表 15 - 3　2012 年各省份能源消费总量及万元生产总值能耗水平（按消费总量分）

调控程度	省份	能源消费总量（万吨标准煤）	万元地区生产总值能耗（吨标准煤/万元）
A 类	山东	38899	0.78
	河北	30250	1.14
	广东	29144	0.51
	江苏	28850	0.53
	河南	23647	0.80
	辽宁	23526	0.95
	四川	20575	0.86
B 类	内蒙古	19786	1.25
	山西	19336	1.60
	浙江	18076	0.52
	湖北	17675	0.79
	湖南	16744	0.76
	黑龙江	12758	0.93
	新疆	11831	1.58
	上海	11362	0.56
	安徽	11358	0.66

续表

调控程度	省份	能源消费总量 （万吨标准煤）	万元地区生产总值 能耗（吨标准煤/万元）
B类	福建	11185	0.57
	陕西	10626	0.74
	云南	10434	1.01
C类	贵州	9878	1.44
	吉林	9443	0.79
	重庆	9278	0.81
	广西	9155	0.70
	天津	8208	0.64
	北京	7178	0.40
	江西	7233	0.56
	甘肃	7007	1.24
	宁夏	4562	1.95
	青海	3524	1.86
	海南	1688	0.59

注：缺失西藏数据。

2. 以万元地区生产总值能耗水平分类

从万元地区生产总值能耗水平来看，按照国家"十二五"规划的能源使用效率的目标，即 2015 年万元 GDP 能耗为 0.68 吨标准煤，北京、广东、浙江、江苏、江西、上海、福建、海南、天津、安徽已经达到目标，其中北京最低，为 0.40 吨标准煤/万元。其他如广西、陕西、湖南、山东、吉林、湖北已经接近目标值。同样，我们也可以按 ABC 分类的方式来确定调控重点。

A 类（1 吨标准煤/万元以上）：宁夏、青海、山西、新疆、贵州、内蒙古、甘肃、河北、云南 9 省份万元地区生产总值能耗在 1 吨标准煤以上，能源使用效率偏低，可列为 A 类。

B 类（0.8～1 吨标准煤/万元）：河南、重庆、四川、黑龙江、辽宁 5 省份万元地区生产总值能耗在 0.8～0.95 吨标准煤，可列为 B 类。

C 类（0.7～0.8 吨标准煤/万元）：广西、陕西、湖南、山东、吉林、湖北万元地区生产总值能耗在 0.7～0.79 吨标准煤，接近目标值，可列为 C 类。

D 类（0.68 吨标准煤/万元以下）：其他已达标的省份列为 D 类。

从这一分类可以看出，能源使用效率低的省份集中在西部地区。各省份均有提高能源使用效率的责任，但重点有所不同，A 类省份责任更加重大，也是调控的重点省份。在这些 A 类省份中，河北的能耗总量也排在 A 类，可谓重中之重，其在京津冀地区的能耗和环境影响十分突出；山西、内蒙古两省份能源消耗总量进入了 B 类，因此也属于重点调控对象；对于已经达标的省份，还应继续努力提高能源使用效率，向国际先进水平看齐。

表 15 - 4　2012 年各省份能源消费总量及万元生产
总值能耗水平（按能源消费效率分）

调控程度	省份	能源消费总量 （万吨标准煤）	万元地区生产总值 能耗（吨标准煤/万元）
A 类	宁夏	4562	1.95
	青海	3524	1.86
	山西	19336	1.60
	新疆	11831	1.58
	贵州	9878	1.44
	内蒙古	19786	1.25
	甘肃	7007	1.24
	河北	30250	1.14
	云南	10434	1.01
B 类	辽宁	23526	0.95
	黑龙江	12758	0.93
	四川	20575	0.86
	重庆	9278	0.81
	河南	23647	0.80
C 类	湖北	17675	0.79
	吉林	9443	0.79
	山东	38899	0.78
	湖南	16744	0.76
	陕西	10626	0.74
	广西	9155	0.70

续表

调控程度	省份	能源消费总量 （万吨标准煤）	万元地区生产总值 能耗（吨标准煤/万元）
D 类	安徽	11358	0.66
	天津	8208	0.64
	海南	1688	0.59
	福建	11185	0.57
	上海	11362	0.56
	江西	7233	0.56
	江苏	28850	0.53
	浙江	18076	0.52
	广东	29144	0.51
	北京	7178	0.40

注：缺失西藏数据。

六　结构调整的主要方向或措施

（一）三次产业结构的调整

三次产业结构的调整方向就是继续扩大第三产业比重，缩小第一、第二产业比重，使中国的产业结构向后工业化阶段、发达经济体模式过渡。而第三产业比重的扩大，并不意味着要削弱第一、第二产业，而是要使第一、第二产业向高度化、深度化纵深发展。

第一，大力发展现代农业。现代化、科技化是现代化农业最重要的特点，走现代化农业之路，就是要依靠科技进步，通过推进农业的现代化、科学化、专业化、规模化和生态化实现农业的高产、优质、高效、低耗、可持续发展，并通过农业的集约化经营减少对能源的消耗。

第二，加快推进工业现代化。通过第二产业内部结构的优化调整，实行产业结构的升级，转变发展方式（即由粗放型发展方式转变为集约型发展方式），提高技术和管理水平，加快技术和管理创新，推动产业的科技进步，促使第二产业向深加工推进，这既是工业现代化的趋势或要求，也符合降低能源消费的方向。

第三，积极发展现代服务业。传统的服务业由于科技含量低、对能源的消耗较高，因而传统服务业的发展对降低能耗的作用并不明显。而技术、智力、知识相结合的现代服务业，则能够直接或间接减少对能源的消耗，对生态环境产生较少的污染。并且，现代服务业所产生的增加值要远高于传统服务业，因而，现代服务业的发展可以降低能源消费强度，即单位增加值的能源消费。另外，现代服务业能够与其他产业部门进行高度渗透和融合，形成与第二产业之间的良性互动机制，从而可以为我国高新技术产业、先进制造业创造良好的发展环境，并可全面提高能源使用效率，以及减少对煤炭资源的依赖和对煤炭资源的需求。

总之，实现三次产业结构的深化调整以及工业产业结构内部的优化，存在很大的空间，还有很长的路要走。通过大力发展现代农业、加快推进工业现代化、积极发展现代服务业，实现工业化、信息化和农业现代化"三化"的深度融合，走一条能源集约化的产业发展道路，全力构建具有中国特色的现代化节能型产业体系，则是中国经济可持续发展的必然要求。

（二）工业结构的调整

在促进第三产业发展的同时，要推动当前的工业化向后工业化转型。这种转型依赖于工业结构的调整、优化与升级。工业结构调整的过程更加复杂，任务也更加艰巨。在当前形势下，需要解决以下问题。

1. 调整重化工业，压缩过剩产能

长期以来，中国经济增长的特点就是投资拉动型，表现为粗放型的特征。投资拉动型的经济增长所带来的负面效应之一，就是引起产能过剩。随着十多年的以重化工业为特征的高速经济增长，整个重化行业均出现不同程度的产能过剩问题，电力、钢铁、建材以及化工等高耗能产业或七大高耗能产业都存在较为突出的产能过剩问题。[①] 虽然近年来我国政府加大了淘汰落后产能的力度，但是，由于长期积累的结构性矛盾比较突出，一些行业落后产能的比重依然较大。在电力行业，《中国机电工业》刊物数据显示，2012 年我国变压器行业产能利用率仅为 50% 左右，光伏设备行业产能利用率只有不到 60%，风电设备行业产能利用率不到 70%，核电设备行业、水电设备行业、火电设备行业产能利用率在 70% ~75%，产能过剩严重（邓伟，2013）。在钢铁行业，冶金规划研究总院调查的数据显示，2012 年我国粗钢产能约为 9.7 亿吨，粗钢产量为 7.2 亿吨，产能利用率约为 74%，以此推算，保守估计，我国钢铁行业产能过剩超过 2 亿吨。在建材行业，中国建筑材料联合会发布的统计数据显示，2012 年我国水泥产能约为 30.7 亿吨，产量为 22.1 亿吨，产能利用率为 72%；平板玻璃产能约为 10.07 亿重量箱，产量为 7.6 亿重量箱，产能利用率为 75%，产能严重过剩。在化工行业，中国化工信息网的相关数据显示，2012 年，我国化工行业有 60% ~70% 的产品的生产存在产能过剩，其中电石的产能利用率仅为 53.8%，PVC（聚氯乙烯）的产能利用率为 56.3%，甲醇的产能利用率仅为 60.2%，烧碱的产能利用率为 72.2%，磷肥产能利用率为 78%。此外，根据中国有色金属工业协会数据，2012 年我国电解铝的产能为 2700 万吨，产量为 2000 万吨，产能利用率为 74.07%。以上产业的产能过剩情况均很突出。

产能过剩说明这些行业的生产能力超出了市场的实际需求，其原因是投资拉动，实质上是政府行为产生的投资拉动，并造成产业扩张与市场的脱节，从而导致资金的浪费。调整结构，压缩产能，保持合理的产业规模，才能实现国民经济的协调发展，并使能源得到合理利用。上述 2012 年的统计数据显示中国各大高耗能产业出现不同程度的产能过剩，这种产

---

① 通常认为，产量/有效产能比值，即产能利用率在 80% ~95% 是正常状态，超过 95% 属超负荷运行，小于 80% 则属产能过剩。

能过剩的累积，在两三年后终于爆发出来，即从 2014 年开始，一些重化工业企业出现停产现象，而到 2015 年以钢铁为代表的重化工业企业大面积停产，造成重化工业密集的地区经济增长下滑，给相关地区政府形成巨大的稳增长的压力。

对过剩的产能可从两方面进行处理。一是坚决淘汰落后产能或不上规模经济的中小企业，特别是长期遗留下来的"五小企业"。落后产能和中小企业同时也是耗能大户，能源利用效率极低。淘汰这类企业同时也是当前节能降耗与环境保护的需要。这类企业虽然规模小，未达到规模经济的要求，但却很灵活，也能获得地方政府的支持，一旦经济复苏，有了微小的利润空间，它们就能很快恢复生产。应通过这一波结构调整，将这类企业彻底淘汰，以免"死灰复燃"，形成新的资源与环境问题。二是向国外转移。当前，金砖国家、发展中国家间的基础设施大联通等建设正在形成新的国际性的产业转移和结构调整的一波浪潮，因为基础设施大联通所产生的产业转移的潜在需求是存在的。从市场因素和成本—收益的角度来看，跨国间基础设施建设必然要推动相应的产业转移。例如，中国要参与巴西的基础设施建设，其所需建筑材料若能够视其建设规模而在当地建厂直接供应可能更加划算。如钢铁，若由中国生产并提供，从巴西进口铁矿石，在中国生产钢铁，然后再运往巴西，其中的运输成本、时间成本及其他各种交易成本要远高于在巴西直接建厂、就近供应。而上述各种过剩的产能均可利用金砖国家、发展中国家间的基础设施大联通建设机会进行产业转移，这种产业转移同时亦可利用别国的能源进行生产，从而降低了中国的能源消耗。亚投行的建立和国家"一带一路"倡议的实施，为我国重化工业过剩产能的转移开拓了道路。

2. 降低高耗能产业比重，促进能耗降低

在工业内部的结构转换中，一方面对煤炭依赖程度低的资金和技术密集型产业，如医药制造业，通信设备、计算机及其他电子设备制造业，农副食品加工业等要加大扶持力度，通过技术创新和产业转型，促进新兴科技与新兴产业深度融合，不断发展高新技术产业、先进制造业，在做大高科技产业基础上，大力发展低能耗、低污染、高附加值的战略性新兴产业。通过提高自主创新能力，达到用新技术、新产业替代传统低端制造业的目的。这样不仅可以推动工业的现代化，提高经济效益，还可以提高能源使用效率，相对减少能源的消耗。此外，对于高耗能产业，要提高行业准入标准，遏制高耗能产业的投资和低水平重复建设；建立合理、有效的高耗能产品淘汰制度，加快淘汰高投入、高污染、高能耗的产业，降低高耗能产业的比重；同时，综合运用经济、税收、法律以及必要的行政手段，限制高耗能产品的出口，从而减少产品内涵能源的出口转移。

3. 调整产业链结构，压缩初级产品的规模

调整产业链结构就是压缩高能耗、资源型初级产品的规模，促进有关产业向下游产业扩张。由于能源消耗密集的产业集中在重化行业，调控重点也就集中在重化行业。工业的初级加工往往能耗很高，而越往下游产业延伸，随着加工深度的提高能耗则趋于下降，同时产品的附加值及科技含量亦随之增加。这种产业链结构调整的方向或发展方式转型的方向也是与降低能耗的方向一致的。重化工业中的黑色金属和有色金属冶炼行业也是资源密集型行业，其所需原料，如铁矿石、铝土矿等矿产资源依赖国外进口，而我国没有能力调控这些矿产资源的国际市场价格，因而无法控制国际资源价格的上涨导致的我国金属冶炼产业的成本上升。因此，有鉴于初级产品比重过大、能源和资源消耗过高，能源使用效率低下，应该缩小初级产品的比重，引导产业链向下游产业延伸，以扩大高附加值、高科技含量的下游产业的比重。这不仅可以提高能源使用效率，有效促进节能降耗目标的实现，而且可以优化重化工业内部结构，提高产业的附加值和科技含量，推动产业经济效益的提升。

中国工业的转型已经是大势所趋。这种转型依赖于工业结构的调整，大力发展高科技含量、高附加值、深加工度的工业，即由粗放型工业向集约型工业转型，由初级加工向深加工转型，由低附加值、低技术工业向高附加值、高技术工业转型。40 多年来，中国工业的发展主要集中在科技含量低、附加值低的初级产品，资源与能源密集型重化工业产品，如钢铁（粗钢）、水泥等，而成千上万种高附加值、高技术含量的特种钢、精细化工产品等下游产品，主要依赖进口。由于资源环境的限制，我们已经不能继续大规模而粗放地发展重化工业了，粗放型重化工业的发展也已经走到尽头。随着刘易斯拐点的出现以及老龄化趋势的加剧，中国已经出现劳工短缺，人口红利亦已经消失，发展粗放的劳动密集型产业也已走到尽头，需要向技术密集型、知识密集型转型。

从宏观层面上看，中国经济在经过改革开放后 40 多年的快速发展，在现有的发展模式下的促进经济发展的各种优势和潜力已经发挥殆尽，特别是以投资拉动的粗放型发展方式的推动力已经走到尽头，面临新一轮的改革与转型。如果改革与转型获得成功，将会继续保持长期稳定的经济增长，步入发达经济体；若不能成功，就会陷入"中等收入陷阱"。因此，中国的改革进入了"深水区"，而产业的发展与结构的调整也进入了攻坚克难阶段，已经没有平坦之路可走。中国在新的发展时期遇到了前所未有的挑战。能否推动深化改革，成功完成结构调整与发展方式的转型，越过"中等收入陷阱"，步入发达经济体，是对中华民族智慧和能力的考验与挑战。

第十六章

节能降耗与能源使用效率的提高

节能降耗是我国转变经济发展方式、实现经济又好又快发展的需要。长期以来，中国能源效率总体水平低下，单位 GDP 能耗比世界平均水平高出许多。近年来，随着中国节能政策的不断落实，节能降耗取得了显著成效，"十一五"期间，中国以能源消费年均 6.6% 的增速支撑了国民经济年均 11.2% 的增速，能源消费弹性系数实现了较快下降，由 1.04 下降到 0.58，单位 GDP 能耗下降了 44.2%。同 2005 年相比，2010 年火电供电耗煤由 370 克标准煤/千瓦时下降到 333 克标准煤/千瓦时，下降了 10%；吨钢综合能耗由 732 千克标准煤下降到 681 千克标准煤，下降了 7.0%；水泥综合能耗下降了 19.7%，乙烯综合能耗下降了 11.5%，合成氨综合能耗下降了 3.8%（国家统计局能源统计司，2012），能效水平大幅度提高。到了 2012 年，根据国家发改委的估算，中国单位 GDP 能耗下降了 3.5% 以上，能源消费弹性也由 2011 年的 0.76 下降到 0.51，能源使用效率得到了显著提升。

但是，从国际比较来看，中国能耗水平与世界先进水平相比，还存在很大差距，如 2010 年，中国火电厂供电煤耗 333 克标准煤/千瓦时，是意大利 275 克标准煤/千瓦时的 1.21 倍；吨钢综合能耗 681 千克标准煤/吨，是日本 612 千克标准煤/吨的 1.11 倍；水泥综合能耗 143 千克标准煤/吨，是日本 119 千克标准煤/吨的 1.20 倍；乙烯综合能耗 950 千克标准煤/吨，是中东地区平均值 628 千克标准煤/吨的 1.51 倍；合成氨综合能耗 1587 千克标准煤/吨，是美国的 990 千克标准煤/吨的 1.60 倍。不过，中国的能耗水平与世界先进水平的差距也在缩小。如中国火电厂供电煤耗与意大利的差距由 2005 年的 1.28 倍缩小至 2010 年的 1.21 倍；吨钢综合能耗与日本的差距由 2005 年的 1.14 倍缩小至 2010 年的 1.11 倍；水泥综合能耗与日本的差距由 2005 年的 1.40 倍缩小至 2010 年的 1.20 倍；乙烯综合能耗与中东地区平均值的差距由 2005 年的 1.71 倍缩小至 2010 年的 1.51 倍；合成氨综合能耗与美国的差距由 2005 年的 1.67 倍缩小至 2010 年的 1.60 倍（见表 16-1）。这一方面说明，中国综合能耗水平正在降低，与世界先进水平的差距正在缩小；另一方面也说明中国综合能耗水平还可进一步降低，因而应加大节能降耗力度，提高能源以及煤炭资源的使用效率。

总体来说，综合能耗水平的降低和能源利用效率的提高，还需在以下方面做出努力：继续降低能源消费弹性系数和能源消费强度，提高能源加工转换效率，调控能源效率的价格效应和能源消费回弹效应，淘汰落后产能和采用先进工艺技术，大力发展节能产业，等等。

表 16-1　中国能耗水平与世界先进水平的比较

国家（地区）	2005 年	2010 年
火电厂供电煤耗（克标准煤/千瓦时）		
中国	370	333
意大利	288	275
吨钢综合能耗（千克标准煤/吨）		
中国	732	681
日本	640	612
水泥综合能耗（千克标准煤/吨）		
中国	178	143
日本	127	119

续表

国家(地区)	2005 年	2010 年
乙烯综合能耗(千克标准煤/吨)		
中国	1073	950
中东地区平均值	629	628
合成氨综合能耗(千克标准煤/吨)		
中国	1650	1587
美国	990	990

资料来源:《中国能源统计年鉴 2012》。

一　降低能源消费弹性系数

能源消费弹性系数是指在一定时期内某一国家或区域能源消费增长速度与 GDP 增长速度的比值,它是反映能源消费增长速度与国民经济增长速度之间比例关系的指标。这一指标也可反映能源使用效率。能源消费弹性系数与能源使用效率一般呈反比趋势。能源消费弹性系数低说明,用较少的能源消费增速推动较高的经济增速。因此,一般来说,能源消费弹性系数偏大,可在某种程度上反映某经济体能源使用效率偏低,而该系数较小则反映其能源使用效率较高。在工业化初期,能源使用效率一般偏低,而到了中后期,随着能源使用技术的提高,能源使用效率也随之提高。

(一) 中国能源消费弹性系数的变化趋势

图 16-1 显示了中国 1978~2012 年能源消费弹性系数的变化情况。总体上来看,1978~2012 年,中国能源消费弹性系数处于剧烈波动状态。在这 34 年中,能源消费弹性系数有 3 年大于 1(1989 年、2003 年和 2004 年),有 1 年小于零(1981 年),其余年份都在 0.5 左右徘徊,其中最高点是 2005 年的 1.6,最低的是 1981 年的 -0.26。1978~2012 年,中国能

源消费弹性系数平均为 0.581，如果剔除以上 4 个特殊年份，能源消费弹性系数平均为 0.528，如果单独考察以上 4 个特殊年份，则中国平均能源消费弹性系数为 0.976。

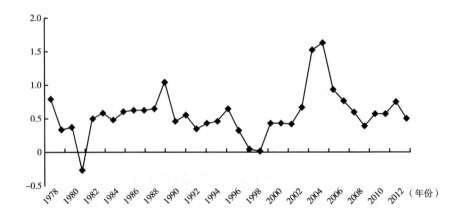

图 16 - 1　1978～2012 年中国能源消费弹性系数变化趋势（1978 年不变价）

资料来源：根据中国经济与社会发展统计数据库相关数据计算得来。

　　从 21 世纪开始，中国能源消费弹性系数出现了大幅波动。2002～2004 年，能源消费弹性系数呈现逐年上升趋势，在 2004 年一度达到 1.60 的历史最高水平。其主要原因，首先，在这一时期全社会固定资产投资增长加快，高投资带动了钢铁、水泥等高耗能产业的高速发展，从而导致了能源消耗的快速增长。其次，从工业结构来看，2002～2004 年，中国重工业比重不断提高，也是能源消耗快速增长的重要原因。2005～2012 年，中国能源消费弹性系数整体呈现波动下降趋势，2013 年降为 0.48，2014 年则降为 0.29，总体趋势向好。在此期间，为防止经济过热及高增长所带来的能源、资源消耗过快、污染加剧等问题，国家曾采取多种调控措施，并取得了很大成效。具体包括：政府加大了对落后产能的淘汰力度；节能减排措施的逐步实施，提高了能源使用效率，导致了能源消费增长速度的下降；工业技术水平的提高，降低了能耗，提高了能源使用效率。

（二） 能源消费弹性系数的国际比较

从能源消费弹性的国际比较来看，从 2008 年开始，中国的能源消费弹性系数一直低于俄罗斯，2012 年低于英国，实际上已经处于国际先进水平，但与美国和日本相比，情况有所不同，2011～2012 年，美国与日本的能源消费弹性系数均为负值，说明这两个国家能源消费增长率在下降，带有库兹涅茨倒 U 形曲线特征。中国的调整方向也应是库兹涅茨倒 U 形曲线，即随着经济的发展，能源消费量呈下降趋势。因此，中国还应向先进国家看齐，进一步降低能源消费弹性系数，往负值逼近，从而改变经济增长方式的能源拉动型模式。

表 16 - 2　能源消费弹性系数的国际比较

年份	2004	2005	2006	2007	2008	2009	2010	2011	2012	2013
中国	1. 60	0. 93	0. 76	0. 59	0. 41	0. 57	0. 58	0. 76	0. 51	0. 48
俄罗斯	0. 04	0. 10	0. 36	0. 03	0. 45	0. 77	1. 90	0. 95	—	—
英国	- 0. 07	0. 15	- 0. 60	- 1. 06	1. 71	1. 09	1. 64	- 6. 10	0. 78	—
美国	0. 54	0. 14	- 0. 36	0. 98	- 1. 03	1. 76	0. 94	- 0. 59	- 0. 96	
日本	1. 36	- 0. 29	- 0. 08	- 0. 40	3. 70	0. 85	1. 23	- 0. 61	- 1. 12	—

资料来源：以上数据由 EPS 能源消费量和国内生产总值计算得来。

二　降低能源消费强度

能源消费强度是指在一定时期内一个国家或地区每生产一单位的国内（地区）生产总值所消耗的能源数量，简称单位 GDP 能耗。它能综合反映经济发展对能源的依赖程度以及能源利用效率水平，其影响因素主要有能源消费构成、经济增长方式、能源利用技术水平等多项内容。中国所用能源强度的单位是吨标准煤/万元。

（一）中国能源消费强度的变化趋势

图 16 - 2 显示了中国 1989 ~ 2011 年总体能源强度的变化情况（按 1989 年不变价计算）。中国在近 22 年间能源消费强度总体呈现持续下降态势。1978 ~ 2002 年，能源消费强度整体呈现快速下降的趋势，由 1978 年的 15. 68 吨标准煤/万元下降至 2002 年的 4. 87 吨标准煤/万元，年均下降率高达 4. 76%。这一时期中国能源消费强度呈现大幅度持续下降的主要原因可以归纳于两点：一是改革开放后随着技术和工艺水平的不断提高，以及新设备的大量引进，大大提高了能源利用效率；二是中国工业结构出现轻型化趋势，重工业比重逐步下降，轻工业比重逐年提高。

2003 ~ 2005 年，能源消费强度短期内小幅度上升，由 2003 年的 5. 1 吨标准煤/万元上升到 2005 年的 5. 35 吨标准煤/万元，年均增长率为 2. 42%，造成能源消费强度由下降逆转为小幅上升的主要原因在于中国当时正处于城市化、工业化中期阶段，大规模基础设施建设、大型重工业投资以及房地产投资等因素，使得钢铁、水泥、建材、化工等高耗能产业得到快速发展，从而推动了能源消费量短期内快速增长，使得能源消费的增长速度超过了经济增长速度，即能源消费弹性系数超过了 1。

为防止经济过热及高增长所带来的能源、资源消耗过快等问题，国家有关部门采取了许多有针对性的宏观调控措施，特别是从 2006 年开始，为实现"十一五"时期节能降耗目标，进一步加大了对能耗高的行业的调控力度。这一调控措施取到了一定的效果，2006 年，全国万元 GDP 能耗降为 5. 20 吨标准煤，比上年下降了 2. 7%，到 2010 年降低为 4. 33 吨标准煤/万元，基本完成了"十一五"时期我国节能减排的目标任务，即到 2010 年的万元 GDP 能耗比 2005 年下降 20%。到了 2012 年，我国能源消费强度降到 4. 10 吨标准煤/万元，为 1978 年改革开放以来的历史最低水平。

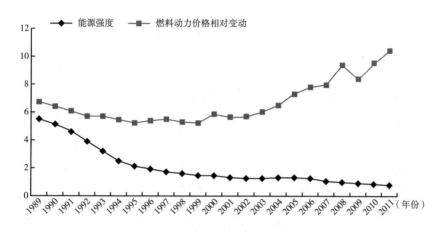

图 16 - 2　1989 ~ 2011 年中国能源强度变化趋势（1989 年不变价）

资料来源：根据中国经济与社会发展统计数据库相关数据计算得来。

（二）能源消费强度的国际比较

国际上能源消费强度单位是吨油当量/万美元。从国际比较来看，中国能源消费强度偏高，反映出中国能源利用效率偏低，与国际先进水平差距很大，不仅远低于发达国家水平，而且低于同为发展中国家的印度（见表 16 - 3 和图 16 - 3）。2012 年中国能源消费强度为 3.32 吨油当量/万美元，是美国的 2.35 倍，日本的 4.15 倍，德国的 3.61 倍，加拿大的 1.83 倍，印度的 1.08 倍。这也反映出，中国能源消费强度下降空间很大。也可看出，虽然目前中国能源消费强度下降幅度明显，但是由于能耗基数大，高耗能产业比重高，发展方式粗放，能源利用效率依然偏低，因此，在降低能源消费强度、提高能源使用效率方面，中国还应向其他国家看齐，采取有效措施，加快追赶速度。如果分阶段确立调控目标，分别以印度（3.06 吨油当量/万美元）、加拿大（1.81 吨油当量/万美元）和美国（1.41 吨油当量/万美元）作为调控目标，那么赶超印度可以在近几年尽快实现，而赶超加拿大和美国虽然有一定的难度，但也具有可行性。如果中国能源消费强度能够接近国际先进水平，则中国经济的发展对能源和煤炭的依赖程度将大大降低。

表 16 – 3　2012 年中国能源消费强度的国际比较（按汇率计算，现价）

国家	能源消费总量 （万吨油当量）	GDP 总量（亿美元）	能源消费强度 （吨油当量/万美元）
美　国	220880	156800	1.41
日　本	47820	59600	0.80
德　国	31170	34000	0.92
加拿大	32880	18210	1.81
印　度	56350	18420	3.06
中　国	273520	82270	3.32

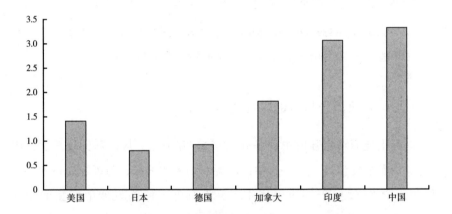

图 16 – 3　2012 年中国能源消费强度的国际比较

资料来源：各国 GDP 总量数据来自世界银行数据库；各国能源消费量数据来自《BP 世界能源统计报告（2013）》。

　　降低万元 GDP 能耗可从两个方面进行：一是直接降低能耗水平，二是提高单位能耗的 GDP 水平。要实现这样的目标，与前述结构调整密切相关：一是调整三次产业结构，扩大第三产业比重；二是调整工业结构，适当缩小重工业比重，提高轻工业比重；三是调整工业产业链结构，缩小上游产业比重，扩大下游产业比重。而调整重化工业结构则会产生更加明显的效果。由于重化工业属于能源密集型产业，通过调整重化工业内部结构，严格控制重化工业初级产品的扩张，推动该产业向下游产业扩张，既能加快中国工业现代化的进程，提高产业的经济效益，同时又能有效促进节能降耗目标的实现。将工业产业链向下游产业扩张可同时降低能耗水平和提高单位能耗的 GDP 水平，从而从两个方面更快实现节能降耗目标。重化工业初级产品，多为耗能高的能源密集型和资源密集型产品，而往下游产业链扩张，能耗水平则随之降低，同时产品的科技含量和附加值亦随之增加，因此单位 GDP 能耗水平将得到有效降低。

三　提高能源加工转换效率

能源加工转化率是指在一定时间内经过加工、转换产出的各种二次能源产品数量占同期内各种能源加工转换投入量的比例，其中能源加工一般只是能源物理形态的变化，如原煤经过洗选成为洗煤，原油经过炼制成为汽油、柴油等；能源转化则是指能源流程中能源由一种形式转化成为另一种形式，如电能转化成热能、热能转化成机械能、机械能转化为电能等。由于能源加工转化损失量直接形成核算单位 GDP 能耗指标的能耗总量，因此，它是体现能源利用效率好坏、生产工艺先进与落后、管理水平高低等方面的重要指标。其计算公式为：能源加工转换率 = 能源加工、转换产出量/能源加工、转换投入量×100%。

2010 年中国能源加工转化总效率为 72.86%，比 1983 年上升了大约 3 个百分点，27 年间年均增长率为 0.15%，能源加工转化总效率提高得十分缓慢，并且，1983～1994 年，中国能源加工转化率短期内小幅下降，由 1983 年的 69.93% 下降到 1994 年的 65.2%，降低了 4.73 个百分点。随后，中国能源加工转化率呈现逐年上升的趋势，由 1997 年的 69.8% 上升到 2014 年的 73.5%，上升了 3.7 个百分点，造成这一变化的主要原因在于中国重点耗能工业企业能源的深加工能力增强，能源利用率得到了进一步提高。近年来，中国能源加工转化率虽然一直处于上升趋势，但提升幅度有限，在世界范围内，依然处于一个较低的水平，仍有很大的提升空间。

2014 年中国发电及电站供热加工转化率为 43.6%，比 1983 年的 36.49% 上升了 7.11 个百分点；2014 年中国炼焦加工转化率为 95.1%，比 1983 年的 91.1% 上升了 4 个百分点；只有炼油加工转化率出现下降，由 1983 年的 99.16% 下降至 2014 年的 97.5%，下降了 1.66 个百分点。能源加工转化中的发电及电站供热、炼焦、炼油等行业均属于高耗能行业，大量消耗一次能源，在转化成二次能源过程中损失较大。

从以上各项指标来看，只有炼油加工效率在下降，说明随着炼油规模的扩大，出现了粗放化趋势。由于石油毕竟是稀缺的、不可再生的能源，炼油效率应该大力提高。由于炼油企业大多是国有企业，并且两大国有石油企业均可享受高额的补贴，因此国有企业的低效导致炼油加工的低效，这有必要进一步放开石油开采、进口、加工领域，引入竞争机制，促进石油加工行业的生产效率和加工转化效率的提高。发电及电站供热转化效率最低，加上其巨大的权重，拉低了能源加工转化的总效率。虽然发电及电站供热效率处于提升趋势，但总体上仍有巨大的上升空间。发电及电站供热所需能源是煤炭，也是煤炭使用的主要领域。因此，需继续大力提高发电及电站供热效率，尽快赶超国际先进水平，从而提升煤炭使用效率，节约使用煤炭。

能源加工转换率与经济增长有一定的相关关系。我们可以选用总效率作为能源加工转化率（CR）的指标，以经平减后的 $\widehat{GDP}$ 作为经济增长衡量指标，选择 1983 ~ 2014 年相关数据进行简单相关性分析，得到如下回归方程：

$$\widehat{GDP} = -43876.21 + 653.79CR$$
$$t = (-7.5663)(7.8462)$$
$$R^2 = 0.9123, F = 61.5264$$

由 OLS 简单线性回归结果可知，平减后的 $\widehat{GDP}$ 与能源加工转化率 CR 具有较强的相关关系。模型的拟合优度 R^2 为 0.9123，数据拟合程度较好。模型通过回归系数 t 检验和模型整体 F 检验，表明回归方程有效。同时，$\widehat{GDP}$ 与能源加工转化率之间存在显著正相关关系，即 $\widehat{GDP}$ 的持续增加会导致社会能源消费总量出现相应增长，而标志着能源使用效率提升的能源加工转换率的提高对经济增长具有明显的促进作用，能源加工转换率每提高 1 个百分点，剔除物价指数后的平减 $\widehat{GDP}$ 会出现 653.79 亿元的增长。

四 适度调控能源效率的价格效应

价格效应、经济杠杆在节能方面发挥着重要作用。一般来说，企业通常需要在节能的经济投入和节能产生的经济效益之间进行权衡。当能源节约带来的经济收入小于节能投入时，企业就失去了采用新技术和新设备提高能源效率、节约能源的动力。而能源价格是决定企业节能收益的直接因素，因而对能源使用效率的提高具有重要意义。Kaufmann 对美国能源效率和能源价格关系的研究就表明，能源价格会显著影响能源使用效率，但是，价格上涨对能源效率的影响和价格下降对能源效率的影响作用是非对称的（Kaufmann，2004）。当能源价格处于上涨的过程时，节能收益增大，企业有足够的动力去增加在节能方面的投入来提高能源使用效率。但是，当能源价格处于下降空间时，已经投入的节能技术和设备具备一定的沉没成本特征，而且不会被立即闲置，在这种情况下，能源效率向下调整并不灵活，对能源价格存在黏性。

图 16-4 反映了 1989~2011 年中国能源价格与能源强度变化趋势。图中能源价格的变动情况选取燃料、动力类购进产品的价格指数来代替，并以价格指数相乘来反映能源价格在 1989~2011 年的相对价格波动情况。而能源强度是能源使用总量与国内生产总值之比。

由图 16-4 可知，我国能源强度在 1989~2011 年不断下降，而同期的能源价格处于不断上涨通道，能源强度和能源价格的变动呈现明显的反

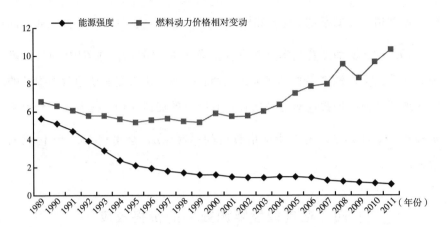

图 16 - 4　1989～2011 年能源价格和能源强度变化趋势

资料来源：以上数据由中经专网数据库燃料、动力类购进指数，现价国内生产总值和终端能源消费总量数据计算得来。

向变动趋势。我国于 1992 年进行了煤炭价格改革试点，并于 1994 年放开煤炭价格管制，开始实行煤炭的市场化定价，完全由市场价格来调整市场供需。从燃料动力价格的相对变动中可以看出，1994 年之后，企业燃料、动力类购进的相对价格迅速攀升，这在一定程度上影响了企业的能源使用投入。用 NI 表示能源强度，PP 表示燃料、动力类购进价格指数，构建简单的回归模型，用两者 1993～2011 年的数据进行简单 OLS 回归可得到下列回归方程：

$$NI = 2.6348 - 0.2311PP$$
$$(11.2375)(-5.6309)$$
$$R^2 = 0.8712, F = 31.7073$$

从简单显性回归模型的结果来看，我国能源价格确实与能源消费强度呈现显著的负相关关系，并且平均而言，能源价格每变动 1 个单位，能源强度能够下降 0.2311 个单位。因此，能源价格的上涨在一定程度上能够降低能源消费强度，减少经济中的能源消耗。但是，过度的能源价格上涨会造成经济中一系列产品的价格上升，导致通货膨胀的发生。出于这种考虑，政府应增强能源价格调整的市场灵活性，充分利用市场价格杠杆，让市场决定能源的有效使用和配置，实现能源消费者的自我选择，从而提高能源的使用效率。同时，为了避免能源价格过高引发通货膨胀，政府可进一步加大对节能产品以及节能技术的补贴，以达到节约能源、降低能源消费总量的目的。

五　控制能源消费回弹效应

在经济运行中，能源消费的回弹效应是指能源效率的提高能够节约能源，但是节约的部分可能会被扩张性的能源消费行为在一定程度上抵消。例如，相关技术进步可以促使汽车运行更加省油，单位里程的运行费用会下降，从而可能刺激消费者更加频繁地驾驶出行，这就会产生更多的能源消费。在生产领域，技术进步会减少产品生产过程中的能耗，从而使产品生产成本降低，那么生产者就有足够的经济动力进一步扩大产能，从而消费掉更多的能源。能源回弹效应的计算公式为能源回弹效应 = （预期节约的能源 – 实际节约的能源）/预期节约的能源。

目前学术界存在一些对能源回弹效应估算的经验研究，但是直接的理论分析还十分匮乏。根据查冬兰和周德群（2010）采用一般均衡模型对我国能源回弹效应的测算，我国煤炭、石油和电力的能源使用效率每提高4%，能源回弹效应分别为32.17%、33.06%和32.28%。周勇和林源源（2007）对中国能源回弹效应的估算结果显示，我国能源的回弹效应在30%～80%。同时，国外的相关研究也表明，能源效率提升所导致的能源消费回弹效应确实广泛存在。Grant等（2007）使用英国的投入产出数据研究得到在国民经济所有部门能源使用效率提升5%的情况下，能源的消耗在短期内会反弹到50%，在长期也会高达30%。Frondel等（2008）的实证结果显示，交通工具节能水平和能源效率的提升，在长期内存在55%～65%的消费回弹效应。

因此，我国在提升能源使用效率、推行能源节约技术的同时，必须从微观层面加大约束机制，控制效率提升对消费者扩大能源消费的激励倾向，降低能源消费的回弹效应，从而真正达到用效率节约能源的目的。具体而言，政府需要在不断通过技术进步提高能源使用效率的同时，出台其他配套的政策措施，其中，最为重要的就是完全理顺能源价格，建立合理的能源价格体系，必须让能源的市场价格充分反映能源的各种使用成本和稀缺性。在能源效率提高造成能源服务价格相对下降的情形下，当能源消费者出现扩张性消费倾向时，能够让能源价格机制的灵敏反应来抑制消费者扩张性消费动机。

六　淘汰落后产能，采用先进的工艺技术

淘汰落后产能与采用先进的工艺技术是一个问题的两个方面，二者相辅相成。

（一）淘汰落后产能，减少能源的浪费和污染排放

落后产能以及落后的工艺技术、生产设备是造成我国能源粗放、低效使用的根本原因，同时也是污染排放严重的重要原因。如前所述，淘汰落后产能是一种"治本"的办法，它可以消除我国经济增长中高能耗、高污染排放的成因，从根本上解决经济运行中能源使用效率低的问题。应按照安全、绿色、集约、高效的原则，加强大型煤炭、煤电基地建设，提高环保和安全准入标准，淘汰落后生产能力。加快淘汰分散燃煤小锅炉，因地制宜稳步推进"煤改电""煤改气"替代改造，提高煤炭使用效率。淘汰落后产能，采用先进工艺技术，建立现代化的生产系统，不仅可以从根本上提高能源使用效率，而且有利于转变经济增长方式，走新型工业化道路。从"十五"开始，政府已经着手淘汰落后产能，而自 2012 年冬季雾霾天气密集爆发以来以及近年来中国大气污染加剧，政府已经并正在加大对落后产能的淘汰力度。这一调控措施首先在煤电厂、钢铁厂等耗煤密集的京津冀地区大规模展开，预计将对降低能耗与改善环境产生积极作用。

（二）采用先进工艺技术，提高能源使用效率

在限制和淘汰落后的高耗能设备的同时，加大科技投入力度，利用先进设备提高能源综合利用效率，降低能耗。在"十三五"期间应持续提高发电用煤比重，实施煤电节能减排升级改造行动计划，新建燃煤机组供电煤耗低于每千瓦时 300 克标准煤，污染物排放接近燃气机组排放水平，现役 60 万千瓦及以上机组力争在 5 年内供电煤耗降至每千瓦时 300 克标准煤。积极推进煤炭分级分质梯级利用，提高煤炭综合利用水平。① 积极引进或采用国际先进节能设备，加快节能新技术、新工艺、新设备的推广应用，从硬件上为节约能源、提高能源利用效率打下基础；在"软件"方面，要加强能源开发与使用过程中的管理，采用先进、高效的管理制度和管理系统，防止能源"跑、冒、滴、漏"。

（三）加快推动关键技术的创新、促进煤炭资源转化和利用效率的提高

在煤炭资源转化和利用效率方面，要在引进国外先进的节能技术的同时，针对中国能源使用过程中存在的具体问题，推动节能关键技术的创新、研发和推广，着力解决开发和推广能源节约过程中的瓶颈技术，从而实现煤炭产业科技含量的提升，从源头上提高煤炭资源综合利用效率。并利用市场机制和政府政策的支持提高煤炭企业的自主创新能力，加快构建以煤炭企业为主体的节能技术创新体系，提高煤炭企业自主创新能力，加快推进节能技术的研发。努力完成以下关键技术：大力发展洁净煤技术、完善水煤浆应用技术、开发应用煤气化技术、推广整体煤气化联合循环发电、大型循环流化床发电等先进的发电技术，提高煤炭加工程度、增加煤炭能源产品品种，从而为煤炭资源的充分利用提供基础条

---

① 《吴新雄在全国"十三五"能源规划工作会议上的讲话》，国家能源局网站，http：//www. nea. gov. cn/2014－08/21/c_ 133571995. htm。

件；按照国家节能中长期规划，全面启动燃煤工业锅炉（窑炉）改造工
程、区域热电联合工程、余热余压利用工程、能量系统优化工程等十大
节能工程。

（四）推动企业实施节能技术改造，提高能源使用效率

节能技术改造是企业提高能源使用效率的一条较为便捷的途径。
财政部、国家发展改革委于 2007 年 8 月 7 日颁发了《节能技术改造财
政奖励资金管理暂行办法》，以促进企业节能技术改造。为了保证节能
技术改造项目的实际节能效果，节能资金采取奖励方式，实行资金量
与节能量挂钩，对完成节能量目标的项目承担企业给予奖励。财政奖
励的节能技术改造项目包括《"十一五"十大重点节能工程实施意见》
中确定的燃煤工业锅炉（窑炉）改造、余热余压利用、节约和替代石
油、电机系统节能和能量系统优化等项目。对于节能量在 1 万吨（暂
定）标准煤以上的节能技术改造项目，东部地区根据节能量按 200 元/
吨标准煤奖励，中西部地区按 250 元/吨标准煤奖励。为加快推广先进
节能技术，提高能源利用效率，实现"十二五"期间单位国内生产总
值能耗降低 16％的约束性指标，财政部、国家发展改革委又于 2011 年
6 月 21 日颁发了《节能技术改造财政奖励资金管理办法》。该办法加大
了奖励力度：东部地区节能技术改造项目根据项目完工后实现的年节
能量按 240 元/吨标准煤给予一次性奖励，中西部地区按 300 元/吨标
准煤给予一次性奖励。该办法的出台对企业节能技改工作产生了积极
的推动作用。但随着经济发展，并考虑通货膨胀等因素，奖励的额度
应与时俱进，逐步提高，从而进一步强化激励机制。

七　大力发展节能产业

企业和社会的节能动力与能源价格的高低密切相关，在能源价格
偏低的情况下，企业和社会就失去了节能的动力，而当能源价格不断

高涨，企业和社会的能源成本负担亦日趋沉重，在这种情况下，节能产业也就有了发展的空间，一些专业节能企业便应运而生。这些企业根据企事业单位能源使用状况，采用先进节能技术和管理方法对能源供给与使用系统进行优化改造，从而提高能源使用效率，节约大量能源，为企事业单位大幅度降低了能源成本和费用。这样，这些专业节能企业就能与其所服务的单位就节省下来的能源所带来的收益与该单位进行分成，双方达到共赢。这种市场化、产业化的节能模式应该得到政府的积极支持。政府应出台相关政策扶持节能企业或节能产业。在发达国家，节能减排产业一直得到免税的优惠支持，中国也紧随其后实行了对节能减排方面的政策支持，中国的节能减排政策还应随着市场经济与节能事业的发展不断地丰富与完善。如果政府能够加大对节能产业的免税等政策支持，该产业必将出现快速发展，对中国节能减排事业做出更大的贡献。

此外，还应加大节能的社会宣传力度，提高全社会节能降耗意识。通过报纸、电视、网络等多种媒体或途径，广泛深入开展形式多样的节能宣传教育活动，重点宣传国家有关节能降耗的方针政策、法律法规，同时广泛宣传日常生产、生活节能知识和方法等，并加强能源形势的宣传，提高全社会能源忧患意识和节能降耗意识，形成全社会共同参与、共同促进节能降耗的良好氛围。

第十七章

替代能源的发展与能源结构的优化

发展替代能源是减少煤炭资源消耗、实现煤炭资源的可持续利用以及化解能源危机的根本办法。从能源开发与利用的长期趋势来看，随着不可再生资源的日趋枯竭，替代能源技术、新能源技术的开发和利用将成为未来改变全球经济政治格局的主要因素。这也就意味着，在不久的将来，谁拥有了新能源技术，谁就能在新产业革命中占据制高点。因此，中国必须加快能源发展方式的转变，把优先发展新能源产业作为重中之重，加大对新能源研发投入力度，吸取发达国家在发展新能源中的各种经验教训，加快新能源的研发进程，从而加快对煤炭资源的替代。通过改变以煤为主的能源消费结构，建立"稳定、经济、清洁、安全"的能源保障体系和现代能源产业体系，实现中国经济的可持续发展。

目前中国替代能源的品种十分丰富，如核能、水能、风能、太阳能、地热能、生物能以及海洋能等。这些能源中，除水能之外，其他都被列为新能源，新能源又称为"非常规能源"；在新能源中，可再生能源，或非化石能源占比很大。中国的能源品种齐全，数量多，资源基础雄厚。这些能源品种的发展，正在成为中国能源中富有强大生命力的生力军，其对煤炭的替代效应正在显现。随着其他能源品种的快速发展，煤炭所占比重将会进一步降低。

一　水能资源

中国水能资源蕴藏量十分丰富，水能资源理论蕴藏量、技术可开发量以及经济可开发量均位居世界第一。中国水能资源虽然非常丰富，在地域分布上却不平衡，特别是与经济发展的地域需求状况极不匹配。从总体来看，与煤炭资源的分布相似，呈现西多东少的格局，集中于西部地区，特别密集分布在西南地区，西南地区占68%（其中四川水力资源最为充沛，全省大小河流1300余条，水能资源理论蕴藏量达1.43亿千瓦，技术可开发量1.2亿千瓦，均占全国1/4以上）。[①]

二　核能资源

核能主要用于发电，其发电过程是在核反应堆中通过核裂变所释放出的热能进行发电。发电过程低碳、高效。核电站的投资费用要高于传统热电厂，但核反应所释放出来的能量要远高于传统化石燃料，而且，核燃料体积非常小，远远小于煤炭，因而不占用交通运输资源。中国的核电事业起步于20世纪70年代，经过40多年的发展，已经进入加快发展时期，对国民经济的发展起着重要的支撑作用。但是，中国的核能发展水平远远低于世界水平。中国的核电占整个发电量的份额非常低，2012年全国核电发电量为980亿千瓦时，仅占发电总量的1.97%，而世界上核电占发电总量的平均比例大约为10%，[②] 因此中国核电发展水平远远低于世界平均水平（占世界平均水平不到20%）。2007年11月，我国《核电中长期发展规划（2005—2020年）》正式颁布，这标志着中国核能发展进入了新

---

① 《2005年全国水力资源复查各省水力资源状况》，百度文库，http：//wenku．baidu．com/view/ccc7a0a3284ac850ad024207．html．

② 《2014年我国电力结构发展趋势分析》，中国行业研究网，http：//www．chinairn．com/news/20140208/180156298．html．

时代。规划提出了"积极发展核电"的方针，并提出了到 2020 年力争使我国核电运行装机容量达到 4000 万千瓦，核电年发电量在 2600 亿千瓦时到 2800 亿千瓦时之间，并将核电装机比重从 1.6% 提高到 4%，同时，考虑到核电的后续发展，2020 年末在建核电容量应该保持在 1800 万千瓦左右。但是，国家发展改革委副主任、国家能源局局长吴新雄在全国"十三五"能源规划工作会议上的讲话中，又把"十三五"核电发展目标进一步提高，即到 2020 年，核电运行装机容量达到 5800 万千瓦、在建达 3000 万千瓦。[①] 中国目前核电发展水平虽然偏低，但发展潜力巨大。如果未来中国的核电所占比重达到美国的 15% 的水平，将会大大缓解煤炭的供给压力和环境压力，同时，可将煤炭消费所占比重降到 50% 左右，从而使能源结构得到优化。

但是，核能也是一种风险很大的能源。核事故所产生的危害影响深远。迄今为止，人类爆发过两次重大核泄漏事故，即 1986 年 4 月 26 日爆发的苏联切尔诺贝利核事故和 2011 年 3 月 11 日日本福岛 9 级大地震引发的福岛核泄漏。因此，中国在核电发展上必须更加注重技术质量和安全性，采用国际最高安全标准，在确保安全的前提下，稳步推进核电建设。

三　风能资源

我国风能资源储量虽然不及水能，但仍然十分丰富，居于世界第三位，仅次于美国和俄罗斯。根据国家气象局气象研究院的估算，中国风能资源理论蕴藏量为 32.26 亿千瓦，可开发利用的风能储量为 10 亿千瓦，其中实际可开发利用的陆上风能储量为 2.53 亿千瓦，如果再加上近海可供开发利用的风能资源 7.5 亿千瓦，共计 10 亿千瓦。风能资源的地域分布可分为陆地风能与海上风能。陆地风能主要分布在东北、华北和西北，

---

① 《吴新雄在全国"十三五"能源规划工作会议上的讲话》，国家能源局网站，http://www.nea.gov.cn/2014－08/21/c_133571995.htm。

即"三北"地区，海上风能主要分布在东南沿海地区。随着风能资源开发技术的成熟，中国海上风能资源必将成为重要的可持续利用的可再生能源。

中国的风能资源虽然丰富，但开发利用程度很低，世界上风电最为发达的国家丹麦的风电所占比重高达30%，该国计划在2030年达到50%。如果中国风电所占比重提升到10%，将会对煤炭产生巨大的替代效应。

四　太阳能资源

我国的太阳能资源也很丰富，全国大约有2/3的国土面积年日照量在2200小时以上，每年的太阳能总辐射量在3350～8370兆焦/米^2。从地域分布来看，内陆太阳能总辐射量大于沿海，西部多于东部，高原多于平原，其中青藏高原地区的太阳能资源最为密集。

目前太阳能资源的利用主要在两个方面。一是通过光热效应，把太阳能的辐射转化为热能，即太阳能的热能利用，如太阳灶和太阳能热水器。太阳能热能利用在我国已经形成了完整的产业体系，并且在核心技术和市场成熟度方面都领先于世界平均水平。二是通过光伏效应，把太阳能的辐射转化为电能，即太阳能发电。我国在光伏发电方面也取得了长足发展，并形成了光伏发电产业。在"十三五"时期，光伏发电模式也将坚持集中式与分布式并重、集中送出与就地消纳相结合，在资源丰富地区规划建设大型光伏基地，在其他地区加快分布式光伏发电，到2020年，光伏发电装机将达到1亿千瓦以上，光伏发电价格将与电网销售电价相当。[①]

但是，从整体上看，我国光伏产业仍然落后于世界先进水平，但发展潜力很大，未来对煤炭的替代效应也会增强。

---

① 《吴新雄在全国"十三五"能源规划工作会议上的讲话》，国家能源局网站，http://www.nea.gov.cn/2014－08/21/c_133571995.htm。

五　地热能资源

地热能是指蕴藏在地球内部的热能，地热能资源就是可以被人类经济开发和利用的地球内部的热能资源，包括热水型地热能（地下 100 ~ 4500 米所产生的热水、热卤水、天然蒸气等）、地压地热能（地下 3000 ~ 6000 米存在的高温、高压的气体）、干热岩地热能（特殊的地质构造条件而形成的干热岩体）和岩浆热能。地热能资源的利用主要分为地热发电和地热能直接利用两种方式。

地热能资源也是一种可再生能源，且中国的储量十分丰富。中国的地热资源总储量占全球总量的 7.9%，可采出储量相当于 4626.5 亿吨标准煤，远远超过煤炭的储量。由此可见，我国地热能资源储量十分巨大，地热能的开发利用可能成为未来中国能源的主力军。但是，地热能的开发与利用进程十分缓慢，我国地热资源在能源消费结构中所占比例还非常小，因而地热能储量的 4626.5 亿吨标准煤的开发前景非常广阔，地热资源的开发潜力非常巨大，但地热能资源的全面开发利用还有待于技术的进一步突破。在"十三五"时期，地热能将会出现进一步的发展，到 2020 年，地热能利用规模将达到 5000 万吨标准煤，利用规模将是"十二五"时期的 10 倍左右。[①]

六　海洋能资源

海洋能资源即海洋运动过程中所产生的能源，主要包括潮汐能、波浪能、海流能等，具有总蕴藏量大、单体蕴藏量小的特点。我国是一个海洋大国，海洋能资源储量丰富，开放潜力巨大，其中海域储存潮汐能 1.1 亿千瓦，可供开发利用的潮汐能资源量为 2200 万千瓦；波浪能 1.5 亿千瓦，

---

① 《吴新雄在全国"十三五"能源规划工作会议上的讲话》，国家能源局网站，http://
　www.nea.gov.cn/2014 - 08/21/c_ 133571995.htm。

可供开发利用的波浪能资源量为 1300 万千瓦;海流能为 2000 万千瓦,可供开发利用的海流能资源量为 1400 万千瓦;此外温差能可供开发的资源量超过 13 亿千瓦,其蕴藏量在各类海洋能中居首位。[①] 海洋能的利用有许多优势,它比风力发电更稳定,且发电效率更高;海洋能电站不存在核电站建设拆除及安全防护的昂贵费用,无放射性和其他排放;与水电相比,不需移民,无淹没损失。但是,目前海洋能开发规模很小,仍处于起步阶段,但开发潜力巨大,有望成为未来煤炭替代能源的生力军。

七 生物能资源

生物能是一个传统而古老的可再生能源,它是以生物为载体的能源,即通过植物的光合作用将太阳能以化学能形式在生物中储存的一种能源形式。我国生物能资源也十分丰富,每年生物能资源现存总量近 7 亿吨标准煤,其中,每年可供开发利用的生物能资源相当于 1.78 亿吨标准煤。生物能资源的主要优点在于它能提供低硫燃料和廉价能源,并且能够把有机物直接转化成燃料从而减少对环境的污染。生物能的二次能源品种十分丰富,有生物燃料乙醇、生物柴油、生物燃气(沼气)、生物发电等。

我国生物质能的开发也步入快速发展轨道,而生物发电进程也在加快,2014 年生物质能发电装机规模突破了 1000 万千瓦。

八 多种能源对煤炭的替代[②]

加快能源结构的转型不仅是能源供给的可持续性的需要,也是环境治理与生态文明建设的迫切需要。而多种能源对煤炭的替代,关键在于新能源的替代、可再生能源的替代。石油和天然气的使用量虽然随着油价的下

[①] 《2014 年我国电力结构发展趋势分析》,中国行业研究网,http://www.chinairn.com/news/20140208/180156298.html。

[②] 方行明、何春丽、张蓓(2019)。

降和国家政策的调控而占比有所上升，但油气资源比煤炭资源更加短缺，短期的替代不能解决根本问题。然而，可再生能源的发展却面临着诸多曲折和制约，推进新旧能源的替代和转型面临着巨大挑战。

1. 中国新能源的发展成就卓著但仍显不足

最近十多年来中国非化石能源出现快速发展，能源结构不断改善。目前，中国可再生能源规模世界第一，可谓成就卓著，但仍显不足。从数据上看，水电、核电、风电的产量和消费量分别由 2003 年的 14442.2 万吨标准煤和 14584.14 万吨标准煤上升到 2016 年的 58474 万吨标准煤和 57988 万吨标准煤，分别增长了 304.88% 和 297.61%，高于同期能源产量和消费量增速 210.82 个百分点和 176.38 个百分点。这三种清洁能源消费所占比重逐年上升，由 2003 年的 7.40% 上升到 2016 年的 13.30%。虽然有所上升，但占比仍然不高。而光伏发电量相对太小，未进入国家统计局统计数据（据国家能源局数据，2013 年光伏发电量为 90 亿千瓦时，而同期水电、核电、风电的发电量分别为 9202.9 亿千瓦时、1116.1 亿千瓦时和 1412 亿千瓦时，相当于三者的 0.98%、8.06% 和 6.37%[①]），但光伏发电有巨大的发展空间。由于中国能源需求总量大，新能源虽然发展较快，但所占比重仍然很小，远不足以解决化石能源的污染排放问题。中国虽然是世界上可再生能源规模最大的国家，但可再生能源对化石能源的替代仍然任重道远，突出表现在技术和体制上的制约。虽然国家努力降低传统能源的比重，并取得了一些成果，但由于客观条件的限制，结构的快速转型并不现实，仍然保持着对不可再生能源路径的依赖，这种能源路径的依赖在相当长的时期内难以消除，因此，能源结构转型面临的挑战大、压力大，在转型过程中还必须处理好传统能源与新能源发展的关系，做好两种能源平稳交替，确保能源安全。

2. 中国可再生能源发展的曲折、制约因素及应对策略

以化石能源为主导的旧能源路径向以新型可再生能源为主导的新能源

---

① 国家能源局网站，http://www.nea.gov.cn/2014-04/28/c_133296165.htm；国家统计局网站，http://data.stats.gov.cn/easyquery.htm? cn = C01。

路径的转型，面临着异常的艰难与曲折。由于煤炭有着价廉、好用（发电稳定）的优势，具有市场竞争力，因而德国和美国近年来又开始恢复煤炭的使用。这也说明可再生能源还并不足以解决能源供给问题，很难替代化石能源。此外，电网公司在新旧能源入网的取舍上往往是取旧舍新，经常出现弃水、弃风、弃光而不弃煤的现象，于是又出现新能源的产能过剩，国家不得不减少对光伏产业的补贴。究其原因，一是水能、风能、光能主要集中在经济不太发达的西部地区，这些地区能源消纳能力有限。二是可再生能源发电不稳定，时强时弱，电网的消纳能力有限，电网公司也缺乏意愿。[①] 入网的限制就是制约可再生能源发展的"瓶颈"，这一瓶颈不突破就限制了可再生能源的发展空间，亦造成以煤为主的能源结构难以改变以及大气环境难以改善，同时也造成城市所推行的所谓新能源汽车（即电动汽车）对环境改善的作用微不足道[②]。

　　针对上述问题，宜采取以下应对策略。

　　第一，加大电网对可再生能源容量的研究，包括提高可再生能源发电场站集群的调控能力、对可再生能源发电量的预测能力，推进能源物联网建设，提升网络的智能化，从而增强电网对可再生能源的吸纳能力，更加充分地使用可再生能源，尽量弃煤，减少弃水、弃风、弃光的频度。

　　第二，推动电网体制机制改革，为可再生能源的发展创造一个公平的环境。同时，新能源生产企业也要提质增效，降低成本，赢得市场竞争力，减少对国家补贴的依赖。

　　第三，因地制宜，推进分布式发电系统的发展，提高可再生能源的使用量和就地消纳能力。

　　第四，推进储能技术的创新。化石能源不使用时自然储存在地下，而

---

① 国家电网公司也是企业，有其自身的利益和安全的考虑，而煤炭"价廉物美"，发电稳定、安全，在现代经济运行之下的大电网模式经受不起断电所造成的巨大损失，因此电网运行的安全受到高度重视。

② 电动汽车对环境改善的程度取决于电源结构，如果电源结构是以可再生能源为主导，那就是名副其实的"新能源汽车"，但在目前以煤为主的电源结构之下，使用电动汽车只能起到对石油的替代及改善一下城市上空的环境，对全国整体环境并无多大改善。

可再生能源不利用就等同于丢弃。在可再生能源处于丰盛期而电网消纳能力不足的情况下，采取某种方式将能源储存起来，转化使用，例如，将光伏发电站白天多余的电能，转化为热能储存，在夜晚没有阳光时，将热能放出发电，以保持昼夜发电供给的均衡。

第五，采用特高压输电技术，将西部地区丰富的风能、光伏能输送到能源需求大的东部地区，同时解决当地能源消纳能力不足的问题。2019年7月7日，准东—华东（皖南）±1100千伏特高压直流输电工程初步设计启动会在北京召开，这标志着世界上首个±1100千伏特高压直流输电工程正式进入建设准备阶段。线路起于新疆准东五彩湾，止于安徽宣城市，全长3340公里，建成后将把新疆丰富的风能和光伏能输送到华东。[①]

最后，立足创新驱动，在可再生能源生产与使用技术上实现重大突破，以推动可再生能源的飞跃式发展，加快对化石能源的替代，实现由"弃水、弃风、弃光"向弃煤转变。

九 页岩气[②]——新能源展望

页岩气的发展几经周折，终于进入了商业开发阶段，对世界能源结构、能源市场，特别是油气市场产生了重大的影响。

1. 中国页岩气发展的进程

当前，一场由美国引发的"页岩气"革命正在改写全球能源格局版图。与常规天然气相比，页岩气开发具有开采寿命长和生产周期长的优点。

中国页岩气资源也非常丰富。据美国能源信息署的评估，中国页岩气资源潜力为36万亿立方米，广泛分布于四川、渝东鄂西地区、鄂尔多斯、黔湘、准噶尔和塔里木等含油气盆地。

---

① 《世界首个±1100千伏特高压直流输电工程启动》，人民网，http://xj.people.com.cn/n/2015/0713/c340881-25567307.html。

② 此处所论述的页岩气，包括页岩油，即页岩油气。

近年来，随着中国对页岩气开发力度的加大，页岩气产业正在快速发展。页岩气开发初步显现多类型企业主体参与的格局，页岩气产业发展初步形成较为完善的政策体系。

虽然中国页岩气产业的发展已经在政策上得到落实和支持，但是还面临着诸多困境，例如，由于我国页岩气开发缺乏核心技术，因而目前未能建立适合我国特色的页岩气技术体系；由于我国页岩气产业的发展还处于起步阶段，因此在产业化上依然面临着价格机制不合理、产业链不完善以及针对页岩气开发的税收优惠和补贴政策难以落实等问题。因此，中国页岩气产业的发展需要加快对页岩气开发的关键技术攻关，采用引进与自主创新相结合的方式，逐步形成适合我国国情的核心技术体系；出台财政税收优惠政策，在直接补贴、探矿权减免、信贷支持等方面做好页岩气开发利用的政策支持。

2. 中国页岩气开发的进展与前景

近年来，随着中国对于页岩气开发力度的加大，页岩气产业正在快速发展，并呈现出以下特征。

一是页岩气开发初步显现多类型企业主体参与的格局。2011 年，国务院批准将页岩气列为独立矿种，页岩气的勘探开发将不再受油气专营权的约束，这也就意味着凡是具有相当资金实力以及气体勘查资质的企业和独立法人，都可以参与页岩气的勘探开发。目前国土资源部先后开展了两次页岩气探矿权竞争性招标，并首次向民间资本开放。

二是页岩气产业发展初步形成较为完善的政策体系。中国政府高度重视页岩气资源的开发以及页岩气产业的发展，在"十二五"规划中，要求"推进页岩气等非常规油气资源的开发利用"。2011 年，国务院批准页岩气成为我国第 172 种独立矿种，并要求对页岩气的开发制定相应规划。2012 年，国家能源局发布了《页岩气发展规划（2011—2015 年）》，明确提出到 2015 年要初步实现页岩气的规模化生产，并建立完善的页岩气产业政策体系。2012 年 5 月，国务院印发的《"十二五"国家战略性新兴产业发展规划》中，把页岩气等新能源产业设为重点发展方向。除此之外，有关部门还出台了一系列政策措施，支持发展页岩气产业，如2012年6月，国家能源局发布的《关于鼓励和引导民间资本进一步扩大能源领域投资的实施意见》提出除法律法规明确禁止的项目外，凡是列入国家能源规划的项目都可以向民间企业开放，鼓励民间资本以多种形式投资页岩气资源勘探开发项目。

虽然中国页岩气产业的发展已经在政策上得到落实和支持，但是还面临着诸多困境，例如，由于我国页岩气开发缺乏核心技术，因而目前未能建立适合我国特色的页岩气技术体系；由于我国页岩气产业的发展还处于起步阶段，因此在产业化上依然面临着价格机制不合理、产业链不完善以及针对页岩气开发的税收优惠和补贴政策难以落实等问题。

页岩气的高效开发利用和稳步发展对于我国缓解油气能源的供给压力、实现对煤炭资源的替代、减缓煤炭资源供需矛盾、改善能源结构以及进一步保障国家能源安全方面具有十分重要的意义。针对目前在页岩气开发过程中所面临的诸多问题，页岩气产业的发展需要解决和完善以下问题：一是加快对页岩气开发的关键技术攻关，采用引进与自主创新相结合的方式，逐步形成适合我国国情的核心技术体系；二是加大对全国页岩气资源调查评价的资金投入，尽早掌握详细的页岩气资源数据，从而为页岩气的开发提供科学依据；三是出台财政税收优惠政策，在直接补贴、探矿权减免、信贷支持等方面做好页岩气开发利用的政策支持；四是加强环境保护，制定严格的开发监管制度，对页岩气开发过程中的各个环节，如勘探钻井到页岩气生产再到废水处理等环节，采取更有针对性的环境保护措施，建立包括勘探开发全过程的监管制度。

第五篇
民众能源政策倾向调查

本篇将采取问卷调查的方式了解民众的能源政策倾向。问卷调查应用于经济学的许多方面，但有关民众的能源倾向方面的调查国内外还鲜有人做。而能源问题不仅关系到企业、国民经济的发展，而且关系到千家万户的利益，是政策性非常强的一个领域。作为政府的政策制定部门，亦不能仅关注有关部门和企业的诉求，而是要关注和了解民众的诉求。而民众的诉求可以作为政府制定政策的重要参考。本篇将弥补这方面的空缺。

本篇主要包括问卷设计、问卷调查结果的图示、问卷的政策分析和民众核能态度及其影响因素的实证研究。

第十八章

问卷设计

一　问卷调查的重要性

在当今社会进入高度文明、民主的环境之下，政府的管理和政策的制定，需要与时俱进，有所发展、有所创新。这同时也是对政府的一个挑战，即政府的管理要由一般化、一刀切的模式向差异化、精细化方向转型。而经济政策的制定，也不宜沿袭过去的传统方式，即完全根据决策群体若干人的讨论来决定，因为一项经济政策必然要涉及民众的利益，包括不同群体民众的利益，所以政策的制定必须要有民意基础。政策制定者至少要知道老百姓对有关问题的看法，了解他们的心理倾向。由于不同民众群体对问题的看法或政策倾向可能差别很大，因此政府有必要了解不同群体民众对该问题看法所占的比重。民众的看法或政策倾向可能正确，也可能不正确；也可能是一部分人正确，另一部分人不正确。而政府作为政策的制定或修订者，只有了解民意，包括不同群体的民意及其动态，才能拥有充分的政策制定的依据，才具有社会公信力。对于民众的正确观点，政府要给予政策上的支持；而对于不正确的观点，政府则可以进行有针对性的教育与宣传，提高民众的认识能力和对政策的理解能力。而要做到这一点，就必须有客观依据，即客观数据，而问卷调查则是获得这一依据或数据的有效办法。在当今信息平台十分发达的情况下，政府一项政策的出台可能会引起诸多反响和不同的质疑，当掌握了有关调查数据之后政府部门也可有理有据地从容面对各种质疑。

而在能源领域，社会的关注度越来越高，涉及能源价格问题、核能及其安全问题、能源使用产生的环境问题等，特别是石油价格的波动、日本福岛核泄漏产生的影响等，均引起世界各国政府和公众的强烈关注。并且有关能源政策也是各国政府政策中的一个重点领域，而民众对能源的关心程度、对能源基本知识的普及程度、对能源政策的理解、政策倾向以及对能源价格的反应等则是政府政策的制定与调整的重要依据。民众对能源问题的看法也可以反映一个国家或一个地区民众的理性程度或成熟度。例如，在有些地区，民众强烈反对核能，但如果停止核能，就要增长常规化石能源的使用，这就有可能导致电价的上涨，并且导致更多的污染排放。在这种情况下，如果电价上涨，民众也反对，这就显得该地区的民众不够理性，不够成熟。遇到这种情况，政府进行有针对性的教育与宣传则是十分必要的。

中国作为一个能源短缺且能源主要依赖进口的国家，能源领域是国家参与资源配置及政策调控的重点而密集的领域，同时，能源政策的制定也具有重大的意义。虽然社会对能源问题的关注度在提高，但具体来说，能源与普通百姓生活的关联度不如"家庭金融调查"等所涉及的日常生活与理财等内容，以及大学生就学、就业等与个人密切相关的问题，并且在被调查者知识层面上要高于普通问卷调查，因此，有关能源问题的问卷调查研究此前在中国可能还没有人做过（通过网上搜索，没发现有关能源方面的问卷调查数据），而本次问卷调查也是一个具有开创性、创新性的研究。

二　问卷的结构

本次调查对象为普通民众，调查问卷的内容构成如下。

问题的设计分为两部分。A 部分：基本情况，包括性别、年龄、家庭收入、学历、职业等，共 13 项。B 部分：调查问题，包括对能源问题的关心程度、对能源知识的了解程度、对能源问题的看法、对居民用电问题的反应、对核能的态度 5 组内容，共 48 个问题（见表 18 - 1）。问卷的问题中包括公众对能源基本知识的普及程度、对能源政策的理解、政策倾向以及对能源价格的一些反应等重要内容。

表 18 - 1　问卷结构

序号	内容	问题数量
1	对能源问题的关心程度	3
2	对能源知识的了解程度	7
3	对能源问题的看法	9
4	对居民用电问题的反应	24
5	对核能的态度	5

三　问卷调查方法

问卷调查和数据挖掘是一个庞大的系统工程，需要大量资金，多者可达上千万的资金，而我们没有足够的资金，只有在调查方法上进行创新。根据我们自身的条件和资源，我们创立"社会关系传递法"或"社会关系扩散法"，即以课题负责人为发布信息的原点，向其所有社会关系，如亲戚、朋友、学生、同事、合作伙伴发出求助和宣传信息，再请他们向他们的所有社会关系发布信息，从而达到一传十、十传百的指数扩散效应。假设课题负责人的社会关系为第一代或第一层面，人数为 n，此后假定每个层面的人的社会关系人数均为 n，则问卷总数可达到：

$$N = n + n^2 + n^3 + n^4 + \cdots + n^n = \sum_{t=1}^{n} n^t$$

假设 $n = 10$，则扩散的第四代，便可达到 11110 份，样本很可观。

这种方法的局限性在于信息发起者本身的影响力，个人的职业、人脉关系。本次问卷调查负责人的工作单位是高校，因此其社会关系偏向于高校的师生。

我们具体采取以下两个途径：一是建立网上问卷调查系统，与全国的微信群链接，将调查对象扩展到全国人民；二是用纸质问卷面对面调查。考虑到网上调查方法虽然理论上可行且潜力非常大，但可能人们并无填写问卷的意愿，因此采取网上网下相结合的方式展开调查工作。

四 调查的效果

以上方法在数据采集上已经获得成功。2016 年 4 月 20 日开始正式进行问卷邮寄、发放工作，6 月 20 日收到最后一批问卷，整个调查过程历时 2 个月。根据个人的社会关系，本次问卷覆盖四川、河南、浙江、安徽、广东、广西、辽宁、陕西、重庆、云南、北京、海南等省份，但具体的被调查对象与被调查时的所在地并不吻合，可能分布在其他省份。实际收到的有效问卷共计 6710 份，但网上调查尚不成功，说明线下纸质问卷面对面调查这一传统方法更加有效。

第十九章

民众能源问题倾向的经济与政策分析

有关能源问题的研究文献可谓汗牛充栋，但有关民众对能源的认知、态度和政策倾向的文章少之又少。而已有的文献大多局限于某一个方面，研究的问题有些散乱，不能提供系统的信息。现有调查文献主要集中在民众对新能源的认识和态度上，包括两个方面：一是绿色能源（可再生能源），二是核能（核能的分析见下一章）。

一 相关文献回顾

关于民众对可再生能源或绿色能源态度相关问题，国内外有不少学者从不同的角度进行了研究。2003年9月，上海"绿色电力"机制示范工作正式启动，使上海成为我国第一个实施绿色电力机制的城市。Hast等（2015）以上海居民为调查对象研究了中国消费者对绿色能源的态度以及他们对绿色电力的支付意愿，结果表明：大多数人都认为购买绿色电力会有很强的环保意义，节能、环保是他们购买绿色能源的主要动力。Guo等（2014）使用面对面访谈的方式对北京市居民的可再生电支付意愿（WTP）进行了调查，在所有受访者中54%的人对可再生能源有积极的支付意愿，并估计北京居民每月对可再生电力的支付意愿为2.7～3.3美元

（18.5～22.5 元人民币）。Bidwell（2013）从价值观和信仰的角度对美国密歇根州沿海居民进行了调查，探讨了一般价值观和信念在形成对商业风能项目发展潜能的态度方面的作用。其调查方法是在密歇根州沿海随机选择三个研究地区，每个地区随机选择 300 户家庭，在排除非可行地址后共获得 827 户。然后向这 827 户发送电子邮件，最后获得 375 份完整的调查问卷。分析结果说明居民对商业风能的支持很大程度上依赖于风电场是否能给社区居民带来经济效益。利他主义价值观鼓励居民支持风能项目，而传统主义价值观则削弱居民对风能项目的支持。

综上所述，目前有关期刊虽然论述了国内外某些地区居民对新能源的认识和倾向，但针对某个国家（如中国）民众对能源政策倾向的全面调查尚未出现。比如，民众的能源知识的普及程度究竟如何？他们对能源的有关国情是否了解？他们在重点关注能源领域中的哪些问题？他们有哪些想法？价值趋向如何？对国家的能源政策的倾向、认同和支持程度如何？等等。这些问题，政府和社会都应该了解。本书就填补了这方面的空缺，即基于对全国各省份调查问卷数据的分析，从民众对能源的关心程度、民众对能源知识的了解程度、民众对能源问题的看法、民众对用电问题的反应以及民众对核能的态度五个方面进行了调查和研究，并得到一些重要结论，可为政府能源政策的制定提供参考依据。并且，对于上述学者对可再生能源的调查，本书也有相应的且更加深入的调查研究，亦有一些新发现，并对上述学者的结论加以回应。

二 调查结果分析

（一）对能源问题关心程度

表 19-1 所展现的是民众对能源是否关心的基本情况。对能源关心的人数所占的比例为 32%，加上"有点关心"这部分民众，比例可达 74%。说明民众对能源问题还是比较关心的，这是一个积极现象。

所学专业或工作和能源相关的民众所占比例为 17%，这个比例也是合理的。

表 19 - 1 对能源的关心程度

问题	问题选项			
是否关心能源	关心	有点关心	不太关心	不关心
	32%	42%	22%	4%
所学专业或工作是否和能源相关	相关	不相关		
	17%	83%		
所学专业或工作是否与煤炭相关	相关	不相关		
	6%	94%		

但是，仍有 26% 的民众对能源问题不关心或不太关心，这可能是因为能源虽然重要，在百姓的生活中必不可少，但能源的支出占百姓日常生活支出的比例很小，例如普通民众每月电费大多在 100 元左右。百姓更加关心收入、理财、大宗支出（如住房、汽车、家电的购置等）以及个人事业上的发展，如就业、就学等。而民众对能源问题的关心程度不是太高的另一个重要原因则是中国没有发生过重大能源问题。为了维护能源安全，保障能源供应的稳定性，政府和企业一直在不懈努力，但普通民众不一定知道。从企业层面来看，能源的重要性就凸显出来了，一是能源供给的充足性、可靠性直接关系到企业的生产运营；二是能源的成本、费用占比也高出百姓日常生活费用占比。

（二）对能源知识的了解

问题表现在以下几个方面。

1. 民众具有一定的能源知识

有 87% 的人了解煤炭是不可再生能源，这一结果十分理想，超过了大专及以上学历的比例。有 93% 的人知道煤炭的使用会产生污染，并有 92% 的人知道煤炭的使用会增加大气中的二氧化碳。这两个比例较上个问题更高，说明民众对煤炭使用过程中的负面效应有充分的了解。

2. 人们对中国能源国情方面的了解存在不足

在"中国使用最多的能源"一项中选择煤炭的（正确答案）为55%，虽然过了半数，但比例不高。本次调查对象的学历情况是：高中及以下占 16.44%、大专占 7.06%、本科占 63.68%、研究生及以上占12.82%。如果将本科与研究生及以上相加，则比例高达 76.5%；若再加上大专，则比例高达83.56%。如此高的学历比例对这一基本能源问题却只有55%的正确答案，实在是不理想。在"目前煤炭的供求状况"选项中选择产能"过剩"的（正确答案）占34%，其他选项占66%，说明大多数受访者对这一形势不了解；在"我国煤炭和石油进出口情况"中选择"大量进口"（正确答案）的占比为47%，未达到半数；而"全国哪种方式发电量最大"，选择火电的（正确答案）占46%，也未过半数（见表19-2）。因此，民众的能源国情知识还有待进一步普及和提高。

全面来看，受访者对化石能源能否污染环境这类基本知识普遍了解，这与后面的民众对环境关注度高相吻合，但是对当前我国国民经济中的能源国情了解得不太全面。这说明，政府、学校和社会还是应该加强能源的国情知识的教育和普及。

表 19-2　对能源知识的了解

问题	问题选项					
我国使用最多的能源	石油	煤炭	水能	风能	不了解	
	21%	55%	7%	1%	16%	
煤炭是什么	可再生能源	不可再生能源	不了解			
	7%	87%	6%			
煤炭是否产生污染	会	不会	不清楚			
	93%	2%	5%			
煤炭和石油的使用是否会增加二氧化碳	会	不会	不清楚			
	92%	2%	6%			
目前煤炭的供求状况	过剩	不足	供求平衡	不清楚		
	34%	40%	3%	23%		
我国煤炭和石油进出口情况	大量出口	大量进口	进出口平衡	不清楚		
	10%	47%	7%	36%		
全国哪种方式发电量最大	火电	水电	风电	核电	其他	不清楚
	46%	28%	3%	6%	1%	16%

（三）对能源问题的看法

1. 能源与民众生活的相关性

在"煤炭与生活关系有多大"一项中选择"关系极大"与"有点关系"的占69%，说明大多数受访者还是了解煤炭在生活中的相关性的。在"对目前能源供应情况是否感到满意"一项中选择"满意"和"比较满意"的占39%，有35%的人"不太清楚"，选择"不满意"和"不太满意"的占26%，这说明受访者对能源供应情况的满意度不太理想，亦比较模糊，仍然有26%的人不满意或不太满意。

2. 对能源安全问题的重视

民众对国家能源安全问题十分重视，有84%的人认为中国存在能源安全问题。对中国能源供给形势，有18%的人认为"悲观"；有64%的人认为"有挑战但能应对"，二者之和为82%（与上个问题基本吻合，说明调查有很高的可信度）；认为"乐观"的占8%；"不清楚"的占10%。这说明大多数受访者对能源供给形势具有忧患意识，对该问题的认识较为成熟。随后有76%的人认为国家需要加大对能源领域的投资，而选择"不需要"的仅占7%。接下来对"中国应大力发展哪种能源"问题，选择"可再生能源"的人数占比为74.35%，这说明大多数民众具有环保意识，支持发展可再生能源，这与前述民众对化石能源会产生污染的知识相吻合。值得一提的是，还有10.54%的人选择"核能"，他们支持核能的发展。

3. 能源与气候变化和环境问题

与能源问题相关的是气候变化与环境问题。60%的受访者关心气候变化与环境问题，加上"有点关心"的占31%，二者之和高达91%（这与前述民众大多支持可再生能源发展相吻合）。在解决气候变化以及环境问题责任归属上，80%的人选择了"人人有责"，这说明大多数受访者还是比较理性和勇于负责的，这是一个非常令人满意的结果（见表19-3）。对"解决气候变化等环境问题最有效的途径是什么"的问题上，选择

"碳/污染物交易机制"的人数最多，占比最高（35.38%），说明相当多的人对有关新知识、新机制、新的管理方式有一定的了解，这也是一个令人满意的结果。对能源问题的看法见表 19 - 3。

表 19 - 3　对能源问题的看法

问题	问题选项				
煤炭与生活关系有多大	关系极大	有点关系	没什么关系	不清楚	
	27%	42%	22%	9%	
中国是否存在能源安全问题	存在	不存在	不清楚		
	84%	4%	12%		
对未来中国能源供给形势的看法	乐观	悲观	有挑战但能应对	不清楚	
	8%	18%	64%	10%	
对目前能源供应情况是否感到满意	满意	比较满意	不太清楚	不太满意	不满意
	8%	31%	35%	21%	5%
国家是否需要加大对能源领域的投资	需要	不需要	不清楚		
	76%	7%	17%		
中国应大力发展哪种能源	煤炭	石油	天然气	核能	可再生能源
	1.67%	2.45%	10.98%	10.54%	74.35%
对气候变化、环境问题是否关心	关心	有点关心	不太关心	不关心	
	60%	31%	2%	7%	
解决气候变化等环境问题是谁的责任	政府	企业	人人有责	其他	
	14%	5%	80%	1%	
解决气候变化等环境问题最有效的途径是什么	税收	碳/污染物交易机制	行政管理	其他	不清楚
	12.52%	35.38%	30.82%	9.94%	11.34%

（四）对电价的关心与认识

本部分分为如下问题：对电价的关心、对电价的未来预期、对用电计价方式和用电模式的选择、对家电节能的重视程度。

1. 对电价的关心

有 75% 的人对电价关心或有点关心，占据大多数；有 40% 的人认为

"电价过高",5%的人认为"电价偏低",22%的人认为电价"很合适","说不清楚"的占33%(虽然有相当部分的人认为"电价过高",但尚未超过半数);有8%的人认为电价对生活"有很大负担",28%的人认为"有点负担",二者之和为36%;47%的人认为"能承受得起"当前的电价,17%的人认为"没有负担",二者之和为64%。这说明大多数人能够承受当前的电价,但对于收入偏低的群体来说,电价仍有负担,对照问卷基本情况家庭收入一栏中,约41%的家庭收入在5万元以下,数据基本吻合。对电价的关心程度见表19-4。

表 19 - 4 对电价的关心程度

问题	问题选项			
你是否关心电价	关心	有点关心	不太关心	不关心
	44%	31%	21%	4%
你认为目前电价是否合理	电价过高	电价偏低	很合适	说不清楚
	40%	5%	22%	33%
你觉得每月的电费对你的生活产生了负担吗	有很大负担	有点负担	能承受得起	没有负担
	8%	28%	47%	17%

2. 对电价的未来预期

有47%的人认为电价"一定会上涨",12%的人认为电价"不会上涨",5%的人认为电价会"下降","说不清楚"的占36%,其中,对电价抱有上涨预期的比例还是很高的,占相对多数,这也与对能源有忧患意识的人数占比较高相关;有20%和55%的人"很担忧"和"有点担忧"电价上涨,二者之和为75%,对该问题的忧患比例高于上个问题,25%的人"没有担忧";对于"从长期来看,能源供给会出现紧张,那么未来电价上涨你能否接受"这一问题,有42%的人"能接受",32%的人"不能接受"(这与电价负担问题的比例相近,问卷具有连贯性和逻辑性),"说不清楚"的占26%,相对多数的人较为理性。

表 19 - 5　对电价的未来预期

问题	问题选项			
你觉得未来电价还会上涨吗	一定会上涨	不会上涨	下降	说不清楚
	47%	12%	5%	36%
你是否担忧电价会上涨	很担忧	有点担忧	没有担忧	
	20%	55%	25%	
从长期看,能源供给会出现紧张,那么未来电价上涨你能否接受	能接受	不能接受	说不清楚	
	42%	32%	26%	

3. 对用电计价方式和用电模式的选择

（1）民众对计价方式的了解和倾向：民众对居民用电的计价方式"很了解"的占 4%，"了解但不多"的占 61%，"不了解"的占 35%；在居民用电计价方式中，倾向于采用"'一刀切'电价"的占 5%，倾向于"累进式阶梯电价"的占 50%，选择"峰谷电价"的占 13%，选择"实时电价"的占 15%，"不清楚"的占 17%，倾向于"累进式阶梯电价"的达到半数，为相对多数。

（2）民众的节电意识：67% 的人在电价提高时会刻意控制用电量，而 33% 的人不会，说明大多数人在意电价的高低，或者说电价的涨落可以调节民众的用电行为。

（3）供电商的选择：对于"若可以选择售电商，在供电质量都有保证的前提下，更倾向于选择谁"的问题，选择"电网公司"的占 43.83%；选择"发电公司"的占 20.88%；选择"其他零售商"的占 9.30%；"不确定"的占 25.99%。这一结果说明：相对多数的人还是对电网公司放心，这可能是电网公司的长期供电使消费者对其产生了较好的印象，而不确定的人也很多，排在第二位，他们对该问题的认识比较模糊，这有待于对有关知识的宣传和普及；而对于"若可以选择零售商，在供电质量有区别的前提下，更倾向于选择谁"的问题，选择"价格偏高但供电稳定的大公司"的占 70%，选择"价格偏低但供电相对不稳定的小公司"的占 9%，"不确定"的占 21%，说明大多数人重视供电的稳定性。对用电计价方式和用电模式的选择见表 19 - 6。

表 19 - 6　对用电计价方式和用电模式的选择

问题	问题选项				
你对居民用电的计价方式了解吗	很了解	了解但不多	不了解		
	4%	61%	35%		
居民用电方式中更倾向于哪种	"一刀切"电价	累进式阶梯电价	峰谷电价	实时电价	不清楚
	5%	50%	13%	15%	17%
你对自己每月的用电量是否有大致的了解	是	否			
	45.49%	54.51%			
如果电价在现有基础上提高，你会刻意控制用电量吗	会	不会			
	67%	33%			
若可以选择零售商，在供电质量都有保证的前提下，更倾向于选择谁	电网公司	发电公司	其他零售商	不确定	
	43.83%	20.88%	9.30%	25.99%	
若可以选择零售商，在供电质量有区别的前提下，更倾向于选择谁	价格偏高但供电稳定的大公司	价格偏低但供电相对不稳定的小公司	不确定		
	70%	9%	21%		

4. 对家电节能的重视程度

大多数民众重视节能，倾向于使用节能家电。在"价格偏低的普通家电和价格较高的节能家电之间倾向哪种"问题上，有 79% 的人选择"节能家电"，10% 的人选择"普通家电"，"不清楚"的占 11%，说明大多数人有节能意识，节能在经济上亦能节省用电费用，因而他们对节能家电感兴趣；对该问题做出选择的主要影响因素，有 47% 的人考虑"该种家电的用电量"，18% 的人考虑"两种家电之间的价格差"，13% 的人考虑"家电本身的贵重程度"，7% 的人考虑"电价高度"，6% 的人考虑"其他"因素，"不清楚"的占 9%，这一结果说明，受访者对用电量较为重视。对于大件家用电器，71%的人会考虑将现有的普通家电换成智能节能家电，29%的人不会考虑。这些问题对生产商、销售商和政府相关部门均有参考意义。对家电节能的重视程度见表19 – 7。

表 19 – 7　对家电节能的重视程度

问题	问题选项					
在价格偏低的普通家电和价格较高的节能家电之间倾向哪种	普通家电	节能家电	不清楚			
	10%	79%	11%			
对上述选项进行选择的原因	两种家电之间的价格差	该种家电的用电量	家电本身的贵重程度	电价高度	其他	不清楚
	18%	47%	13%	7%	6%	9%
是否考虑将大件家电换成智能节能家电	会	不会				
	71%	29%				

（五）对可再生能源的支持程度——责任感与收入水平相关性原理

1. 与相关调查研究的比较

（1）从民众对可再生能源的支持程度来看，有95%的人支持可再生能源的发展，比例非常高，这与 Hast 等（2015）的调查结果完全相同，却远高于 Guo 等（2014）所调查的54%的比例。本调查也有5%的人不支持，这也合乎情理。在表19 – 1中，有17%的人所学专业或工作和能源相关，一般来说，这部分人大多从事的是与石油和煤炭相关的能源工作，而从事可再生能源工作的相对较少，而另有6%的人所学专业或工作与煤炭相关，这就更能说明问题了，这部分人中当然会考虑可再生能源的发展与本行业的竞争而使自己的收入减少而选择不支持。

（2）从支付意愿上看，有59%的人愿意为可再生能源发的电支付一个更高的单价，也高于 Guo 等（2014）的调查。本调查中有高达41%的人选择不愿。值得注意的是，家庭收入在 5 万元以下的人数就占 41%，因此，家庭收入水平和生活负担对人们的支付意愿产生了一定的影响（见下面的分析）。

（3）从为支持可再生能源发展而愿意多支付多少钱来看（见表 19 - 8），Guo 等（2014）的调查估算为 2.7 ~ 3.3 美元（18.5 ~ 22.5 元人民币），这是一个平均数，而我们的调查是愿意每度电多支付的金额，分别为：1 分以下占 19.16%，1 ~ 5 分占 48.8%，5 ~ 10 分占 22.93%，10 分以上占 8.62%。如果按每户月平均用电 50 度来算，则多支付的金额为 5 元以下、5 ~ 25 元、25 ~ 50 元、50 元以上。比 Guo 等更为详细。

（4）在影响民众支付意愿的影响因素方面，即在"影响你做出以上选择的因素主要包括哪三项"的问题中，选择"对环境的关心"的人数最多，为 5450 人次；选择"家庭收入水平"的为 4908 人次；选择"单位电价"的为 2548 人次；选择"社会责任感"的为 2445 人次；选择"邻居/朋友的影响"的为 496 人次；选择"其他"的为 191 人次。选择关心环境的人数最多，而环境问题既是社会责任，也是个人因素问题，美好的环境对大家有益。这个问题再次说明了人们的环境意识很强。而排在第二的是收入水平，说明收入水平是影响人们对可再生能源实际支持意愿的重要因素。

表 19 - 8　对可再生能源的支持程度

问题	问题选项				
你支持可再生能源的发展吗	支持	不支持			
	95%	5%			
如果支持,愿为可再生能源发的电支付一个更高的单价吗	会	不会			
	59%	41%			
如果会,跟煤炭相比,你愿意为每度可再生能源发的电多支付多少钱	1 分以下	1 ~ 5 分	5 ~ 10 分	10 分以上	
	19.16%	48.80%	22.93%	8.62%	
影响你做出以上选择的因素主要包括哪三项	家庭收入水平	单位电价	社会责任感	邻居/朋友的影响	对环境的关心	其他
	4908 人次	2548 人次	2445 人次	496 人次	5450 人次	191 人次

2. 责任感与收入水平相关性原理

本调查的一个重要发现就是责任感与收入水平相关性原理，即人们普遍具有责任感和社会公益思想，但有一个防卫心理，一旦要自己为履行某项社会责任而付出（支付资金）时往往采取回避态度，表现出责任厌恶倾向；而当他们发现所支付的金额可以在自己财力所能承担的范围之内，又愿意支付资金予以支持，而影响这些心理变化的重要原因是收入水平。这是行为科学或行为经济学的一个重要发现。下面来分析这一问题。

表 19 - 8 中有 95% 的人支持可再生能源的发展，但一旦涉及个人承担的责任时，上述调查结果就发生了一定程度的反转。对于"如果支持，愿为可再生能源发的电支付一个更高的单价吗"的问题，回答情况立即发生了变化，只有 59% 的人愿意，虽然仍占多数，但比上个问题陡降了 36 个百分点（有意思的是两个问题的数字位数正好颠倒，由 95 变成 59）。虽然大多数人愿意为发展可再生能源承担必要的义务，但高达 41% 的人选择不会，这就表现出责任厌恶心理。值得注意的是，家庭收入在 5 万元以下的人数就占 41%，考虑到因家庭收入水平和生活负担而产生责任厌恶的心理倾向，也是合乎情理的。

但是，如果给出具体的支持金额，当金额不大时又出现了一个反转，人们又愿意承担不同程度的责任。在"如果会，跟煤炭相比，你愿意为每度可再生能源发的电多支付多少钱"的问题中，有 5357 人进行了选择，而上个问题中选择"愿意"的只有 3315 人，说明在选择"不愿"的人中，这时也进行了选择，说明在每度电多负担 5 分钱以下（占比 67.96%），人们都能够接受。这又回到人们的责任倾向的心理。这个问题在政策上的意义可作为可再生能源电价调整的依据。

接下来在回答支付意愿的影响因素方面，又进一步说明了收入的影响问题，即选择家庭收入水平的 4908 人次，排在第二位，与第一位环境因素之比是 90%，反映出收入水平对责任感的影响程度的主导地位。

因此，可得出以下结论：人们普遍具有社会责任感，但也有责任厌恶的一面，表现出在承担社会责任时具有理性思维，量力而行，在力所能及的情况下低收入水平的人也愿意为尽社会责任而付出微薄之力；责任感与收入水平成正比，随着收入水平的提高，人们愿意尽更多的社会责任，反映出经济基础决定人们的行为模式。

（六）对发展核能的看法

有关民众对核能的态度，做出较为深入研究的是 Siegrist 和 Visschers（2013）、Latré 等（2017），但他们仅就日本福岛核事故的影响做了调查，本书则做了更深入的调查。

表 19-9 中，在"是否担心核能安全"的问题上，53% 的人认为"不用担心"，"不清楚"的占 3%。超过半数的人对国家的核能的安全性表示放心，这是由于中国到目前为止没有发生过重大核事故。对于"当前情况下，中国是否需要发展核能"的问题，16% 的人认为需要"大力发展"；65% 的人认为应该"适度发展"，二者之和为 81%；9% 的人认为需要"严格限制"；1% 的人认为"不能发展"；"不清楚"的占 9%，这说明大多数人支持核能发展。对于"如果你反对核能，你的理由是"的问题，54.80% 的人选择"核泄漏"；26.58% 的人选择"核废料难处理"；11.55% 的人选择"会加剧用水紧张"；2.68% 的人选择建核电厂"成本太高"，选择"其他"的人占 4.4%，这一结果说明受访者大多数对核能知识比较了解。

以下两个问题更为关键：一是核能与环境的选择，二是核能与电价的选择。

对于"煤炭和石油的使用要产生大量污染，如粉尘、二氧化碳、二氧化硫等，而核能则没有这些污染，你认为"的问题，有 6% 的人认为"宁可产生污染也不能发展核能"；75% 的人认为，核能是清洁能源，为了减少污染，保护环境，还是"应该发展核能"；"不清楚"的占 19%。坚决反对核能的只占 6%，大多数人还是支持核能的发展，在综合考虑环境问题时能够做出理性认识。

对于"如果不发展核能，就会造成电价上涨，你认为"的问题，

8%的人认为"宁可电价上涨也不能发展核能";68%的人认为,考虑到电价上涨给我们带来的负担,还是"应该发展核能";"不清楚"的占24%。

　　对比以上两个问题,人们在环境问题上的重视程度高于电价,高出7个百分点,再次说明人们对环境的重视。

表19-9　对发展核能的看法

问题	问题选项				
是否担心核能安全	非常担心	有点担心	不用担心	不清楚	
	13%	31%	53%	3%	
当前情况下,中国是否需要发展核能	大力发展	适度发展	严格限制	不能发展	不清楚
	16%	65%	9%	1%	9%
如果你反对核能,你的理由是	核泄漏	核废料难处理	会加剧用水紧张	成本太高	其他
	54.80%	26.58%	11.55%	2.68%	4.40%
煤炭和石油的使用要产生大量污染,如粉尘、二氧化碳、二氧化硫等,而核能则没有这些污染,你认为	宁可产生污染也不能发展核能	应该发展核能	不清楚		
	6%	75%	19%		
如果不发展核能,就会造成电价上涨,你认为	宁可电价上涨也不能发展核能	应该发展核能	不清楚		
	8%	68%	24%		

三　重要结论

　　利用此次中国民众能源倾向调查问卷获得的数据,我们得到了一些重要信息,同时也得出了一些重要结论,这些信息、结论和发现既有学术上的意义,也对政府制定和调整能源政策有重要的参考价值。

　　(1)对能源问题关心的人较多,但关心的程度仍然有待进一步提高。而民众对能源问题的关心程度还不是太高的一个重要原因可能是中国没有发生过重大民用能源短缺问题。这并不是中国能源不短缺，而是为了维护能源安全，保障能源供应的稳定性，政府和企业一直在不懈努力，但普通民众不一定知道。

（2）民众具有一定的能源知识，并了解化石能源会产生环境污染方面的知识，但对中国能源国情了解程度还是偏低，并且受访者大多数是本科及以上的高学历的人。这说明，一方面民众应加强能源基本知识和能源国情的了解；另一方面政府、社会和学校应加强能源知识和能源国情的教育与普及，提高民众对能源问题的认知水平。

（3）大多数民众具有能源安全意识，对未来能源供给具有忧患意识，相当多的人预计和担忧电价会上涨。相对多数的人能够考虑到能源未来会出现供给紧张而愿意接受电价的上涨，说明他们在对能源的认识上具有理性。并且，大多数人积极支持国家加大能源领域的投资。因此，国家在能源方面的投资建设能够得到民众的积极支持。

（4）大多数民众关心电价，相当多的人认为电价过高，家庭收入较低的民众感受到电价的负担。大多数民众也很在意电价，并在电价提高时会刻意控制用电量，说明电价的高低可以调节民众的用电行为。如果在不同的时段居民用电的单价不一样，大多数人会相应调整用电时间，避免高峰电价，因此，政府在采取分时段电价时，应做好信息推介工作，让尽可能多的民众有所了解，从而配合政府的调控方向。

（5）大多数民众倾向于购买节能型家电，生产厂家应该根据民众的这一需求大力开发节能型家电产品，这样既迎合了民众的需求，又能达到节能减排的目的。而政府也应出台相关政策推动节能家电的研发、生产和销售。

（6）民众具有很强的环境意识，大力支持可再生能源的发展，这与民众的能源与环境知识密切相关，因为他们已经认识到化石能源的使用会产生环境污染，而可再生能源的使用有利于环境改善，并且愿意为可再生能源发电承担不同程度的责任，大多数人愿意多承担每度电5分钱以下的费用。这说明民众具有理性和社会责任感，这是可喜的，同时也给政策的制定和调整提供了重要信息，即政府应加大自然环境治理力度，加快发展可再生能源，以顺应或满足民众的需要。由于煤炭、石油等化石能源是我国的主要能源（2015年，水电、核电、风电生产总量仅占总产量的14.5%，高达85.5%的能源是煤炭和石油①），特别是近年来每年消耗的煤炭达到40亿吨，使得中国大气污染严重，雾霾天气密集爆发。在这一形势下，大力发展可再生能源、清洁能源不仅反映了民意，也是改善环境的必然要求。为了扶持可再生能源的发展，可以适当提高电价或继续对可再生能源进行适度补贴，补贴资金仍是来自纳税人，而采取补贴的方式比直接提价更容易被民众接受。

（7）与上一结论相关，本书对行为科学或行为经济学的一个贡献就是责任感与收入水平相关性原理，即人们普遍具有责任感和社会公益思想，但一旦要自己为履行责任而支付资金时往往采取回避态度，表现出责任厌恶倾向；而当他们发现所支付的金额在自己财力所能承担的范围之内，又愿意支付一定的资金予以支持，而影响这一心理变化的重要原因是收入水平，即责任感与收入水平成正比。这也反映出人们在承担社会责任时具有理性思维，量力而行，在力所能及的情况下低收入水平的人们也愿意为尽社会责任而付出微薄之力，并且随着收入水平的提高，人们愿意尽更多的责任。

（8）民众对核能的态度也是本调查的一个非常重要的发现。民众对于核能发展的支持度较高，对核能问题能够理性看待。核能安全问题是影响民众核能态度的重要因素，超过半数的民众认为核能是安全、可控的。另外，民众从不同角度看待核能发展会影响他们的核能态度，当从环境层面和自身利益角度考量时，民众支持核能发展的比例会上升。核电作为一种清洁、高效的能源，近十多年来在中国获得快速发展，在"十三五"时期也将会获得进一步发展。到2020年，核电运行装机容量将达到5800

---

① 中华人民共和国统计局网站，http://www.stats.gov.cn/。

万千瓦，在建核电将达到 3000 万千瓦以上。① 从中央到地方对核能的发展普遍持积极态度，而民意的支持则是国家的能源政策以及核能发展的重要基础。但是，少部分民众（8% 或以下）对核能的非理性担忧依然存在。因此，有关部门还应加强宣传和教育，提高民众的能源知识，努力消除民众对核能的非理性焦虑和担忧。

① 网易财经，http://money.163.com/16/0714/09/BRU5VAH600253B0H.html。

第二十章

民众的核能态度及其影响因素实证研究

核能是煤炭的重要替代能源，大力发展核能有利于改善中国的能源结构。作为一种国家积极推动的战略性新能源，核能的发展需获得民众支持，但基于民众对核能态度的公共政策研究还相对匮乏。我们通过对民众能源问题的政策倾向进行问卷调查发现，我国民众的核能接受度较高，对核能的安全性总体持乐观态度。相对于从国家层面看待核能发展，民众从环境和自身角度看待核能问题时的支持度会提高。进一步实证研究发现，人口统计学特征中性别、年龄、收入显著影响民众的核能态度，能源知识的增加显著提高了民众对核能的支持度。除此之外，民众的风险和收益比较也会影响其对核能的态度。当民众意识到核能的收益大于风险时，对核能发展的支持度会进一步提高。以上结论有些与境外的研究结论相同，但也有一些结论不同于境外的研究。

一 核能及大型工程建设在当地民众中的反应

核电作为一种清洁、高效的能源，十多年来在中国获得了快速发展，"十三五"时期将会进一步发展。2017 年 2 月，我国《"十三五"核工业发展规划》发布，到 2020 年，我国核电运行和在建装机容量将达到 8800

万千瓦时，在运核电装机容量将达到 5800 万千瓦时，在建核电将达到 3000 万千瓦时以上。受益于"十三五"规划政策的促进，核电行业未来必将迎来高速发展时期。与此同时各级地方政府也在积极参与核电产业园的建设，从中央到地方对核能的发展普遍持积极态度。

大型工程的兴建和运行在国民经济发展中起到极为重要的作用，甚至承载了一国的国家战略，对工程所在地的就业、GDP 增长等有一定的促进作用，但同时对所在地的环境也可能存在一定的负外部效应，往往容易引发当地民众的反对。那么，由于中国经济发展水平、国家发展模式、政治经济体制与其他国家存在一定的差异，在中国建设大型工程是否也会引发工程所在地民众的反对呢？事实上，中国的大型工程同样容易引发"群体事件"，而这些"群体事件"的发生除上述负外部效应因素外，和地方政府与民众间缺乏有效沟通也有着重要关系。因此，中国政府在大型工程实施前越来越重视对民众意愿的调查。国家发改委专门出台了《国家发改委重大固定资产投资项目社会风险评估暂行办法》，明确提出对于公众忧虑比较多的、社会稳定风险比较大的项目必须做好社会稳定风险评估。而对于核能建设这类在社会经济发展和国家能源战略实施上具有重大意义，在环境上存在负外部效应可能的大型工程，特别是在日本福岛核泄漏事故发生之后，各国政府和公众均对其倍加关注。民众对核能的关心程度、对核能基本知识的普及程度、对相关政策的理解、政策倾向以及对能源价格的反应等应成为政府制定与调整政策的重要依据。

在相关研究方面，核能发展虽然作为一项民众担忧和焦虑较多的工程备受舆论关注，但核能问题一直被当作工程技术问题看待，很少有人从公共政策的角度来进行研究和考量，有关民众能源态度的研究仅限于少数几篇国外文献，而有关中国民众对于核能态度的调查和研究更是少之又少。一般来说，只要带有风险和环境因素的大型项目落户当地，当地民众都会有忧虑心理和反对倾向，对于核能来说，这样的忧虑与反对也是存在的。但是，对于核能这一重大能源项目问题，我们还是应该分析一下中国民众总体上对核能发展到底是什么态度？民众对核能态度有什么特点以及影响这种态度的因素有哪些？这些问题的深入研究和思考，有助于我们从公共政策角度考量民众核能态度，有针对性地消减民众对核能的忧虑，为政府制定相关核能政策提供理论依据。我们对民众能源问题政策倾向进行了问卷调查，通过对调查数据的系统分析，对中国民众核能态度的总体趋势、核能态度特点以及影响因素进行了分析，得出了一些不同于国外文献的研究结论，进而为中国未来核能发展、公众沟通等研究与应用提供了一定的研究基础。

二　理论基础和假说

有关民众核能态度的研究大多出现于国外文献中，国内相关研究较少，已有文献主要是从公众核能接受态度的历史和现状、民众核能态度的影响因素两个方面展开的。

（一）民众核能接受态度的历史和现状

西方国家民众对于核能的关注主要自 1979 年美国三里岛核事故之后，在这之前对于核能的关注相对较少，事故发生后引发了美国民众对核能安全的关注，特别是对反应堆安全和政府对核能管制有效度的问题。三里岛事件导致了美国放缓了核能的发展（Kasperson et al.，1980）。1986 年苏联的切尔诺贝利核事故导致核能发展继续放缓，民众对核能发展的反对比例也持续升高，核能的发展进入了不确定的阶段（Beck，1999）。直到 20 世纪 90 年代后期，由于温室效应的持续加重，核能作为一种清洁能源才得以重新获得民众的重视，并被认为是解决温室气体排放的有效手段，因此核能发展再次进入了复兴期（Corner et al.，2011）。

国外民众核能态度的调查主要自 2002 年开始。美国麻省理工学院分别在 2002 年和 2007 年通过网络对美国成年人进行了随机抽样调查，结果表明，在 2002 年，28% 的被访者认为美国应该增加核能，25% 的人认为核能比重应该不变，38% 的人认为美国应该减少核能，另外 9% 的人认为根本不应该使用核能。到了 2007 年，认为应该增加核能的人增加到了 34%，认为应该减少核能使用的人减少到了 29%，认为核能比重不变的人仍然是 25%，另外 12% 的人认为不应该使用核能（Greenberg and Truelove，2011）。后来，欧盟在世界经合组织成员国"欧盟晴雨表"的调查也包含公众对核能态度的内容。在其 2010 年的调查结果中，虽然核能被公众视为未来 30 年中第三重要能源来源，当被访人被问到支持还是反对在自己的国家发展核能的时候，只有大约 20% 的人明确表示支持，约有 36% 的人持平衡观点，37% 的人明确反对。另外，69% 的人同意核能是让其国家保持能源独立的重要措施的说法，50% 的人同意核能是保持较低并且稳定的能源价格重要保障的说法，46% 的人同意核能可以帮助减缓全球气候变暖的说法。具体到国家，美国、日本、瑞典、芬兰和英国等国公众对核能的支持都呈现上升趋势。从以上内容可以看到，从 2000 年以后，各国民众对于核能的态度基本上是支持和乐观的。

根据传统认知理论，个体认知的差异主要来源于其认知方式的不同，对于同一件事物从不同角度看待会得到不同的结论，因此民众从国家视角、环境视角及自身利益视角看待核能发展时可能会得出差异化的结论。据此，我们提出假说 1。

假说 1：中国民众对核能的发展基本持支持和乐观的态度，且从不同视角看待核能问题民众的支持度可能不同。

（二）民众核能态度的影响因素

影响民众核能态度的因素很多，归纳起来主要有以下几个方面。

1. 人口统计学特征

人口统计学特征的差异会造成个体行为的不同。在关于核能态度的已有研究中，性别是影响民众核能态度最显著的因素。美国的一项关于选择核能还是煤电的调查发现，男性、受教育程度较高的人、白人倾向于选择核能（Greenberg and Truelove，2011）。韩国1995年的调查结果也表明女性在考虑核能风险和效益的问题上明显偏向于风险。另外一项跨美国、英国和瑞士的调查中，女性也表达了对核能更多的关切，更害怕核能的负面效应，也更少支持核能的发展（Rabow and Hernandez，1990）。另外，还有研究表明，高收入者和年轻人更可能偏好于风险，他们对于风险有更强的抵御能力（Dohmen et al.，2011），因此，个体的年龄和收入可能是影响民众核能态度的重要因素。基于此我们提出假说2。

假说2：人口统计学特征中性别、年龄和收入会影响中国民众对核能的支持度，男性比女性有更高的核能支持度，年龄越大对核能支持度越低，收入越高对核能支持度越高。

2. 核能知识

已有文献中民众核能知识对于核能态度是否有影响尚存在争议。Lee和Balchin（1995）就曾利用英国的数据发现，当民众到核燃料Sellafield中心参观后，他们的知识储备显著增加，但是他们对待核能的态度却没有显著变化。Yim和Vaganoy（2003）的研究也发现，没有显著证据表明更多的信息可以改变民众的态度，实际上，人们已经存在的价值观在影响人们对某个事件的态度中起到了非常重要的作用。其他影响因素包括人们价值观的稳定性、对这个事物的感觉和信任度等。反对使用核能的人会主动回避那些他们认为不正确的信息。另外在20世纪90年代，台湾当局试图建设第四代核电站，为了降低民众的反对度，他们举办了一场公众辩论来与公众沟通核能知识，对比该辩论开展前后民众对核能的风险认知，结果显示该辩论没有减少民众对核电站风险的认知，而且对民众的态度改变几乎没有影响。仅有的观测到的影响是与当初举行辩论的初衷相反，该辩论反而更加削弱了民众对新核电站的支持（Liu and Smith，1990）。

从信息获取渠道来看，民众的核能信息大多来源于电视、报纸、网络等媒体，由于核能的特殊性，民众获得核能方面的信息还很有限。按照 Tversky 等人关于风险认知的研究结果，当人们缺乏明晰的背景信息、未形成固定的观点时，很容易被一些表面信息左右。民众的直观判断，容易受到外界环境影响，具有主观和非理性的特征。因此，科学、准确的核能信息对于民众的核能态度形成有重要的影响。基于此，我们提出假说 3。

假说 3：中国民众能源知识的增加可能会提高人们对核能发展的支持度。

3. 风险和收益比较

人们对核能风险与收益的认知平衡是影响人们核能接受度的重要因素。总体上来说，倾向于核能的人比较积极乐观，而且多认为核能能够给地方和国家带来更多的经济效益。反对核能的人一般比较悲观，也多把核电站与更高的风险联系在一起。

风险认知、收益认知、感觉、社会信任等因素是影响公众对核能接受程度的重要因素。在瑞士开展的一项调查之中，核能收益被分为两类：对全球气候变化的收益和保证能源安全的收益。结果显示，对核能的接受程度主要受到对能源安全收益的影响，而对全球气候变化的好处和风险认知对接受程度影响较小（Visschers et al. 2011）。基于此，我们提出假说 4。

假说 4：民众对风险和收益的比较会影响其核能支持度，当民众意识到核能发展带来的环境收益和自身利益大于核能风险时，会提高对核能的支持度。

三　数据和变量描述

我们于 2016 年 4 月 20 日开始问卷调查工作，到 2016 年底完成，问卷调查范围覆盖四川、河南、浙江、安徽、广东、广西、辽宁、陕西、重庆、云南、北京、海南等省份，共采集有效样本 6710 份。数据收集了民众关于家庭人口统计学特征、民众对能源的关心程度、对能源基本知识的普及程度、对能源政策的理解、政策倾向以及对能源价格的反应等方面的数据和信息。本书使用的变量主要有以下几点。

(一) 因变量：民众核能态度

我们使用问卷中问题："你认为中国应大力发展哪种能源？"，根据回答选项，当选择为"核能"时，赋值为1；当选择"煤炭"、"石油"、"天然气"和"可再生能源"时，赋值为0。

(二) 自变量

本书分别从人口统计学特征、能源知识、风险和收益三个层面构造了自变量，研究影响民众核能态度的因素。

人口统计学特征：（1）性别，当被访者为男性时赋值为1，当被访者为女性时赋值为0；（2）年龄，为被访者截至2016年的实际年龄；（3）收入阶层，为被访者家庭2015年全年总收入（税后）所处的收入段。根据问卷答案"1万元以下""1万～2万元""2万～5万元""5万～10万元""10万～20万元""20万～30万元""30万～50万元""50万～100万元""100万～200万元""200万～500万元""500万及以上"分别赋值为0～10；（4）是否居住在城市，当被访者居住在城市时赋值为1，其他为0。

能源知识：问卷中关于民众的能源基础知识共设计了7个问题，根据被访者的回答结果，我们按照每答对一题记1分，不回答或者回答错误记0分的方式，对7道题得分进行加总，并以此对民众的能源知识进行衡量，得分越多表明被访者能源知识越丰富。除此之外，考虑到受教育程度越高和理工科学生的能源知识可能更丰富，我们还加入了受教育程度和理工科变量，其中，根据问卷回答"未受过正式教育"、"小学"、"初中"、"高中"、"职高/技校"、"中专"、"大专"、"本科"和"研究生及以上"分别赋值为1～9；理工科学生若所学专业为"理科"和"工科"则赋值为 1，其他学科赋值为 0。

　　能源风险和收益比较：（1）核电安全性，根据问卷中问题"你担心核能的安全吗？"的回答，按照"不担心"、"有点担心"和"非常担心"分别赋值为 1～3；（2）电费支付压力，如果被调查者预期电价上涨，且担忧电价上涨，则取值为 1，否则为 0；（3）考虑环境收益，如果在选择能源种类时关心环境因素则取值为 1，否则为 0。

　　本书所使用的各主要的变量统计性描述如表 20－1 所示。从表20－1 可以看到，在总样本中，有 10.4% 的民众认为应该大力发展核能；能源知识测试中平均每人能够做对 5 个题；被访者中男性占 40.3%；平均年龄为 22 岁左右，最大为 48 岁，最小为 19 岁；63.5% 的民众居住在城市；收入阶层的均值为 2.847，即年收入接近 5 万～10 万元；平均受教育程度接近大专；16.1% 的被访者所学专业为理工科；每个家庭平均月电费支出大约在 50～100 元；大部分民众在面临核能和环境污染或电费的选择时，会选择发展核能；另外民众对核能的担忧大致属于中性。

表 20－1　主要变量统计性描述

主要变量	样本量	最小值	最大值	平均值	中位数	标准差
核能态度	6194	0	1	0.104	0	0.314
能源知识	6030	0	7	4.638	5	1.521
性别	5801	0	1	0.403	0	0.491
年龄	6198	19	48	25.448	22	8.296
是否居住在城市	5909	0	1	0.635	1	0.481
收入阶层	5953	0	10	2.847	3	1.719
家庭人口	6158	3	6	3.906	4	0.997
民族	6310	0	1	0.927	1	0.259
受教育程度	6212	1	9	7.537	8	1.529
是否理工科	6205	0	1	0.161	0	0.367
每月电费	5292	0	4	1.632	2	1.171

续表

主要变量	样本量	最小值	最大值	平均值	中位数	标准差
电费和核能	6572	0	1	0.125	0	0.331
安全	6178	1	3	1.846	1	0.586
污染和核能	6572	0	1	0.122	0	0.328

四 中国民众核能态度特点及其影响因素

(一) 民众的核能态度：总体趋势

1. 核能的接受度

问卷中关于民众核能接受度的问题主要包括："中国应该大力发展何种能源"和"当下中国是否需要发展核能"，各回答的分布如图 20-1 所示。对于第一个问题，认为应该大力发展核能的民众占总样本的 10.39%，仅次于可再生能源。这说明绝大多数人虽支持可再生能源的发展，但仍有 10% 以上的人支持大力发展核能。另外，对于第二个问题"当下中国是否需要发展核能"，明确表示不能发展的仅占 1%，不清楚的占 9%，大多数人对于核能的发展是支持的，支持核能的比例远远高于美国和欧盟的调查结果。这是一个令人满意的回答结果。核能在中国有如此高的支持度的原因可能是中国没有发生过重大核事故，核能的运行是安全的。

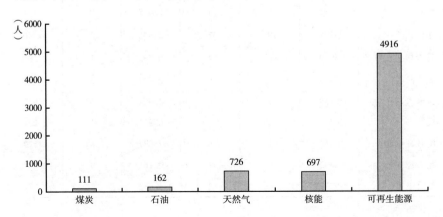

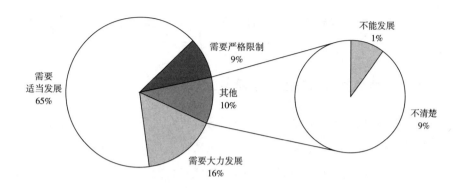

图 20 – 1　中国民众核能态度

说明：图中各项统计剔除无效样本。

2. 核能的安全性

核能的安全性问题是影响民众核能态度的重要因素，因此问卷中对这个问题进行了设计，回答的分布如图 20 – 2 所示。从图中可以看到，选择非常担心的占 13%，选择有点担心的占 31%，二者之和为 44%；选择不担心的占 53%，不清楚的占 3%。超过半数的人对国家的核能的安全性放心，这与上述第二个问题，即核能的支持度具有关联性。

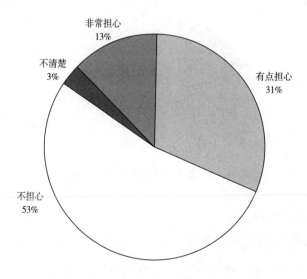

图 20 – 2　中国民众对核能安全的态度

从以上分析可以看出，大多数民众支持国家发展核能，民众的核能接受度较高，对于核能的安全问题，多数民众也持乐观态度。

（二）民众的核能态度：不同层面

影响民众核能态度的因素是多方面的，民众从不同层面进行考量会得出不同的结果。基于此，我们分别从国家层面、环境层面和个人层面进行考量，该部分我们重点关注反对核能发展或对核能有否定倾向的样本，试图得到一些有意思的发现。

1. 国家层面考量

国家层面的考量分布如图 20 - 3 所示，从图中可以看出明确提出不能发展的样本仅占总样本的 1%，但仍有 9% 的人认为需对核能严格限制，这 9% 的人有否定的倾向。持反对态度和持严格限制态度之和为 10%，总的来说比例很低，说明当民众从国家层面出发看待核能发展时，绝大多数民众是支持的，也说明了从国家发展层面看民众的核能接受度很高。

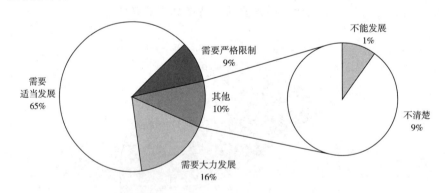

图 20 - 3　国家层面的民众核能态度

2. 环境层面考量

民众的核能态度还受到环境因素的影响。从图 20 - 4 可以发现，选择"宁可产生污染也不能发展核能"的比例占总样本的 6%，低于上个问题持否定倾向的 10%。这 6% 的人中应该包括上述反对核能发展的

1%，另有5%的人是从对核能持严格限制态度的9%的人中分化而来。这个比例更低，对比图20-3可以发现，反对核能发展和持严格限制态度的人的比例从10%降到6%。这说明，当涉及民众自身面临的问题时，即民众意识到核能是清洁能源，它的使用可以减少污染，有利于环境保护时，会提高对核能的支持。

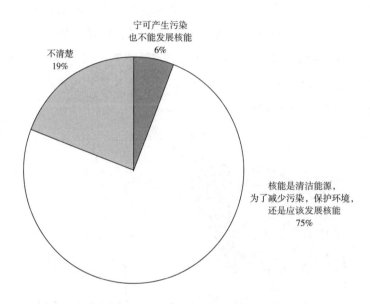

图20-4　环境层面的民众核能态度

3. 个人层面考量

除了从国家层面和环境层面，个体对于核能发展的判断更多是从自身层面进行考量。结果显示，当民众意识到核能的发展会降低电价，有利于自身利益时，就会提高对核能的支持。问卷中设计了问题"如何看待不发展核能造成电价的上涨"，具体分布如图20-5所示，选择"宁可电价上涨也不发展核能"的人占总样本的8%，这部分人持反对意见。该比例低于图20-3中持反对和严格限制态度的10%，但高于图20-4中环境问题的6%。这说明，在9%的对核能发展持严格限制态度的人中分化出7%，加上对核能发展持反对意见的1%，构成了该问题的8%。关心环境问题的人数又多于关心电价的人数。这也是可以理解的。从本次调查来看，每个家庭平均每月电费支出在 50~100 元，所占家庭支出负担不高，即使电价有点上涨，也能负担得起，而环境问题则显得更加突出，自 2012 年下半年以来，中国雾霾天气密集爆发应是民众对环境问题更加关注的原因之一。从本次调查来看，对环境关心和有点关心的民众分别占 60% 和 31%，二者之和达到 91%，占绝大多数。再从问题"如果会，跟煤炭相比，你愿意为每度可再生能源发的电多支付多少钱?"，选择 1 分以下的占 19.16%；选择 1~5 分的占 48.80%；选择 5~10 分的占 22.93%；选择 10 分以上的占 8.62%。大多数人愿意为可再生清洁能源的发展多支付不同程度的电费。

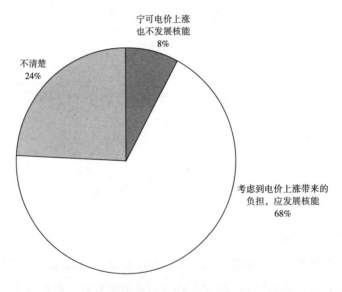

图 20 - 5　个人层面的民众核能态度

从以上的分析中我们可以得到一些基本结论：中国民众对核能的发展大多数是持支持和乐观的态度；民众从不同角度看待核能发展会得到不同的结论。当从国家层面考量核能发展时绝大多数民众是支持的，当从环境层面和个人层面考量时对核能的支持比例还会进一步上升，这其中安全和环境污染是民众首先关注的问题。在对核能的认知上，大多数民众对核能的潜在问题是了解的，如图 20 - 6 所示，在问题"如果你反对核能，你的理由是"，前两位的理由分别为"核泄漏"和"核废料难处理"，占总样本的 80% 以上，这说明大部分民众是具有核能相关知识的，但即便知道核能有潜在风险和问题，仍有大部分民众支持核能的发展，说明民众对核能问题的理性程度。

以上结论在一定程度上反映了中国民众在对待核能态度上确实存在所谓的"邻避效应"①，同时也反映出中国少部分民众对待核能安全性的焦虑依然是存在的，具体表现在"宁可产生污染也不能发展核能"选项的 6% 和"宁可电价上涨也不能发展核能"选项的 8%，而这种对核能的误解是对核能知识欠缺和已有的旧认知造成的。但总体来看，中国民众对核能的态度是理性的，并未出现既不允许发展核能又不允许电价上涨的非理性的态度。以上结论在一定程度上支持了假说 1。

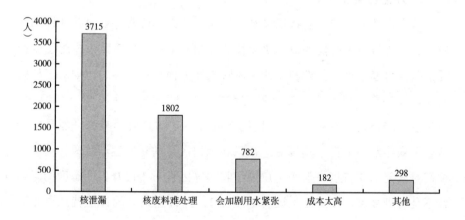

图 20 - 6　中国民众反对核能的理由

说明：多项选择题，样本数大于总样本。

---

① "邻避效应"指建设项目（如垃圾场、核电厂、殡仪馆等邻避设施）所在地民众担心建设项目对身体健康、环境质量和资产价值等带来诸多负面影响，从而激发人们的嫌恶情结，滋生"不要建在我家后院"的心理，及采取强烈和坚决的、有时高度情绪化的集体反对甚至抗争行为。

（三）中国民众核能态度的影响因素的实证分析

1. 模型设定与说明

为了检验人口统计学特征和能源知识等因素对民众支持核电发展的态度的影响，本书构建如下形式的计量模型：

$$P(y_i = 1 \mid X_i) = F(x\beta) + \xi_i \qquad (20 - 1)$$

其中，被解释变量是"民众支持核电发展的态度"，如果被调查者认为中国应大力发展核能，则取值为 1，否则为 0。解释变量主要包括性别、年龄、户籍、能源知识、是否担心核电安全、是否关心环境因素、是否担心电价上涨等。由于被解释变量是 0～1，所以本书选取了 Probit 和 Logit 两种模型分别进行回归，参数估计结果如表 20 - 2（1）~（2）列所示。

2. 计量结果及分析

首先，从人口统计学特征来看，民众核能态度确实存在显著的性别差异，男性支持发展核能的概率比女性要高出 4.6%。对于民众核能态度的性别差异可能是由于男性和女性在风险认知方面存在差异，比如对于核能的建设和理解，男性多把该问题理解成一个科学和技术事情（韩自强、顾林生，2015）。年龄对民众的核能态度有一定的负向影响，可能是因为随着民众年龄的上升，其接受新知识和承担风险的意愿逐渐减弱，抑制了他们对核能的支持度。但是，户籍和收入等因素对于民众核能态度的影响并不是特别显著。以上结论证明了假说 2，即某些人口统计学特征会影响民众的核能态度。

其次，从民众的能源知识掌握程度来看，能源知识的多少对于民众对待核能的态度具有显著影响，随着民众能源知识的上升是可以提高自身对核能接受度的，这可能是因为具备较丰富的核能知识有助于消除认知偏差，减弱民众对核能非理性的焦虑和认识。这一结论与国外已有的研究明显不同，本书认为原因可能是已有研究中用知识储备或受教育程度来代替能源知识，认为知识储备多、受教育程度高的个体能源知识也相对丰富，这种衡量标准存在片面性。为此，本书中同样加入了受教育程度和是否理工科的变量，回归结果显示这两个变量的系数并不显著，如表 20 - 2 (3) ~ (4) 列所示。这从一定程度上说明较高的受教育程度和知识储备并不一定能够代表较高的能源知识，中国民众的能源知识教育还有待进一步提高。另外通过民众辩论的方式虽然可以在一定程度上提高民众对核能的正确认识，但同时也会传播一些核能的负面信息，这些负面信息会加重民众对核能的担忧和焦虑。因此，在进行民众核能知识宣传教育时应该采取客观、公正、科学的态度，避免个人情绪所造成的非理性恐慌。以上结论证明了假说 3。

最后，从风险收益比较对于民众支持核电发展的态度来看，担心核电安全的民众支持核电发展的概率会下降 5.6%，且在 1% 的显著性水平下统计显著；当民众关心环境因素时，则他们愿意支持核能发展的概率会上升 1.26%；若民众担心且预期未来电价会上涨时，则他们愿意支持核能发展的概率大约上升 3.1%。由此可见，核电风险和收益也是影响民众支持核电发展态度的一个重要因素。若民众意识到核能发展有利于生态环境改善，可以减少污染，则他们会提高对核能的支持度；若他们意识到核能发展能给自身利益带来好处（如电价下降），那么他们也会提高对核能的支持度。以上结论证明了假说 4。

表 20 - 2　中国民众核能态度的影响因素分析

影响因素	Probit	Logit	Probit	Logit
	(1)	(2)	(3)	(4)
性别	0.0457 ***	0.0462 ***	0.0544 ***	0.0556 ***
	(3.70)	(3.70)	(4.40)	(4.46)
年龄	-0.000998 *	-0.000880	-0.00157 **	-0.00152 **
	(-1.67)	(-1.41)	(-2.46)	(-2.24)
城市户口	0.0153	0.0169	0.0162	0.0171
	(1.08)	(1.18)	(1.14)	(1.19)
收入阶层	0.00187	0.00213	0.00378	0.00371
	(0.54)	(0.61)	(1.09)	(1.10)

续表

影响因素	Probit	Logit	Probit	Logit
	(1)	(2)	(3)	(4)
能源知识	0.0149 ***	0.0154 ***		
	(4.09)	(4.13)		
受教育程度			0.00227	0.00247
			(0.62)	(0.66)
理工科			0.00293	0.00249
			(0.18)	(0.15)
担心核电安全	−0.0588 ***	−0.0600 ***	−0.0545 ***	−0.0560 ***
	(−9.06)	(−8.79)	(−8.46)	(−8.16)
关心环境因素	0.0127	0.0125	0.0122	0.0126
	(0.69)	(0.69)	(0.67)	(0.69)
担心电价上涨	0.0316 *	0.0323 *	0.0347 **	0.0357 **
	(1.92)	(1.96)	(2.09)	(2.12)

注：对于 Probit 和 Logit 模型均报告的是边际效应；括号中的统计数据为 t 值；*、**、***分别表示统计量值在 10%、5% 以及 1% 的显著性水平下显著。

五　结语

我们通过"民众能源问题政策倾向调查"数据的研究发现，中国民众对于核能发展的支持度较高，对核能问题能够理性看待，核能安全问题是影响民众核能态度的重要因素，超过半数的民众认为核能是安全和可控的。另外，民众从不同角度看待核能发展会影响他们的核能态度，当从国家层面考量时，民众反对核能发展的比例很小；当从环境层面和个人层面考量时，民众反对核能发展的比例会进一步下降。但是，少部分民众（8% 或以下）对核能的非理性担忧依然存在。除此之外，我们通过实证分析系统地研究了中国民众核能态度的影响因素，人口统计学特征、能源知识、风险和收益的比较是影响民众核能态度的三个方面。男性相对于女性更愿意支持核能发展，年龄越大对核能支持力度越小；民众能源知识的增加可以减弱对核能的非理性恐慌，提高对核能的支持度；成本和收益的考量也是影响民众核能态度的重要因素，当民众意识到核能的发展有利于生态环境和自身利益时，会提高对核能的支持度。

以上研究和结论具有较强的政策意义。首先，中国大多数民众支持核能发展，认为核能安全可控，已经达成基本共识。其次，对核能安全问题的非理性担忧在少部分民众中依然存在，核能知识的缺乏和个体心理因素是造成这种担忧的主要原因。因此，政策部门在进行决策和完善政策时应该注意以下几点。

（1）加强宣传和教育，提高民众的能源知识。在对民众进行核能知识宣传时应及时主动，多渠道、多方位对民众进行能源知识教育，多从积极、科学、正面的角度进行引导和教育，避免不实、夸大和带有偏见的报道，充分尊重民众的知情权，努力消除民众对核能的非理性焦虑和担忧。

（2）研究和关注不同群体对风险的认知规律。不同群体对待核能的态度是不同的，女性、低收入、年龄较大者等对核能发展反对程度往往更高，除了核能知识的欠缺，这类人群自身较低的安全感往往也是影响他们态度的重要因素。因此，政府在对这类人群的核能知识宣传和教育时应注重了解民众对风险的认知规律，并使核能的技术安全目标也符合这些规律。

（3）加强核电企业和民众的沟通和交流，树立核电企业的良好形象。核电企业在运行后往往会和周边民众产生千丝万缕的联系，应努力建立与公众的良好关系。努力让公众认识到核电发展的环境收益和经济收益，减小对核电的非理性恐慌。定期邀请民众现场参观核能设施的运行和建造过程，采用大屏幕等方式定期发布具有公信力的辐射环境监测资料和健康监测资料，使之从感性到理性对核能有全面的认识，从而消除疑虑。同时，在核电站的选址上应尽量远离人口密集区。

（4）狠抓核能安全，提高民众信任度。中国民众之所以对核能的支持度很高，这得益于多年来中国核能产业运行的安全性，即中国没有爆发过重大核事故，但一旦发生核事故，民意可能逆转。因此，中国的核能产业在技术和安全上还须不断努力，继续提高，不断提升民众的安全感和信任度，使中国的核能发展与民众的支持相得益彰，产生良性循环。

第六篇
构建持续、稳定的国外煤炭供给体系

从国际矿产资源配置的角度来看，有效利用国际和国内两个市场、两种资源已经成为一个国家特别是大国资源配置的基本构架。在发达国家中，一些资源短缺国家（如日本等国）主要实行利用国外资源的资源供给战略，而如资源丰富的美国和加拿大等国，出于经济利益、环境压力、资源储备等方面的考虑，也均实行充分利用国际和国内两种资源的双向供给战略。对于中国来说，随着改革开放40多年的经济快速发展和对资源的快速消耗，各种矿产资源日趋枯竭和短缺。而在能源领域，国内资源供给形势更加严峻，甚至原来十分丰富的资源（如煤炭）也出现了枯竭问题。因此，在煤炭资源的供给与配置上需要充分开拓和利用国际和国内两个市场、两种资源，并且国外煤炭资源的供给已经成为中国能源供给和能源安全的必要组成部分。本篇将着重研究煤炭进口问题，对构建和维护持续、稳定的国外煤炭供给体系进行系统的研究。①

---

　　① 本篇是基于阶段性成果而扩充。阶段性成果见方行明等（2013、2016）。

第二十一章

中国煤炭进出口形势及
进口国别体系的调整

有关煤炭进口中的较为深层次的问题，目前学术界涉足的较少，这是因为煤炭的大规模进口是最近几年才发生的事，对这一问题的研究也刚刚开始。由于中国近几年的煤炭进口规模庞大，突然间改变世界煤炭贸易格局，中国煤炭进口的可持续性问题也就很快凸显出来，因此对这一问题的研究具有重大战略意义。正因为如此，本书着重研究煤炭进口的可持续性问题，并对建立和完善国外煤炭进口国别体系进行战略性分析。

一 中国煤炭进出口形势

中国曾经是传统的煤炭出口大国，但随着国内需求量大幅度攀升，这一进出口格局近年来出现了根本性改变。从进口方面来看，中国煤炭进口量有两个分界点。一个分界点是在 2002 年，即 2002 年之前煤炭进口量很小，2001 年为 266 万吨。随着 2001 年 12 月中国正式成为世界贸易组织的成员以及中国煤炭需求的上升，煤炭进口量大幅增加，2002 年进口量猛增并越过千万吨的台阶（1125.8 万吨），同比增长 323.23%。中国政府在 2002 年取消了电煤指导定价，在制度层面上进一步市场化，从而促进了煤炭进口量的连年迅猛增长。2005 年，煤炭进口量为 2618 万吨，出口量为 7174 万吨，进口量仍远低于出口量，进口量是出口量的 36.5%，但 2007 年中国煤炭进口量大幅度上升至 5101.6 万吨，2008 年则回落至 4040 万吨。随着中国经济高速增长拉动煤炭需求，煤炭价格飞快上涨，而国际煤炭市场价格却较低，国内外煤炭市场的价差推动煤炭进口量大幅度上升，2009 年进入第二个分界点，进口量猛增并越过亿吨大关，达到 1.26 亿吨，而与此同时煤炭出口量却大幅度下降，降至 2240 万吨，全年煤炭净进口量高达 1.04 亿吨，我国因而首次成为煤炭净进口国，煤炭对外依存度约为 3%。这一进出口转折来势迅猛，从净出口到净进口是一个猛烈跃升特征，而非渐进式，超过了任何资源量的进口增长幅度。并且，这一净出口到净进口的转折的猛烈程度远超过当年的石油。中国资源的进出口一旦发生这种转折便是不可逆的，并且是持续增强的，这一点突出体现在石油国际贸易上，而在煤炭国际贸易方面可能有过之而无不及。2010 年，煤炭进口继续上升，进口达到 1.65 亿吨，净进口 1.46 亿吨，比上年增长 40.4%，进口量继续创历史新高。2011 年中国煤炭进口量持续保持高位，进口总量达 1.82 亿吨，同比增长 10.3%，进口量再创新高，并超越日本，成为全球最大的煤炭进口国。[①] 2012 年煤炭进口又出现大幅上升，进口增长率高达 58.5%，进口量达到 2.89 亿吨的历史新高位。与此同时，煤炭的出口量逐年萎缩，2012 年仅为 928 万吨，跌破千万吨关口，也是 1987 年以来煤炭年出口量首次不足 1000 万吨（见图 21－1）。2013 年中国煤炭进口量达到 3.27 亿吨，同比增长 13.15%，净进口 3.2 亿吨，出口进一步下降至 751 万吨，同比下降 19%。2014 年，随着煤炭需求出现微降，消费量由 2013 年的 42.44 亿吨降至 41.16 亿吨，煤炭进口量亦略有下降，降至 2.91 亿吨，同比下降 11%。[②]

---

① 由于中国强劲需求推动，以及日本钢铁制造商限制产出和部分火电厂因大地震受损而导致煤炭进口下降，2011 年中国首次超过日本成为全球最大煤炭进口国，同时也成为全球最大煤炭生产与消费国。

② 国家统计局网站，http：//data. stats. gov. cn/easyquery. htm？cn＝C01。

　　总之，煤炭进口量的大幅度上升更进一步反映出中国存在的煤炭和能源安全形势的严峻性。

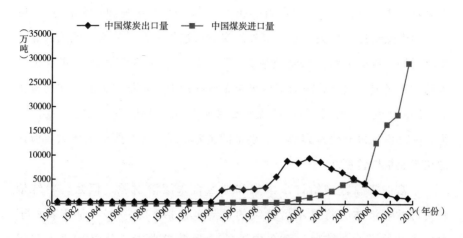

图 21 - 1　1980～2012 年中国煤炭进出口情况

资料来源：根据中国经济与社会发展统计数据库及海关信息网相关数据整理得到。

二　增加煤炭进口的必要性

　　中国每年 40 亿吨左右的煤炭需求量所形成的供给缺口对煤炭供给形成巨大的压力，而最为快捷的补救方法就是进口。

（一）中国煤炭库存猛增的原因

　　关于增加煤炭进口的必要性还有一些深层次的原因需要加以分析。国内煤炭供过于求、库存猛增的原因在于，前几年中国经济高速增长拉动了煤炭需求，推动了煤炭价格快速上涨，给煤炭生产企业带来了丰厚的利润，也给产煤省份政府带来了巨大的财政收入，从而诱发企业增加煤炭产量。此外，在国内煤炭价格不断上涨的形势下，沿海用煤大户转向购买国外廉价煤炭，并逐年扩大了煤炭进口规模。2011 年煤炭产消量分别为 35.2 亿吨和 34.3 亿吨，产量超出消费量 0.9 亿吨，加上当年净进口 1.67

亿吨，供过于求 2.57 亿吨；2012 年和 2013 年的煤炭产量分别为 39.5 亿吨和 39.7 亿吨，而消费量分别为 41.2 亿吨和 42.4 亿吨，但由于净进口量分别为 2.79 亿吨和 3.20 亿吨，仍供大于求 1.09 亿吨和 0.5 亿吨。[①] 因此，国内煤炭连年供大于求，国外煤炭进口连年上升，从而导致国内煤炭库存增加，价格下跌。粗略地估算一下，2011～2013 年国内煤炭供过于求超过 4 亿吨，这一状况对国内煤炭企业的冲击无疑是很大的。如何看待这一问题？是否要保护国内的煤炭企业而抑制煤炭进口。对此，我们认为，一是市场机制仍是调节煤炭供求的主要手段，二是煤炭资源大省应该加快产业结构转型。

丰富的资源曾经给许多国家和地区带来滚滚财源，但是，单纯依赖资源的经济体必将是不可持续的，甚至包括中东一些石油丰富的国家，也开始了产业转型。而在中国的一些煤炭大省，其财政收入在很大程度上依赖于煤炭（煤炭资源丰富的地区地方政府的煤炭行政收费占据煤炭总价 36% 的份额），这一煤炭财政也是不可持续的。并且，过高的行政收费加重了企业的负担，使得企业在面对国外煤炭竞争时失去了竞争力。在全国面临经济转型与产业结构调整的形势下，资源型省份或地区更应加快产业结构调整步伐，实现经济转型，赢得经济的可持续发展。

（二）扩大煤炭进口的必要性

在中国的资源进出口贸易上，一旦出现进出口形势逆转，即由净出口转为净进口，这一形势就是不可逆的（如石油和铁矿石）。中国煤炭进出口贸易在 2009 年发生逆转后，这一趋势也将是不可逆的，也是必然的。无论是从中国经济转型的角度，还是从资源与环境保护的角度，更多地进口煤炭有利于中国的可持续发展。进口煤炭不仅可以缓解国内煤炭资源的长期供给短缺问题，而且有利于遏制国内煤炭价格上涨，有利于保护中国

---

① 国家统计局网站，http：//data. stats. gov. cn/easyquery. htm？cn = C01。

的资源与环境，缓解"北煤南运""西煤东运"的交通运输压力。长期来看，中国煤炭的储采比只有 31 年,[①] 少用国内煤炭，多用国外煤炭，有利于本国煤炭资源的可持续利用。从代际公平的角度看，当代人还是应该尽量多留些资源给后代人。

由于中国煤炭进口量太大，如何维持稳定的煤炭进口国别体系，对于确保中国的能源安全和经济的可持续发展不仅具有重大战略意义，而且是迫在眉睫的大事。

三 中国煤炭进口国别体系及可持续性分析

中国煤炭进口国别体系是指煤炭进口的国家和各国煤炭进口量及所占比例，或称为煤炭进口国别结构。煤炭进口体系的划分可以有不同的标准，可以按区域来划分，如东亚、中亚和西亚、东北亚、东南亚等，也可按洲际划分，如亚洲、大洋洲、欧洲、美洲、非洲等，还可按据中国距离远近来划分，如毗邻国家和远洋国家，等等。

（一）中国目前的煤炭进口国别体系

近十年以来，中国传统的煤炭进口国主要是印度尼西亚、澳大利亚、越南、蒙古国、朝鲜、俄罗斯等国（见表 21 - 1）。这些国家的煤炭对华出口量均在千万吨以上。无论以 10 年的整体数据还是 2013 年的最新数据来看，印度尼西亚对中国的煤炭出口量均排在第一，其在 2013 年对华出口量达到 12569.89 万吨，占中国全部煤炭进口量的 38.44%。此外，还有一些上千万吨和千万吨以下的对华出口国家，这些国家具有扩大出口的潜力。

---

① BP 官网，http：//www.bp.com/en/global/corporate/energy - economics/statistical - review - of - world - energy.html#。

表 21 - 1　2002 ~ 2013 年中国煤炭从传统进口国进口量

单位：万吨

年份	越南	印度尼西亚	澳大利亚	朝鲜	蒙古国	俄罗斯	合计
2002	224.16	193.77	434.18	39.04	0	115.25	1064.78
2003	248.70	77.79	464.17	72.84	0	72.48	1029.21
2004	611.68	127.55	528.06	157.14	0	60.73	1836.52
2005	993.14	234.98	588.50	279.96	235.06	89.70	2562.27
2006	2007.95	493.82	690.08	248.07	215.44	99.08	3781.32
2007	2461.59	1124.43	413.93	374.09	311.88	26.81	4800.18
2008	1690.60	1118.60	354.3	253.70	404.40	76.00	4040.50
2009	2408.24	3030.89	4394.91	359.82	600.33	1178.46	12583
2010	1804.72	5531.32	3696.31	464.07	1659.48	1158.55	16511.51
2011	2206.57	6469.64	3255.63	1116.92	2015.47	1057.41	18239.5
2012	1741.05	11846.52	5945.89	1187.17	2212.86	2019.26	28851.43
2013	1311.20	12569.89	8819.05	1648.48	1749.46	2727.92	32702.53

注：表中列明的国家为主要国家，因此各国之和小于合计。

资料来源：《2009 年中国行业年度报告系列之煤炭》；2010 ~ 2013 年数据来自煤炭研究网，http://www.coalstudy.com/cn/article/index.html。

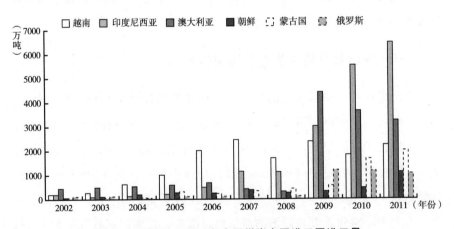

图 21 - 2　2002 ~ 2011 年中国煤炭主要进口国进口量

在 2009 年这个时间节点的前后，中国煤炭进口的国别结构未出现比较大的变化，中国进口煤炭的主要国家仍是印度尼西亚、越南、澳大利亚和蒙古国等国。澳大利亚由于 2009 年纽卡斯尔港口以及昆士兰州（澳大利亚最重要的产煤区）的相关港口和配套铁路的改建，煤炭出口量出现跃升。印度尼西亚虽然国土面积不大，却是世界最大的动力煤输出国，其煤炭产量的 75% 以上用于出口。通过简单的对比，从近期来看，煤炭出口的多少并不以其国家的煤炭储量多少作为依据，但从长期看，煤炭的出口量还是要依赖该国的煤炭资源储量，而目前中国的煤炭进口国别结构将不可持续，必将发生变化。

（二）中国目前煤炭进口国别体系的不稳定性及变动趋势

目前中国的煤炭主要进口国，如印度尼西亚、越南、朝鲜等国国土面积较小，煤炭储量相对不大。随着逐年增加煤炭的出口，这些国家的煤炭资源将会快速枯竭。印度尼西亚一直是最大的对华煤炭的出口国，近 2002~2013 年几乎保持增长态势，特别是从 2009 年开始，对华煤炭出口迅猛增加。虽然从 2012 年开始，印度尼西亚就已经着手制定限制包括煤炭在内的原矿的出口政策，但 2012 年和 2013 仍然保持煤炭对华出口的年均增长（2012 年和 2013 年分别增长 83.11% 和 6.11%）。2013年能够继续保持增长实属不易，这说明煤炭出口产生的外汇对该国的经济发展还是十分重要，但 2013 年出口增速大大放缓，说明从长期来看，印度尼西亚对华煤炭大幅度出口将是不可持续的。

越南曾经是最大的对华煤炭出口国，从 2004 年开始就占据对华煤炭出口第一的位置，2007 年出口量达到顶峰，即 2461.59 万吨，此后出口量波动下滑，2010~2011 年降为第三大对华煤炭出口国，2012 年降为第五，2013 年降为第六。这说明该国煤炭资源呈现快速枯竭之势。

蒙古国对华煤炭出口增长最快。蒙古国 2009 年是第五大对华煤炭出口国，2010~2011 年升为第四，2012 年升为第三，2013 年对华煤炭出口量下降，排位也降到第四，2010 年和 2011 年对华出口大幅度增长，依次同比增长 176.43% 和 21.45%。蒙古国对华煤炭出口仍有很大增长潜力，但由于诸多因素的影响，其出口增长仍有些不确定性。不过，由于该国毗邻中国，且煤炭可能的储量非常大，随着中蒙两国关系的不断改善，该国将会成为未来中国的主要煤炭进口国。

朝鲜 2011 年以来对华煤炭出口大幅度上升，2011 年出口量达到 1116.92 万吨，同比增长 140.68%。2013 年又继续快速增长，达到 38.86% 的增长率，并取代越南成为第五大对华煤炭出口国。但是，2016 年由于朝鲜进行核试验，引起联合国对其制裁，中朝两国的煤炭贸易被迫终止。何时停止制裁，恢复贸易尚难确定。朝鲜煤炭进口的缺位只能从其他国家寻求替代。

但是，除蒙古国外，以上几个主要对华煤炭出口国的一些共同特征是，与中国毗邻，但国土面积不太大，煤炭储量也不太大。由于储量的有限性及政府政策的变化，这些国家对华煤炭出口增长毕竟有限，不具有可持续性。

就在传统的煤炭出口大国对华出口增速放缓的同时，也出现了一些新的煤炭出口国，它们成为世界煤炭贸易结构变化的新动力。随着国际贸易市场的变化，一些国家的煤炭出口政策也会相应调整而增加煤炭的出口，并将逐渐成为中国的煤炭主要进口国，这种变化从 2010 年之后开始出现。加拿大、南非在 2010 年之后对中国的煤炭出口呈稳定上升趋势。2011~2013 年，加拿大、南非分别对中国的煤炭出口量为：449.51 万吨、836.3 万吨和 1196.66 万吨（较上年增长 43.1%），925.56 万吨、1428.24 万吨和 1274.27 万吨（较上年下降 10.8%）。这两个国家对华煤炭出口在 2013 年均呈迅猛增长态势，其中加拿大和南非成为新的对华出口煤炭千万吨的国家，美国亦可望在近期越过千万吨的关口（见表 21-2）。随着传统煤炭出口国煤炭资源的逐渐枯竭，这些国家逐渐成为中国煤炭的主要进口国，正在逐渐接近甚至超越传统进口国。

总之，目前中国的煤炭进口国别体系在今后数年内难以持续，可能会出现较大的变动。考虑到中国对海外煤炭的巨大需求，中国必须主动进行煤炭进口国别体系的调整，以维持稳定的海外煤炭供给。中国的煤炭进口国别体系的调整亦将带动国际煤炭贸易体系的变动。

表 21 - 2 中国新的煤炭输出国的煤炭进口量（2010~2013 年）

单位：万吨

国家	2010 年	2011 年	2012 年	2013 年
加拿大	519.69	449.51	836.3	1196.66
美 国	476.79	489.98	931.79	845.96
南 非	700.47	925.56	1428.24	1274.27
新西兰	36.65	40.82	68.16	56.24

四 中国煤炭进口国别的选择

中国煤炭进口国别的选择，需要考虑以下因素：一是该国的煤炭可供量（包括储量、储采比），二是进口价格（进口成本），三是该国的经济政策。

（一）煤炭的可供量

煤炭进口国别的选择，首先需要考虑其是否有充足的煤炭以供出口。这一方面要看该国的煤炭储量和储采比，另一方面要看该国的煤炭消费偏好或消费倾向。前者是主要指标，后者是参考指标。

1. 煤炭的储量和储采比

从储量来看，排名前五的国家为美国、俄罗斯、中国、澳大利亚、印度。2013 年这五个国家的煤炭储量占全球的比重、储采比依次为 26.6% 和 266 年、17.6% 和 452 年、12.8% 和 31 年、8.6% 和 160 年、6.8% 和 100 年（其中中国的储采比最低，仅 31 年，不到世界平均水平的 1/3）。以上这些国家，包括煤炭储量排在前十位的国家（见表 21 - 3），大多可列入中国的煤炭进口国（但还要考虑其他因素）。但是，目前中国的主要煤炭进口国，其储量大多排在前十位之后。2013 年，煤炭储量排名前五的美国、俄罗斯、澳大利亚的进口量占中国进口量的比重分别为 2.59%、8.34%、26.97%，三国的进口量总和为 12392.93 万吨，只占中国同年煤炭进口总量的 37.90%，而三个非前五国家煤炭进口占比为：印度尼西亚

38.44%、蒙古国 5.35%、朝鲜 5.04%，三国共占 48.83%，超过前三国近 11 个百分点。如果将印度尼西亚、蒙古国和朝鲜三国进口量之和再加上越南的 4.01%，则四国总和超过中国煤炭进口量的一半，即 52.84%（但这一结构较 2011 年发生了很大变化，2011 年四国占比分别为：印度尼西亚 35.47%、越南 12.10%、蒙古国 11.05%、朝鲜 6.12%，这四个国家的进口之和达到中国进口总量的 64.74%，高出 2013 年近 12 个百分点。这一结构重大变化是由于美国、俄罗斯、澳大利亚、南非这四个煤炭大国对中国的出口大幅度增加）。而在这四个国家中，越南和朝鲜的煤炭储量和储采比不高，甚至很低，两国的煤炭储量和储采比分别是 1.5 亿吨和 4 年、6 亿吨和 15 年[①]（见表 21 - 4）（蒙古国的数据在 BP 官网中并未列出）。这一方面说明，从长远看，目前的进口结构不可持续，但另一方面也说明，国际市场煤炭可供量潜力巨大，但需要进行合理规划与开发，关键是要考虑进口成本因素。

表 21 - 3　截至 2013 年底世界煤炭探明储量的前十位国家

排序	国家	探明储量（百万吨）	比重（%）	储采比（年）
1	美国	237295	26.6	266
2	俄罗斯	157010	17.6	452
3	中国	114500	12.8	31
4	澳大利亚	76400	8.6	160
5	印度	60600	6.8	100
6	德国	40548	4.5	216
7	乌克兰	33873	3.8	384
8	哈萨克斯坦	33600	3.8	293
9	南非	30156	3.4	117
10	印度尼西亚	28017	3.1	67
	世界	891531	100	113

资料来源：BP 官网，http：//www. bp. com/en/global/corporate/energy - economics/statistical - review - of - world - energy. html#。

---

① BP 官网，http：//www. bp. com/en/global/corporate/energy - economics/statistical - review - of - world - energy. html#。

表 21 – 4　截至 2013 年年底传统煤炭出口国煤炭储量状况

国家	探明储量(百万吨)	比重(%)	储采比(年)
越南	150	小于 0.05	4
朝鲜	600	0.1	15

2. 煤炭的消费偏好

由于各国的能源结构不同，能源消费偏好也不同，煤炭储量大国并不一定就是煤炭消费大国。这样，那些煤炭消费偏好或消费倾向很低的煤炭储量大国，就有更多的煤炭用于出口。表 21 – 5 为 2013 年煤炭储量排名前十位国家的煤炭消费偏好。

表 21 – 5　2013 年煤炭储量排名前十位国家的煤炭消费偏好

单位：百万吨石油当量，%

排序	国家	消费量	比重	产量	比重
1	美国	455.7	11.9	500.5	12.9
2	俄罗斯	93.5	2.4	165.1	4.3
3	中国	1925.3	50.3	1840	47.4
4	澳大利亚	45	1.2	269.1	6.9
5	印度	324.3	8.5	228.8	5.9
6	德国	81.3	2.1	43.0	1.1
7	乌克兰	42.6	1.1	45.9	1.2
8	哈萨克斯坦	36.1	0.9	58.4	1.5
9	南非	88.2	2.3	144.7	3.7
10	印度尼西亚	54.4	1.4	258.9	6.7
	世界	3881.4	100	3881.4	100

资料来源：BP 官网，http://www.bp.com/en/global/corporate/energy – economics/statistical – review – of – world – energy.html#。

从表 21 – 6 可以看出，将煤炭生产和消费与储量进行数据上的比较，占据最突出的显著地位的正是中国。中国煤炭的消费量和产量均在世界遥遥领先，具有最为明显的煤炭消费偏好，而其他国家的煤炭消费偏好均很低，均有出口煤炭的能力。这些国家要么已经是中国的煤炭进口国，要么是潜在的进口国。

（二）煤炭进口价格

从 2012 年和 2013 年的煤炭进口数据来看，煤炭的进口量和进口总金额都在相应增长，更值得注意的是 2013 年进口价格（将进口总金额除以进口量）总体有所下降（见表 21-6），这也可能是中国煤炭进口量上升、国内煤炭滞销的一个重要原因。煤炭价格除了受市场供求的影响之外，还取决于煤炭的品质、运费（运输距离的远近）。各国煤炭的品质我们无从了解，本书不做分析，但从各国的煤炭进口价格的差异来看，仍可以发现一个简单规律：离中国距离越远的国家进口价格越高。这表明煤炭的价格与煤炭运输成本密切相关。

表 21-6　2012~2013 年相关国家煤炭进口金额及价格

国家	2012 年累计			2013 年累计		
	数量（万吨）	金额（万美元）	单位价格（美元/吨）	数量（万吨）	金额（万美元）	单位价格（美元/吨）
澳大利亚	5945.89	772681.5	129.9522	8819.05	1007456.35	114.2364
印度尼西亚	11846.52	937464.1	79.13413	12569.89	825062.3	65.63799
俄罗斯	2019.26	239899.9	118.8059	2727.92	278088.2	101.9415
蒙古国	2212.86	170156.4	76.89432	1749.46	119000.7	68.02139
朝鲜	1187.17	121451.4	102.3033	1648.48	138463.2	83.99447
越南	1741.05	132957.8	76.36646	1311.2	84397.12	64.36632
加拿大	836.3	147205.6	176.0201	1196.66	173694.75	145.1496
南非	1428.24	156725	109.733	1274.27	109723.47	86.10692
美国	931.79	121982.3	130.9118	846.06	113929.9	134.6594
菲律宾	262.76	17910.85	68.16429	280.23	16894.38	60.28755
莫桑比克	20.8	3662.66	176.0894	45.59	6375.95	139.8541

续表

国家	2012 年累计			2013 年累计		
	数量 （万吨）	金额 （万美元）	单位价格 （美元/吨）	数量 （万吨）	金额 （万美元）	单位价格 （美元/吨）
新西兰	68.16	11655.35	170.9999	56.24	7822.77	139.0962
哥伦比亚	256.8	28824.36	112.2444	50.32	5894.88	117.1479
马来西亚	61.15	5022.12	82.12788	34.64	2799.95	80.82997
其他国家	32.68	3057.49	93.55845	92.52	9381.08	101.3952
合计	28851.43	2870657	99.4979	32702.53	2898985	88.64712

注：单位价格的计算是用进口总金额除以进口量。由于煤炭种类繁多，而不同种类煤炭含热量的高低不同，单价也不同。所以在未能知道各国进口煤炭种类、品质数据时，上表的数据只能具有一定的参考意义。

资料来源：煤炭研究网，http：//www.coalstudy.com/cn/article/index.html。

对于使用煤炭的企业来说，进口价格是最为重要的因素。从 2012 年和 2013 年的煤炭进口情况来看，与中国毗邻的国家（如蒙古国、越南、印度尼西亚）的进口价格最低，而运输距离较远的国家（如加拿大、美国、南非、澳大利亚等国）的进口价格则偏高，特别是加拿大，其 2013 年的进口价格高达 145.1496 美元/吨，是同期最低价菲律宾的 2.4 倍。而与中国接壤的俄罗斯，2013 年的进口价格为 101.9415 美元/吨，虽较越南、蒙古国和朝鲜高，但是仍低于海运方便的澳大利亚的 114.2364 美元/吨。

煤炭储量排在前五位的国家，只有俄罗斯和印度与中国毗邻，而美国和澳大利亚相距甚远。印度虽然与中国毗邻，但边境线处于喜马拉雅山脉，陆路运输已不可能，而绕道马六甲海峡的海运路程仍然遥远。并且，印度正处于经济快速增长过程中，其本国煤炭需求很大，可供出口中国的煤炭资源很少。由此可见，只有俄罗斯既有巨大的煤炭储量（可供量）又与中国毗邻，有着便捷的陆路和海运交通网络。因此，拓展俄罗斯的煤炭进口的战略意义非常重大。

（三）煤炭出口国的经济政策

一个国家的资源政策或政策倾向在短期内会对其资源的出口具有导向

作用。而这些政策主要是通过税收杠杆进行调控的，包括关税和资源税。资源出口关税对资源的出口会产生直接的抑制作用，而资源税作为资源价格的组成部分，资源税越高就对出口产生越高的抑制。

资源出口关税的设置主要有以下原因：保护国内的资源与环境；保证国内的资源供应；压制初级产品的出口以优化本国的产业结构；提高他国的产品成本，以增强本国同质产品的竞争力。

第二十二章

加强俄罗斯远东地区煤炭开发合作

习近平同志连任国家主席后首次出访的国家就是俄罗斯，其于 2013 年 3 月 22 日和俄罗斯总统普京在莫斯科共同签署了《中华人民共和国和俄罗斯联邦关于合作共赢、深化全面战略协作伙伴关系的联合声明》（以下简称《联合声明》）。这标志着中俄合作"新纪元"的开始。在发达国家深陷债务危机、普遍面临经济不景气的形势下，深化中俄两国合作对两国来说都是重大的战略机遇，有助于两国克服世界经济低迷所带来的不利影响，发挥各自优势，实现优势互补，为两国经济发展增添新的动力，同时也可为世界经济注入新的活力。中俄两国合作领域十分广阔，但要把握好这一重大机遇期，还需突出若干重点领域，而能源合作则是重点领域之一。《联合声明》明确指出："积极开展在石油、天然气、煤炭、电力和新能源等能源领域的合作，构建牢固的中俄能源战略合作关系，共同维护两国、地区以及世界的能源安全。"在石油合作方面，中俄两国已经取得丰硕成果。而从中国国内能源供求形势来看，深化煤炭合作已是势在必行。再从中国煤炭进口国别结构来看，现有的进口国别结构已显得不可持续，增加俄罗斯煤炭的进口将是构建中国可持续的能源供给体系的重要组成部分。本章将对中俄两国煤炭合作问题进行系统性的研究。

一　背景分析

自"乌克兰危机"爆发以来，俄罗斯与美欧之间的矛盾不断加剧，与此同时，美国与欧盟对俄罗斯的制裁也在不断加码，这些制裁虽然对俄罗斯经济产生了一定程度的伤害，但并未使其"伤筋动骨"，因而俄罗斯并不肯"服软""就范"，并且还发动了"反制裁"。而当国际市场油价下跌之后，俄罗斯才真正感到风声鹤唳，因为油价下跌会对俄罗斯的经济收入产生立竿见影的影响。在美欧的层层堵截之下，俄罗斯经济正面临着前所未有的困境。在这一形势下，俄罗斯对中国的依赖程度加深，只有放宽对中国的限制，扩大同中国的合作以图自保。这一状况对中国来说显然是十分有利的。但从中国的国策角度，如何确立对俄大政方针亦显得十分重要。

在当前形势下，俄罗斯对中国的依赖程度加深，只有放宽对中国的限制，扩大同中国的合作以图自保。中国亦可抓住有利时机，扩大与俄罗斯在能源与军工方面的合作。中国与俄罗斯在能源方面的合作之路可谓越走越宽。在石油合作方面，俄罗斯已对中国进一步放开，外资企业占股可超过50%，煤炭合作方面也出现了新的机会，俄罗斯在远东方面的政策将进一步对中国开放。煤炭合作，如何去做？本书将做以下分析。

二　中俄煤炭开发合作现状

从国家的煤炭储量及储采比来看，中国扩大煤炭进口的潜力巨大，但从地理因素和煤炭储量等综合因素来看，俄罗斯是近期扩大煤炭对华出口最为理想的国家。作为世界煤炭资源储量排名第二的国家，俄罗斯也是世界重要的煤炭出口国之一。自21世纪开始，俄罗斯煤炭出口量呈逐年上升趋势（见图22-1）。

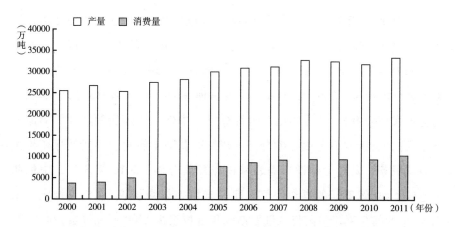

图 22 - 1　2000～2011 年俄罗斯煤炭产量、消费量及差额

从图 22 - 1 可以看到，12 年中，俄罗斯煤炭产量大致保持上升趋势。虽然在 BP 网站上我们没有得到俄罗斯煤炭的出口数据，但从产量和消费量之间的差额就可以推断出可以用于出口的份量。总体来看，俄罗斯煤炭产量与消费量之间的差额在波动式地迅速扩大，特别是自 2010 年以后，持续上升。黑龙江中俄信息网数据显示，2014 年俄罗斯煤炭开采量为 3.573 亿吨，同比增长 1.5%；煤炭出口量为 1.5169 亿吨，同比增长 7.6%；煤炭进口量为 2530 万吨，同比下降 14.8%；俄罗斯市场煤炭供应量为 1.72 万吨，同比减少 4%。[①]

俄罗斯的能源使用倾向为重油轻煤，本国对煤炭的需求很少，因而在很大程度上制约了煤炭行业的发展，再加上俄罗斯煤炭的主要出口国（欧洲各国）近几年来为了保护环境而出现限制煤炭消费的趋向，同时经济危机也导致欧洲对煤炭需求下降，从而造成俄罗斯煤炭外部需求不旺，2009 年和 2010 年煤炭开采量有所减少。投资不足，内外需求乏力，设备陈旧，煤炭开采量减少，使得俄罗斯迫切需要与一些煤炭消费大国开展煤炭合作，这也为其向中国增加煤炭出口提供了可能性。

---

① 黑龙江中俄信息网，http：//www.hljdpc.gov.cn/jmzxscdt/28528.jhtml。

　　从 2009 年开始，随着中国国内煤炭需求的增长及进口量的猛增，俄罗斯对中国煤炭的出口也出现激增之势，由 2008 年的 76 万吨猛增至 2009 年的 1178.46 万吨，增长了 14.5 倍。[①] 同时，中俄两国政府也对煤炭合作事宜进行了探讨。2009 年 6 月，中俄总理签署了《中俄总理第十四次定期会晤联合公报》，公报指出两国将根据《中俄关于煤炭领域合作的谅解备忘录》，支持双方企业在煤炭资源开发以及加工转化、煤炭及煤矿机械贸易与服务、煤炭工业设计等领域优先开展合作。2010 年 8 月，中俄两国签署了 60 亿美元的煤炭协议，即"贷款换煤炭协议"。协议规定，未来 25 年的前 5 年，中国将从俄罗斯每年进口至少 1500 万吨煤炭，而后 20 年进口煤炭量将会增加至 2000 万吨，中国则为俄罗斯提供总共 60 亿美元的贷款，共同开发俄罗斯阿穆尔河（黑龙江）地区煤炭资源，并帮助俄罗斯发展远东地区矿产资源开采项目，修建铁路、公路等煤炭运输通道，购买矿产挖掘设备等。

　　在进入 2012 年后，俄罗斯明确表示应重视通过投资推动经济增长。俄罗斯总理普京指出，俄罗斯需要大规模的投资，到 2015 年投资将增长至国内生产总值 25% 的水平。[②] 投资涵盖公共设施、海关、运输物流和商业项目，全力推动基础设施建设，拉动经济增长。同时，普京政府也明确提出增加地方经济活力，缩小地区发展的不平衡。俄罗斯拟在个别地区建立多样化的法律、投资和税务政策，将赋予地方政府足够的职权确保地方经济持续而稳定的发展。俄罗斯西重东轻，其煤炭产区主要集中在亚洲地区，如果俄罗斯增加对中国的煤炭出口，将对俄罗斯改善其东西部平衡状况非常有利。

　　2013 年，习近平同志连任国家主席后首访俄罗斯，并于 3 月 22 日与俄罗斯签署了《联合声明》，而煤炭合作也包括在《联合声明》之中，这为推动中俄两国深化煤炭合作拓宽了道路。

---

① 煤炭财经网，http://www.coalstudy.com/。
② 《俄罗斯：多举措应对复杂经济形势》，中国经济网，http://intl.ce.cn/specials/zxgjzh/201201/31/t20120131_ 23029372. shtml。

三　俄罗斯煤炭出口中国的矿区选择

俄罗斯远东地区幅员辽阔，面积为 621.59 万平方公里，占俄罗斯国土面积的 36.4%，但人口仅有 626 万，可谓"地广人稀"。远东地区煤炭储量十分丰富，约占俄罗斯的 40%。但由于远东地区距离俄罗斯主要煤炭消费地的距离较远，运输成本较高，因此，远东地区与俄罗斯国内主要煤炭消费地的经济联系越来越疏远，从而造成俄罗斯远东地区煤炭资源并未得到大规模的开发利用。从地理位置来看，远东地区虽然远离俄罗斯煤炭消费地区，但该地区有很大片区与中国东北毗邻，在边境附近地区开发煤炭资源并向中国出口既有运输成本优势，又可为该地区的经济发展注入新的活力。

俄罗斯探明储量的一半以上在西伯利亚地区，西伯利亚中东部属于远东地区。俄罗斯现正优先发展库兹巴斯含煤盆地和有很大发展潜力的坎斯克—阿钦斯克含煤盆地，但这两个产煤区距中国边境依然很远，煤炭运往中国的运输成本较高，比起澳大利亚等国的海运并不占优势。

出于运输成本方面的考虑，中国从俄罗斯进口煤炭的矿区将重点布局在与中国东北有漫长边界的俄罗斯阿穆尔州、滨海边疆区和东西伯利亚地区中与中国毗邻的赤塔州。

（一）阿穆尔州

阿穆尔州位于俄罗斯东南部，其南部、西南部与中国黑龙江省接壤，已探明的煤炭储量为 38.13 亿吨，居远东地区第二位，年开采能力为1000 万～1200 万吨；① 阿穆尔州内有四条河运线，承担着向中国进出口货物的运输职能。此外，沿阿穆尔河还有"海河"船队可以进入日本海。大力发展"海河"航线与中国、日本、朝鲜的港口互通已纳入其行政计划中。

---

① 《俄罗斯煤炭资源介绍》，国际煤炭网，http：//coal. in - en. com/html/coal - 09190919861
270640. html。

（二）滨海边疆区

滨海边疆区位于俄罗斯东南部，其西部与中国接壤，已探明煤炭储量为26.21亿吨。从长远看，已勘探的煤田能保证年开采2500万～3000万吨。其中开采条件较好的煤田有：比金煤田，年开采能力为1200万～1400万吨；巴甫洛夫斯克煤田，年开采能力为500万～600万吨；利波夫齐和伊里乔夫卡煤田可露天及地下机械化开采，年开采能力为150万～200万吨；① 等等。列入俄罗斯国家储备的较大型煤田有巴甫洛夫斯克煤田的西北矿脉及拉科夫卡煤田。

（三）萨哈林州

萨哈林州已探明的煤炭储量为18.45亿吨，主要煤田储量可观，都已投入开采，不排除现有煤田在重新进行地质勘探后会发现更大储量的可能。萨哈林州虽然未与中国直接毗邻，但离中俄边境不远，也可以通过海上通道向中国输送煤炭。

（四）哈巴罗夫斯克边疆区

哈巴罗夫斯克边疆区已探明的煤炭储量为15亿吨，目前主要产煤地是乌尔加尔煤田。乌尔加尔煤田开采成本较低，可露天开采3.4亿吨，地下开采10.6亿吨。此外，上布列亚煤田预测储量达180亿吨，主要是发电用煤。在阿穆尔河沿岸和鄂霍次克海沿岸还有一些小型煤田，因规模和运输条件限制，只能供局部消费。

（五）赤塔州

赤塔州煤炭资源也很丰富。目前的煤炭投资项目有扎舒兰煤矿、阿普

---

① 《俄罗斯煤炭资源介绍》，国际煤炭网，http://coal.in-en.com/html/coal-09190919861270640.html。

萨兹煤矿、奇特坎金煤矿。其煤层中，甲烷的储量十分丰富，可作为煤气田开采。[①]

除以上列明的矿区之外，俄罗斯远东地区未探明的储量非常丰富，其向中国供给煤炭的潜力十分巨大。

四　构建俄罗斯——中国煤炭进口通道

俄罗斯向中国运送煤炭的通道有三个：一是电力输送，二是陆路煤炭输送，三是海路煤炭输送。

（一）构建中俄电网系统

在俄罗斯与中国东北毗邻地区建立坑口电站，利用当地的煤炭直接发电，并利用日渐成熟的超高压、特高压输电技术，直接向中国东北地区、华北地区输送电力。电力输送是一种高效、快捷的能源输送方式，可节省运力，减少陆路运输压力。电网通道也包括在中俄边境开发的水电资源。

（二）构建俄罗斯远东地区及东西伯利亚地区与中国东北地区的煤炭陆路通道

构建俄罗斯—东北煤炭陆路通道可直接解决东北地区的煤炭供给问题。东北地区拥有密集、发达的铁路运输网，海港、内河运输也十分发达，这为煤炭运输提供了有力的保障。

总体来说，该通道具有以下优势。中俄战略合作具有良好的历史基础；煤炭产地与中国边境接壤，东北地区铁路交通发达，内河水网密集，运输成本低。赤塔州与哈尔滨通铁路，里程约1800公里。阿穆尔州首府布拉戈维申斯克与哈尔滨虽然暂时没有通铁路，但是东北围绕黑龙江水道

[①]　满洲里市经济局网站，http://manzhouli.gov.cn/zfwz/gongye/zsyz/zdxm10.htm。

密布，5~9月航运发达。两州的煤炭资源露天开采居多，采矿成本低，并且也可兴建铁路。

（三）构建俄罗斯远东港口与中国沿海城市之间的煤炭海运通道

俄罗斯远东各区域位于太平洋西海岸。在上述俄罗斯远东行政区域中，滨海边疆区、萨哈林州和哈巴罗夫斯克边疆区都有港口可以承担煤炭的海运任务。这些地区地理位置十分优越，公路、铁路、航空和海洋交通运输条件十分便利，特别是海运十分发达，拥有远东地区最大、最深的港口，也是西伯利亚大铁路终点站。滨海边疆区有两个非常重要的煤炭运输港口：符拉迪沃斯托克（海参崴）、东方港（货运量居全俄第三位）。符拉迪沃斯托克港口有"不冻港"的优势，一年四季不结冰，可全年航运，而瓦尼诺港则是哈巴罗夫斯克边疆区最大的运输枢纽。通过这些港口，可将煤炭资源直接运往中国沿海煤炭需求最大的城市，如上海、广州等。若把俄罗斯与澳大利亚的煤炭进口进行对比，那么俄罗斯远东港口距离近的优势就非常明显。将俄罗斯符拉迪沃斯托克与澳大利亚布里斯班的报价进行对比，符拉迪沃斯托克到中国的重要港口（如上海港）的航程要短70%，而海运费也要节省20%左右。因此，物流的时间成本和资金成本优势巨大。

五　存在的问题、障碍及加快中俄煤炭合作的举措

俄罗斯对华煤炭出口自2009年出现猛增之后，连续两年增长乏力，并出现下降趋势。2011年对华实际出口仅为1057.41万吨，远低于两国协议预定的交易量。其中有三个原因。

一是价格因素。俄罗斯现在正优先发展的库兹巴斯含煤盆地和坎斯克—阿钦斯克含煤盆地距中国边境很远，而这里的煤炭大多是经远东东方港运往远东各国，其煤炭运往中国的运输成本较高，比起印度尼西亚等国的海运并不占优势。因此，只有开发中俄边境煤炭资源才有成本和价格方

面的优势。

二是俄罗斯政策多变，这在中俄石油合作上已经表现出来。但两国间石油开发合作的不断发展，也为煤炭合作提供了借鉴，开辟了道路。从两国间的民间合作来看，中方也多有抱怨俄罗斯人多变、诚信度不高的问题。当然，俄罗斯作为原计划经济国家，市场诚信意识的发展需要有个过程。随着俄罗斯市场化改革的推进及中俄两国合作的加深，两国民间的诚信意识将会不断增强。

三是俄罗斯国民有着资源保护意识。实际上资源保护与开发相辅相成。而过于保守的资源保护意识风险也很大，可能会失去发展的机会。而合理的资源开发与利用，将会为俄罗斯积累发展所需的大量资金。

中俄两国政府的合作框架为加快两国煤炭开发合作奠定了基础，但还需要有一些具体配套和激励政策。

第一，政府层面上，激励煤炭资源的进口并加强对国内资源的保护。一方面，要加大对本国资源的保护力度，继续关停中小煤矿，特别是煤炭资源开发年限很长、矿井挖掘很深、地质与环境破坏较为严重的地区，要加快推进资源保护与产业转型；另一方面，要出台一些鼓励煤炭资源进口的政策，如继续维持煤炭进口零关税，并降低煤炭进口增值税和港口费用等。

第二，积极推动中俄两国在地区和企业层面上的合作。两国间的资源开发合作最终还是要具体落实到地区和企业层面。中国东南沿海城市和边境城市应加大对俄罗斯煤炭的进口量。东南沿海地区经济发达，煤炭需求量大，通过进口煤炭可以大大缓解国内煤炭供给压力和内陆交通运输压力。因此，沿海大型用煤企业则应积极主动"走出去"，与俄罗斯进行资源勘探、矿区建设、资源开发等方面的合作，推动煤炭资源进口。与俄罗斯毗邻的东北地区，可结合本地区的产业结构调整，适度加强对本地煤炭资源的保护，利用与俄罗斯毗邻的得天独厚的优势，增加俄罗斯煤炭的进口。在"十二五"时期，国家振兴东北老工业基地的政策导向是，将东北地区的功能定位为构筑以现代装备制造业、新型重化工业、特色轻工业以及科教产业为主导的产业经济格局，这为东北煤炭资源型城市的转型提供了一个方向。

当然，在国家宏观调控层面上，要做好国际国内两个市场的协调。当国际市场煤炭价格高涨，或外商炒作、哄抬煤炭价格时，则增加国内煤炭的供给，以平抑国际市场价格，抑制市场炒作行为。

第二十三章

构建和维护持续、稳定的
煤炭进口国别体系

为了保持持续、稳定的国外煤炭供给，有必要构建持续、稳定的煤炭进口国别体系，优化和完善煤炭进口国别结构。根据地理位置的不同，本书将中国的煤炭进口国别体系划分为三个板块或三个子系统：一是东南亚—太平洋煤炭进口体系，包括印度尼西亚、澳大利亚和越南三个煤炭出口大国，并可向菲律宾、马来西亚等具有潜力的国家扩张，这一进口体系构成了当前中国煤炭的主要进口来源，因此要重点维持；二是东北亚煤炭进口体系，包括俄罗斯、蒙古国和朝鲜三国，这是距离中国最近，运输距离最短、运输成本最低的地区，目前中国从这三国进口的煤炭仅次于东南亚—太平洋煤炭进口体系，而更为重要的是这一地区是煤炭密集区，是开发潜力最大的地区，因而也是中国目前重点开拓的地区；三是远洋煤炭进口体系，包括美国、加拿大等国，这些国家的距离遥远，运输成本较高，可列为未来开拓的煤炭进口国。

一 东南亚—太平洋煤炭进口体系

在这一煤炭进口体系中，印度尼西亚和澳大利亚占据着绝对重要地位，并且在中国当前煤炭进口体系中也占据着绝对重要地位。这两个国家均为传统的煤炭输出国，一直在世界煤炭贸易体系中占据着极其重要的地位。2013 年，这两个国家对中国的煤炭出口量分别占据第一位和第二位，两国对中国的煤炭出口量之和占据中国当年煤炭进口总量的65.4%。此外，越南也是中国重要的煤炭进口国，2013 年越南对中国的煤炭出口量排名第六。其他国家如菲律宾、马来西亚等国也有煤炭出口潜力。

（一）印度尼西亚

印度尼西亚（以下简称"印尼"）的煤矿多为露天矿，开采条件较好，已探明煤炭储量主要分布在苏门答腊和加里曼丹两岛，集中在苏门答腊岛的中部和南部，以及加里曼丹岛的中部、东部和南部。印尼煤炭结构中无烟煤比例非常低，褐煤比例最高，接近 60%，是作为发电动力煤的理想煤种之一，因此该国一直是世界上最大的动力煤出口国之一。而由于中国的褐煤比例约占 10%，比例较低，且自身为火力发电大国，需求较高，所以，虽然印尼与中国的煤炭贸易前景受到印尼相关政策的影响，但中国仍需要通过国家和企业层面的努力，维持从印尼的煤炭进口量。

印尼的另一优势是航运，与马来西亚和新加坡共同控制着世界上最重要的航线——马六甲海峡。印尼不仅位于中国另一重要能源——石油的中东输入途径上，同样也位于中国煤炭资源输入通道上。

印尼虽然与中国在国家级战略合作上进行得较为顺利，但印尼在矿藏资源政策上偏向紧缩出口，而且预计这种趋势未来不会有大的改变。因此，印尼在中国能源进口国别体系中的地位将会降低，在煤炭进口的国别结构中比例会有所下降。但即便如此，考虑到煤炭出口可以为该国带来巨大的经济利益，加上该国煤炭储量较大，储采比较长，每年保持一定的对华出口量符合该国的利益。中国也应继续做好双方的有关工作，维持两国之间的良好煤炭贸易关系。

（二）澳大利亚

澳大利亚是自然资源十分丰富的国家，也是中国铁矿石的主要进口国，煤炭也一直被认为是澳大利亚最具价值的出口商品，不仅资源丰富，而且品质高（如炼焦煤）。澳大利亚具有煤炭输出经验和优势，并且其本身对煤炭资源需求甚少，丰富的资源主要用于出口创汇。在运输方面，澳大利亚既有优势又有劣势：优势是海运，劣势是运输距离远，远离其他各大洲，导致运输费用较高。特别是较其最大的竞争对手印尼来说，运往中国和日本等亚洲国家的时间更加漫长。澳大利亚的煤炭资源主要集中在东部沿海地区，与其优质煤炭输出港口纽卡斯尔港距离较近，因此其陆运距离较短，铁运成本较低，这是它的天然优势。纽卡斯尔港正是澳大利亚煤炭运往中国的主要港口。

为了保持煤炭输出的竞争地位，澳大利亚做了有利于煤炭输出的工作。其一，非常重视与贸易国家的投资合作，最典型的例子为：2014年4月中国招商局集团和澳洲黑斯廷斯基金管理公司（Hastings Funds Management）共同出资17.5亿澳元（约合101.8亿元人民币），收购了世界最大的煤炭出口港——纽卡斯尔港，而该港正是澳大利亚最重要的煤炭输出港口。2012~2013年的运营数据显示，港口累计出口1.4264亿吨煤炭，较前一年上升17%。截至2013年6月底，港口总净利润为2300万澳元，净现金流为2700万澳元。[①] 其二，澳大利亚在国家政治层面上进行了政策上的支持，比如在2014年9月2日，澳大利亚参议院投票通过废除具有争议的30%的矿业税，其中包括煤炭资源。

澳大利亚在过去、现在均是中国可靠的煤炭贸易对象，同时也是中国的一个具有良好合作意愿的伙伴，具有长期合作的空间。中澳两国虽然在政治体制上有所区别，在政治倾向上也有所差异，但经济利益的纽带已经

---

① 《拓商局合资逾百亿购得世界最大煤炭出口港》，新浪网，http://finance.sina.com.cn/stock/usstock/c/20140430/174318978235.shtml。

将两国紧紧地捆绑在一起。近年来澳大利亚对中国的煤炭出口量快速上升，2013 年达到 8819 万吨（接近 1 亿吨），在对中国的煤炭贸易中排名第二。可以预见，未来澳大利亚对中国的煤炭出口将取代印尼，占据第一的位置。

（三）越南

越南在东南亚国家中一直属于煤炭出口大国，其煤炭出口有着悠久的历史。其煤炭储量一般，但是仍有以鸿基煤、广田煤为代表的优质煤，其中广田煤田的无烟煤是世界上质量最好的无烟煤之一。越南的煤炭除了少部分满足国内的需求之外，大部分出口对象主要为中国和日本。其针对中国的出口地主要为中国的两广地区。越南的煤矿以露天开采为主，过去由于设备落后，管理不善，产量一直很低。进入 21 世纪以后，随着新技术以及资金的引入，越南的煤炭开采能力大幅度提升，但是这样也加速了越南煤炭资源的枯竭。越南目前是中国煤炭进口体系中的重要国家（其离两广地区近，具有地理优势），但是该国很可能因为煤炭资源逐渐枯竭而无法持续地参与国际煤炭贸易。

除以上国家之外，这一体系中的其他国家，如新西兰、菲律宾、马来西亚等国也有出口煤炭的潜力，如在 2013 年，新西兰、菲律宾和马来西亚分别向中国出口了 56.24 万吨、280.23 万吨和 34.64 万吨煤炭。[①]

二　东北亚煤炭进口体系

（一）东北亚地区战略要地——东北煤炭进口通道的构建

中国东北地区是由辽宁、吉林、黑龙江三省（东北三省）和内蒙古自治区东部的赤峰市、通辽市、呼伦贝尔市及兴安盟（内蒙古东四盟市）

---

① 煤炭研究网，http://www.coalstudy.com/cn/article/index.html。

共同构成的地域整体。东北地区曾经是中国的老工业基地，是在中华人民共和国成立初期及整个计划经济时期中国工业最为发达的地区之一，其经济总量约占全国的 1/4，被誉为"共和国的长子"。但是，计划经济体制下的优势，到了市场经济时代就成了劣势。改革开放后，中国东部地区经济迅猛发展，东北地区工业日渐衰落。在当前形势下，东北经济增长问题显得十分突出。经济衰退导致人口外流，人口外流又加剧经济衰退，形成恶性循环。① 国家实施的"东北老工业基地振兴战略"有助于促进东北经济的发展，但从根本上仍然需要推进体制机制的改革。如果国家政策的推动产生效果以及东北自身的体制机制改革出现成效，重振东北工业基地的目标应该可以实现。2016 年《中共中央 国务院关于全面振兴东北地区等老工业基地的若干意见》（以下简称《意见》）提出"到 2020 年，东北地区在重要领域和关键环节改革上取得重大成果，在此基础上再用 10 年左右时间，实现全面振兴"。《意见》在分析东北存在的问题时指出："然而当前发展却面临市场化程度不高，国企活力不足，民营经济发展不充分，科技与经济发展融合不够，思想观念不够解放等问题，需靠全面深化改革来解决。"②

　　考虑到东北现有的工业基础以及今后经济发展可能跃上新的台阶等因素，其对煤炭的需求仍有很大的上升空间。东北地区地处我国高寒地域，寒冬漫长，大部分地域以煤炭作为冬季取暖的重要燃料，因而冬季室内取暖用煤需求明显高出中国其他地区，这就在一定程度上形成对煤炭的刚性需求。中国东北地区也是传统的煤炭基地，中国约 1/6 的煤炭资源型城市布局于该地区。东北的煤炭基地主要集中在：黑龙江省的鸡西、鹤岗、双鸭山和七台河；吉林省的辽源和白山；辽宁省的抚顺、阜新、铁法（隶

---

① 一些文章认为东北人口的不足导致经济衰退。这就出现一个因果关系，究竟是经济衰退导致人口外流而造成人口不足，还是人口不足导致经济衰退这样一个类似"先有鸡还是先有蛋"的问题。本书认为，体制的滞后导致经济衰退，经济衰退导致人口外流和下降，人口外流又反过来加剧经济衰退。

② 《中央出台意见推进东北地区等老工业基地全面振兴》，新华网，http://news.xinhuanet.com/politics/2016 – 04/26/c_ 1118744309.htm。

属铁岭）和北票（隶属朝阳）。但是，随着近100年的煤炭开采，东北地区的煤矿大多进入中老年期，并且随着矿井越挖越深，开采难度和成本不断上升，近年来在国外廉价煤炭进口的冲击下，许多煤炭矿区亏损严重，陷于停工、停产状态。过去东北煤炭的供需格局一直是自给自足，虽然目前还能保持煤炭自给自足，但从长期看煤炭供给缺口将越来越大。国家发改委早在2011年10月13日就在其官网表示，按辽宁、吉林、黑龙江三省现有煤炭产能测算，"十二五"末期东北三省煤炭总需求缺口将达3亿吨。东北三省煤炭剩余储量见表23-1。

表23-1 东北三省煤炭剩余储量

地区	剩余可采储量（亿吨）	现有产能（万吨）	可采年数	2015年煤炭消费量（亿吨）
黑龙江	30	8000	不到40年	2.5
吉 林	7	5000	不到20年	1.4
辽 宁	20	6000	30年	1.2

但是，东北地区在煤炭输入方面有着得天独厚的地理优势。随着本地煤炭资源的日趋枯竭，外调煤炭在东北能源结构中的地位将不断上升。目前东北地区在国内的外调煤炭来源主要是山西省和内蒙古自治区。山西省虽然煤炭输出量大，但其运往东北地区的煤炭主要依靠大秦线，但是大秦铁路所运输的煤炭绝大部分在秦皇岛港下水，以供应华东和中南沿海电厂，只有少量供应沿线大电厂和出关。内蒙古东部地区距离东北地区更近，交通更加方便，因而也是东北地区煤炭的重要来源。蒙东地区煤炭资源十分丰富，露天矿较多，且易于开采和扩产，但煤质以褐煤为主。褐煤的低售价将其运输半径限制在500公里以内，这恰与自产煤炭逐渐衰竭的东北三省构成互补关系。蒙东地区煤炭的外调基本上可弥补东北三省的煤炭需求缺口。但从长期来看，东北地区还需加快国外煤炭进口的步伐。东北地区处于东北亚的核心，与当前的煤炭资源大国俄罗斯、蒙古国和朝鲜毗邻，处在这3个国家的"包围"之中，因而天然地注定东北地区将成为东北亚地区煤炭输入的核心基地。

（二） 东北亚地区煤炭进口体系的开拓

东北亚地区煤炭进口体系包括俄罗斯、蒙古国和朝鲜。关于俄罗斯煤炭进口的开拓已在第二十二章中进行了详细的论证，这里则主要分析和研究蒙古国和朝鲜两国的煤炭的供给。

1. 蒙古国

（1） 蒙古国的煤炭储量。世界各国煤炭储量基本已经明朗化，但蒙古国可能是一个例外，最权威的《BP 世界能源统计年鉴》中并没有对蒙古国的储量、产量和消费量有着具体的统计和描述。然而，蒙古国煤炭资源却很丰富，似乎是世界上煤炭储量最为丰富和集中的国家之一。我们现在可看到的数据来自蒙古国能源局，即蒙古国煤炭总储量约为 1623 亿吨（含推断储量）。[①] 如果这个数据属实，那么蒙古国的煤炭储量非同小可，可以进入世界煤炭储量大国前三甲，世界煤炭版图亦会因此改变。

蒙古国与中国的煤炭贸易从地理条件上来说具有独特优势，如前所述，蒙古国的大型优质煤炭距中蒙边境较近（塔本陶勒盖煤矿距离中蒙边境甘其毛都口岸仅 255 公里），内蒙古地区、河北地区是蒙古国煤炭的主要出口市场，而国内的名企，如内蒙古地区的包钢、神华，河北地区的旭阳、唐山佳华等均是蒙古国煤炭的供货对象。蒙古国的焦煤属优质煤，是其主要出口的煤炭资源，目前最著名的塔本陶勒盖煤矿初步探明的优质焦煤储量约为 64 亿吨，原煤出焦率达 60% 以上，是世界上的紧缺煤种。[②]

蒙古国地广人稀，是世界上人口密度最低的国家，每平方公里不到 2 人。蒙古国也是世界上第二大内陆国（仅次于哈萨克斯坦），被中国和俄罗斯包围。作为内陆国，蒙古国没有出海口，对其进出口煤炭非常不利。

---

① 《国际煤炭研究系列报告之一——蒙古：蒙古焦煤来了》，证券之星网，http：// finance. stockstar. com/JL2010090900001113. shtml。

② 《国际煤炭研究系列报告之一——蒙古：蒙古焦煤来了》，证券之星网，http：// finance. stockstar. com/JL2010090900001113. shtml。

而对其更加不利的是，其邻国俄罗斯不仅是能源大国，也是能源出口大国，且有广阔的出海口，煤炭的国际运输十分便利，运输成本也低。比较而言，在能源或煤炭的出口上蒙古国没有优势。俄罗斯是蒙古国能源出口的最强有力的竞争对手。而这两国竞争对手均毗邻中国，因而在煤炭贸易方面中国成了这两国的竞争对象，中国也因此有了较多选择和更多的话语权。

（2）中国在与蒙古国煤炭贸易和合作中占据重要地位。蒙古国的工业不发达，煤炭贸易收入占据至关重要的经济地位。蒙古国一直在努力扩展能源出口渠道。其出口对象主要是中国和日本两个国家（韩国也有较少的份额），因此该国希望拓展煤炭出口的多元化，扩大对日煤炭出口贸易，而日本煤炭资源缺乏，两国贸易需求相互吻合。但是，对于蒙古国来说，中国是一个必不可少的合作伙伴；对于中国来说，蒙古国丰富的煤炭资源毫无疑问是中国煤炭进口体系中不可或缺的，特别是对于满足中国北方地区和东北地区的煤炭需求有着重要意义。两国的合作互惠互利，但也存在利益和政治上的博弈。相比之下，中国在与蒙古国的煤炭贸易的博弈中占尽优势。蒙古国煤炭输出的需求要大于中国进口其煤炭的需求，因为中国的煤炭贸易伙伴更加广泛。虽然中国对蒙古国的优质焦煤有需求，但澳大利亚等国可为中国长期提供优质焦煤。蒙古国受地理位置的局限，其煤炭贸易对象只有中国和日本。但是，由于蒙古国没有出海口，只有借道俄罗斯和中国才能将煤炭输送到日本，这正是蒙古国的软肋。在这一形势下，蒙古国并没有能力撇开中国进行任何能源国际贸易。蒙古国的优势煤炭资源炼焦煤的分布范围集中于蒙古国南部以及中西部，且尤以南部为最，南部临近中国。因此，蒙古国的煤炭资源分布靠近中国，对中蒙两国来说都是一个先天的利好，为两国的煤炭贸易与合作节省了运输成本和交易成本。中国因在两国煤炭合作上占据了地理优势，同时也就在煤炭合作与博弈上占据优势的谈判地位，拥有较多的话语权。

中国与蒙古国在煤炭贸易上有着重要的发展。2018 年中国从蒙古国进口煤炭约为 3624 万吨，同比增长 6.6%。① 蒙古国成为中国继印度尼西亚和澳大利亚之后的第三大煤炭进口国。蒙古国对中国的煤炭出口仍有很大的上升空间。

（3）蒙古国的煤炭输出途径。蒙古国有两个煤炭出境通道，一是向北途经俄罗斯，二是向南经过中国。在俄罗斯对蒙古国煤炭无需求的情况下，蒙古国只有经过非常漫长的铁路线路到达俄罗斯远东地区的太平洋海港（如东方港），输往煤炭需求大国（日本或韩国）。显然，这条线路相对遥远，物流成本非常高。而向南进入中国境内到达渤海湾，陆运费用远比海运昂贵（铁路运输里程超过 1000 公里，运费的价格就超过煤炭本身的价格），陆运距离过长使得煤炭失去经济价值。而中国相对成熟的铁路网络直达东部沿海港口（如秦皇岛等），可将煤炭转为海运再运往日本、韩国。并且，运往中国的煤炭可以在中国东北地区或华北地区"消化"，运输费用更加低廉。因此，蒙古国选择俄罗斯的运输路线只是不得已的选择。因此，与中国合作，借道中国是蒙古国铁路运输路线的现实之举。这样，蒙古国的煤炭输出途径分为三个方向：一是向东进入中国东北地区（中转城市包括珠恩嘎达布其或者更往北的满洲里）；二是向南进入内蒙古自治区（中间经过二连浩特），后通过包头中转进入中国的煤运专线；三是向西进入中国西北地区。这三条线路则分别对应着中蒙三大口岸：甘其毛都口岸、策克口岸和新疆老爷庙。随着中蒙两国关系的不断改善，可以预见，蒙古国出口的煤炭将会通过中国境内运输。承接蒙古国煤炭的运输对两国是互惠互利的，当然，中国华北地区虽然铁路交通很发达，但随着经济的发展，国内商品运输量也在不断上升，运输负担亦很沉重。如果要承接蒙古国的煤炭运输，还需增强运力。

可以预见，中蒙两国合作一旦全面展开，将是一个不可逆的趋势。由于经济利益具有决定作用，蒙古国产业界将会有更强烈的合作呼声，不会

---

① 《2018 年中国煤炭产量接近全球一半，约 35.46 亿吨，又进口 2.815 亿》，快资讯网，https：//www.360kuai. com/pc/9542b7eed8804e6f5? cota =4&tj_ url = so_ rec&sign =360_ 57c3bbd1&refer_ scene = so_ 1。

再舍近求远,花费更高成本,撇开中国,绕道俄罗斯运输煤炭。

(4)中蒙两国的政治博弈。蒙古国作为一个内陆国家,加上历史渊源,一直处于利用中国和防备中国的矛盾当中。

蒙古国煤炭开发与输出的重要方式是吸引外国进入本国进行能源相关的投资,近年的塔本陶勒盖矿区就是一个典型的几国博弈的案例。中国的神华集团是最早与蒙古国相关部门进行谈判的外国公司,甚至为了解决蒙古国人民的后顾之忧,神华集团在 2009 年开始筹建由内蒙古甘其毛都口岸至包头市万水泉车站的甘泉铁路(该铁路是国家 I 级单线电气化铁路,并于 2011 年顺利通车,其北端的甘其毛都口岸距塔本陶勒盖煤矿南端仅180 公里)。但是,蒙古国也为本国利益考虑,并不希望中国在其煤炭贸易中占具绝对话语权,所以谈判一直在反复进行,甚至在 2011 年还发生了神华集团竞标成功,却被蒙古国政治力量合力推翻的事件。2012 年蒙古国新总理阿勒坦呼亚格上台后,开始大范围修改前政府同外国企业签署的开发合同。2013 年初,蒙古国 EET 公司和中国中铝集团的煤炭贸易纠纷,就被路透社和《华尔街日报》用蒙古的"能源民粹主义"来进行解读;同年 5 月通过的备受争议的限制外资在"战略资源"领域权重的法律,亦被广泛解读为针对中国。随着日本和美国企业对蒙古国经济事务的参与,形势显得较之前更为复杂。但是,经济基础决定上层建筑,政治必须为经济服务,必须与效用最大化、效益最大化的导向一致,逆潮流而动、扭曲经济关系的政治倾向必然是不可持续的。双方特有的经济利益关系是任何国家不可替代和左右的。因此,中蒙两国的合作关系即使有波折,前景依然被看好。2014 年 8 月,中蒙两国最高层的"破冰"交流也正是两国政府对这一问题正确认识的体现,而会谈的核心紧紧围绕基建和矿产的合作。两国高层的互访使中蒙两国的合作不断加深。近年来中国经济实力的不断增强对蒙古国的影响力逐渐扩大,而俄罗斯的影响力正在递减,日本和美国也很难做出实质性的影响和阻扰。

(5)东北亚能源战略的新思维——建立和谐的两国关系。与中国紧密接壤的东北亚三国,在历史文化上与中国有着特殊的关系。在经济实力和国际影响力日益强大的今天，中国当以宽广的大国胸怀，展现大国风范，体现中华民族的亲和力，通过中华文化的软实力，建立良好的国际形象，提升区域发展层次，推动东北亚经济的一体化。综合考虑，在东北亚三国关系中，蒙古国最具发展潜力和条件，可列为当前发展重点。通过对蒙古国的帮助、扶持，适度让利，加深中华民族的亲和力，消除隔阂，扩大、加深经贸交往，推动蒙古国经济的发展。这不仅可以使两国互惠互利，而且可以提升中国的国际形象，有助于瓦解"台独"、"藏独"和"疆独"势力。

在中蒙合作的切入点上，以能源开发合作为核心，并拓大合作空间，以推动蒙古国经济的发展，包括以下四点。①建立火电站。即帮助蒙古国在其南部煤矿区，如塔本陶勒盖煤矿建立坑口电站，利用当地的煤炭直接发电，除满足蒙古国电力需要之外，还可利用特高压输电技术向中国的内蒙古地区和华北地区输电。采取输电方式，可提高蒙古国煤炭资源的使用效率，增加附加值，并可减轻铁路运输压力。②发展煤化工产业。即帮助蒙古国提高煤炭产品加工深度，发展煤化工产业，形成煤化工产业链和产业集聚区，生产多种煤化工产品，并将这些深加工产品输入中国，同时带动蒙古国当地的经济发展。③发展高载能产业。为了充分、高效地利用蒙古国煤炭资源，可将中国的部分高载能产业转移到蒙古国煤炭资源密集区，形成高载能产业集聚区，再将高载能产品输入国内，从而将蒙古国的能源通过高载能产品输入国内，既能提高能源输入的效率，又能带动蒙古国当地经济的发展。当然，中国的高载能产业向蒙古国转移必须具有技术和环保方面的先进性，而不能将陈旧、落后产能转移至该国，破坏该国环境。④推动基础设施建设。为了推进蒙古国煤炭开采业的发展，中国可利用自身的技术和管理优势帮助蒙古国发展相应的基础设施，同时帮助蒙古国发展交通运输业，如高速公路、高铁等，改善蒙古国的交通环境，为蒙古国经济的发展提供基础设施支撑。

此外，还应扩大两国的文化交往，兴办孔子学院，协助蒙古国教育文化事业的发展；开展扶贫工作，对蒙古国人民提供真情实意的帮助，增强两国人民的友谊。

2. 朝鲜

（1）朝鲜的煤炭储量及分布。朝鲜的国土面积很小，因而其煤炭储量有限。朝鲜已探明的煤炭储量为147.4亿吨，煤炭品种大体分为无烟煤和烟煤，无烟煤储量约占其总储量的80%，经济价值较高。从地理分布上看，无烟煤产地主要集中在平安南北道，烟煤主要分布在咸境南北道。其中安州煤矿是朝鲜最大的煤矿。

（2）朝鲜煤炭国际贸易格局。朝鲜的煤炭出口对象主要是中国和日本。日本一度是朝鲜最大的煤炭进口国，但由于政治因素的干扰，两国煤炭贸易经常发生波折。2006年，日本因为政治事件针对朝鲜进行经济制裁，并导致两国煤炭贸易终止。在此之后，朝鲜的煤炭出口转向中国。

（3）中朝两国的煤炭贸易合作。朝鲜与中国一衣带水，有着长久的特殊交往历史。中朝两国在煤炭贸易中也曾经有着良好的合作，近年来，朝鲜已成为中国重要的煤炭输入国。不过两国之间的煤炭等资源的贸易合作可能存在一些困难。从政局方面看，朝鲜的体制特殊，政局亦并不稳定，中朝两国高层之间均没有达成有效的共识，这直接妨碍了两国间的经贸合作和煤炭贸易。朝鲜于2016年1月6日进行了第四次核试验，3月22日联合国安理会通过了对朝最为严厉的制裁，中国投了赞成票，中朝之间的煤炭贸易从此中断，何时解除制裁恢复贸易尚难预料。从风险上看，朝鲜煤炭资源的输出深受政治因素的影响，波动很大，企业投资的额外风险很大。从储量方面看，朝鲜的煤炭资源在长期出口赚取外汇的政策下，储量已然不足，对中国煤炭长期进口不具有可持续性。从质量上看，朝鲜输出的煤炭主要是无烟煤，煤炭本身的质量尚可，但由于朝鲜小煤矿的生产工艺存在问题，煤炭生产质量堪忧，具体表现在其煤炭的水分和灰分均不稳定，质量无法得到保证，这也直接影响了相关的贸易。

（4）朝鲜的煤炭运输。朝鲜出口中国的煤炭运输采取海运和陆运两种途径：朝鲜对中国的煤炭出口港为其西部港口，主要为南浦港，中国的日照港、京唐港和烟台龙口港是进口朝鲜煤炭的主要港口；朝鲜对中国东北地区的煤炭出口采取铁运方式，铁路线有牡图线（朝鲜—图们—牡丹江）、沈丹线（朝鲜新义州—丹东—沈阳）和梅集线（由鸭绿江铁路桥入境—集安—梅河口）。

三　远洋煤炭进口体系

本书把北美洲、南美洲、非洲地区的一些国家列为远洋煤炭进口体系。考虑到运输距离、运输时间及运费的因素，远洋煤炭进口并不是中国近期重点考虑的范畴。但是，近十多年来中国煤炭消费量猛增，从煤炭供给长远可持续性考虑，远洋煤炭不得不纳入中国煤炭的供给体系，并进行长远规划、通盘考虑。正如最初人类开采的化石能源均是埋藏不深的浅表性资源，但随着资源的日趋枯竭，钻井越打越深、矿井越挖越深，甚至抵达海洋深处。同样，中国对能源等资源的供给距离也随着周边国家资源不能满足其巨大的需求增长而越来越远。又如，越往海洋深处，能源越丰富，中国对能源的供给也是越远的地方能源越丰富，美国、南非、澳大利亚（澳大利亚虽未列入远洋煤炭供给体系，但也属于跨洋运输的国家）等国的煤炭的可供量极为丰富。在2009年中国煤炭进出口形势发生逆转时，美国、加拿大和南非均增加了对中国的煤炭出口。正如前文的论证，这些国家虽然存在横跨大洋的运输劣势，但是这一劣势在其他优势（储量丰富，储采比大，自身煤炭需求很小，可供出口的资源量大，并有着较强的出口创汇的需求）面前显得微不足道。从长远来看，这些国家在中国煤炭进口体系中的战略地位将越来越突出。

（一）北美洲（美国和加拿大）

美国是世界上煤炭储量最为丰富的国家。其煤炭资源赋存广泛，地区分布比较均衡，东部、中部和西部均有分布。在美国的探明储量之中，烟煤储量最多，占据总储量的一半以上，其他煤种相对较少。美国横跨北美大陆，同时向欧洲和亚太两个地区出口煤炭。美国的传统煤矿区在东部阿巴拉契亚地区，并通过东海岸弗吉尼亚州诺福克（美国最大的煤炭出口港）和马里兰州巴尔的摩（美国第三大港）出口到欧洲，而其出口到亚洲的煤炭也大多通过东海岸，主要是从巴尔的摩港口绕道运输，因而运距很远，运费很高。美国西部怀俄明州和蒙大拿州虽然拥有全美前列的煤炭储量，但是生产环境并不成熟，更重要的是美国西部并没有一个合适的煤炭输出港口，以至于少量的西部煤炭需要通过西雅图海关绕道加拿大温哥华出口。因此，美国在向亚太地区输出煤炭时，港口和运输路线存在不利条件。开发西海岸港口是美国煤炭出口的必不可少的环节。

美国现在正进行着能源结构的调整，页岩油气、地热能等新能源的比重正在上升，而煤炭比例相应减少，火力发电量将持续下降，国内对煤炭的需求也因此持续走低。而亚太地区的煤炭需求量正在上升，并远超欧洲，在这种形势下，美国的煤炭行业向亚太地区输出煤炭的愿望越发强烈。近年来，针对其西部煤炭港口的缺乏，有关部门也在努力加以改进，如2011年华盛顿州批准建设奇努克煤炭专门输出港口。

美国的邻居加拿大的探明煤炭储量较少，但加拿大国土广袤，未探明储量可能较多。目前，其煤炭资源的生产种类主要是无烟煤和褐煤，动力煤的生产往往用来满足其国内的火力发电，出口则主要是冶金煤种类。加拿大的煤炭储量虽然无法与美国、俄罗斯和澳大利亚等国相比，但是由于其自身对煤炭的需求不高，所以接近一半的煤炭产量往往用来出口。过去，日本和韩国是其主要的出口对象。但从2009年开始，其对中国的煤炭出口量开始稳步上升。

美国和加拿大相似，它们目前是中国煤炭进口体系中的有益补充，有了这些远洋国家的煤炭供给，为中国提供了更多的进口选择，并可以加大中国在国际煤炭市场的话语权；而从长远来看，它们将是中国的重要煤炭贸易伙伴。

（二）南美洲（哥伦比亚和巴西）

哥伦比亚和巴西是南美洲产煤相对丰富的国家。在《BP 世界能源统计年鉴 2014》中，哥伦比亚的煤炭储量为 67.46 亿吨，占世界煤炭储量的 0.8%，储采比为 79 年。

哥伦比亚是南美洲煤炭资源最为丰富的国家。除北部边境地区以外，大部分煤田分布在海拔 2000～3000 米的交通不便的山区，其中东科迪勒拉山脉煤田数量最多。与其他国家不同的是，哥伦比亚煤炭的开采与生产完全由私营公司主导。比如，哥伦比亚最大的煤炭生产商 Carrbones del Cerrejon 是由几个跨国煤炭巨头合资组成；第二大煤炭公司 La Loma 是合资成立的。上述两个煤炭公司都是集煤矿、铁路运输、港口出口于一体的综合营运公司。哥伦比亚出产的动力煤，热值高、硫含量低，燃烧起来相对清洁，很受其他国家欢迎，而且哥伦比亚的国内煤炭消费需求很低，其生产的煤炭主要用于出口。2013 年哥伦比亚向中国出口煤炭 50.32 万吨。[1] 虽然对华出口量不大，但潜力很大。

巴西煤炭的特点是高硫分、高灰分、低热量。巴西的煤炭消费需求远比哥伦比亚高，长期以来是煤炭的净进口国。中国曾经也是巴西的煤炭主要进口国。中国和巴西的经济合作越来越紧密，两国也有可能以其他的能源合作方式利用煤炭。

（三）非洲（南非）

南非煤炭资源丰富，非洲的煤炭储量大部分集中在南非。南非也是世界上最大的煤炭液化工业国家。虽然南非煤炭的自身需求较高，但是其相对丰富的煤炭储量可以用来出口，因此从 20 世纪起，南非就是世界上最大的煤炭出口国之一。南非的主要产煤区位于德兰士瓦省以及纳塔尔省。南非出口煤炭到中国，从绝对距离来说是目前中国煤炭进口体系中最为遥

---

[1]　煤炭研究网，http://www.coalstudy.com/cn/article/index.html。

远的国家。其在中国煤炭进口体系中的地位如同美国和加拿大一样，可以为中国起到维持良好贸易竞争氛围的作用。

此外，非洲的其他国家也有煤炭出口潜力或有零星煤炭出口，2013年莫桑比克向中国出口煤炭达 45.59 万吨。[①]

四 潜在煤炭出口国家——中亚（哈萨克斯坦）

在中亚五国中，哈萨克斯坦的地位较为突出。该国是世界上最大的内陆国家，也是世界上煤炭储量丰富的国家之一。根据 BP 统计数据，2013年该国的煤炭储量为 336 亿吨，排在世界第八位。该国煤炭储量以烟煤和无烟煤为主，大部分煤田分布在哈萨克斯坦中部的卡拉干达州和北部的巴甫洛达尔州。与苏联解体后的许多国家相似，20 世纪 90 年代以后，该国的煤炭生产陷入低谷，不过在近年有所恢复。该国过去的煤炭出口是就近补充俄罗斯局部地方的煤炭需求。但是，如果哈萨克斯坦加大生产能力，那么其仍然是中国煤炭进口体系当中的一个促进因素。近年来该国对中国也有少量煤炭出口，2013 年其对中国的煤炭出口量为 25.71 万吨（中亚地区另有吉尔吉斯斯坦对中国出口煤炭 1.71 万吨）。[②] 不过，包括哈萨克斯坦在内的中亚地区与中国西部的新疆毗邻，而中国西部地区本身煤炭资源丰富，但运力紧张。近期来看，从中亚大规模进口煤炭的可能性并不大，但从远景来看，其可列为中国煤炭进口体系中的一个具有潜力的地区。

在当前形势下，中国正在积极发展与中亚五国的政治、经济、文化等各个方面的合作关系。2013 年 9 月 7 日，中国国家主席习近平在哈萨克斯坦纳扎尔巴耶夫大学发表重要演讲，提出共同建设"丝绸之路经济带"的设想。中国关于"丝绸之路经济带"的设想，是在古丝

---

① 煤炭研究网，http://www.coalstudy.com/cn/article/index.html。
② 煤炭研究网，http://www.coalstudy.com/cn/article/index.html。

绸之路概念基础上形成的一个新的经济发展区域概念。而如今，中亚五国已经纳入中国"一带一路"建设覆盖范围，这一重大的国际化战略可以让中国的西北五省份（陕西、甘肃、青海、宁夏、新疆）和西南四省份（重庆、四川、云南、广西）重新纳入世界贸易的范畴中，通过这个经济带串联资源丰富的中亚地区，并一路向西通往欧洲发达经济体。

五　中国煤炭进口的促进和保障措施

煤炭进口已经成为中国能源安全战略的重要组成部分，开拓、发展与维护国外煤炭资源的供给体系既是长远战略，也是迫在眉睫的大事。为了维护国内的资源与环境，保障国外煤炭资源供给的可持续性，实现有效的煤炭供求平衡，我们还需加强和落实一些保障措施。

（一）采取鼓励煤炭进口的政策导向

面对目前中国所面临的资源供求形势，在资源进出口政策导向上，政府应激励资源进口，抑制资源出口。而在煤炭贸易上的政策取向应该是：充分利用国际市场煤炭的供给，以维护国内煤炭供求平衡；处理好国际和国内两个煤炭市场的关系，实现国际与国内煤炭供给体系的相互协调，确保国家的能源战略安全；尽可能多地从国际煤炭市场进口煤炭，同时限制国内煤炭的出口，充分利用国外煤炭资源，以减少国内煤炭的消耗，更好地保护国内的资源与环境。要实施这样的政策，必须加强税收杠杆的调节作用，一方面，要取消煤炭等资源型产品、高载能产品的出口退税，并加征出口关税，以抑制煤炭资源的直接出口和间接出口；另一方面，长期取消煤炭等资源型产品的进口关税，鼓励大型用煤单位使用国外煤炭资源（特别是在当前中国外汇盈余的形势下，更加没有必要通过出口资源来增加外汇盈余）。

在煤炭进口的地域布局上，可根据不同的地域采用不同的供给渠道：

对于东南沿海发达地区，以进口煤炭为主，化解"北煤南运"和"西煤东运"所产生的交通运输压力，从而降低运输成本。特别是在沿海地区可以优先加大海外煤炭进口的力度，增加这些地区煤炭消费中进口煤炭所占的比重。与此同时，还需加强沿海地区港口、海运、陆运等基础设施的配套建设，以保证煤炭资源进口的有序化和常态化；而对于内陆地区，则以国内煤炭供给为主。

（二）加强国内外市场煤炭价格的调控

煤炭进口量的增加使中国面临两个市场的调控，即国际和国内市场的调控，二者要协调配合。而关键的问题就是煤炭价格的调控问题，特别是国际市场煤炭价格的调控问题。一方面，要进一步理顺国内外市场的煤炭价格关系，另一方面，要采取高效的调控手段和调控机制。随着中国煤炭进口量的不断攀升，可以预见，国外供应商有可能会炒作、哄抬煤炭价格，"中国买什么、什么就涨"的现象可能会出现在未来的国际煤炭市场上。因此，针对国际煤炭市场的这种价格波动，我们应建立有效应对的运筹和调控机制，协调好国际和国内煤炭资源的动态配置，即当国际煤炭市场价格上涨时（如国外煤炭供货商针对中国哄抬资源价格等），增加国内煤炭供应以平抑国际煤炭市场价格；当国际煤炭市场价格下降时，通过大量进口国外煤炭资源，增加中国煤炭资源储备。通过这样的调控方式，中国不仅能够积极应对国外煤炭供货商针对中国煤炭价格的炒作，而且还可以高效利用国内和国外煤炭资源，使国内煤炭资源的使用"细水长流"，延长国内煤炭资源的使用年限。

中国所面临的危机或挑战是，随着国内资源的日趋枯竭，中国对能源的调控能力亦将越来越弱，如在石油调控方面，由于本国资源的储量和供给能力有限，即使在国际市场资源价格上涨时，我们也没有能力来扩大本国资源的供给，以平抑国际市场价格。但是，对于煤炭资源来说，目前我们还有能力来调控，但又必须认识到，调控能力随着时间的流逝以及资源的不断开采而递减。对此，我们应未雨绸缪，建立煤炭资源供给的长效调控机制（方行明，2011）。为此，我们应加强煤炭期货市场的建设，把中国的煤炭期货市场打造成世界权威的期货市场，形成煤炭期货的定价中心，这样政府就可以通过调控煤炭期货市场来控制煤炭价格，以维护中国的利益。

（三）加快"走出去"的步伐，积极开发国外煤炭资源

为了保护国内资源与环境，实现可持续的煤炭供给，除鼓励煤炭进口外，还应加快企业"走出去"的步伐，鼓励国内实力雄厚的煤炭企业积极"走出去"，到国外勘探开发中国急缺而当地储量富足的煤炭资源，如无烟煤以及焦煤等。通过实行"走出去"的全球战略，既可有效增加国内煤炭供给，缓解国内煤炭资源供给紧张和资源枯竭的局面，实现中国煤炭供求的有效平衡，又可以控制海外煤炭资源以获取更多的国际煤炭资源份额，在将来煤炭进口大增的情况下，规避国际大型煤炭巨头哄抬煤价的风险。《煤炭工业"十一五"发展规划》明确指出，国家将支持有条件的煤炭企业到境外开发煤炭资源。近几年来，中国企业如兖矿集团、神华集团、中煤集团等大型国有煤炭企业积极参与海外投资，投资主要集中在印度尼西亚、澳大利亚、加拿大、俄罗斯、蒙古国等国，采取的合作方式有参股、控股、独资等形式。

在目前世界煤炭资源储量总体丰足的情况下，在实施"走出去"战略的过程中，要优先选择开发运输距离较近、运输成本较低的国外煤炭基地。中国煤炭企业要对这些国家或地区加强煤炭资源信息的分析研究，如煤炭资源的地质构造、赋存特点等方面，并对将要投资的项目进行调研和评估，明确煤炭资源开发项目的战略目标、任务，做好战略部署，降低和规避煤炭企业"走出去"的风险。此外，为配合煤炭企业的"走出去"，政府应加强对"走出去"的煤炭企业的政策扶持，针对煤炭企业在"走出去"工作中面临的资金缺乏问题，政府可以设立专项支持资金，重点支持中国煤炭企业转让技术，兴建煤矿、加强煤炭运营与开发以及煤炭深加工等业务；针对煤炭企业"走出去"工作中人才缺失的问题，政府可以通过高校和科研机构培训相关人员，

积极引进海外留学的专业性人才，加强引进吸收具有丰富实践经验的"走出去"高层次人才，从而形成一支既有管理能力又有专业技术的跨国经营团队。

"走出去"战略的实施，将把中国煤炭企业经营范围由国内扩展到国外，实现煤炭企业的全球化发展，并使煤炭企业在世界范围内进行煤炭产业的规划和布局，使中国的能源安全得到进一步保障。

展　望

　　本研究探讨中国煤炭的国际化战略，旨在建立一个稳定的煤炭进口体系，确保国家的能源安全。但是，在中国能源国际化战略中还有一项更加重要的战略任务，就是加快高耗能产业转移，增加进口载能产品，即把能源的进口转向能源下游产品的进口，把能源进口转为载能产品的进口，从而减少煤炭等能源在中国的使用。这似乎要"牺牲"一些产业，但却是一个规律，更是当务之急，因为这一问题关系到中国的可持续发展与人民的健康。

　　促使我们下定决心做出这一转型的推动力，就是中国雾霾和重污染天气的密集爆发，而雾霾和重污染天气的背后是 40 亿吨左右的煤炭年消费量。中国的重污染天气已成为国内外关注的焦点问题。在雾霾的调控治理上，目前所采取的措施带有明显的滞后性。每当出现重污染天气时才开始采取停产、限产、（汽车）限号等措施；而当雾霾天气解除以后再恢复生产，停止限号，就会恶性循环。虽然中国当前大气污染成分与 1952 年造成 5000 人死亡的"伦敦烟雾"有所不同（后者主要成分是二氧化硫有毒气体，前者主要是粉尘、烟尘和 PM2.5，但对人体的潜在危害大），但这并不表示中国就不会有类似"伦敦烟雾"性质的污染，因为中国目前的大气污染主要来自化石能源的消费，而二氧化硫排放之源正是来自煤炭和石油之类的化石能源。这是不是意味着要等到"伦敦烟雾"在中国上演之后再采取更加强有力的预警和治理措施？不能！当下就应采取更加强有力的措施，而不能"临时抱佛脚"。现在不仅应加快淘汰落后产能，而且要加快关停高耗能企业和推动产业转型升级，特别是在污染严重和重化工业密集的华北地区、京津冀地区。

关停能源密集型、污染密集型企业难免会影响 GDP、税收和就业，这必然涉及一个"要钱还是要命"的通俗问题，但是，环境的恶化仍然会影响投资、产业和人口的集聚，最终还是要影响 GDP、税收和就业，而环境的改善将有利于促进当地的投资、产业和人口的集聚，推动经济的发展。

美国等发达国家已经将能源密集型、污染密集型产业转移到中国。中国经济发展到今天也迫切需要进行类似的产业转移，这是一个规律。中国每年要进口 3 亿多吨的煤炭和石油，如果将耗能企业转移出去，把直接进口能源改成进口载能产品，那么不仅有利于中国的环境改善，也有利于其他发展中国家。能源密集型、污染密集型产业转移之后可以通过发展现代（生态）农业、旅游观光等第三产业加以替代。当然，中国的产业转移并不是"环境倾销"，而是把以现代先进技术为支撑的高耗能产业转移到能源丰富但经济欠发达的国家；不是将高耗能产业密集转移到一个国家、一个地区，而是要分散转移，降低排放密度，推动更多国家的发展。

参考文献

[1] [美] 阿尔文·托夫勒. 第三次浪潮 [M]. 黄明坚译. 中信出版社.

[2] 阿米蒂奇, 阎学通. 2013. 亚太"再平衡"是针对中国的吗 [J]. 世界知识, (12): 46-47.

[3] 蔡翠红. 2016. 中美关系中的"修昔底德陷阱"话语 [J]. 国际问题研究, (3): 13-31.

[4] 曹明, 魏晓平. 2012. 资源跨期最优开采路径技术进步影响途径研究 [J]. 科学学研究, 30 (5): 716-720.

[5] 查道炳. 2005. 中国石油安全的国际政治经济学分析 [M]. 当代世界出版社.

[6] 查冬兰, 周德群. 2010. 基于 CGE 模型的中国能源效率回弹效应研究 [J], 数量经济技术经济研究, (12): 39-53.

[7] 陈华文, 刘康兵. 2004. 经济增长与环境质量: 关于环境库兹涅茨曲线的经验分析 [J], 复旦学报 (社会科学版), (2): 87-94.

[8] 陈诗一. 2011. 中国碳排放强度的波动下降模式及经济解释 [J]. 世界经济, (4): 126~145.

[9] 陈翔, 李小波, 赵鑫. 2012. 煤炭耗竭性资源可变参数定价模型构建研究 [J]. 中国煤炭, 38 (5): 29-31.

[10] 陈永. 2015. 中美关系真的存在"修昔底德陷阱"吗? [EB/OL]. http://gb.cri.cn/42071/2015/07/27/8211s5045151.htm, 07-27.

[11] 崔日民，王磊．2013．中国能源消耗国际转移的实证研究［J］，经济理论与经济管理，（4）：59－68．

[12] ［美］德内拉·梅多斯，乔根·兰德斯，丹尼斯·梅多斯．2006．增长的极限：30年全球经典［M］，李涛，王智勇译．机械工业出版社．

[13] 邓伟．2013．电工行业产能过剩现状解读：变压器行业产能利用率仅50%［J］．中国机电工业，（5）：40－42．

[14] 丁任重．2005．经济增长：资源、环境和极限问题的理论争论与人类面临的选择［J］．经济学家，（4）：11－19。

[15] 丁志华，赵洁，周梅华．2011．基于VEC模型的煤炭价格影响因素研究［J］．经济问题，（3）．

[16] 段显明，郭家东．2011．能源消费与经济增长的Kuznets曲线验证——来自中国省际面板数据的证据［J］．工业技术经济，（11）：134－138．

[17] 方行明，郭丽丽，张文剑．2016．论东北亚煤炭供给圈的构建与开拓［J］，经济管理，（1）：147－155．

[18] 方行明，何永芳．2007．粮食能源化趋势的市场效应及其应对［J］．改革，（9）：115－121．

[19] 方行明，张文剑，杨锦英．2013．中国煤炭进口的可持续性与进口国别结构的调整——中俄煤炭合作与开发利用俄罗斯远东煤炭资源的战略思考［J］，当代经济研究，（11）：22－29．

[20] 方行明．2009．中国"资源欠账"问题辨析［J］，中国经济问题，（4）：29－36．

[21] 方行明．2011．煤炭会否成为继铁矿石、石油之后的又一短缺资源——建立煤炭供给长效调控机制研究［J］，中国经济问题，（2）：38－44．

[22] 方行明，何春丽，张蓓．2019．世界能源演进路径与中国能源结构的转型［J］．政治经济学评论，（2）：178－201．

［23］ 冯连勇, 唐旭, 赵林. 2007. 基于峰值预测模型的中国石油产量合理规划 ［J］, 石油勘探与开发, 34 (4): 497－501.

［24］ 冯连勇, 王建良, 赵林. 2010. 预测天然气产量的多循环模型的构建及应用 ［J］. 天然气工业, 7: 114－140.

［25］ 冯昭奎. 2004. 东亚合作与中日能源关系 ［J］. 太平洋学报, (8): 36－42.

［26］ 高铁梅, 梁云芳. 2005. 论中国增长型经济周期波动及适度增长空间 ［J］. 经济学动态, (8).

［27］ 葛世龙, 周德群, 陈洪涛. 2008. 储量不确定对可耗竭资源优化开采的影响研究 ［J］. 中国管理科学, 16 (6): 137－141.

［28］ 葛世龙, 周德群, 陈洪涛. 2008. 储量不确定对可耗竭资源优化开采的影响研究 ［J］. 中国管理科学, 16 (6): 137－141.

［29］ 葛世龙, 周德群. 2009. 税率提高预期下可耗竭资源最优开采研究 ［J］. 中国矿业, 18 (9): 17－20.

［30］ 关权. 2012. 东亚经济一体化和 TPP——中日之间的博弈 ［J］. 东北亚论坛, 21 (2): 3－10.

［31］ 管建强. 2012. 国际法视角下的中日钓鱼岛领土主权纷争 ［J］. 中国社会科学, (12): 123－137.

［32］ 郭庆旺, 贾俊雪. 2004. 中国潜在产出与产出缺口的估算 ［J］. 经济研究, (5).

［33］ 国家环境保护总局国际合作司、国家环境保护总局政策研究中心编. 2004. 联合国环境与可持续发展系列大会重要文件选编 ［M］. 中国环境科学出版社.

［34］ 国家统计局能源统计司. 2012. 中国能源统计年鉴 2012 ［M］, 中国统计出版社.

［35］ 韩自强, 顾林生. 2015. 核能的公众接受度与影响因素分析 ［J］. 中国人口·资源与环境, 25 (6): 107－113.

［36］ 何晓萍, 刘希颖, 林艳萍. 2009. 中国城市化进程中的电力需求预

测 [J]. 经济研究, (1): 118 –130.

[37] [美] 赫尔曼·卡恩, 威廉·布朗, 利昂·马特尔.1980.《今后二百年——美国和世界的一幅远景》[M]. 上海政协编译工作委员会译. 上海译文出版社。

[38] 胡静锋, 张世全.2011. 矿产资源最优消耗效率模型及实证研究 [J]. 求索, (5): 17 – 19.

[39] 贾利军.2007. 东亚经济一体化进程中的中日博弈分析 [J]. 日本研究, (2): 24 –29.

[40] 金灿荣, 赵远良. 构建中美新型大国关系的条件探索 [J]. 世界经济与政治, 2014 (3): 50 –68.

[41] [美] R. 卡逊. 1979. 寂静的春天 [M]. 吕瑞兰译. 科学出版社.

[42] 孔宪丽.2010. 中国煤炭消费与影响因素动态关系的实证分析: 兼论煤炭消费的非对称价格效应 [J]. 资源科学 (10).

[43] 李侃如, 凌岳.2012. 美国的亚洲战略 [J]. 中国国际战略评论, 5: 35 –45.

[44] 李巍, 张哲馨.2015. 战略竞争时代的新型中美关系 [J]. 国际政治科学, (1): 45 –56.

[45] 李晓, 丁一兵.2009. 人民币汇率变动趋势及其对区域货币合作的影响 [J]. 国际金融研究, (3): 8 –15.

[46] 李晓明, 万昆, 柳瑞禹.2012. 国内外煤炭价格波动特征分析—基于 GARCH 模型 [J]. 技术经济, (4).

[47] 李子奈, 潘文卿, 2010. 计量经济学 (第三版) [M], 高等教育出版社.

[48] 林伯强, 孙传旺.2011. 如何在保障中国经济增长前提下完成碳减排目标 [J]. 中国社会科学, (1): 64 ~76.

[49] 林伯强, 魏巍贤, 李丕东.2007. 中国长期煤炭需求: 影响与政策选择 [J]. 经济研究, (2).

[50] 林伯强.2012. 资源税改革: 以煤炭为例的资源经济学分析 [J].

中国社会科学, (2): 58-80.

[51] 林毅夫, 俞可平, 郑永年等. 2014. 大秩序: 2015年后的中国格局与世界新趋势 [M]. 江苏凤凰文艺出版社.

[52] 刘斌, 张怀清. 2001. 我国产出缺口的估计 [J]. 金融研究, (10).

[53] 刘春元. 2010. 生态危机与生态革命、社会革命 [J], 国外理论动态, (3): 2.

[54] 刘广为, 赵涛. 2012. 中国碳排放强度影响因素的动态效应分析 [J]. 资源科学, 34 (11): 2106~2114.

[55] 刘小敏, 付加锋. 2011. 基于CGE模型的2020年中国碳排放强度目标分析 [J]. 资源科学, 33 (4): 634~639.

[56] 刘雪莲. 2004. 从地缘政治角度看中日关系 [J]. 东北亚论坛, 13 (4): 75-79.

[57] 罗敏, 徐莉. 2002. 我国能源供需结构及价格变异性分析 [J]. 煤炭经济研究, (3).

[58] 马尔萨斯. 1992. 人口原理 [M]. 朱泱, 胡企林, 朱和中译, 商务印书馆.

[59] 马树才, 李国柱. 2006. 中国经济增长与环境污染关系的Kuznets曲线 [J]. 统计研究, (8): 37-40.

[60] 茅于轼, 盛洪, 杨富强等. 2018. 煤炭的真实成本 (第1版) [M]. 煤炭工业出版社.

[61] [美] 梅萨罗维克, 佩斯特尔. 1987. 人类处于转折点: 给罗马俱乐部的第二个报告 [M]. 梅艳译. 生活·读书·新知三联书店.

[62] 潘玉君等. 2005. 可持续发展原理 [M]. 中国社会科学出版社.

[63] 彭成义. 2015. 被颠倒的"修昔底德陷阱"及其战略启示 [J]. 上海交通大学学报 (哲学社会科学版), 23 (1): 14-19.

[64] 彭水军, 包群. 2006. 中国经济增长与环境污染——基于时序数据的经验分析 (1985~2003) [J], 当代财经, (7): 5-12.

[65] 阮宗泽. 2014. 美国"亚太再平衡"战略前景论析 [J]. 世界经济

与政治, 4: 4 - 20.

[66] 单豪杰 . 2008. 中国资本存量 K 的再估算: 1952 ~ 2006 年 [J]. 数量经济技术经济研究, (10).

[67] 沈利生 . 1999. 我国潜在经济增长率变动趋势估计 [J]. 数量经济技术经济研究, (12).

[68] 石柱鲜, 王立勇 . 2006. 对我国潜在产出、结构预算与财政态势的关联性研究 [J]. 数量经济技术经济研究, (9).

[69] 世界环境与发展委员会 . 1997. 我们共同的未来 [M]. 吉林人民出版社 .

[70] 舒先林 . 2004. 中日石油博弈与竞争下的合作 [J]. 东北亚论坛, 13 (1): 77 - 81.

[71] 宋清润 . 2015. "亚太再平衡" 战略背景下的美国与东南亚国家军事关系 [M]. 社会科学文献出版社 .

[72] 宋晓玲 . 2011. 转换成本视角下的东亚货币博弈研究 [J]. 经济经纬, (2): 45 - 49.

[73] 谭章禄, 陈广山 . 2006. 我国煤炭价格影响因素实证研究 [J]. 改革与战略, (10).

[74] [美] 唐奈勒·H. 梅多斯, 丹尼斯·L. 梅多斯, 约恩·兰德斯 . 2001. 超越极限——正视全球性崩溃, 展望可持续的未来 [M]. 赵旭等译 . 上海译文出版社 .

[75] 陶坚, 张运成 . 1998 构建中美关系的战略经济基础 [J]. 国际经济合作, 6: 4 - 8.

[76] 王帆 . 2015. 中美在东亚地区的战略分歧与化解 [J]. 外交评论: 外交学院学报, (5): 1 - 20.

[77] 王锋, 冯根福 . 2011. 优化能源结构对实现中国碳强度目标的贡献潜力评估 [J]. 中国工业经济, (4): 127 ~ 137.

[78] 王鉴雪, 宁云才 . 2009. 基于灰色理论的煤炭消费影响因素分析 [J]. 煤炭技术, (11): 193 - 195.

[79] 王瑞玲，陈印军.2005.我国"三废"排放的 Kuznets 曲线特征及其成因的灰色关联度分析 [J].中国人口·资源与环境，(2)：42-66.

[80] 王婷，孙传旺，李雪慧.2012.中国天然气供给预测及价格改革 [J].金融研究，3：43-56.

[81] 王曦.1998.论国际环境法的可持续发展原则 [J]，法学评论，(3)：70.

[82] 魏玲.2007.地区构成的世界：美国帝权中的亚洲和欧洲 [M].北京大学出版社.

[83] 魏晓平，王新宇.2002.矿产资源最适耗竭经济分析 [J].中国管理科学，10 (5)：78-81.

[84] 魏晓平.1997.煤炭资源的最佳耗速度与可持续利用探讨 [J].煤炭学报，22 (1)：56-60.

[85] 伍福佐.2010.亚洲能源消费国间的能源竞争与合作：一种博弈的分析 [M].上海人民出版社.

[86] 夏永久，陈兴鹏.2005.西北半干旱区城市经济增长与环境污染演进阶段及其互动效应分析——以兰州市为例 [J].浙江社会科学，7：53-57.

[87] 肖晞.2008.地缘政治视角下的中日关系分析 [J].理论探索，(6)：131-132.

[88] 谢守祥，谭清华，宋阳.2006.影响煤炭价格因素的相关性分析与检验 [J].统计与决策，(22).

[89] 许召元.2005.中国的潜在产出、产出缺口及产量——通货膨胀交替关系——基于"Kalman 滤波"方法的研究 [J].数量经济技术经济研究，(12).

[90] 延希宁.1982.本世纪末世界人口与资源——《公元 2000 年世界之研究—进入二十一世纪》有关部分简介 [J].世界经济，12：72-74.

[91] 杨成湘，赵建军.2008.可持续发展中的代内公平的必要性和稀有

性［J］，理论研究，（2）：9－11．

［92］杨光．2012．中国设备利用率与资本存量的估算［J］．金融研究，（12）．

［93］杨涛．2012．煤炭资源采矿权估价的经验模型研究［D］．西安科技
大学．

［94］叶兴庆．2012．中国农业的体制转轨与发展展望［J］．农村工作通
讯，（12）：44－48．

［95］岳超，胡雪洋，贺灿飞，朱江玲，王少鹏，方精云．2010．1995～
2007年我国省区碳排放及碳强度的分析——碳排放与社会发展Ⅲ
［J］．北京大学学报（自然科学版），46（4）：510～516．

［96］曾建平．2004．寻归绿色——环境道德教育［M］．人民出版社．

［97］张艾莲，刘柏．2015．亚洲基建投资格局背后的中日经济博弈与制
衡［J］．日本学刊，（4）：93－116．

［98］张彬，左辉．2007．能源持续利用、环境治理和内生经济增长［J］．
中国人口·资源与环境，17（5）：27－32．

［99］张洪梅，刘力臻，刘学梅．2009．东亚货币合作进程中的中日博弈
探析［J］．现代日本经济，（2）：12－17．

［100］张建斌．2008．价格规制、煤炭资源与能源约束：最优开发路径试
解［J］．改革，208（6）：78－83．

［101］张健华，王鹏．2012．中国全要素生产率：基于分省份资本折旧率
的再估计［J］．管理世界，（10）．

［102］张军，施少华．2003．中国经济全要素生产率变动：1952－1998
［J］．世界经济文汇，（2）．

［103］张丽华，姜鹏．2014．制动冲突：解决中日东海权益争端之战略与
对策［J］．东北亚论坛，（6）：46－57．

［104］张连城，韩蓓．2009．中国潜在经济增长率分析——HP滤波平滑
参数的选择及应用［J］．经济与管理研究，（3）．

［105］张少兵．经济增长、环境变化及工业结构升级：由上海观察［J］．
改革，（11）：13－19．

[106] 张思锋，张颖．2004．西安循环经济发展的紧迫性分析——基于环境 Kuznets 曲线的方法 [J]．西安交通大学学报，(6)：58－65．

[107] 张兴平，赵旭，顾蕊．2008．我国煤炭消费与经济增长关系的多变量协整分析 [J]．煤炭学报，(6)，713－716．

[108] 张学昆．2013．美国介入南海问题的现状、动因及趋势 [J]．和平与发展，(6)：42－52．

[109] 张业遂．2012．中美正发展成"利益共同体" [EB/OL]．http：// world. huanqiu. com/exclusive/2012－10/3186270. html，10－15．

[110] 张友国．2010．经济发展方式变化对中国碳排放强度的影响 [J]．经济研究，(4)：121～134．

[111] 张蕴岭．2012．把握周边环境新变化的大局 [J]．国际经济评论，(1)：9－17．

[112] 张兆响，廖先玲，王晓松．2008．中国煤炭消费与经济增长的变结构协整分析 [J]．资源科学，(9)：1282－1289．

[113] 赵昕东，耿鹏．2009．基于 Bayesian Gibbs Sampler 的状态空间模型估计方法研究及其在中国潜在产出估计上的应用 [J]．统计研究，(9)．

[114] 赵云君，文启湘．2004．环境 Kuznets 曲线及其在我国的修正 [J]．经济学家，(7)：69－75．

[115] 郑欢，李放放，方行明．2014．规模效应、结构效应与碳排放强度——基于省级面板数据的经验研究 [J]．管理现代化，(1)：54－56．

[116] 中国 21 世纪议程——中国 21 世纪人口、环境与发展白皮书 [M]．中国环境科学出版社，1994．

[117] 周琪．2014．冷战后美国南海政策的演变及其根源 [J]．世界经济与政治，(6)：23－44．

[118] 周伟，米红．2010．中国碳排放：国际比较与减排战略 [J]，资源科学，(8)：1570－1577．

[119] 周伟，武康平. 2011. 不同承诺能力下可耗竭资源的最优消耗 [J]. 中国人口. 资源与环境，21 (5)：21 - 25.

[120] 周勇，林源源. 2007. 技术进步对能源消费回报效应的估算 [J]，经济学家，(2)：45 - 52.

[121] [美] 朱利安·林肯·西蒙. 1985. 没有极限的增长 [M]. 黄江南，朱嘉明译. 四川人民出版社.

[122] 邹绍辉，张金锁. 2010. 我国煤炭价格变动模型实证研究 [J]. 煤炭学报，(3).

[123] Allison G. 2014. Good Year for a Great War? [M]. National Interest.

[124] Ang B W, Liu N. 2006. A Cross-country Analysis of Aggregate Energy and Carbon Intensities [J]. Energy Policy, 34 (15)：2398 - 2404.

[125] Apergis N , Payne J E. 2010. The Causal Dynamics between Coal Consumption and Growth：Evidence from Emerging Market Economies [J]. Applied Energy, 87 (6)：1972 - 1977.

[126] Apergis N, Payne J E. 2010. Coal Consumption and Economic Growth：Evidence from a Panel of OECD countries [J]. Energy Policy, 38 (3), 1353 - 1359.

[127] Askari H, Krichene N. 2008. Oil Price Dynamics (2002 - 2006) [J]. Energy Economics, 30 (5)：2134 - 2353.

[128] Baxter M, King R G. 1995. Measuring Business Cycles：Approximate Band-Pass Filters for Economic Time Series [R]. Working Paper, National Bureau of Economic Research, Cambridge (MA).

[129] Beck P W. 1999. Nuclear Energy in the Twenty-first Century：Examination of a Contentious Subject [J]. Annual Review of Energy and the Environment, 24 (1)：113 - 137.

[130] Beveridge S, Nelson C R. 1981. A New Approach to Decomposition of Economic Time Series into Permanent and Transitory Components with Particular Attention to Measurement of "Business Cycle" [J].

Journal of Monetary Economics, (2): 151 – 174.

[131] Bhattacharyya S C , Ussanarassamee A. 2004. Decomposition of Energy and CO_2 Intensities of Thai Industry between 1981 and 2000 [J]. Energy Economics, 26 (5): 765 – 781.

[132] Bidwell D. 2013. The Role of Values in Public Beliefs and Attitudes towards Commercial Wind Energy [J]. Energy Policy, 58 (4): 189 – 199.

[133] Bisconti A S. 2011. Communicating With Stakeholders about Nuclear Power Plant Radiation [J]. Health Physics, 100 (1): 97 – 102.

[134] Blanchard O , Quah D. 1989. The Dynamic Effects of Demand and Supply Disturbances [J]. American Economic Review, (4).

[135] Breusch T S, Pagan A R. 1980. The Lagrange Multiplier Test and its Applications to Model Specification in Econometrics [J]. Review of Economic Studies, 47 (1): 239 – 253.

[136] Brzezinski Z. 2014. Can China Avoid the Thucydides Trap? [J]. New Perspectives Quarterly 31 (2): 31 – 33.

[137] Campbell C J, Heaps S. 2009. An Atlas of Oil and Gas Depletion [M]. Seconded. Jeremy Mills Publishing Limited.

[138] Carraro C, Massetti E. 2012. When should China Start Cutting its Emissions? [EB/OL]. http: //www. voxeu. org/index. php? q = node/7910.

[139] Choi Y S, Kim J S, Lee B W. 2000. Public's Perception and Judgment on Nuclear Power [J]. Annals of Nuclear Energy, 27 (4): 295 – 309.

[140] Choo J. 2006 Energy Scooperation Problems in Northeast Asia: Unfolding the Reality [J]. East Asia, 23 (23): 91 – 106.

[141] Coena R M, Hickmanb B G. 2006. An Econometric Model of Potential Output, Productivity Growth, and Resource Utilization [J]. Journal of

Macroeconomics, (4).

[142] Corner A, Venables D, Spence A, et al. 2011. Nuclear Power, Climate Change and Energy Security: Exploring British Public Attitudes [J]. Energy Policy, 39 (9): 4823 – 4833.

[143] Daly H E and Cobb J B Jr. 1989. For the Common Goods: Redirecting the Economy towards Community, the Environment, and a Sustainable Future [M]. Beacon Press.

[144] Dasgupta P, Heal G. 1974. The Optimal Depletion of Exhaustible Resources [J]. The Review of Eeconomic Studies, 41: 3 – 28.

[145] Dobbins J, Gompert D C, Shlapak D A, Scobell A. 2011. Conflict with China: Prospects, Consequences, and Strategies for Deterrence [EB/OL]. Rand Corporation, http: //www. rand. org/pubs/ occasional_ papers/OP344. html.

[146] Dohmen T J, Falk A, Huffman D, Sunde U, Schupp J, Wagner G G. 2011. Individual Risk Attitudes: Measurement, Determinants and Behavioral Consequences [J]. Journal of the European Economic Association, 9 (3): 522 – 550.

[147] Dohmen T, Falk A, Huffman D. 2011. Individual Risk Attitudes: Measurement, Determinants and Behavioral Consequences [J]. Journal of the European Economic Association, 9 (3): 522 – 550.

[148] Driscoll J C , Kraay A C. 1998. Consistent Covariance Matrix Estimation with Spatially Dependent Panel Data [J]. Review of Economics and Statistics, 80 (4): 549 – 560.

[149] Dupasquier C, Guay A, St-AmantP. 1999. A Survey of Alternative Methodologies for Estimating Potential Output and the Output Gap [J]. Journal of Macroeconomics, (3).

[150] Elmeskov J. 1993. High and Persistent Unemployment: Assessment of the Problem and Its Causes [M], OECD Economics Department

Working Paper, (132).

[151] EWG. 2007a. Crude Oil-the Supply Outlook [R]. EWG-Series No. 3 (October 2007).

[152] EWG. 2007b. Coal: Reserves and Future Production [R]. Energy Watch Group, EWG-Paper No. 1/07.

[153] Fan Y, Liu L C, Wu G, Tsai H T, Wei Y M. 2007. Changes in Carbon Intensity in China: Empirical Findings from 1980 – 2003 [J]. Ecological Economics, 62 (3 – 4): 683 – 691.

[154] Fata K, Les Oxley and Scrimgeour F G. 2004. Modelling the Causal Relationship between Energy Consumption and GDP in New Zealand, Australia, India, Indonesia, The Philippines and Thailand [J]. Mathematics and Computers in Simulation, 64 (s3 – 4): 431 – 445.

[155] Frondel M, Peters J, Vance C. 2008. Identifying the Rebound: Evidence from a German Household Panel [J]. Energy Journal, 29 (4): 145 – 163.

[156] Grant A, Nick H, Peter M, Kim S, Karen T. 2007. The Impact of Increased Efficiency in the Industrial Use of Energy: A Computable General Equilibrium Analysis for the United Kingdom [J]. Energy Economics, 29 (4): 779 – 798.

[157] Greenberg M, Truelove H B. 2011. Energy Choices and Risk Beliefs: Is it just Global Warming and Fear of a Nuclear Power Plant Accident? [J]. Risk Analysis, 31 (5): 819 – 831.

[158] Greenberg M, Truelove H B. 2011. Energy Choices and Risk Beliefs: Is It Just Global Warming and Fear of a Nuclear Power Plant Accident? [J]. Risk Analysis, 31 (5): 819 – 831.

[159] Greening L A, Ting M, Krackler T J. 2001. Effects of Changes in Residential End-uses and Behavior on Aggregate Carbon Intensity: Comparison of 10 OECD Countries for the Period 1970 through 1993

[J]. Energy Economics, 23 (2): 153 – 178.

[160] Greening L A. 2004. Decomposition of Aggregate Carbon Intensity for the Manufacturing Sector: Comparison of Declining Trends from 10 OECD Countries for the Period 1971 – 1991 [J]. Energy Economics, 20 (97): 43 – 65.

[161] Grossman G and Krueger A. 1995. Economic Growth and the Environment [J]. Quarterly Journal of Economics, 110 (2), 353 – 377 .

[162] Guo X, Liu H, Mao X, Jin J, Chen D, Cheng S. 2014. Willingness to Pay for Renewable Electricity: A Contingent Valuation Study in Beijing, China [J]. Energy Policy, 68: 340 – 347.

[163] Hartwick J M. 1977. Intergenerational Equity and the Investing of Rents from Exhaustible Resources [J]. The American Economic Review, 67 (5): 972 – 974.

[164] Harvey A. 1989. Forecasting, Structural Time Series Models and the Kalman Filter [M]. Cambridge University Press, 1989.

[165] Hast A, Alimohammadisagvand B, Syri S. 2015. Consumer Attitudes towards Renewable Energy in China – The Case of Shanghai [J]. Sustainable Cities and Society, 17 (17): 69 – 79.

[166] Hausman J A. 1978. Specification Tests in Econometrics [J]. Econometrica, 46 (6): 1251 – 1272.

[167] Holmes J R. 2013. "Beware the 'Thucydides Trap' Trap: Why the US and China aren't Necessarily Athens and Sparta or Britain and Germany before WWI" [EB/OL]. The Diplomat, June 13, http://www.thediplomat.com/2013/06/ beware – the – thucydides – trap – trap.

[168] Hook M, Aleklett K. 2009. Historical Trends in American Coal Production and A Possible Future Outlook [J]. International Journal of Coal Geology, 78 (3): 201 – 216.

[169] Hotelling H. 1931. The Economics of Exhaustible Resources [J]. The

Journal of Political Economy, 39 (2): 137 – 175.

[170] Hou A, Suardi S. 2011. A Nonparametric GARCH Model of Crude Oil Price Return Volatility [J]. Energy Economics, 34 (2): 618 – 626.

[171] Hubbert M K. 1949. Energy from Fossil Fuels [J]. Science, pp. 103 – 109.

[172] Hubbert M K. 1956. Nuclear Energy and the Fossil Fuels; Amer Petro Inst: Drilling & Production Practice [M]. Proc Spring Meeting, San Antonio, Texas. pp. 7 – 25.

[173] Hubbert M K. 1959. Techniques of Prediction with Application to the Petroleum Industry [M]. In: Published in 44th Annual Meeting of the American Association of Petroleum Geologists. Shell Development Company, Dallas, TX, p. 43.

[174] Höök M, Aleklett K. 2009. Historical Trends in American Coal Production and a Possible Future Outlook [J]. International Journal of Coal Geology, 78 (3): 201 – 216.

[175] Höök M, Zittel W, Schindler J, Aleklett K. 2010. Global Coal Production Outlooks Based on a Logistic Model [J]. Fuel, 89 (11): 3546 – 3558.

[176] Kao C, Chiang M H. 2001. Nonstationary Panels, Panel Cointegration, and Dynamic Panels [M] // On the Estimation and Inference of a Cointegrated Regression in Panel Data. pp. 109 – 141.

[177] Kasperson R E, Berk G, Pijawka D, et al. 1980. Public Opposition to Nuclear Energy: Retrospect and Prospect [J]. Science, Technology & Human Values, 5 (31): 11 – 23.

[178] Kaufmann R K. 2004. The Mechanism for Autonomous Energy Efficiency Increases: An Integration Analysis of the US Energy/GDP Ratio [J]. The Energy Journal, 25 (1): 63 – 86.

[179] Kerr R A. 1998. The Next Oil Crisis Looms Large-and Perhaps Close [J]. Oil & Gas Journal, 101 (21): 18 – 21.

[180] Kraft J and Kraft A. 1978. On the Relationship between Energy and GNP [J]. Journal of Energy and Development, 13 (3): 401 – 403.

[181] Kuttner K N. 1994. Estimating Potential Output as a Latent Variable [J]. Journal of Business and Economics Statistics, (3).

[182] Kuznets S. 1955. Economic Growth and Income Inequality [J]. The American Economic Review. pp. 1 – 28.

[183] Lampton D M. 2015. "A Tipping Point in U. S. -China Relations is Upon US," Speech Given at the Conference "China's Reform: Opportunities and Challenges" [EB/OL]. May 6 – 7, US-China Perception Monitor, http://www. uscnpm. org/blog/2015/05/11/ a – tipping – point – in – u – s – china – point – in – u – s – china – relations – is – upon – us – part – i.

[184] Latré E, Perko T , Thijssen P. 2017. Public Opinion Change after the Fukushima Nuclear Accident: The Role of National Context Revisited [J]. Energy Policy, 104: 124 – 133.

[185] Lee T , Balchin N. 1995. Learning and Attitude Change at British Nuclear Fuel's Sellafield Visitors Centre. Journal of Environmental Psychology, 15 (4): 283 – 298.

[186] Lee C C, Chang C P. 2005. Structural Breaks, Energy Consumption, and Economic Growth Revisited: Evidence from Taiwan [J]. Energy Economics, 27 (6), 857 – 872.

[187] Lee T , Balchin N. 1995. Learning and Attitude Change at British Nuclear fuel's Sellafield Visitors Centre [J]. Journal of Environmental Psychology, 15 (4): 283 – 298.

[188] Li R, Leung G C K. 2012. Coal Consumption and Economic Growth

in China [J]. Energy Policy, 40: 438 – 443.

[189] Lin B Q, Liu J H. 2010. Estimating Coal Production Peak and Trends of Coal Imports in China [J]. Energy Policy, 38: 512 – 519.

[190] Lin B, Wang T. 2012. Forecasting Natural Gas Supply in China: Production Peak and Import Trends [J]. Energy Policy, 49: 225 – 233.

[191] Lior N. 2008. Energy Resources and Use: The Present Situation and Possible Paths to the Future [J]. Energy, 33 (6): 842 – 857.

[192] Liu J T, Smith V K. 1990. Risk Communication and Attitude Change: Taiwan's 'National Debate' over Nuclear Power [J]. Journal of Risk And Uncertainty, 3 (4): 331 – 349.

[193] Malyshkina N, Niemeier D. 2010. Future Sustainability Forecasting by Exchange Markets: Basic Theory and an Application [J]. Environmental Science & Technology, 44 (23): 9134 – 9142.

[194] Marland G, Blasing T J, Broniak C. 2005. State – By – State Carbon Dioxide Emissions from Fossil Fuel Use in the United States 1960 – 2000 [J]. Mitigation and Adaptation Strategies for Global Change, 10 (4): 659 – 674.

[195] Meadows D H, et al. 1972. The Limits to Growth [M], Universe Books.

[196] Medlock K B III, Soligo R. 2001. Economic Development and End-Use Energy Demand [J]. Energy Journal, 22 (2): 77 – 105.

[197] Mink M, Jacobs JPAM, Haan J de. 2012. Measuring Coherence of Output Gaps with an Application to the Euro Area [J]. Oxford Economic Papers, (2).

[198] Mohr S H, Evans G M. 2009. Forecasting Coal Production until 2100 [J]. Fuel, 88 (11): 2059 – 2067.

[199] Mohr S H, Evans G M. 2011. Long Term Forecasting of Natural Gas

Production [J]. Energy Policy, pp. 5550 – 5560.

[200] Mohr S H, Hook M, Mudd G M, Evans G M. 2011. Projection of Long-term Paths for Australian Coal Production : Comparisons of Four Models [J]. International Journal of Coal Geology, 86 (4): 329 – 341.

[201] Mohr S H. 2010. Projection of World Fossil Fuel Production with Supply and Demand Interactions [D]. Ph. D Thesis. The University of Newcastle, Australia.

[202] Mohr S, et al. 2011. Projection of Long-term Paths for Australian Coal Production-Comparison of Four Models [J]. International Journal of Coal Geology , 86: 329 – 341.

[203] Morana C. 2001. A Semiparametric Approach to Short-term Oil Price Forecasting [J]. Energy Economics, 23 (3): 325 – 338.

[204] Moreno J, Medina S. 2011. Energy Price Variation Estimation Using an ANFIS Model [J]. Revista Tecnica de la Facultad de Ingenieria Universidad Del Zulia, 34 (1): 86 – 93.

[205] Moë P. 2012. Multivariate Models with Dual Cycles: Implications for Output Gap and Potential Growth Measurement [J]. Empirical Economics, (3).

[206] Nag B , Parikh J. 2000. Indicators of Carbon Emission Intensity from Commercial Energy use in India [J]. Energy Economics, 22 (4): 441 – 461.

[207] Owen N A, Inderwildia O R, King D A. 2010, The Status of Conventional World Oil Reserves-Hype or Cause for Concern? [J]. Energy Policy, 38 (8): 4743 – 4749.

[208] Page T. 1977. Conservation and Economic Efficiency: An Approach to Material Policy [M]. Baltimore, Maryland: The Johns Hepkin University Press.

[209] Page T. 1988. "Intergenerational Equity and the Social Rate of Discount", in V. K. Smith, ed. , Environmental Resources and Applied Welfare Economics: Essays in Honor of John V. Krutilla [M]. London: Routledge. pp. 71 – 89 .

[210] Pedroni P. 1999. Critical Values for Cointegration Tests in Heterogeneous Panels with Multiple Regressors [J]. Department of Economics Working Papers, 61 (S1): 653 – 670.

[211] Pedroni P. 1999. Critical Values for Cointegration Tests in Heterogeneous Panels with Multiple Regressors [J]. Oxford Bulletin of Economics and Statistics, 61 (4).

[212] Pindyck R S. 1999. The Long-run of Evolution of Energy Prices [J]. The Energy Journal, 20 (2): 1 – 27.

[213] Prescott H, Postwar U S. 1997. Business Cycles: A Empirical Investigation [J]. Journal of Money, Credit, and Banking, (6).

[214] Rabow J, Hernandez A, Newcomb M D. 1990. Nuclear Fears and Concerns among College-students: A Cross-national-study of Attitudes [J]. Political Psychology, 11 (4): 681 – 698.

[215] Roberts J T, Grimes P E. 1997. Carbon Intensity and Economic Development 1962 – 1991: A Brief Exploration of the Environmental Kuznets Curve [J]. World Development, 25 (2): 191 – 198.

[216] Sari R, Ewing B T , Soytas U. 2008. The Relationship between Disaggregate Energy Consumption and Industrial Production in the United States: an ARDL Approach [J]. Energy Economics, 30 (5): 2302 – 2313.

[217] Shafik N, Bandyopadhyay S. 1992. Economic Growth and Environmental Quality: Time Series and Cross-Country Evidence [R]. World Bank Policy Research Working Paper. No. 904.

[218] Shambaugh D. 2015. "US-China Relations: Where to from Here?"

［EB/OL］. June 15, http：//www. amcham. org. hk/events/ eventdetail/2206/ – /us – china – relations – where – to – from – here.

［219］Shrestha R M, Timilsina G R. 1996. Factors Affecting CO_2 Intensities of Power Sector in Asia: A Divisia Decomposition Analysis ［J］. Energy Economics, 18 (4): 283 – 293.

［220］Siegrist M, Visschers V H M. 2013. Acceptance of Nuclear Power: The Fukushima Effect ［J］. Energy Policy, 59: 112 – 119.

［221］Solow R M, Wan F Y. 1976. Extraction Costs in the Theory of Exhaustible Resources ［J］. The Bell Journal of Economics, pp. 359 – 370.

［222］Stern D I, Common M S, Barbier E B. 1996. Edward B Barbier. Economical Growth and Environmental Degradation: The Environmental Kuznets Curve and Sustainable Development ［J］. World Development, 24 (7): 1151 – 1160.

［223］Stiglitz J. 1974. Growth with Exhaustible Natural Resources: Efficient and Optimal Growth Paths ［J］. The Rreview of Eeconomic Studies, 41: 123 – 137.

［224］Sun J W. 1999. The Nature of CO_2 Emission Kuznets Curve ［J］. Energy Policy, 27: 691 – 69.

［225］Tao Z and Li M. 2007. What Is the Limit of Chinese Coal Supplies- ASTELLA Model of Hubbert Peak ［J］. Energy Policy, 35 (6): 3145 – 3154.

［226］Thielemann T, Schmidt S, Gerling J P. 2007. Lignite and Hard Coal: Energy Suppliers for World Needs until the Year 2100 – An Outlook ［J］. International Journal of Coal Geology, 72 (1): 1 – 14.

［227］Toda H Y, Yamamoto T. 1995. Statistical Inference in Vector Autoregressions with Possibly Integrated Processes ［J］. Journal of Econometrics, 66 (66): 225 – 250.

[228] UN DESA. 2010. United Nations, Department of Economic and Social Affairs, Population Division: World Urbanization Prospects, the 2009 Revision: Highlights [R]. New York.

[229] USDA. 2006. World Agricultural Supply and Demand Estimates [EB/OL]. WASDE – 440, November 9. http://www.usda.gov/oce/commodity/wasde/.

[230] Visschers V, Keller C, Siegrist M. 2011. Climate Change Benefits and Energy Supply Benefits as Determinants of Acceptance of Nuclear Power Stations: Investigating an Explanatory Model [J]. Energy Policy, (6): 3621 – 3629.

[231] Ohnishi T. 2002. A MultInvestigating an Explanatory Model [J]. Energy Policy, 39 (6): 3621 – 3629.

[232] Weiss E B. 1984. The Planetary Trust: Conservation and Intergenerational Equity [J], Ecology Law Quarterly, 11 (4): 495.

[233] Wolde-Rufael Y. 2004. Disaggregated Industrial Energy Consumption and GDP: the Case of Shanghai, 1952 – 1999 [J]. Energy Economics, 26 (1); 69 – 75.

[234] Yang H Y. 2002a. Coal consumption and Economic Growth in Taiwan [J]. Energy Sources, 22 (2): 109 – 115.

[235] Yang H. 2000a. A Note On the Causal Relationship between Energy and GDP in Taiwan [J]. Energy Economics, 22 (3): 309 – 317.

[236] Yim M S, Vaganov P A. 2003. Effects of Education on Nuclear Risk Perception and Attitude: Theory [J]. Progress in Nuclear Energy, 42 (2): 221 – 235.

[237] Yoo S H. 2006. Causal Relationship between Coal Consumption and Economic Growth in Korea [J]. Applied Energy, 83 (11): 1181 – 1189.

[238] Yuan J H, Kang J G, Zhao C H., Hu Z G. 2008. Energy

Consumption and Economic Growth: Evidence from China at both Aggregated and Disaggregated Levels [J]. Energy Economics, 30 (3): 3077 – 3094.

[239] Zhang C, Murasawa Y. 2011. Output gap measurement and the New Keynesian Phillips curve for China [J]. Economic Modelling, (6).

[240] Zhang Y. 2009. Structural Decomposition Analysis of Sources of Decarbonizing Economic Development in China: 1992 – 2006 [J]. Ecological Economics, 68 (8 – 9): 2399 – 2405.

[241] Ziramba E. 2009. Disaggregate Energy Consumption and Industrial Production in South Africa [J]. Energy Policy, 37 (1): 2214 – 2220.

[242] Zittel W, Schindler J. 2002. Future World Oil Supply [R]. International Summer School on the Politics and Economics of Renewable Energy at the University Salzburg.

[243] Zoellick R. B. 2013. "U. S., China and Thucydides: How can Washington and Beijing avoid Typical patterns of distrust and fear?" [EB/OL]. The National Interest, July-August, http: // nationalinterest. org/ article/ us – china – thucydides – 8642.

鸣　谢

本书的问卷调查得益于诸多朋友的大力支持，感谢他们在百忙中为本书所花费的心血。以下按姓氏笔画排序：

王子予　资阳市商务局

王兴中　桂林理工大学管理学院

王　波　安徽省芜湖市第十二中学

王彦方　嘉兴学院商学院

王　莉　成都西华大学能源与动力工程学院

王雅莉　东北财经大学公共管理学院

韦　明　安徽省肥东第三中学

古守卫　西南财经大学经济学院学生

冯吉光　重庆工商大学党政办公室

向　军　四川弘扬智库

刘　朋　广西投资集团有限公司

刘虹雯　邵　勇　四川枫叶红影视公司

刘晓东　内江市发改委

孙根紧　四川农业大学都江堰校区

杨明高　四川中太研究院

李　巍　重庆进出口信用担保有限公司

何翠香　云南财经大学

余中杰　中国人寿保险四川分公司

邹新远　荣兴元集团

张文剑　成都工业学院经济与管理学院

张克俊　四川省社会科学院

张　鹏　江西财经大学经济学院

陈前鹏　中国人民银行海南省分行

罗远航　四川省川粮集团

郑　欢　重庆交通大学

贾鸿逵　广西交通投资集团有限公司

黄书雷　云南省政府办公厅秘书八处

黄　涛　西南财经大学经济信息工程学院

崔西伟　中国开发银行四川省分行

韩晓娜　河南大学经济学院

曾令秋　四川师范大学经济管理学院

温庭海　攀枝花大学

游　晋　四川省烟草公司

薛　晓　重庆工商大学

西南财经大学经济学院广大教师、同仁们

后　记
——展望与感悟

　　获得国家社会科学基金重点项目立项时，可谓喜悦之情难以言表，但又诚惶诚恐，如履薄冰，生怕完成不好，只有竭尽所能，尽力而为了。

　　能源对人类的命运来说是一个生死攸关的问题，对我来说更是一个沉重的话题。研究的过程和内容总是充斥着悲观色彩。人类不断创新，在新能源的研究与开发中做出了一些喜人的成就，但是，能源领域所产生的问题和灾难可谓层出不穷。一是化石能源的使用对环境造成的破坏，如二氧化硫排放所形成的酸雨，烟尘、粉尘的排放所造成的雾霾天气和大气污染，还有化石能源使用过程中的二氧化碳排放的增加所导致的"温室效应"和"全球变暖"可能会造成海平面上升、冰川消失，从而破坏自然循环系统；二是在核能的使用过程中出现了两次重大核事故：切尔诺贝利核事故与日本福岛核泄漏；三是能源对世界经济的影响巨大，能源供求关系的变化影响着各国经济利益，20世纪80年代的石油价格大幅度上涨所产生的危机导致了世界经济的衰退，而2014年10月中旬之后的国际油价大幅度下跌又对石油出口国经济产生了重大的冲击，这些国家经济出现衰退也会对整个世界经济产生一定的负面影响。而近年来国际原油价格的下跌以及石油的暂时供过于求并不能改变石油的长期供求关系和世界的能源结构，世界经济将继续遭受能源问题的折磨。而更为严峻的是，到目前为止，人类在解决能源危机上并未找出根本的解决办法。可再生能源不足以满足人类巨大的能源需求，而人类在新能源领域的研发成果或能够影响能源供求的主要动力主要出现在新型不可再生能源领域，如页岩油气，再往下就是可燃冰。但这些不可再生能源的开发成本越来越高，地质和环境风险越来越大。而当这些不可再生能源消耗完毕，地球上还有无其他足够的能源可供人类持续使用？没有了化石能源，人类将如何生存与发展？

选择了能源这一研究方向似乎与我人生宿命有很大关系。在完成本项目这几年的时间中，我的人生也发生了重大变化，亲人有的离世，有的疾病缠身，自己亦陡生华发，处在一片悲情之中。好在本书已经完成，但能源问题却是一个研究不完的问题，也是人类说不完的话题。

感谢参与本书编写的所有成员。本书的完成得力于美国密歇根州立大学（Michigan State University）的 Jinhua Zhao 教授、美国普渡大学（Purdue University）的 Hao Zhang 教授、西南财经大学工商管理学院的何永芳教授、西南财经大学经济学院的刘璐教授、成都大学管理学院的胡世强教授参与研讨，并提供了富有创意的研究思想。具体分工如下：第一章，方行明；第二章，方行明、魏静、郭丽丽；第三章，方行明、郑欢、魏静；第四章，方行明、苏梦颖；第五章，方行明、郑欢、郭丽丽；第六章，方行明、马良、魏静；第七章，方行明、郑欢、冯诗杰；第八章，方行明、刘朋；第九章，郑欢、李放放、袁正；第十章，方行明、刘朋、马双；第十一章，方行明、郑欢、苏梦颖；第十二章，郑欢、方行明、仵程宽；第十三章，凌晨、冯诗杰、方行明；第十四章，方行明、仵程宽、鲁玉秀；第十五章，方行明，冯诗杰、王芳；第十六章，方行明、冯诗杰、郑欢；第十七章，方行明、郑欢；第十八章，方行明、郑雪梅、张焱；第十九章，方行明、张焱、杨锦英、魏静；第二十章，方行明、雷震、马良；第二十一章，方行明、张文剑、张蓓；第二十二章，方行明、张文剑、郭丽丽；第二十三章，方行明、张文剑、付莎。仵程宽、鲁玉秀、王芳进行了后期的增补、修改和完善工作。

方行明

图书在版编目（CIP）数据

中国煤炭产量增长极限与煤炭资源可持续利用问题研
究／方行明等著 . －－北京：社会科学文献出版社，
2019. 12

ISBN 978 - 7 - 5201 - 5443 - 7

Ⅰ.①中… Ⅱ.①方… Ⅲ.①煤炭产量 - 研究 - 中国
②煤炭利用 - 可持续性发展 - 研究 - 中国 Ⅳ.
①F426. 21 ②TD849

中国版本图书馆 CIP 数据核字（2019）第 185454 号

中国煤炭产量增长极限与煤炭资源可持续利用问题研究

著 者／方行明 等

出 版 人／谢寿光
组稿编辑／丁阿丽
责任编辑／白 云 丁阿丽
文稿编辑／李吉环

出 版／社会科学文献出版社·皮书研究院（010）59367092
地址：北京市北三环中路甲 29 号院华龙大厦 邮编：100029
网址：www. ssap. com. cn
发 行／市场营销中心（010）59367081 59367083
印 装／三河市龙林印务有限公司

规 格／开 本：787mm × 1092mm 1/16
印 张：26.75 字 数：392 千字
版 次／2019 年 12 月第 1 版 2019 年 12 月第 1 次印刷
书 号／ISBN 978 - 7 - 5201 - 5443 - 7
定 价／128.00 元

本书如有印装质量问题，请与读者服务中心（010 - 59367028）联系

▲ 版权所有 翻印必究